新四军和华中抗日根据地历史研究全书

鄂豫边区
政权建设史

（修订本）

张 军 张肇俊◎著

张 军◎修订

中国文史出版社
CHINA CULTURAL AND HISTORICAL PRESS

图书在版编目（ＣＩＰ）数据

鄂豫边区政权建设史 / 张军，张肇俊著；张军修订
. -- 修订本 . -- 北京：中国文史出版社，2022.10
ISBN 978-7-5205-3958-6

Ⅰ．①鄂… Ⅱ．①张… ②张… Ⅲ．①鄂豫皖抗日根
据地—政权—建设—史料 Ⅳ．① K269.506

中国版本图书馆 CIP 数据核字 (2022) 第 214800 号

责任编辑：梁玉梅

出版发行：中国文史出版社

社　　址：北京市海淀区西八里庄路 69 号院　邮编：100142

电　　话：010-81136606 81136602 81136603（发行部）

传　　真：010-81136655

印　　装：北京新华印刷有限公司

经　　销：全国新华书店

开　　本：16 开

印　　张：25.5

字　　数：336 千字

版　　次：2022 年 12 月北京第 1 版

印　　次：2022 年 12 月第 1 次印刷

定　　价：78.00 元

《新四军和华中抗日根据地历史研究全书》

顾问委员会

迟浩田　钱正英　万海峰　傅奎清　魏金山
方祖岐　梁保华　徐光春　陈明义

编审委员会

主　　任：朱文泉

第一副主任：陈昊苏　徐承云

副　主　任：王清葆　张宝康　杨　忠　仇学富　潘永明
　　　　　　陈　晋　李忠杰　杨冬权　张晓龙　刘苏闽
　　　　　　杨新力　程渭山　郑牧民　曾求腾　马博维
　　　　　　康虎振　卢福祥　王同琢　律凤兰　区济文
　　　　　　张国正　姜　琳　彭承烈

委员（以姓氏笔画为序）：

丁　星　于国家　马博维　王同琢　王清葆
王路奇　区济文　仇学富　毋瞩远　卢福祥
叶正光　弘　强　朱文泉　刘苏闽　孙文富
孙建华　李忠杰　杨　忠　杨冬权　杨朝宽
杨新力　吴克斌　张光东　张国正　张宝康
张晓龙　陈　晋　陈小津　陈昊苏　郑牧民
俞锦方　律凤兰　姜　琳　顾　星　顾小锦
徐　红　徐承云　唐庆宁　康虎振　章剑华
韩星臣　彭承烈　程渭山　曾求腾　潘永明

编辑委员会

总　序

习近平总书记说："历史是最好的教科书。"一个没有历史记忆的民族是没有前途的。由南方八省红军游击队组建而成的新四军，是中国共产党领导下的主要抗日武装力量之一，在全民族抗日战争中，与八路军相呼应，与正面战场相配合，驰骋大江南北，纵横华中敌后，在日伪军指挥中枢所在地周围和补给通道两侧的华中敌后地区，开展游击战争，灵活机动，浴血奋战，以弱制强，为赢得中国抗日战争和世界反法西斯战争的胜利作出了重大贡献；依靠人民群众，建立了地跨苏、皖、鄂、豫、浙、赣、湘等广大地区的华中抗日民主根据地。新四军不仅创造了辉煌的战绩，积累了丰富的建政、理财、兴文和统战经验，还为后人留下了以铁军精神为特色的宝贵精神财富。新四军和华中抗日根据地的历史，是中国共产党和人民军队历史不可分割的一部分。

中国新四军和华中抗日根据地研究会成立以来，在叶飞、彭冲、周克玉、朱文泉几任会长的带领下，在新四军和华中抗日根据地历史资料搜集整理和学术研究方面，取得了可喜的进步和丰硕成果。随着中央档案馆大量历史文献的陆续公开，各兄弟新四军研究会一些有价值的回忆史料和专题研究论著的出版，这就有可能也有必要把这些最新成果整合起来，更系统、更全面地反映新四军和华中抗日根据地的历史面貌，科学总结带有规律性的历史经验，形成《新四军和华中抗日根据地历史研究全书》(简称《新四军全书》)。坚持历史唯物主义、辩证唯物主义观点，以实事求是的科学态度，以新四军和华中抗日根据地史为经，以战役战斗、事件、人物为纬，全面规划，通力协作，广泛收集，科学整理，逐步实施，努力打造一部约200册规模，系统全面、准确规范、具有权威性的《新四军全书》，发挥存史、资政、育人作用，为实现中华民族伟大复兴的中国梦服务，这是功在当代、利及千秋的重大文化工程，是从事新四军和华中抗日根据地研究者的共同任务，让我们携起手来，去完成这一光荣而艰巨的历史使命。

　　编撰《新四军全书》，是在党的十八大后，由朱文泉会长发起，已经并将继续得到国家教育部、民政部、中共中央党史研究室、中共江苏省委、江苏省人民政府、军事科学院、原南京军区、南京大学以及北京、上海、重庆、江苏、安徽、湖北、浙江、江西、福建、四川、河南、广西、黑龙江、云南、广州等15省、市、自治区新四军研究会的支持。一代代新四军研究人员的辛勤工作，他们的功德将与新四军的名字相联，永载史册。

中国新四军和华中抗日根据地研究会

2013 年 10 月

《新四军和华中抗日根据地历史研究全书》
（湖北部分）

顾 问

王生铁　张学奇　刘绍熙　陈昆满

李少瑜　雷河清　叶 青　逯拴生

编辑委员会

主 任：曾求腾　何光耀

副主任：何正友　胡中秋

编 委（以姓氏笔画为序）：

王 诚　文道贵　牛曦频　邓正兵

刘 飞　刘宗武　何 平　张 军

张友斌　彭剑青　韩新祥

序

　　《新四军和华中抗日根据地历史研究全书》(简称《新四军全书》)是中国新四军和华中抗日根据地研究会正在打造的一部汇集新四军及华中抗日民主根据地历史研究现有成果的丛书,它规模宏大、系统全面、准确规范,由各省市新四军研究会共同编写,集史料性、学术性和权威性于一身。

　　湖北省按照中国新四军研究会(新办字〔2017〕13 号)文件精神进行了认真研究和合理规划,正在分步实施。我们已报中国新四军研究会 10 多个书目,决心用五年完成好。

　　编撰出版《新四军全书》(湖北部分),有利条件很多。其一是新四军在湖北书写了一段波澜壮阔的辉煌历史。他们所开辟的豫鄂边抗日民主根据地是一块拥有 9 万多平方公里,1300 多万人口,活跃在武汉外围的横跨鄂、豫、皖、湘、赣五省的抗战基地,成为新四军和华中抗日民主根据地中面积最大、人口最多的一个战略区,为中国人民取得抗日战争的胜利作出了重要贡献。

　　在这片抗日热土上,以李先念、陈少敏、任质斌等为代表的新四军第五师党政军领导,高举抗日民族统一战线大旗,在日伪顽的夹缝中,将原则的坚定性和策略的灵活性结合起来,以百折不挠的精神和不胜不休的毅力,破关越隘,克难渡险,稳步开拓根据地,逐步建立"三三制"政权,快步发展人民军队,最终实现了对敌占华中重镇武汉的战略包围。这一奇迹的出现,是中国共产党人坚强领导的生动体现，是新四军铁军精神的生动体现，是中国革命事业从无到有、从弱到强、从挫折走向胜利的生动体现。

新四军第五师所创造的这一段历史，为后人留下了宝贵的精神财富。自20世纪80年代初湖北省新四军研究会成立以来，在历任领导及新四军第五师老战士、广大研究工作者的共同努力之下，我们搜集、整理了一批极富历史保存价值的资料，推出了一批极有分量的研究成果，出版了一批质量较高的专题著作。《新四军全书》（湖北部分）即是根据这些年史学界研究的成果和国家解密的一些档案资料，对原出版过的重点书籍进行修订出版，而主要精力，则放在深入挖掘史料和撰写重大题材上，编纂推出一批新的专著，完善史料，弥补研究空白，以更好地实现存史、资政、育人的目的。

事过豪情在，精神代代传。这次汇集出版《新四军全书》（湖北部分），既是赓续红色血脉、传承红色基因的需要，也是弘扬革命精神、推进新时代中国特色社会主义道路建设的需要。正如习近平总书记一直强调的"要讲好中国共产党的故事"那样，我们编印《新四军全书》（湖北部分）也是为了给大家学习党史、国史，知史爱党，知史爱国，提供一份精神食粮，因为"伟大的抗战精神，永远是激励中国人民克服一切艰难险阻，为实现中华民族伟大复兴而奋斗的强大精神动力"。当前，我国正处于改革开放深化阶段，各种矛盾交错；新冠肺炎疫情之下，又面临着严峻复杂的国际环境，处在世界百年未有之大变局之中。对此，我们必须以坚定的意志、坚韧的毅力，沉着应对来自各方面的挑战。而宣传抗战历史，反映抗战精神，加强爱国教育，以凝聚全国人民磅礴之力，万众一心建设好中国特色社会主义，在当下更有着特殊的意义。

感谢中共湖北省委、省政府的大力支持和关怀，感谢中国新四军和华中抗日根据地研究会各位领导和编辑委员会对《新四军全书》（湖北部分）出版的大力支持和帮助，感谢中共湖北省委党史研究室的鼎力协助和付出，这一切对我们进一步做好新四军第五师历史的整理和研究工作，都是莫大的鞭策和鼓励。

曾求腾

2021 年 3 月 10 日

第四章 豫鄂边区抗日民主政权的统一与根据地建设事业的发展

第五章 强化政权与根据地的大发展

第六章 鄂豫皖湘赣边区行署成立，夺取抗日战争的最后胜利

前　言

何谓政权？辞书解释说，政权就是统治阶级实行阶级统治的权力。毫无疑问，这个问题是任何革命的中心问题。对此，马克思主义经典作家认为："一切革命的根本问题是国家政权问题，不弄清这一点，便谈不上自觉地参加革命，更不用说领导革命。"①

以毛泽东为主要代表的中国共产党人运用马克思主义理论为指导，密切联系中国革命的实际情况，对建立政权的重要性以及怎样建立政权、建立怎样的政权，进行了长期的思索和不懈的顺时应变的尝试。

大革命时期，毛泽东在《中国社会各阶级的分析》和《国民党右派分离的原因及其对于革命前途的影响》等文章中设想，民主革命的最终目的是要"建设一个革命民众合作统治的国家"。

土地革命时期，中国共产党人对革命政权的认识和实践进入了一个新的阶段。各革命根据地纷纷建立了工农民主专政性质的政权，1931 年 11 月在江

---

① 《列宁全集》第三十二卷，人民出版社 1976 年版，第 158 页。

西瑞金建立的中华苏维埃共和国，即是这种性质的政权的集中体现，其内容与目标是反对封建阶级和国民党新军阀。

抗日战争是中华民族为反对日本帝国主义野蛮侵略而进行的民族自卫战争，民族矛盾已上升为主要矛盾，因而在中国共产党人创立的抗日民主根据地内，团结了一切可以团结的抗日力量，建立几个革命阶级联合起来对付汉奸和反动派的民主专政，就成为中国共产党人领导抗日民族统一战线的社会基础。毛泽东为此提出了"三三制"的建政原则，即在抗日根据地的民意机关和政府机关的人员分配上，"共产党员占三分之一，他们代表无产阶级和贫农；左派进步分子占三分之一，他们代表小资产阶级；中间分子及其他分子占三分之一，他们代表中等资产阶级和开明绅士"①。其政权的任务在于"反对日本帝国主义，保护抗日的人民，调节各抗日阶层的利益，改良工农的生活和镇压汉奸、反动派"②。其政权的性质既区别于地主资产阶级的反革命专政，也不同于土地革命时期的工农民主专政。

作为中国共产党领导的 19 个抗日民主根据地之一，鄂豫边区的政权是在党的抗日民族统一战线政策的指引之下，在敌顽夹击的险恶环境中建立起来的，其政权建设经历了一个从无到有，从临时、不稳定到较为稳固，从国共合作政权到共产党领导的有各阶层参与的"三三制"政权的发展过程。

政权的建立有赖于根据地的建立，而"建立根据地问题，首先就是武装部队问题"③。自 1939 年 1 月李先念率领新四军豫鄂独立游击大队南下鄂豫边之后，这支部队就在没有成建制的红军队伍的基础之上，会合散在各地的党的多支地方武装，联络川军第一二七师陈离部，原西北军何基沣、张克侠部以及第五战区的桂军各部，甚至在"有理、有利、有节"的原则之下，同国民

① 《毛泽东选集》第二卷，人民出版社 1991 年版，第 750 页。
② 《毛泽东选集》第二卷，人民出版社 1991 年版，第 743 页。
③ 《毛泽东选集》第二卷，人民出版社 1991 年版，第 150 页。

党顽固派石毓灵、蒋少瑗、刘梅溪、程汝怀等既斗争又联合，尽可能地争取他们一致对外，从而才逐步立定脚跟、发展壮大、打开局面并创建抗日民主根据地的。而其政权建设则同这段复杂而曲折的历史一起搏动，它经过了建立国共合作政权、成立过渡抗日政权、组建正式统一的抗日民主政权等不同形式的发展阶段。可以说，鄂豫边区政权建设的历史，既是党的抗日民族统一战线不断壮大的历史，也是党的抗日民族统一战线政策不断深入人心的历史，更是中华民族抗日战争不断走向胜利的历史缩影。

不仅如此，鄂豫边区的政权建设还是在尊重民意、保障民权、开展民选的前提之下得以加强和巩固的。

1940 年 1 月豫鄂边区党委成立之后，即在基本区内进行了一系列的自下而上的民主普选活动，大批工农分子被选入了乡保基层政权，继土地革命时期以后，劳动人民又一次实现了当家作主的愿望。"当时美国的新闻记者史沫特莱在杨家河常常参加我们的民选会，感觉非常兴奋，每次到会演讲，总是说这种选举比美国的选举还好。"[①] 而豫鄂边区军政联合办事处和边区行署的相继成立，则是边区党委根据中共中央抗日民族统一战线方针和《抗日救国十大纲领》，切实贯彻、落实"三三制"原则的体现。边区政府高举抗日民族旗帜，颁行的政策也是从休养民生、培养民力、开启民智、服务抗战的前提下制定的，它大兴水利工程，发展农业、贸易，开展减租减息，厉行精兵简政，改进国民教育，倡导冬学运动，优抚抗属，弘扬法治精神，惩办汉奸，等等。种种举措使边区人民真切感受到了共产党人立党为公、执政为民的高尚情怀和无私风范。

今天看来，鄂豫边区政权建设的这些措施不仅在建立、扩大、巩固边区十几块小范围的抗日民主根据地中发挥了重要作用，而且还丰富了中国共产

---

① 许子威:《鄂豫边区政权建设的初步检讨及今后工作的意见——在区党委政权工作会议上的报告》(1944 年 7 月 1 日)。

党人的执政经验，成为中国共产党人执政思想中的一份宝贵精神财富。因而在目前尚未系统、全面研究这项历史的情况下，很有必要爬梳、剔抉、整理其间的史料，填补这项历史空白。有鉴于此，湖北省新四军研究会暨华中抗日根据地历史研究会选定这一课题，并出版本书，以探究中国共产党人在鄂豫边区的政权建设历史，总结其政权建设的经验，就有着特别重要的意义。

在编写体例上，本书以年代为经、事件为纬，吸收了近几年来的最新研究成果，将抗日战争时期鄂豫边区政权建设的发展变化过程划分为五个阶段，用六章加以阐述：第一章主要写抗战爆发后边区国民党地方政权的崩溃和敌后游击战争的准备及发动过程；第二章主要写各地国共合作政权的建立，抗日游击根据地的形成；第三章主要写抗日民主政府的初步统一；第四章主要写豫鄂边区行政公署的成立及其施政纲领的颁布；第五章主要写强化政权运动和根据地建设的大发展；第六章主要写鄂豫皖湘赣边区行署的成立，迎接抗战的最后胜利。在结束语中，本书对边区的政权建设经验作了概要性的分析，同时为方便查阅和检索，本书附列了鄂豫边区的政权建设大事记和政权组织序列。此外，为使国人牢记日本侵略者在鄂豫边区犯下的滔天罪行，本书还附加了日军在鄂暴行录。

需要说明的是，本书虽然冠之以"鄂豫边区"，但这一称谓从历史的角度来讲，并不能笼盖边区的全部过程。实际上，1941年以前这一地区称为"豫鄂边区"，1941年后才称为"鄂豫边区"，或"鄂豫皖边区"，1944年10月后又改称"鄂豫皖湘赣边区"，1945年10月后，更改称为"中原解放区"。本书在叙述具体历史史实时，均按照历史原貌予以表述。作为书名，依据的则是这块根据地的主要地域和传统习惯，所以采用了"鄂豫边区"这一称谓。

政权建设是一个常谈常新的话题，每一时期都面临着不同的形势和任务，都有着不同的时代特点，但以史为鉴，学会从历史中，特别是从自身政权建设的历史中汲取营养，无疑是中国共产党人加强执政建设的传统优势。党的十八大以来，习近平总书记多次强调："我们一定要牢记红色政权是从哪里来的，新中国是怎么建立起来的，倍加珍惜我们党开创的中国特色社会主义，坚定道路自信，理论自信，制度自信，文化自信。"① 并说，我们"告诫全党同志，不能忘记红色政权是怎么来的，新中国是怎么来的，今天的幸福生活是怎么来的，就是要宣示，中国共产党将始终高举红色的旗帜，坚定走中国特色社会主义道路，把先辈们开创的事业不断推向前进"②。因此，学会从党的政权建设历史中获取教益，做到权为民所用、情为民所系、利为民所谋，有着极为重要的历史意义和现实意义。

愿我们的这项研究能为增强党的执政能力提供一些有益的启示。

著 者

2022 年 8 月

---

① 2019 年 5 月 20 日至 22 日习近平总书记在江西考察并主持召开推动中部地区崛起工作座谈会时的讲话。转引自《人民日报》2019 年 5 月 24 日。

② 2019 年 9 月 16 日至 18 日习近平总书记在河南考察时的讲话。转引自《求是》2021 年第 10 期。

第一章 ■ 抗日战争全面爆发后鄂豫边地区的形势

　　抗日战争全面爆发后，日军很快占领了华东和华北大部，武汉及其周围的28座县城也先后沦入敌手，国民党第五战区和第九战区的几十万大军纷纷向武汉的北、南、西三面溃退，鄂豫边地区的国民党地方政权随之土崩瓦解，而各种游杂武装则遍地蜂起，"司令"多如牛毛。1937年9月董必武以中共中央代表的身份来到武汉，筹建了八路军武汉办事处；12月23日中共中央长江局成立后，董必武等克服王明右倾错误的影响，积极恢复与重建湖北、河南等省的党组织。1937年12月中共湖北省委临时委员会成立后，武汉等地的党员发展较快；次年6月中共湖北省委成立后，陆续组建了鄂东特委、鄂中特委、鄂南特委及鄂西中心县委和鄂北中心县委，逐渐恢复、重建了武汉外围的党组织。而在此之前的1937年9月，成立时间不长的河南省委迁往竹沟，豫南地区的党组织也很快发展起来。

　　鄂、豫等省党组织恢复、重建之后，一方面大力开展统战活动，团结各阶层人士，推动群众抗日救亡运动的开展；另一方面培训抗日骨干，收集、购置武器装备，建立抗日武装，竹沟、汤池和七里坪成为发动敌后游击战争的三大战略支点。1938年10月，信阳沦陷后，中共与国民党信阳县政府合作，建立了一支抗日游击武装——信阳挺进队；1938年12月，中共鄂中特委利用国民党应城县政府的合法名义，统一应城、京山、钟祥等县的抗日武装，成立了应城抗日游击队。与此同时，战斗在鄂东、鄂南的党组织，也在抗日民族统一战线的旗帜下，相继建立了国民革命军陆军第二十一集团军独立游击第五大队、新四军游击第六大队、新四军江北游击第八大队及梁湖抗日游击大队和鄂南抗日游击队樊湖大队。各地游击战争的发动，为创建抗日游击根据地和建立抗日民主政权创造了先决条件。

第一节　武汉沦陷及国民党地方政权系统的崩溃

武汉及其周边地区的沦陷　　1937 年 8 月 13 日，继卢沟桥事变之后，日本侵略者又在上海地区借口军曹大山勇夫冲闯虹桥机场被我击毙一事，向我驻上海的保安部队发起进攻，时任京沪警备司令官的张治中将军率部奋起抗击，八一三事变猛然爆发。

上海是国民政府的经济、金融中心，也是英美在华势力盘踞的要地，八一三事变的爆发自然引起了中外的极度关注。日军的野蛮侵略，激起了中国人民抗敌保国的热情和斗志。事变发生之后，国民政府先后从全国各地调兵 70 余万，动用约占全国三分之一的总兵力来淞沪进行抗战，淞沪会战全面展开。淞沪会战历时三个月之久。日军在付出惨重代价占领上海之后，又挟其凶焰，连攻苏州、常州、无锡、南京。1938 年 5 月徐州沦陷，华东重镇尽陷日军铁蹄之下，中日战争转入华中地区。

6 月 12 日，日军攻占安庆后，前锋直指武汉，武汉会战就此揭开序幕。当时，日军除沿长江两岸溯江而上之外，更调兵西向，拟夺取郑州而南下武汉，后该部兵力因阻于黄河决堤，遂改道豫东，沿大别山北麓进兵。为保卫大武汉，国民政府军事委员会以长江为界，将江北、江南分为第五、第九两个战区，欲"以空间换时间，积小胜为大胜"，节节抵抗日军的进攻。7 月至 10 月中旬，九江、黄梅、武穴、黄石、固始、商城、潢川、光山、罗山、信阳以及平靖关和江防要塞田家镇等陆续陷落，战火燃至武汉近郊。10 月 22 日，日军占鄂州，翌日占黄冈，隔日又占黄陂。25 日至 27 日，武汉三镇相继沦陷。其后，日军以武汉为中心，呈放射状沿长江、汉水及平汉、粤汉铁路向西向南进行"追击作战"。半个月之间，先后侵占了安陆、云梦、应城、孝感、蔡甸、长江埠、黄陵矶、汉川、咸宁、嘉鱼、蒲圻、崇阳、通城、城陵矶、岳阳等重要城镇、码头。这样，武汉及其周围的 28 座县城全部沦入敌手。华南重镇广州，也于 10 月 21 日被日军攻占。

随后，日军因困于战线过长、兵力不足，遂被迫收缩战线，改"追击作战"为"警备态势"，中国人民的抗日战争从此进入相持阶段。

武汉沦陷后，日军在武汉及其周边地区布以重兵，以控制华中的交通要道和经济命脉。其华中派遣军第 11 集团军的第 3 师团驻应山，第 6 师团驻武昌，第 9 师团驻蒲圻，第 13 师团驻黄陂，第 16 师团驻孝感，第 101 师团驻江西德安，第 106 师团驻阳新，后又增加独立混成第 14 旅团驻九江，作战区域横跨鄂东和赣北。不仅如此，日军每占领一地，即搜罗失意政客，收买社会渣滓，组织维持会，拼凑皇协军，企图实现"以华制华"的目的；并构筑碉堡，建立据点，划分交通线，实行殖民统治。

国民党地方政权的崩溃　　武汉弃守前夕，国民党第五战区和第九战区的所属部队纷纷向武汉的南、北、西三面溃退。其中，以李宗仁为司令长官的第五战区拥有兵力 7 个集团军、1 个江防军，共 20 个军、50 多个师、4 个警备旅，40 余万人，这些部队分别退驻襄阳、樊城（孙震的第二十二集团军），枣阳、随县（李品仙的第十一集团军），荆门、宜城（张自忠的第三十三集团军），桐柏山区（汤恩伯的第十三军），大别山区（廖磊的第二十一集团军、徐源泉的第十军），或依托山地险要，或凭借湖沼屏障，与日军对峙；以陈诚为司令长官（不久由薛岳代行其职）的第九战区则后撤至鄂南、湘北、鄂西一带，设司令部于长沙，凭仗长江和洞庭湖的地理之利，以防日军南侵，其所辖霍揆彰第二十集团军的彭位仁第七十三军、周翔初第八十七军分驻湖北公安、石首地区，与第五战区江北江防军彼此相连，桴鼓相应。

在国民党军队溃败后撤的同时，鄂豫边地区的国民党各级地方政权也大多土崩瓦解。

鄂东是革命老区，也是国民党控制严密、统治腐败的地区。"一般来说，都相当的腐败，特别是代表政府下层政治机构，更是黑暗腐化、敲诈勒索的情形，各县都有，民众感到很大的痛苦"①，就连国民党鄂东行署专员程汝怀也承认"贪污之风，甚遭民怨"②，加之"各县的绅士势力极大，有的简直可以左右地方行政，如黄冈、黄陂等县，绅士及其党羽成为腐化势力的中心"③。自然地，在日本侵略者面前，这些由官僚封建势力把持的腐败政权不堪一击，"党务陷入停顿状态，各县负责人星散"。④黄冈县长余希纯、黄安县长蔡成等反共老手，"一贯压迫救亡运动，对共产党态度很坏，公开发表反对共产党的言论"⑤，他们在日军尚未到来之时，就早已携眷挟款，逃往深山僻地。

在鄂中应城，当 10 月 29 日县城陷落时，县长鲍佛田率部弃城而逃，县府重要档案文献亦被日军悉数掳去。在应山，当日军还在百里之遥时，县长刘汉基闻风而走，栖身于西余家店，乡保机构失去联系，只得各自为政。在汉川，当 10 月 30 日日军松岛少佐率几百人溯汉水入侵汉川县城时，国民党军政人员仓皇出逃，全县 37 个联保陷入一片混乱之中。数日后，县长龚勋南慑于日军淫威，辞职他就。在京山，当风闻日军逼近宋河时，"京山城中的大人先生早已逃之夭夭，将国家民族丢在脑后，只留下一座空城和一位商会会长（而今伪县长袁子和）"⑥。在云梦，"日本人尚未入境，县长汪道源即携印潜逃"⑦。

在豫南罗山，当日军进入罗山县境时，县长梅治潮一口气逃往潘新店避难，直到一个多月后才由共产党员李雨膏、张霁辰将其找回，官复原职的。

其他如鄂南的情况也大体如此，鄂豫边地区的不少地方一时出现了"权力真空"的局面。

---

① 中共鄂东特委：《鄂东工作报告书》（1938 年 6 月 30 日）。
② 程怀汝：《武汉沦陷后鄂东（湖北第二区）军政概况》（1939 年 7 月 18 日）。
③ 中共鄂东特委：《鄂东工作报告书》（1938 年 6 月 30 日）。
④ 程汝怀：《武汉沦陷后鄂东（湖北第二区）军政概况》（1939 年 7 月 18 日）。
⑤ 中共鄂东特委：《鄂东工作报告书》（1938 年 6 月 30 日）。
⑥ 刘诚：《二年来的京山》，《七七月刊》第一卷第四期。
⑦ 刘诚：《二年来的京山》，《七七月刊》第一卷第四期。

在这种情况下，一些地方实力派借机拼命扩充武装，壮大实力，图霸一方；一些地主豪绅、汉留帮会、反共民团头目、国民党溃散军官也趁社会秩序混乱之机，收捡国民党军队溃散时遗弃的枪支，纷纷打出乡村自卫的旗号，拉起队伍，自封司令。转眼之间，沦陷区内"游击队"遍布各地，"司令"多如牛毛。他们或与日本人暗中勾结，或横征暴敛，鱼肉百姓，或专以迫害共产党人和进步人士为能事，抗日不足，殃民有余。

鄂东行署专员程汝怀在黄州失陷后，先逃至新洲，继转至大崎山黄土岭。喘息稍定后，他收聚鄂东各县地方乡团武装，渐成一股强大势力，被第五战区改编授命为鄂东游击总队，程汝怀本人任总指挥。该总队下辖三个纵队，有兵力1.3万余人。这支游杂队伍中的不少骨干都是内战时期镇压革命的刽子手，武汉沦陷之后，他们不打日寇，却用心对付抗日的共产党的武装，骚扰百姓，"终日派米、派款、拉夫、抽丁、抢牛、宰猪、奸淫、烧房子、杀人……无恶不作，与日寇配合把鄂东人民置于水深火热之中"①。鄂东百姓恨之入骨，曾作镶字联讥讽程汝怀和他的亲信王啸风（第三纵队司令）曰：

王子本无能，啸聚山林，风声鹤唳，日寇未来先丧胆；
程督果合格，汝图富贵，怀安旦夕，人民虽死不关心。

在鄂中，游杂队伍也势若蜂起，云梦沦陷后，"敌伪遍地，本县最出名之汉留大哥周栋蒲为汉奸之首，充任云梦县第一任维持会长，内仗敌人保障，外结党羽胡翼武、贺承慈、陈守洁等爪牙，收集国军遗枪，组织'游击队'，受敌委任为人民自卫军，在四乡缴括民财，奸虏妇孺"②。势力较大的有天（门）汉（川、阳）沔（阳）的金亦吾，京山的曹勖和京（山）钟（祥）

① 易史：《黄冈是人民的》，《七七月刊》第一卷第四期。
② 安天纵：《云梦两年》，《七七月刊》第一卷第四期。

曾宪成的游击武装，应城郭仁泰的汉留武装，天汉湖区岑鹏、王泥巴的土匪武装等。

金亦吾系京山人，武汉沦陷前任三青团武汉支团筹备处主任兼支团部战地工作总队长。武汉沦陷后，他组织游杂武装万余人，驻汉阳、沔阳、天门、潜江等地，他们在驻地奸淫掳掠，无恶不作，就连国民党天门县长胡光麓都说他们是"游安全之区，击无辜之民"。其第二游击支队司令汪步青后来干脆投降日军，充任伪中国人民自卫军第八十二师师长。

曹勖也是京山人，抗战前任国民党某部副师长，武汉沦陷后回乡收编乡团武装，组织第六游击纵队，自任司令，有众3000余人，驻京山丁家冲、大小焕岭一带，该部专事摩擦，甚至宣传"抗日不如打新四军要紧"，后来成为长期威胁鄂豫边区民主政权的一支顽固武装。曾宪成是钟祥人，抗战爆发时为钟祥县保安大队长，后任国民党京（山）钟（祥）应（城）三县军政联防总指挥和第五战区第三游击纵队少将司令等职，该部对京钟南山和荆钟北山抗日民主根据地的危害很大。

在信（阳）应（山）地区，日军为加强这里的殖民统治，网罗地痞流氓，普遍设立维持会，建立据点、交通线，计在信阳有七八个，应山有大小23个，交通基干线6条（平汉、信南、信横、信应、襄花、安应），支路如网，把信应划成8个大格子和许多小格子。曹文斌、崔仁甫地主武装等又都打着抗日的旗号，拥兵自重，为非作歹。那里的人民"既被敌人烧杀奸淫劫掠，又有杂牌'游击队'的抢劫和土匪的骚扰。有办法跑的跑了，剩下的都是百劫余生的穷光蛋——都已陷于日暮途穷之绝境"！"斯时的信应，是敌寇汉奸、土匪流氓、杂牌游击队三种势力乱碰乱闯的废墟。"[①]

总体而言，武汉沦陷后，国民党的各级地方政权系统大多崩溃或瘫痪，这种状况一方面为抗日民主力量的形成、发展和壮大，为抗日民主政权的建

---

① 劲虎：《信应的面面观》（1941年7月7日），《七七月刊》第一卷第四期。

立提供了机遇和条件；另一方面，武汉及其周边地区地处正面战场的前沿，日本侵略者的近后方，这里存在着国民党军队和日本侵略军两大军事势力的对抗，四处活动着各种极具破坏力的游杂武装，这些又都预示着中国共产党在建立抗日武装、创建抗日民主根据地、组建抗日民主政权的过程中必将面临十分艰难、曲折的困境。

第二节 鄂豫边区抗日游击战争的准备与发动 共产党组织的恢复与重建

一、中共湖北省委的恢复与重建

抗日战争全面爆发之后，国共两党再次实现合作。1937年8月中共中央政治局在陕北洛川召开扩大会议，通过了《抗日救国十大纲领》，确定了今后的任务是"动员一切力量争取抗战胜利"。为加强党在国统区的工作，党中央决定成立长江沿岸委员会，并决定派出重要干部在南京、武汉等地公开设立八路军办事处，为八路军筹集粮饷弹药，同时也帮助南方各地党组织恢复与重建。

1937年9月，董必武以中共中央代表的身份到达武汉。湖北是董必武的故乡，他在这里有着广泛的社会影响和较高的社会威望，"必武来汉后，大受此间当权者与在野名流的欢迎"①。经他与国民党地方当局（如董必武的学生、汉口市市长徐会之等）和各方友好人士（如故友、商人熊子明等）的联络、协商，10月，八路军驻武汉办事处（简称"八办"）正式在汉口安仁里2号

①《董必武关于武汉政局及湘鄂赣、鄂豫皖等地情形致中共中央信》（1937年9月30日），载《抗战初期中共中央长江局》，湖北人民出版社1991年版，第81页。

成立，李湘龄（又名李涛）任处长。

"八办"成立后，它一方面指导鄂豫边区红军游击队的集中与改编，着手重整湖北的党组织；另一方面，加强与社会各阶层人士的交往，扩大党的社会影响，并设法争取从国民党监狱中释放一批共产党员和革命同志。

12月9日至14日，中共中央在延安召开政治局会议，决定由周恩来、王明（陈绍禹）、秦邦宪、叶剑英组成中共中央代表团，负责到武汉与国民党谈判，开展统战工作，同时决定，由周恩来、秦邦宪、项英、董必武组成中共中央长江局，代替长江沿岸委员会，领导中国南方各省党的工作。12月23日，中共中央代表团与中共中央长江局举行联席会议，决议将代表团与长江局合并为一个组织，对外称中共代表团，对内称长江局，机关就设在"八办"（不久，"八办"搬到汉口日租界中街89号——现汉口长春街67号）。后经报中共中央批准，长江局由王明任书记，周恩来任副书记，董必武负责民运兼管湖北党组织的工作。

早在1937年初，何伟等湖北籍共产党员即秘密成立了中共武汉工作委员会；1937年7、8月，原清华大学学生、党支部书记杨学诚受博古的指派回到湖北，整顿了中共武汉工作委员会，健全了组织关系，杨学诚担任工委书记。董必武到武汉后不久，原红三十一军政治委员郭述申也被中共中央派到湖北，从事恢复和重建湖北党组织的工作。

郭述申向董必武报到后，董必武将湖北党员的组织关系交给了他。接着，刚被周恩来、董必武等人从国民党南京监狱营救出来的陶铸①、钱瑛（女）也经中共中央同意来到湖北工作。10月底，武汉工作委员会撤销，湖北省工作委员会成立，郭述申任书记（兼管组织、工运），陶铸任副书记（兼管宣传、

---

① 陶铸，号剑寒，湖南省祁阳人，1926年入黄埔军校第五期，同年加入中国共产党。土地革命时期，任祁阳县委军事委员、福建省委书记、漳州特委书记、福州中心市委书记。抗日战争全面爆发后，相继任湖北省工委副书记兼宣传部长、湖北省临时省委副书记兼合作社党团书记、新四军豫鄂独立游击支队代理政治委员。此时任豫鄂边区党委统战部长。

青运、文化），钱瑛（分管农运、妇运）、华岗和彭康（先后负责宣传）等为委员。

湖北省工委成立之后，审理、整顿了一些原有基层党组织，恢复了一批失去组织关系的党员的党籍，并依靠一些老党员去各地发展新党员、重建党组织。

12月24日，在中共湖北省工委第一次扩大会议上，中共湖北省临时委员会成立，郭述申（书记兼军事部长）、陶铸（副书记）、钱瑛（组织部长兼妇女部长）、何伟（宣传部长）、方毅（方静吉，农运部长）五人为常委，杨学诚（青运部长）、何功伟（何彬）为委员。这时，由于日本侵华战争的扩大，也由于中国共产党的影响与威望的提高，要求加入党组织的人越来越多。为此，中共中央下达了《关于大量发展党员的决议》，要求"打破党内在发展党员中关门主义的倾向"，"大胆向着积极的工人、雇农、城市中与乡村中革命的青年学生、知识分子、坚决勇敢的下级官兵开门"，"大量地、十百倍地发展党员"[①]。据此，长江局下发了《大力发展党员，不要搞关门主义》的指示，中共湖北省临委根据这两个文件的精神，作出《大力发展新党员，壮大党的力量的决议》，决定"扩大和巩固武汉的组织，创立重要部门的新基础"，"建立和改造外县党的基础"[②]。此后，省临委在武汉先后建立了武昌、汉口、硚阳（硚口、汉阳）三个城区区委，在青年救国团等六个大的群众团体中建立了党团组织，在工人、知识分子和青年学生中大力发展党员，并对铁路、邮电、海员等单位的党组织和个别党员进行直接领导。

经过两个多月的努力，到1938年5月，湖北省全省已有党员1040人，其中武汉市内有366人，"是1937年9月人数的十倍"，[③]仅武汉大学党支部就有

①《中共中央关于大量发展党员的决议》（1938年3月15日）。
②《中共湖北省委1月15日至2月15日工作大纲》（1938年1月13日省委会通过）。
③《抗战初期中共中央长江局》，湖北人民出版社1991年版，第614页。

党员 30 多人。

1938 年 6 月，湖北省临委召开第二次扩大会议，正式成立了中共湖北省委，郭述申担任书记，郑位三、钱瑛、何伟、方毅、何功伟、王翰、杨学诚、王亦清、姜纪常、雍文涛、刘青、孙世实、王致中、夏忠武等 14 人为委员。省委决定在继续加强城市工作的同时，通过各种渠道将武汉地区的党员和干部派往农村，积极开展农村工作。

6 月至 8 月，湖北省委相继建成了鄂东特委（书记郑位三）、鄂中特委（刘青、何功伟、杨学诚先后任书记）、鄂南特委（书记何功伟）、鄂西中心县委（书记王致中）、鄂北中心县委（书记安天纵），以加强各地党的领导。

在此时间前后，湖北省临委和省委陆续委派到全省各地的一些干部均在当地进行了卓有成效的工作。

抗战全面爆发之前，河南境内尚有一些秘密党组织和小股、分散的红军游击队在活动，鄂豫边省委统一领导这些分散的党组织。国共实现全面合作后，中共中央北方局对鄂豫边省委加强了领导，对其组织机构也作了相应调整，由仝中玉任书记，胡龙奎任组织部长，邓一飞任宣传委员，北方局派刘子厚化名马志远，前来就任统战部长。

与此同时，北方局还着手河南省委的组建工作。1937 年 4 月，河南成立了以刘子久任书记的省工作委员会，随后，中共中央派原陕西省委书记、中共中央驻东北军特派员朱理治筹建河南省委。9 月，河南省委在开封正式建立，朱理治任书记，林凯、刘子久、吴芝圃等任委员，省委下辖豫西、豫北、豫南三个特委，许昌、杞县两个中心县委和开封市委，鄂豫边省委改为豫南特委。豫南特委下设信阳、南阳、舞阳、汉南四个中心县委，每个中心县委直接管理 6—9 个县的党的工作。很快地，豫南的 30 多个县相继建成了各级党组织。

这一时期，河南党组织通过党员、民先队员及其他进步知识分子组织了许多抗日救亡团体，开展了一系列声势浩大的群众救亡运动，如范文澜领导的河南战时乡村教育工作团，林亮、李游领导的光明话剧团，危拱之、苏菲领导的开封孩子剧团以及第一战区豫南民运办事处、第五战区抗敌青年军团、商城青年战时服务团、确山教育界战时服务团等，同时还在全省各地举办了各种抗日培训班，普遍建立了农救会、青救会、妇救会等组织，为开展敌后游击战争做了许多思想上和组织上的准备。

二、"三大战略支点"的形成

排除王明右倾错误的干扰　　随着抗日战争的深入和扩大，各地党组织的恢复与发展，建立抗日武装、开展游击战争已成为这一时期党的工作和民族战争的共同要求。豫鄂边区的许多地区都是老苏区，具有武装斗争的传统和经验，这又为游击战争的开展提供了先天条件。

1938 年 5 月徐州弃守之后，日军兵分数路，沿陇海线和长江两岸向苏、皖、豫、赣、鄂等省发起进攻。对此，中共中央书记处除了于 5 月 22 日给长江局发出指示，要求湖北、河南两省组织、领导群众，准备发动游击战争之外，又于 5 月 25 日致电中华民族解放先锋队总部负责人李昌，要求"徐州失守，鄂豫皖苏应以游击战争为中心任务"；指示李昌"请从西安及各城市动员大批上述四省籍的民先队员回家乡组织游击战争"；"动员去时，首先把党员和民先中的积极分子组成骨干，使不致群众无首"；"回乡民先队员应当在当地党部领导之下。如当地无党部，民先中的党员应该负责去建立党的组织"[1]。

这样，在中央的正确部署下，豫、鄂等省的党组织从民族立场出发，一方面积极开展统战活动，团结各阶层人士，推动群众抗日救亡运动；另一方面加紧党组织建设，多渠道培训抗日骨干，并设法收集、购置武器，筹建抗日武装，准备开展敌后游击战争。

但是，就在豫鄂边区党组织积极准备敌后游击战争时，作为长江局书记

---

[1]《抗战初期中共中央长江局》，湖北人民出版社 1991 年版，第 243 页。

的王明不仅不认真贯彻中央的指示精神，而是另行其是，到处散布、推行他的右倾错误观点。

王明还相当轻视游击战争的战略作用，轻视农村和下层群众的发动工作。5月下旬，中共中央书记处就徐州失守后的华中工作给长江局作出指示，但长江局仍把工作重心放在大城市上，把统一战线的重点放在国民党的上层人物身上，而对鄂豫皖边区的民众工作和抗日游击战争的武装工作没有作统一的安排、部署，中央强调要"立即成立"的鄂豫皖省委也迟迟不见动静。

《新华日报》是国共第二次合作后中国共产党在国民党统治区公开出版发行的唯一大型机关报。王明在担任长江局书记的同时，兼任新华日报社董事长。其间，他借助《新华日报》这块阵地，多次宣传他的一些错误言论和主张，还以毛泽东《论持久战》"篇幅太长"为借口，拒绝在《新华日报》上刊登这篇光辉著作，并作诗讥讽《论持久战》："四亿弗凭斗志衰，空谈持久力何来？一心坐待日苏战，阶段三分只遁牌。"

更为严重的是，当日军大举向武汉周边推进、鄂豫皖湘赣边的相当一部分地区沦入敌手，国民党溃兵成群、丢枪无数之时，一些受王明右倾思想影响的党组织负责人不敢动员群众去捡枪拉队伍，组建抗日武装，结果使大批失散于民间的枪支落入地主土匪之手，自己则拱手放弃了一次发展武装的良机。鄂东情形最为典型。当国民党的溃兵（甚至有个别班、排建制）主动找到新四军第四支队七里坪留守处，请求收留抗日时，鄂东特委主要负责人却害怕此举会"刺激"国民党，"破坏"统一战线，"不仅不准留守处警卫排和地方干部收捡枪支和收容愿意跟随共产党抗日的国民党溃军官兵，甚至强令将收捡得到的枪支拱手送交国民党政府乡公所，这就白白地丧失了一个发展抗日武装的大好时机"①。

但是，由于周恩来、董必武、叶剑英等中共中央长江局其他领导和鄂豫

---

①《战斗在鄂豫边区》(二)，湖北人民出版社1985年版，第145页。

两省党员、干部在实际工作中的抵制，由于毛泽东游击战争思想已深入人心，武汉外围的鄂豫皖湘等省的抗日游击战争的准备工作仍在艰难条件下秘密开展起来。

竹沟战略支点的建立 抗战之初，在中央决定成立河南省委，由朱理治任书记后，毛泽东就指示朱理治说：这个地区很重要，今后将是战略要地，要利用抗日民族统一战线，积极组织群众，建立党组织，做好游击战争的准备。

中共河南省委组建后，省委遵照毛泽东的指示精神，立即着手这方面的准备工作。"尤其是当济南、保定失守之后，河南省委及其领导的苏鲁边区就看到长江以北、黄河以南这一地区，将来不可避免地要变为战区，因而也就可能沦陷，所以从那时起便把准备华中游击战争作为当时的总的任务。"① 1938年3月徐州会战开始后，中共河南省委"看到中原失守只是时间问题，因此规定了河南党的中心任务，是准备敌后游击战争，一切工作均围绕着这一中心任务开展"②。于是，河南省委提出了"准备十万武装"的号召。

竹沟，作为联系中原和华中的枢纽，其战略地位得到了河南省委的重视。竹沟地处豫南地区确山、信阳、桐柏、泌阳四县的交界处，是桐柏山区北部的一个小村镇。土地革命时期，这里即是鄂豫边省委和红军游击队的活动中心，周骏鸣和王国华（王老汉）等人"在经过长期的斗争后，已经在竹沟一带开展了红军游击战争，建立了一支60多人的游击队"。③

南京失陷后，日军南北对进夹击徐州，中原形势岌岌可危，竹沟的战略地位越发显得重要，也引起了党中央的高度重视。1938年2月，彭雪枫受中央派遣率领一批红军干部到达竹沟后，毛泽东致电彭雪枫，"望以大力发展该

---

①《抗战初期中共中央长江局》，湖北人民出版社1991年版，第622页。
②《豫南抗日民主根据地史稿》，河南人民出版社1988年版，第78页。
③《抗战初期中共中央长江局》，湖北人民出版社1991年版，第623页。

区工作"①。随后，中央从延安，周恩来、叶剑英从武汉陆续派来多批干部，充实、增强豫南地区党的力量。1938 年 3 月新四军第四支队整编完毕东进抗日时，由原来豫南人民抗日军独立团改编成的第四支队第八团（团长周骏鸣，政治委员林凯）在竹沟设立了通讯处（人们习惯称之为"留守处"，王国华任留守处主任），具体负责伤病员和军人家属的安置工作。河南省委机关撤退到竹沟后，这里更成为整个河南省的党的领导中心，留守处遂成为对外合法的党的阵地。当时最感缺乏的是干部，尤其是"有经验之团、营、连各级军事政治干部"②，因而彭雪枫曾多次致电中央，要求"多派河南及陕南籍的军事、政治、党务干部"，但这毕竟不能满足形势发展和武装斗争的需要。为此，河南省委在 5 月作出"立刻创立一千五百人至二千人的新四军"，"成立干部教导队五百人"的决定后，又于 6 月初决定"续办第二期教导队三百至四百人，并扩大此间部队至两营"③。

教导队是彭雪枫到竹沟后举办起来的，学员多为本省地方党组织和抗日救亡团体介绍过来的，少部分是八路军武汉办事处推荐而来的。学期三个月，每期 300—400 人，在不到一年的时间内，教导队共办了四期，培训了 1000 余人。

学员开设有马列主义理论、中共党史、抗日民族统一战线、群众工作、军队中的政治工作、游击战术等课程，以游击战术为主课，朱理治、彭雪枫、陈少敏、王国华、危拱之、刘子厚以及许多从延安来的老红军，如李先念、罗炳辉、张震、岳夏、周志坚、王海山等都曾为学员讲过课。

为解决豫南党的干部不足的问题，7 月 9 日，河南省委还决定：在竹沟"设立一个五十人的党的干部训练班，造就全省特别是豫南的干部"④。7 月下

---

①《抗战初期中共中央长江局》，湖北人民出版社 1991 年版，第 179 页。

② 彭雪枫致毛泽东电（1938 年 7 月 9 日）。

③ 彭雪枫致滕代远并转报前总电（1938 年 6 月 9 日）。

④ 朱理治、彭雪枫、陈少敏致电长江局（1938 年 7 月 9 日）。

旬，以支部书记为主要对象的地方干部党训班（对外称"新兵队"）正式开班。这个班共办了六期，在15个月的时间内先后有千余名县、区干部接受过培训，这些同志在结业之后，大多数被分配到部队从事政治工作，一部分仍回地方发展党组织。

此外，河南省委还在竹沟开办了地方武装干部（又称青年队）及电台、机要、卫生、供给、妇女等各种专业技能和专项工作的培训班，培养了200余名专业人员。据不完全统计，经竹沟培养的干部有3000多人，其中党员2200余人。竹沟遂有"小延安"之誉。

为扩大抗日武装，也为新四军的壮大提供后备力量，中共河南省委和豫南特委在竹沟设立了招兵工作处，招募青年参军参训参战，豫南特委书记王国华亲自负责这项工作。各地党组织对此给予了高度重视，许多党员跋山涉水，走村串户，动员群众，使大批进步青年从此投入到了民族解放战争和人民革命战争的洪流，而党员自身更是率先垂范，带头入伍。据统计，两年间，到竹沟参军的党员就达3000多人。

党的力量集中于竹沟之后，河南省委还对竹沟周围的国民党驻军和地方实力派展开统战活动，团结一切可以团结的力量，为放手发动群众、壮大自己、组建抗日武装营造有利的环境。

竹沟的附近驻扎有国民党第六十八军刘汝明部（驻信阳）和第十三军张轸部（驻南阳），国民党第八专员区（汝南专区）和第六专员区（南阳专区）以及地方实力派别廷芳、王友梅也包围、挤压着这一地区。为打开局面，河南省委加强统战工作，成立了以彭雪枫、刘贯一为正副主任的统战委员会，专门领导这方面的工作。

刘汝明是西北军冯玉祥的旧部，曾任察哈尔省主席，参加过冯玉祥、吉鸿昌组织的察哈尔抗日同盟军，抗击日本人的侵略，刘贯一曾为他办过报纸，对第六十八军及其主要将领的情况极为熟悉。有了这层关系，加上第六十八军内共产党的作用，刘贯一很快就同刘汝明建立了联系。同时，彭雪枫、豫南特委还指示当地的党组织，动员群众慰劳第六十八军官兵，动员进步士绅送匾额、锦旗给他们。这样，对刘汝明的统战活动在较短的时间内就取得了明显效果，刘汝明表示，决不与新四军和共产党为敌，必要时还愿意以武器弹药相助。国民党第十三军军长张轸颇为傲慢，但在刘贯一耐心细致的工作下，张轸也放下架子，同豫南特委建立了统战关系，并向竹沟留守处赠送了 200 多支步枪和一批子弹。

国民党第七十七军何基沣部、第一战区预备军张钫部、川军第一二七师陈离部也同豫南特委关系融洽。在第七十七军内部，共产党员利用与第七十七军副军长何基沣的统战关系组建了培训下级军官的军士训练团（简称军训团）。军训团由共产党员朱大鹏（朱军）任教育长，军训团内"有我党的支部，归豫南特委领导"[1]。通过这批共产党员的宣传、教育，第七十七军的思想面貌发生了很大变化。1938 年 7 月，军训团移驻信阳后，朱大鹏得到河南省委转来的八路军武汉办事处的建议，经何基沣同意，从军训团中抽出 70 余名初级军官、学员（多为共产党员或进步分子）组成桐柏山区七七工作团，进驻桐柏县城东北的固县、毛集一带，有枪 100 余支，这支队伍后来成为豫南游击战争的一支基本力量。

汝南专员张振江原是冯玉祥的部下，为同他建立联系和合作，彭雪枫派曾任冯玉祥机要秘书的王恩久去做他的工作。果然不出所料，王恩久马到成功，张振江当即表示，允许在其辖区内建立抗日救亡团体，开展抗日救亡活动。南阳专员朱玖莹是程潜的部下，思想开明，所以豫南特委同他之间几乎没费什么周折就建立了融洽、合作的关系。河南省第六区抗敌自卫军总司令别廷芳，是指挥南阳十三县团练武装的地方实力派，泌阳士绅王友梅是泌阳当地说一不二的土皇帝，为同他们结成统战关系，彭雪枫亲自登门做工作。结果，别廷芳不仅表示愿意同共产党合作抗日，而且还派部队驻扎在竹沟西

---

①《豫鄂边抗日根据地》，河南人民出版社 1986 年版，第 222 页。

部，协助竹沟留守部队阻止土匪的袭扰；王友梅甚至邀请共产党派干部到泌阳开办抗日青年训练班。刘贯一、方中铎受彭雪枫的派遣到泌阳主持"青训班"后，一批青年从此走上了革命道路。

豫南的一些地方官员，如信阳县县长李德纯、桐柏县县长朱锦帆则同豫南特委建立了更为密切的互信、协作关系。

同时，一些党的外围组织也为抗日游击战争的准备发挥了积极作用。1937年秋，武汉大学教授兼平汉铁路总场场长李相符遵照董必武的指示，征得国民党第一战区司令长官部的同意，成立了豫南民运专员办事处（简称"民运办"）这样一个具有统战性质的组织。在这个组织内，中共中央长江局和中共河南省委派去了大批党员，豫南十六县民运指导员中的多数人都是共产党员。这些民运指导员通过召开群众大会、宣传讲演、走村串户座谈、开办游击战训练班等方式发动群众，信阳李新店、赵庄等地在此基础上相继组织了农民自卫武装，仅谭家河的农民自卫队就达 170 多人。在信南的李家寨、南新店、当谷山等平汉铁路沿线，民运指导员为工人开办了战时训练班，帮助工人成立了二七平汉铁路工人破坏队。

河南省战时教育促进团（简称"战教团"）的出现也为准备豫南地区的游击战争做了大量的工作。战教团是河南大学进步教授嵇文甫、范文澜根据中共河南省委的指示，在平津流亡学生农村宣传队的基础上，吸收河南的大中学生而组织起来的统战团体。1938 年初，战教团南下豫南地区，他们深入信南的柳林等地，演话剧，教唱抗日歌曲，组织儿童歌咏队，开办农民识字班，举办工人抗日训练班，讲授游击战术等课程，使信南地区人民的抗日热情被极大地调动了起来。

发展地方武装，改造旧式武装（如红枪会、大刀会、黄沙会、蓝子会、黑旗会、忠孝团、联民会等）是豫南地方党组织工作的一大中心任务，豫南特委甚至把武装工作布置到信阳、确山、泌阳等县的各个支部，这一切都造成了豫南民众大动员、抗日武装遍地兴起的局面。这种合作抗日局面的形成，不仅有利于竹沟根据地地位的稳定，更有利于党在竹沟周围发动群众，组织群众，建立抗日武装。

汤池战略支点的建立 董必武到达武汉后，利用自己的社会影响和广泛的社会关系，接触国民党的地方官员，联络爱国的知名人士和知识分子，积极开展统战工作。1937 年 11 月，董必武在辛亥革命时期结交的老朋友、国民党湖北省建设厅原厅长兼省农村合作委员会主任石瑛，有感于国民党的那些农村合作事业指导员只图官位、不务实事的现状，决定请共产党人出面创办一所农村合作人员训练班，培养一批新型的农村合作事业指导员。在周恩来、董必武的积极支持下，训练班请进步人士李范一任主任，便在应城汤池开办了起来。

早在 1933 年下半年，时任湖北省建设厅厅长的李范一即聘请刚从金陵大学农业专修科毕业的共产党员许子威在汤池开办农场，推广农业技术，发展农业生产。不久，这个农场扩大为由李范一任理事的"汤池碾米、榨油、织布、生产、供销合作社"，进而改名为"汤池农村改进实验区"，兴办农、林、水利、医疗卫生事业，提倡农村合作，发放贷款，吸引农民创办工厂，这为汤池训练班的建立打下了基础。为加强对汤池训练班的领导，湖北省工委派副书记兼宣传部长陶铸主持训练班的日常工作。接受这一任务之后，陶铸以满腔热情投入招生和筹备开学工作。1937 年 12 月 20 日，训练班在汤池正式开学，第一期录取了学员 60 余人。到 1938 年 3 月底，训练班在汤池共办了三期，每期一个月，总计培训了学员 245 人；4 月中旬到 5 月中旬，石瑛在武昌又办了一期训练班，培训了学员 100 余人；陶铸和李范一在汤池训练班停办之后，自筹经费办了汤池临时学校。这样，到鄂中沦陷时，汤池训练班先后在四个多月的时间内，以各种形式训练了 600 多名抗日骨干。

训练班的第一、二期学员，大部分是来自东北、华北、华东地区的流亡大学生和武汉地区的大中学生，第三期吸收了一批鄂中的知识青年。训练班以"抗大"为榜样，实行民主管理，教学方式灵活，以中共抗日民族统一战线理论和共产主义理想武装学员头脑，他们以祠堂庙宇为居室，将木板稻草做床被，吃萝卜，咽咸菜，尽管如此，训练班上下到处洋溢着团结、紧张、严肃、活泼的战斗作风和朝气蓬勃的革命斗志。训练班开设的课程，有抗日民族统一战线、群众运动、游击战争、《抗日救国十大纲领》、合作社贷款业务等，第三期还把游击战争的战略战术作为主课，不时组织学员夜间集合，举行行军演习。训练班开办后，八路军武汉办事处和中共湖北省工委曾先后派曾志、潘怡如、刘顺元、陈辛人、雍文涛、蔡承祖、许子威、童世光等一批党员和干部到汤池任教和工作；训练班内成立了中共党支部，还成立了鄂中特别支部，汤池训练班因而成为培养党的干部的阵地，成为恢复和重建鄂中党组织的战略基地。

训练班学员结业之后，大多分到全省各地从事农业合作事业。他们遵照陶铸"应当把办合作社当做敲门砖"的指示，以"合法"身份，接近社会各阶层人士，开展统战工作，组织各种抗日宣传活动，并借机联系失散党员，发展新党员，重建党组织，筹建抗日武装，为敌后游击战争做准备。

随着汤池训练班影响的扩大，国民党顽固派的阻挠与恐慌也与日俱增。国民党湖北省第三行政专署专员石毓灵、国民党立法委员卫挺生、湖北省党部常委杨子福、中统头目徐恩曾等多次来汤池"巡视""访问"，调查共产党的活动；蒋介石也亲自出面指责"汤池训练班影响统一战线"。一贯主张"一切经过统一战线"的王明于是也随声附和，指责陶铸太"左"了，他要训练班不讲党的建设，不讲马列主义和游击战争，只讲合作社。国民党特务机关更是不断威胁石瑛，最终迫使湖北省建设厅停发了开班经费，因而汤池训练班于1938年3月第三期结业后被迫停办。

即便在这种情况下，陶铸和李范一仍筹集经费，以汤池临时学校之名将培训班办了下去，继续为鄂中抗日游击战争培养革命力量。陶铸在举办汤池训练班和临时学校时，十分注意向学员宣讲武装抗日思想。他征得李范一的同意，亲自从汤池农业合作社中拿出3600元资金，通过八路军武汉办事处，从香港购买了 24 支德国造驳壳枪。武汉沦陷前夕，这批枪支运到汤池，鄂中特委将党组织掌握的应城县保安中队及汤池的工人、农民、知识分子组织起来，建立了一支拥有六七十支枪的汤池抗日游击大队，鲁尔英任大队长。

应城膏盐矿区潘家集党小组成立后，也在秘密筹建抗日武装。党员蔡松荣家境殷实，是膏盐矿商，他拿出自家收藏的一支手枪，又通过各种途径添购了 7 支短枪、半箱子弹和十几个手榴弹，这样，潘家集党小组就有了史称的"应城八条枪"。他们以护矿名义进行训练，并在应城沦陷的前几天打出了"应城县潘家集商民自卫队"的旗号。其后，鄂中特委书记杨学诚带领自卫队的 13 个人和 8 条枪，奔赴京山丁家冲，从而竖起了鄂中抗日大旗。对此，李先念给予了高度评价："陶铸同志在武汉沦陷前，就到了鄂中，在应城汤池创办农村合作人员训练班，利用这一公开形式，培养了一些抗日骨干。武汉沦陷后，他和杨学诚等同志组织了一支抗日武装，发动游击战争。"[①]

1938 年 3 月，原红军营教导员许金彪（许世猛）、连长杨文忠、团军医主任刘良壁、连级干部刘明榜、骑兵排长汪兆发、护士赵明英等，以平型关战役伤员的名义回到家乡孝感，齐聚中和乡，宣传共产党的抗战方针，动员群众，组建抗日武装。5 月，一支由 20 名青壮年参加的抗日防护团宣告建成；到 10 月孝感沦陷时，这支队伍已发展成百余人枪的湖北省抗日游击队，由此在孝感诞生了第一支敌后人民抗日武装。

与此同时，土地革命时期隐蔽下来的应山籍党员杨常安，组织党员群众收捡国民党溃兵遗弃的枪支弹药，组建了有 200 多人枪的应山游击大队。1938 年 11 月，为取得合法名义，解决部队给养，这支队伍被编为国民党应山县抗日游击司令部特务一大队，这是我党在应山掌握的第一支武装力量。同月，通过天汉工委的努力，一支由 70 多人枪组成的武装——（汉）川（汉）阳抗日游击大队在汉阳七肖大湾也宣告成立。

---

① 《李先念文选》，人民出版社 1989 年版，第 441 页。

在鄂中、鄂东、鄂西一带，汉留会有着相当深厚的群众基础。汉留会是一个半秘密的封建帮会组织，又称"洪门""洪邦""洪家兄弟"等，相传起源于明末清初，其初衷旨在"反清复明""光复大汉"，因系明朝遗老所留传，故称汉留会。后经几百年的历史演变，其政治色彩不断淡化，而等级森严的封建帮规却始终未改，它已由一种政治组织逐渐演变为通过结拜兄弟、开码头、立山头来吸收成员的帮会活动形式。早在汤池训练班开办之时，陶铸就留意做汉留会的工作。1938年2月训练班第二期学员结业后，鲁斌、汪心一、赵季、萧松年、胡旋等12人被分配到应城陈家河开展工作，他们一方面发动民众参加抗战，另一方面做当地汉留会头目的工作，赢得了郭仁泰等汉留会重要人物的信任和支持。应城失陷后，陈家河地区以鲁斌为组长的党小组带头收集国民党部队丢弃的枪支，组建了陈家河湖区抗日游击大队，姜泽如任大队长，郭仁泰任副大队长，汪心一任政治主任。此外，党员同志还与应城矿区、京山山区、天汉湖区、大洪山区的汉留会进行了广泛接触，并经过初步改造，将其力量逐步转化成党所掌握的抗日武装，这是鄂中党组织在党的统战政策指导下，成功实现化消极因素为积极因素的一个重要成就。

七里坪战略支点的建立 红军长征之后，红二十八军坚持下来，活跃于鄂豫皖边区，直至第二次国共合作局面的到来。1937年9月上旬至10月下旬，红二十八军及遍布大别山区的30多个便衣队陆续集结于七里坪、吕王城、宣化店一带接受改编。次年3月，这些队伍正式改编为新四军第四支队，随即开赴皖中、皖东抗日前线。

新四军第四支队东进之后，黄安（今红安）七里坪设有第四支队后方留守处，同时中共鄂豫皖特委（书记郑位三）也转移到这里。6月，以郑位三任书记、方静吉（方毅）任副书记的鄂东特委成立，这里便成为恢复与发展鄂东及豫东南光山、罗山、经扶（今新县）党组织的领导中心，成为鄂豫边区发动抗日游击战争的战略支点之一。

红二十八军集结后，鄂豫皖特委在七里坪接连举办过几期培训班，为发动抗日游击战争培养骨干。1937 年 10 月至 1938 年 1 月，在福德乡秦氏祠，郑位三、高敬亭主持开办了游击队干部训练班和青年干部训练班，学员达 200 余人，多是集中起来的红二十八军便衣队员、地方干部和经湖北省工委介绍去的武汉青年学生。不久，方静吉代表湖北省临时省委主持开办了青年训练班和共产党员训练班，该班培养了 300 余名青年骨干和党员。这些受训学员除一部分随第四支队东进之外，其余大多留在鄂豫边地区，做抗日游击战争的准备与发动工作。

第四支队留守处成立后，鄂东特委将集中在留守处的红色便衣队员和红二十八军伤病员共 30 余人，组成了两个班 28 条枪的警卫排，由罗厚福任排长，张体学任政治指导员，这是发展鄂东抗日武装的基本力量，也是发展新四军第五师的一支重要骨干力量。

1938 年 4 月，张体学奉命由七里坪来到黄冈，担任黄冈中心县委的军事部长，与黄冈中心县委书记刘西尧一起筹建抗日武装，黄冈中心县委随即也从黄州迁到革命老根据地孙家冲。6 月，湖北省委常委、鄂东特委副书记方静吉到黄冈工作时，带来了丁宇宸等三位有军事工作经验的干部。

孙家冲群山环抱，黄冈中心县委迁到那里去时，20 多名学生党员和积极分子也随同进山开展群众工作。7 月，当日军逼近鄂东时，黄冈中心县委针对形势，召开会议，决定大力发展武装，准备打游击，而且要求党员赶快行动起来，带头当兵，"一带三"（除自己当兵之外，还动员三个群众当兵），并利用各种社会关系和力量，筹集枪、粮、款，发动群众拾捡国民党溃兵的枪械弹药，为组建抗日武装作贡献。会后，黄冈中心县委将第二区贾庙支部秘密保存的"七条半枪"（有一条枪被锯掉了枪托）拿出来，并以抗日保家名义，从总路咀乡公所借出十几支锈枪，加以修理，共组成了一支有 20 多条枪的 30 人秘密队伍。到 9 月初，这支武装发展到 80 余人枪。

与此同时，黄梅县也建立了一支有七八十人的队伍，定名为黄梅县抗日总队第四中队；中共浠水县委和中共英山县工作委员会也相继组建了何家寨抗日游击队和英山县西河抗日自卫队；黄安县到 1938 年 10 月，总共成立了 13 支抗日游击队。

三、各地抗日游击战争的发动

1938 年 10 月武汉沦陷后，惨遭日寇杀戮、奴役的鄂豫边区人民，在中国共产党和党的外围组织领导之下，捡起国民党散兵丢弃的武器，纷纷武装起来，上山下湖，发起了对日本侵略者的游击战争。

国民革命军陆军第二十一集团军独立游击第五大队的建立　　1938 年 10 月 24 日，也就是黄冈陷落的次日，由张体学任队长、段亚杰（文祥）任指导员、丁宇宸任队副的黄冈游击队正式打出了"鄂东抗日游击挺进队"的旗号。五天后，部队发展到 130 多人。

时值武汉会战期间，国民党军队在鄂东进行抵抗之后，撤退较为混乱，弃枪甚多。在这种情况下，黄冈县委发动党员群众，配合鄂东抗日游击挺进队到淋山河、方高坪、三庙河、上巴河等地公路、草丛中去捡枪支、弹药，或者用衣、食、钱物与国民党散兵换取武器。淋山河的上嘉鱼庙里，有一座国民党遗弃的军用仓库，张体学得悉情报后，带人从那里搬出了 300 多支崭新的苏式步枪、5 箱子弹。

与此同时，中共浠水县委也在何家寨组建了一支武装，即鄂东抗日游击挺进队浠水第四中队，并很快发展到 140 余人。不久，两支队伍合在一处，鄂东抗日游击挺进队壮大到 400 余人。

鄂东抗日游击挺进队一成立，即投入到对敌斗争之中。1938 年 11 月，中共鄂东特委副书记方静吉带领一个中队，在当地党员的引导下，夜袭淋山河日寇据点宋家墙，全歼了日军一个小队，打响了黄冈敌后抗日的第一枪。

此后，为联合抗战力量，也为了解决给养问题，中共鄂豫皖区党委派人与桂系第二十一集团军谈判，达成了将鄂东抗日游击挺进队改编为"国民革命军陆军第二十一集团军独立游击第五大队"（简称"五大队"）的协议，因第二十一集团军总司令廖磊远在安徽立煌，对第五大队管理不便，所以议定第五大队由鄂东游击总队总指挥程汝怀代管，划麻城夏家山、徐古，黄冈芦泗坳、鹅公包、龙王山、回龙山及浠水何家寨等处为其防区。

为加强党政军的统一领导，根据鄂豫皖区党委的指示，独立游击第五大队成立了以方静吉、刘西尧分任正、副书记的军政委员会，方静吉调任他职后，谭希林和刘西尧又先后接任其职。

1939 年 1 月 3 日，日寇集结（武）汉麻（城）公路和柳界公路沿线据点的敌伪军 2000 多人，分三路"扫荡"大崎山。独立游击第五大队在群众的支援下，打伪军，惩汉奸，扰敌寇，粉碎了敌人进山"扫荡"的计划。随后，第五大队分兵（黄）冈麻（城）各地，基本上控制了黄冈县的一、二、三、四区和麻城四区以及白果以南、汉麻公路以东的广大农村，部队声威日著。第五大队在战斗中不断成长，到 1939 年 6 月，已发展到 11 个中队（内有一个机炮中队），1300 余人。

新四军游击第六大队的建立　　新四军游击第六大队（简称"六大队"）的班底是新四军第四支队七里坪留守处的警卫排。

1938 年 11 月，七里坪留守处警卫排在武汉沦陷后转移到河南经扶（今新县）白马山隐蔽起来，待机而动。这时候，地方上已经暴露身份的党员及中共黄陂特支（书记任士舜）领导的梅店自卫队也陆续聚集白马山，警卫排遂扩大到 80 余人。年底，参加完扩大的六届六中全会的郭述申经竹沟去金寨县，准备组建中共鄂豫皖区党委，途经白马山。在龚家湾，郭述申向大家传达了六届六中全会精神，决定成立罗（山）礼（山）陂（黄陂）孝（孝感）中心县委，以贺健华、罗厚福、熊作芳、廖毅为委员，贺健华任中心县委书记，领导光（山）麻（城）经（扶）中心县委和罗南工委，同时决定将留守处警卫排、梅店自卫队和护送郭述申等去金寨的竹沟警卫排及贺健华从罗山、息县带来的"露红"农民、学生合编为"新四军游击第六大队"。

1939 年 1 月初，中共鄂豫皖区党委在金寨县白水河成立，郑位三任书记。

在此前后，新四军游击第六大队亦在白马山龚家湾组建完毕，该大队下辖两个中队，100余人枪。2月，第六大队收编当谷山蔡玉昆部八九十人的武装后，又接收了曾编入国民党罗山县政府的由中共罗山县委所控制的一个中队的武装，队伍发展到300余人，200余支枪。

第六大队成立之后，立即开赴信（阳）南敌后，发动游击战争，先后在李家寨火车站和新店火车站袭击了猝不及防的日军，缴获了日军的旗帜、布匹和一些武器。

3月，第六大队与李先念率领的豫鄂独立游击大队在信（阳）罗（山）边九里关狮子口会合之后，南下礼山。5月3日，在礼山县余家河镇，第六大队遭遇一股100多名前来"扫荡"的日伪军。值此之际，第六大队当机立断，主动迎敌，打死打伤日伪军30余名，夺回了被敌抢去的家禽、耕牛及财物，并将其送还给了群众。这是第六大队首次大规模与敌正面作战，它给了广大指战员和群众以极大的鼓舞。

5月，鄂东地委成立后，第六大队归鄂东地委领导，地委书记程坦随第六大队一起行动。当时，第五大队的第三中队已西征到陂孝边。5月下旬，该中队与第六大队会合于孝感县的青山口以南，共同致力于陂孝根据地的开辟工作。这时候，伪中国人民自卫军第八军李汉鹏部正盘踞在陂孝地区，第六大队遂在第五大队三中队的配合下，长途奔袭李新湾及接见寺、蔡店等伪军驻地，他们装扮成伪军特务连，直捣伪第八军司令部，俘获正在聚赌的伪旅、团长和其他官兵300余人，并乘胜追击，击溃李汉鹏的余部，缴获迫击炮3门、重机枪9挺、长短枪500余支，溃散的伪军分投鄂东的国民党地方部队，伪八军自此不复存在。这次战斗，第五大队和第六大队的参战部队以无一伤亡的战果，创造了以少胜多的战争奇迹，扩大了新四军的政治影响，也打开了蔡店、梅店地区的工作局面，为创建鄂东抗日民主根据地奠定了基础。

战后，鄂东地委迅即决定成立（黄）陂孝（感）县委，任命黄宏儒为书记。陂孝县委以蔡店、梅店为中心，发动广大群众，组建基层政权，建立地方武装，展开了艰苦的根据地的创建工作。两个月后，第五大队和第六大队再次配合，于"七七"抗战两周年之际，从陂北黄门冲出发，夜袭驻扎于孝感杜涂湾的伪二十五师赵光荣部，俘其旅长以下官兵200余人，陂孝根据地进一步巩固、扩大。

新四军江北游击第八大队的组建　黄梅沦陷时，当地的党组织就已着手敌后抗日斗争。1938年8月，中共黄梅临时县委将党的外围组织——县抗敌后援会，改组为黄梅抗日工作团，下乡发动群众，收捡武器。年底，该团又改名为黄梅少年抗日先锋队，并被编为国民党黄梅县政府自卫大队第四中队。

1939年2月，第四中队被新上任的国民党县长陈宗猷宣布解散，混编到县自卫大队的第二、第五中队，四中队面临着被瓦解、被扼杀的危险。在这种情况下，黄梅县委采取"钻进牛魔王肚皮"的办法，在自卫大队内深入开展统战活动，相继争取了自卫大队第二、第五中队的合作，因而仍然掌握着这支武装。与此同时，黄梅第一区、第二区的抗日联队也掌握在党组织手里。第二区的抗日联队里还设有中共党支部，这就为组建党指挥的统一武装创造了条件。

1939年4月，中共鄂皖地委成立，李丰平任书记。鄂皖地委下辖蕲春、黄梅、广济、宿松、太湖、望江各县党组织。鄂皖地委遵照鄂豫皖区党委的指示，充实队伍，加强教育，着手准备统一武装的工作。

6月18日，由黄梅县自卫大队第二、第五中队及第一、第二、第三区联队共500余人，在黄梅太白湖区的周宣湾正式成立新四军江北游击第八大队，邹一清任大队长，桂林栖任政治委员，郑重任政治主任。该大队辖五个中队和一个手枪队。6月下旬，"乌珠尖惨案"发生，第八大队遭受严重损失，主要领导人转入敌后。

鄂南抗日游击战争的发动　1938年7月，中共鄂南特委书记何功伟从武汉回到咸宁，在陇口冯的太尉庙组建了一支40余人的农民自卫队。10月，何功伟与士绅何寰桢合作，动员爱国青年，搜集流散士兵，在农民自卫队的基础上成立了一支 300 余人的游击队。首战挂榜山后，游击队受编为湘鄂赣边游击总指挥部直属咸宁第二大队。湘鄂赣边游击总指挥部的总指挥是国民党第一二八师师长王劲哉。12 月底，王劲哉以"元旦团拜"为名，诱杀第二大队大队长何襄桢，该部大部亦被国民党咸宁保安团吞并。

1938 年 8 月底，中共崇阳县委在华陂畈建立了拥有 60 余人的崇阳抗日游击队，县委书记王佛炳兼任队长。一个月后，王佛炳进西山，与另一支游击武装——西山游击支队商议合编，两部合编为崇阳县抗日大队，有 800 余人枪。崇阳抗日游击队被编为大队的直属中队。12 月，国民党崇阳县县长郎维汉挑起原西山支队的负责人发动兵变，在高枧里应外合，收缴了直属中队的枪支，并扣押了中共崇阳县委和直属中队的负责人，崇阳抗日游击队解体。

1938 年 9 月，中共大冶中心县委在大冶刘文武村、项家山一带组织了八路军鄂南抗日游击纵队，由县委军事部长彭济时任司令员，鄂南特委组织部长刘青兼任政治委员。同时，共产党员郑世顺亦在南山头脚下的郑家沟组建了八路军鄂南抗日游击队第二纵队，由郑世顺任司令员。11 月，以马槐树、曹坤玉、马振亚为首的大冶第四区反动武装，突袭八路军鄂南抗日游击纵队的驻地，刘青、彭济时等 14 人遇难，游击纵队解体，是为"项家山惨案"。次年 1 月，驻郑家沟的抗日武装亦遭偷袭，郑世顺等人被杀害，队伍被吞并。

1938 年 11 月，武昌保福祠、鄂城涂家垴等地的共产党员借助当地族姓的力量，组织了梁湖抗日游击大队，有 300 多人枪，后受编为湖北省第一区保安司令部直属国民自卫队第一大队，简称梁湖大队。与此同时，在武昌乡促会工作的共产党员许大鹏及爱国进步人士黄人杰等也发动农民收容溃兵，各自组建了一支武装。不久，这两支队伍合并为鄂南抗日游击樊湖大队，受编为湖北省第一区保安司令部直属国民自卫队第二大队，简称樊湖大队。

鄂南失陷后，鄂南特委与湖北省委失去联系。何功伟遂按照湖北省委的事先指示，与湘鄂赣特委接上关系。根据湘鄂赣特委的决定，鄂南特委被撤销，另成立通山中心县委，辖阳新、通山、咸宁、蒲圻、崇阳、武昌、大冶六县委及阳（新）大（冶）鄂（城）代表团，何功伟任书记。

1939 年 1 月，何功伟在咸宁马桥区何家新屋召开中心县委扩大会议，传达六届六中全会精神，总结前一阶段鄂南武装斗争的教训，决定加强党对抗日武装的领导，加强抗日民族统一战线中的独立性。随后，何功伟等深入梁湖大队，武昌县委一批干部也深入樊湖大队。到 1939 年 4、5 月，梁湖大队已发展到 5 个中队，500 多人，400 多支枪，樊湖大队发展到 9 个中队，1000多人，700 多支步枪，20 多挺机枪。

就在梁湖大队和樊湖大队顺利发展的时候，国民党湘鄂赣边第八挺进纵队方步舟（曾加入共产党，后叛变）部，提出与共产党合作抗日的意向。中共通山县委即派人到方部多次谈判，方步舟提出如下要求，如改方部为新四军或八路军的番号，开拔江北活动；派人到方部工作；恢复其党籍等。通山县委正在考虑和汇报之时，不料，发生了"平江惨案"。1939 年 6 月 12 日，国民党杨森部袭击新四军平江通讯处，枪杀通讯处主任涂正坤等六人。惨案发生后，方步舟见国共摩擦加剧，个人态度亦大变，遂大肆清洗其队伍内的共产党员。7 月，方部亦向梁湖大队进攻，梁湖大队在未作防范的状态下被打垮。樊湖大队也于此前遭到国民党军统特务武装的袭击而实力大损，余部竟被伪中国人民自卫军汪步青部收编。

"应抗"成立及其抗日活动　武汉沦陷前夕，鄂中特委在应城潘家集蔡松荣家盐棚子的炮楼上召开了三天扩大会议，会议传达了董必武的"要千方百计抓枪杆子"的指示，通过了"一切服从游击战争的准备工作"的决议，着手发展武装和发动敌后游击战争的工作。

1938 年 10 月 29 日，即应城县城陷落的当天，鄂中特委书记杨学诚带领应城潘家集商民自卫队撤退到了京山县的丁家冲。随后，鄂中特委机关的工作人员，汤池临时学校的部分师生，应城矿区中心区委组织的一支矿工、农民队伍以及京山县石板河联保队等，都不约而同地汇集到丁家冲，抗日武装发展至六七十人枪。

丁家冲地处京山北部山区，层峦叠嶂，林深草茂，已建有地方党组织，群众基础亦好，鄂中沦陷之前蔡松荣等即来此考察过。

11月上旬，陶铸简装步行，从宜昌回到丁家冲，这给齐聚在丁家冲的各路队伍以极大的鼓舞。鄂中特委随即召开会议，研究扩大和整训部队问题，确定由陶铸负责军事。会后，陶铸按照红军的建军原则，对部队进行政治教育和军事训练，使部队的素质逐渐提高。

12月上旬，主要由汉留会成员组成的陈家河湖区抗日游击大队和汤池抗日游击大队，在郭仁泰、姜泽如和鲁尔英率领下来到丁家冲。此外，原应城县政府的三个中队、巡检司商民自卫队也都陆续在丁家冲会合。

就在各地队伍汇集京山的同时，应城县政府的改建工作也在进行之中。12月下旬，鄂中特委通过鄂豫边区抗敌工作委员会的副主任李范一，向湖北省第三行政公署专员石毓灵推荐接受中共领导的爱国进步人士孙耀华为应城县长。时年30岁的孙耀华为汤池训练班的开办做过不少的工作，对共产党有较多的了解和认识。就任应城县长后，他即刻改组国民党应城县原政府，吸收共产党员参与县政府工作，聘陶铸为县政府顾问，并于1939年1月至4月，先后建立起了四个以共产党员为区长的区政府和21个乡公所，使应城县政府成为抗日政府。

12月中旬，鄂中特委决定将应城、应山、钟祥等地中共领导或受中共影响的抗日武装，统一整编为应城抗日游击队（简称"应抗"），孙耀华兼任司令，共产党员张文津任参谋长。"应抗"下辖三个大队，原国民党应城县政府保安队被编为第一大队，李又唐任大队长；共产党掌握的武装为第二大队，鲁尔英任大队长，蔡松荣任副大队长，蔡承祖任政治指导员；汉留会武装为第三大队，郭仁泰任大队长，姜泽如任副大队长。

1939年2月，鉴于汉留会成员和小股武装的不断加入，新成立的鄂中区党委再次对"应抗"进行了整编。整编后的"应抗"下设两个支队、两个大队、一个独立中队。郭仁泰部扩编为第一支队，李又唐部扩编为第二支队，原共产党员领导的第二大队，改编为特务大队和挺进大队，分别以鲁尔英和蔡松荣为大队长，京山县的特务中队，改编为京应独立中队，黄定陆任中队长。"应抗"约800人枪。

整编后不久，"应抗"挺进大队在蔡松荣的带领下返回应城膏盐矿区活动，不久即端掉了巡店维持会，收编了维持会控制的一支20余人的武装，并将其改编为挺进大队的特务中队。这场胜利对矿区周围的群众鼓舞很大，大家纷纷将捡到的武器弹药送给部队，不少青年也以参军为荣，不时前来报名入伍。黄滩、石家桥地区的进步青年，还组织了一支七八十人的大刀队，要求参加"应抗"。这样，在很短的时间内，挺进大队发展为三个中队、一个特务中队、一个大刀队，拥有400余人枪。

1939年2月11日、12日（春节前夕），盘踞在京山宋河的1000多名敌伪军对王家松林、石板河、丁家冲、熊家滩等抗日游击根据地展开大"扫荡"，"应抗"受到重创。第一支队经不住考验，很快被冲散，郭仁泰收拾残部，投靠伪鄂西保安司令杨青山，变成了伪军；第二支队李又唐带头逃离战场，并公开宣布脱离"应抗"的领导。唯有特务大队奋力抗敌，保护应城县政府突出重围，鲁尔英等壮烈殉国。时值春节，又逢新败，"应抗"指战员的情绪低落，回家过节的想法特别强烈。在此情况下，陶铸和党员骨干一方面耐心做思想政治工作，另一方面因势利导，给家在当地的指战员一定的假期，缓解大家的思想情绪，帮助"应抗"度过了成立以来最困难的时期。

3月，陶铸带领挺进大队的手枪队重返丁家冲根据地。30日，一支由60条木船组成的日寇船队，在百余名日军的护送下，自应城沿富水向京山宋河镇运送物资。鄂中区党委得悉情报后，即令陶铸带领挺进大队的手枪队和京应独立中队的20余人枪和一挺轻机枪，从石板河出发，奔赴公安寨设伏。次日中午，敌船驶进伏击圈，挺进大队突然开火，打得日军措手不及。此役，打死打伤敌人20余名，敌慰劳团长（日本皇族）也被击毙。这次胜利不仅打击了日寇的气焰，更使"应抗"指战员受到了锻炼，增强了他们战胜敌人的信心。

4月底，鉴于"应抗"第一支队郭仁泰部已叛变投敌，"应抗"亟须整顿的现实，鄂中区党委对"应抗"进行了第三次整编。改"应抗"为"应城抗敌自卫总队"，总队长仍由孙耀华兼任，许子威任副总队长，总队下设三个支队。第一支队由杨家河抗日武装组成，徐觉非（徐休祥）任支队长；李又唐经陶铸劝说后，返回"应抗"，其部仍为第二支队，李仍为支队长；第三支队由原挺进大队组成，蔡松荣任支队长；原特务大队的第二中队被编为县政府的警卫中队，黄定陆部仍保持原来的番号，总队共有3000多人。

4月30日，刚刚整编完毕的"应抗"第一、第三支队，在孙耀华、陶铸的带领下，长途夜袭云梦县城，取得了攻城胜利。这次战斗"击毙敌人20余人，生俘30余人，缴获枪支和大刀20余件，手榴弹和子弹10多箱"，[1]还解救了一批被关押的抗日群众。这是武汉外围的中国军队第一次攻克沦陷县城，战斗不仅鼓舞了鄂中人民的抗日斗志，打击了日军，震慑了伪军，更扩大了共产党所领导的抗日武装的政治影响。

钟祥县城沦陷后，中共钟祥县委号召党员群众，收捡国民党溃兵的枪支，大胆武装自己，先后组织了三支共200余人的队伍。5月，这几支部队集合于京山县的大山头，由鄂中区党委组编为"应抗"第四支队，张文津兼任支队长。此时"应抗"的活动区域，除了杨家河和应城的第一、第二、第三、第四区外，还包括京（山）钟（祥）应（城）的王家松林、石板河、丁家冲、熊家滩、八字门、大山头、养马畈等，逐步由小块的游击区转化为较为稳固的根据地。

1938年10月29日，孝感中和乡抗日自卫队组编为湖北省抗日游击大队，许金彪为大队长，下辖四个中队，130余人。中和乡地处大别山、桐柏山的交界处，境内多丘陵，多林木，山路崎岖，易守难攻，便于游击活动。湖北省

---

① 《应城烽火》（内部资料），第108页。

抗日游击大队成立后，许金彪率部首战"烂泥冲"，再战应山太平镇，先后缴获土顽胡翼武部、杨焕然部枪械百余支。12月，孝感日军拟抽调四个警备支队"扫荡"中和乡，许部得悉后先发制人，一举消灭了杨家寨据点里的日军，孝感城关的日军也因此取消了此次"扫荡"计划。1939年2月，许金彪率部袭击陆家山日军列车，炸死炸伤80余敌人。4月，伪和平救国军的警卫师联合"铲共团"刘亚卿部1000余人，进攻湖北省抗日游击大队，许金彪联合孝感地方友军曹省三部，击溃了伪军的进攻，击毙伪警卫师师长曾大钧，湖北省抗日游击大队因此声名远播，中和乡敌后抗日根据地得到进一步的巩固。

此外，中共应山县委领导的应山游击队以及中共组织所掌握的第二十二集团军特种工作队、第五战区第一行动总队独立大队和随县常备第五中队也在应山、枣宜、随县等地袭扰敌人，广泛发动游击战争。

天汉地区抗日游击战争的开展 1938年10月下旬，中共天汉工作委员会成立，童世光任书记，谢文耀、梁立琳、王栋为委员，下辖汉川、汉阳、天门、江陵、沔阳等县党组织。11月，天汉工委军事部长谢文耀在汉阳侏儒山战地文化服务站召开了一次组织抗日游击队、创建抗日武装的会议，会议决定以汉阳七肖大湾为基地，由中共汉川城东区委书记张天晖，汉阳区委的肖抱真、肖利三以及肖毓福、姚杰等共同负责建立抗日武装的筹备工作。会后，在肖利三家设立了汉阳民众抗日游击队办事处，广泛动员党员、群众筹集经费，收集枪支。

为筹款购枪，办事处两次召开党员和各界人士联席会议，号召"有钱出钱，有力出力"。共产党员肖文安卖掉仅有的一块山地，捐款100元；肖懋之卖掉四亩湖田，捐款200元；肖雨村则动员其岳母，将其岳父生前收藏的一支勃朗宁手枪捐了出来。一些党外人士也踊跃捐款献枪。先东乡民主人士陈直夫和周兴记、朱贞记、肖洪茂等三家杂货店的老板慷慨解囊，首赞义举，其他富户纷纷影从，索河名医吴轩屏动员族长交出了吴氏宗祠私藏的几支长枪，合集乡孙克发也献出了五支用于自卫的长枪。办事处还派人在辛安渡、马沧湖、什湖等交通路口设卡，按 3 元、5 元、10 元的不同价格收购步、手、机枪。在党员群众和各界人士的大力支持下，不到一个月的时间，办事处就收集了五六十支长短枪，并成立了一个机械修理所，以简陋工具，手工操作，修配枪弹。当地的党员、青年，甚至土地革命时期的老赤卫队员闻讯后纷纷赶来参加游击队组织。12 月，（汉）川（汉）阳抗日游击大队在七肖大湾正式成立，姚杰任大队长，张天晖任副大队长兼指导员。大队辖三个分队，共 160 多人枪。

川阳抗日游击大队处在日军、国民党顽固派四面夹围之中，给养十分困难。为不增加群众的负担，天汉工委派人与国民党汉阳县长陈绳武协商，从蔡甸商会征得了分期交付的 20 万法币的军饷。1939 年 1 月，为进一步解决给养问题，中共天汉工委同国民党汉川县长龚勋南洽谈，川阳抗日游击大队主力在人员机构不变的情况下，改编为国民党汉川县自卫第三中队。第三中队以红军传统陶冶队伍，官兵薪饷一致，纪律严明，深得群众拥护，有"模范中队"之称。陈绳武也受到触动，遂将川阳抗日游击大队的余部和汉阳区委所领导的武装于 5 月合编为汉阳县自卫第五中队，由肖文安任中队长。这样，在国民党的地方武装名义之下，天汉地区党组织领导着两支坚强的抗战队伍。

1937 年 11 月，彭怀堂等人经董必武出面交涉从武昌反省院获释回到家乡汉川后，联络曾当过红军的周干臣等人，于 1938 年 10 月成立了汉川县抗日游击大队，周干臣任大队长，有 600 余人枪。彭怀堂他调后，该部情况渐趋复杂。先是国民党汉川分水区区长岑鹏率区自卫队投靠周干臣部，企图挑起内变，而周干臣又于 1939 年 5 月率部被编为国民党第一二八师第七六六团。7 月，王劲哉在沔阳仙桃镇设鸿门宴，借招待第七六六团干部之机，枪杀该团连长以上军官 30 余人，该部被吞并。

1939 年 1 月，原汉川田二河区自卫队中队长程世杰在天汉工委和汉川县委的努力争取下，表示愿意服从党的领导，愿意与城隍港的王新哲游击队合编，成立汉川抗日游击队，程世杰任大队长，彭怀堂任政治委员。程世杰多次不服组织调度，擅自将部队拖到襄南的老新集，违反军纪，侵害群众利益，因而被处决，所部后被编入汉川第三中队。

天汉中心县委（1939 年 3 月，天汉工委改为天汉中心县委）还争取了龙登云的部队。龙登云曾参加过红军，加入过共产党，脱党后加入帮会，成为汉川的汉留大哥。武汉沦陷后，他拉起了一支 100 余人的队伍。为争取这支武装，天汉中心县委于 1939 年 5 月派彭怀堂去做龙登云的工作。彭怀堂凭借曾救龙登云出国民党监狱的旧谊，很快说服了龙登云。龙部后被编为汉川县自卫第五中队，成为共产党掌握的又一支天汉地区抗日武装。

信阳挺进队的成立及其抗日活动　　1938 年 11 月初，危拱之、刘子厚、王海山率一个中队和一批干部从竹沟南下北王岗，同李德纯会合。不久，朱大鹏"七七工作团"的 70 余人枪、尖山区的一个中队 30 余人枪及战教团 40 余人，先后从桐柏、尖山、南阳抵达北王岗。12 月中旬，信阳挺进队的整编大会在北王岗隆重举行，李德纯任司令，朱大鹏任副司令，王海山任参谋长，危拱之任政治部主任。挺进队下辖五个半中队，300 余人枪，全队人员纳入信阳县政府的编制。下旬，部队行进至黄龙寺时，孙石领导的沁阳牛蹄抗敌自卫队的 100 余人枪，张裕生、周映渠、任子衡等领导的谭家河自卫队的 170 余人枪，分别从尖山和当谷山地区赶到，加入挺进队。至此，挺进队增至 500 余人枪，共编有三个大队、七个中队。

1939 年 1 月，朱理治从延安回到竹沟后，主持召开了河南省委会议，决定整编豫南抗日武装，开辟以四望山为中心的抗日根据地，这使挺进队的行动目标更为明确。1 月中旬，李德纯返回北王岗，挺进队在党组织的领导下，以高昂的斗志奔赴四望山地区，创建四望山抗日游击根据地。

四望山地处桐柏山脉的东段，信（阳）桐（柏）应（山）随（县）的交界地带，主峰祖师顶海拔 900 多米，是桐柏山脉的最高峰，其山势峻伟，林深蔽日，登顶则北可俯瞰豫中之辽阔，南可远眺鄂中之秀美，是一块理想的游击根据地。若占据这一地区，既可沟通竹沟与鄂中、鄂东的联系，为开展鄂豫边区的游击战争筑起联结的桥梁，同时也可为我党我军挺进武汉外围建立起前进的基地。

挺进队进入四望山后，针对复杂的局面和伪顽武装林立的形势，采取了区别对待和斗争与团结相配合的策略，先后收编了活动在大庙畈、仙石畈一带的地主武装余镜清、游杂武装崔仁甫部，改编了四望山、当谷山的抗日游击队黄绍九、蔡韬庵部，歼灭了王宣堂、"欧二半吊子"等土匪武装，惩办了当谷山、谭家河等地的汉奸，并在南王岗击溃了200多名前来"扫荡"的日军。信阳挺进队在战斗中不断壮大。到1939年4月，部队已发展到三个支队，共2900余人，信南地区已初步创建了以四望山为中心，东西40里，南北50余里的根据地。

1939年5月，中共确山县委书记王景瑞将其领导的100多人的武装与确山县公安局长、共产党员赵进先领导的武装会合一起，统一整编成立确山抗日游击大队，共200余人枪，深入信（阳）罗（山）地区开展抗日游击战争。

平汉铁路工人破坏大队在信阳沦陷之后也发展很快，到1939年春，已拥有1000余人，长短枪600余支，活动区域扩展到台子畈、双河、青石桥、平靖关等地。在信阳至广水的铁路沿线，他们宣传抗日，动员民众；毁敌交通，骚扰日军；锄奸打匪，卫民保乡，相当活跃。但身为总队长的徐宽充满个人野心，极想投靠国民党以谋得"合法"身份，加上国民党特务的渗透、拉拢、破坏，更由于指导这支部队工作的党的负责人缺乏独立自主精神，对徐宽放松警惕，致使1939年5月，部队被徐宽拖到偃师，投入国民党第一战区的怀抱。许多共产党员则坚决抵制徐宽的阴谋，纷纷离队回到竹沟，参加了新四军。

第二章

各地国共合作政权的建立，抗日游击根据地的开辟

1938 年 9 月 29 日至 11 月 6 日，中共中央在延安召开扩大的六届六中全会，决定成立以刘少奇为书记的中原局。随后，刘少奇到竹沟部署敌后抗战。1939 年 1 月 17 日，李先念率领 160 多人组成的新四军豫鄂独立游击支队自竹沟南下，担负党中央和中原局赋予的开创武汉外围敌后游击战争、创建抗日根据地的伟大战略任务。5 月，新四军豫鄂独立游击大队和湖北境内的几支党所领导的武装合编为新四军挺进团，开创了以赵家棚为中心的安（陆）应（山）抗日根据地。在此前后，国民党信阳、应城、应山、汉川等县政府在中共党组织的帮助下，逐渐被改造成抗日政权。同年夏，"抗日十人团"首先兴起于京山丁家冲一带。这种具有半军事、半政权性质的群众组织很快在鄂中发展开来。6 月，鄂中区党委在养马畈召开会议，决定打出新四军的旗帜，将鄂中、豫南党领导的抗日武装统一整编为新四军豫鄂独立游击支队。此后，新四军豫鄂独立游击支队高擎抗日大旗，四面出击，相继创建了豫南、鄂中、天汉等抗日游击根据地，国共合作政权逐渐向抗日民主政权转化。

第一节　信罗边、安应根据地的初创

一、中共扩大的六届六中全会的召开与新四军豫鄂独立游击大队挺进武汉外围

为总结一年多来的抗战经验，迎接华中战局正在发生的重大变化，制定和部署党在新形势下的任务，中共中央于 1938 年 9 月 29 日至 11 月 6 日在延安召开了扩大的六届六中全会。这是一次在中共党史上有着重要意义的会议。

在这次全会上，毛泽东做了《论新阶段》的政治报告和《统一战线中的独立自主问题》《战争和战略问题》等论述，号召全党深刻认识并认真担负起抗日战争的重大历史责任。

全会通过了《中共中央扩大的六中全会政治决议案》，批准了以毛泽东为首的中央政治局的路线，同时批判了在统一战线问题上只讲联合不讲斗争的迁就主义倾向，批判了王明右倾错误，指出"我们的方针是统一战线中的独立自主，既统一，又独立"。全会重申了全党独立自主地放手发动人民抗日武装斗争的方针，指出："在中国，离开了武装斗争，就没有无产阶级和共产党的地位，就不能完成任何的革命任务。"会议决定将中国共产党的工作重点放在战区和敌后，大力巩固华北，发展华中；决定撤销长江局，成立以周恩来为书记、董必武为副书记的南方局和以刘少奇为书记的中原局；决定在敌后不设党的省委，而设省级区党委，所有长江以北，河南、湖北、安徽、江苏地区党的工作归中原局领导。这次会议为鄂豫边区发展抗日武装、创建抗日民主根据地、建立抗日民主政权指明了方向。

扩大的六届六中全会结束后，刘少奇主持中原局在延安召开了第一次会议，决定撤销湖北、河南两个省委，成立豫鄂边、鄂豫皖、鄂中、鄂西北等四个区党委，并确定沦陷区党的主要任务是建立和恢复党的组织，动员民众，武装民众，进行敌后游击战争，而未沦陷区党的任务是发展党组织，扩大党的影响，开展群众工作，准备游击战争和支援沦陷区的斗争等。

1938年11月下旬，朱理治、李先念、郭述申等从延安直赴竹沟。12月24日，朱理治在河南省委扩大会议上，向省委、豫南、鄂中党的负责干部宣布了中原局决定，成立以朱理治任书记，陈少敏、李先念、王国华、王盛荣、危拱之、王阑西、郭致中、杨学诚、陶铸等九人为委员的豫鄂边区党委。与会代表认真学习党的六届六中全会精神，冷静分析豫鄂边区敌后的形势，确立了深入敌后、发展党组织、领导和动员群众、开展敌后游击战争、建立敌后根据地的工作方针和斗争任务。1939年1月初，豫鄂边区党委决定成立军事委员会，由朱理治兼任主任，李先念、王国华任副主任，迅速开创豫鄂边区抗战的新局面。

1939年1月17日，一支由100多人枪和60余名干部组成的新四军独立游击大队（为方便统战工作，该大队对外称"新四军独立游击支队"，支队司令员李先念，参谋长周志坚），在李先念的率领下自竹沟南下，担负起了党中央和中原局赋予的开创武汉外围敌后游击战争、创建抗日根据地的伟大战略任务。[①]

同月，以郭述申任书记的鄂豫皖区党委在皖西立煌县（今金寨县）成立。以王翰为书记的鄂西北区党委在襄樊成立。2月，以钱瑛为书记的鄂中区党委在随县长岗店（钱瑛于4月调南方局工作后，杨学诚代理书记）成立。至此，中原地区党的领导机关全部建成，因武汉沦陷而造成的中原党组织无联系、不统一的困难得以克服，党对中原地区的领导大大加强。

二、信（阳）罗（山）边、安（陆）应（山）抗日根据地的创立

1939年1月下旬，李先念率新四军独立大队抵达四望山，同信阳挺进队会合。在四望山北麓的黄龙寺，李先念向豫南特委和信阳挺进队的领导危拱之、刘子厚、王海山、朱大鹏等传达了党的六届六中全会和豫鄂边区党委会议的精神，并指示挺进队的党组织：要把发展抗日武装、扩大游击根据地、建立党对军队的绝对领导作为当前的首要任务。[②]就发动豫南民众的步骤、方法及根据地的选址问题，李先念也同他们进行了充分讨论，作出了具体部署。

1月下旬，李先念派周志坚率部去平汉路东的信罗边实施侦察游击活动。周志坚带领新四军豫鄂独立游击大队和编入游击大队的信阳挺进队的一个中队，跨过平汉铁路，直插大别山，在与平汉铁路工人破坏大队（简称"铁

①《李先念年谱》（第一卷），中央文献出版社2011年版，第215页。
②《李先念年谱》（第一卷），中央文献出版社2011年版，第216页。

破"）取得联系后，帮助"铁破"一举消灭了伪军甘润民大队，缴获了120
多支步、机枪。在返回路西途中，新四军豫鄂独立游击大队又于柳林车站以
北袭击了日军火车，并伏击了被引诱出来维修电话线的敌一骑兵小分队，打
死敌人三个及战马四匹。

2月，周志坚再次受命率新四军豫鄂独立游击大队，沿路西南下应山，联
系应山的党组织和抗日游击队。应山县委闻讯后，即率应山县抗敌自卫团第
二大队前来罗家庙与周志坚部会合。不料，次日清晨，日军100余人加上数
十名伪军，附炮10余门，从应山县城出发，经龙泉镇分路"扫荡"驻防在这
一带的国民党桂军一个营和国民党应山县抗敌自卫团。新四军豫鄂独立游击
大队主动迎敌，奋力抗击，敌伪不支，北窜余家店。独立游击大队第一中队
由右翼发起攻击，逐敌自北入东，第二中队在左翼实施冲锋，阻止街西日军，
日伪军见势不妙，遂退出街外，抢占街西余家湾高地，依势抵抗。战斗自早
晨至黄昏，日军始终脱身不得，后因驻马坪、淅河日军出动，加之余家店附
近国民党桂军和应山抗敌自卫团自行先退，致使被困日军乘夜逃走。这次战
斗打死打伤日军20余名。它是共产党在鄂中以新四军名义所打的第一仗，战
斗的胜利，振奋了人民群众的情绪，扩大了中国共产党的政治影响。战后，
独立游击大队凯旋北归四望山。

其间，李先念从四望山来到随县长岗店，与鄂中区党委负责人钱瑛、陶
铸、杨学诚、夏忠武等联系后[1]，又主动到均川店与国民党鄂中专员、鄂豫边
区抗敌工作委员会主任石毓灵进行联络，争取新四军进入边区开展游击战争
的合法性，以及部队番号问题。这次商谈"虽未形成书面协议，但也使石毓
灵默认新四军豫鄂独立游击大队开赴豫鄂边区，开展游击战争的合法性"[2]。在
返回驻地应山浆溪店的途中，李先念一行又分别拜会了国民党川军第四十五

---

①《李先念年谱》（第一卷），中央文献出版社2011年版，第219页。
②《李先念传》（1909—1949），中央文献出版社1999年版，第330页。

军第一二七师和桂军第七军第一七三师，与他们建立了互助、互信的关系。①

2月底，为推进平汉路以东党组织和抗日武装的建设，李先念亲率新四军豫鄂独立游击大队东进信罗边。在新店，他向"铁破"党的负责人石健民等传达了中共六届六中全会精神，并应邀向该队全体中共干部讲话。②在此期间，李先念还派人到潘新店同国民党第五战区豫南游击纵队黄瑞华部开展交友活动③。

3月，李先念一行与贺健华、罗厚福、熊作芳等率领的新四军游击第六大队会合于信罗边的九里关附近。随后，李先念在灵山寺主持召开军事会议，决定成立中共信罗边中心区委，并指示第六大队向陂安南敌后深入，设法与独立游击第五大队取得联系④。不久，在当地开明士绅的协助下，信罗边中心区委以一个排的武装为基础，在较短的时间内即组建了一支拥有200余人枪的游击大队，蔡韬庵和娄光琦分任大队长和政治委员。

3月底，李先念率新四军豫鄂独立游击大队，从灵山冲大寺口出发南下，4月初抵达礼山（今大悟）。⑤在礼山，李先念收编了驻李家咀的伪军李道怀部后，又主动前往刘家河的小悟山庄，做国民党鄂东第十九游击纵队第四挺进支队支队长刘梅溪的统战工作。⑥刘梅溪是反共顽固分子，他企图挑起新四军豫鄂独立游击大队与湖北省抗日游击大队许金彪部的矛盾，以收渔利之实。李先念识破了这一阴谋，并决心寻找这支队伍。当两部会师于小悟山之青山口后，新四军豫鄂独立游击大队遂转至孝感中和乡。在中和乡，李先念向湖北省抗日游击大队的干部传达了中原局关于发展敌后游击战争的指示，提出

①《李先念年谱》（第一卷），中央文献出版社2011年版，第220页。
②《李先念年谱》（第一卷），中央文献出版社2011年版，第221页。
③《李先念年谱》（第一卷），中央文献出版社2011年版，第222页。
④《李先念年谱》（第一卷），中央文献出版社2011年版，第222页。
⑤《李先念年谱》（第一卷），中央文献出版社2011年版，第224页。
⑥《李先念年谱》（第一卷），中央文献出版社2011年版，第225页。

了关于发展平汉路西根据地和整编部队的意见。

为打开工作局面，扩大新四军的影响，李先念、周志坚与许金彪等商量，决定发起一场"联曹打胡"的战斗。[①]曹系地方武装曹省三部，胡为伪军胡翼武部，胡部依仗日本人的庇护，为非作歹，是我进军路西的一大障碍。结果，在新四军豫鄂独立游击大队、湖北省抗日游击大队和曹省三部的相互配合下，胡翼武部被打败，新四军开辟平汉路西根据地的绊脚石被清除。

这一仗震慑了敌伪顽。中和乡附近的国民党安陆县第二区（赵家棚）区长兼第二游击支队长杨弼卿权衡利弊后，主动邀请李先念等进驻赵家棚。

赵家棚是安（陆）应（山）孝（感）三县交界的中心集镇，其地东连大别山，西接大洪山，南临武汉近郊，北依桐柏山，物产富饶，人口众多，自古为鄂北咽喉、中原门户。

1939 年 5 月 10 日，李先念、许金彪率部来到了赵家棚。在赵家棚，李先念一方面指导中共应山县委组建赵家棚区委，然后通过党组织发动、动员群众；另一方面召开安（陆）应（山）孝（感）地区的国民党县、区军政人员和开明士绅联席会议。在会上，李先念阐明了共产党的团结抗战主张，并与到会人员共商合作抗战事宜，由此建立了中共在安应孝地区与各阶层的统战关系，确立了中共在其中的领导地位。[②]

5 月底，中共应山县委所领导的两个中队，在鄂中区党委候补委员杨焕民的带领下来到赵家棚。为统一抗日武装，提高部队的战斗力，月底，李先念与周志坚、许金彪、杨焕民等研究决定，将集中于赵家棚地区的新四军豫鄂独立游击大队、湖北省抗日游击大队、应山县委领导的两个中队合编为新四军挺进团，由许金彪任团长，周志坚任政治委员，杨焕民任参谋长。[③]6 月 6

---

① 《李先念年谱》（第一卷），中央文献出版社 2011 年版，第 225 页。
② 《李先念年谱》（第一卷），中央文献出版社 2011 年版，第 225 页。
③ 《李先念年谱》（第一卷），中央文献出版社 2011 年版，第 227 页。

日，陈少敏率部到达赵家棚，所部亦编入新四军挺进团。随后，挺进团除派一个中队去巩固和发展中和乡根据地之外，大部则留在赵家棚地区。

赵家棚根据地的创立，不仅使这一地区成为连接豫南、发展鄂东的阵地，更为鄂中抗日根据地的建立发挥了辐射性的作用。

第二节　国共合作政权的纷纷建立

一、鄂豫边区抗敌工作委员会的成立

就在国民党第五战区的军队撤退到鄂西北、鄂北和豫南地区的同时，大批共产党员和抗日群众团体的负责人也在中共中央长江局和中共湖北省委的安排下，从武汉等地转移到鄂西北、武当山麓及襄河西岸一带，准备创建以均县（今丹江口市）草店为中心的武当山抗日游击根据地。

以李宗仁为司令长官的第五战区军队除汤恩伯第十三军之外，其余的无论是桂军、川军，还是改编后的原西北军，都是蒋介石的非嫡系部队，大都受到蒋介石集团的排挤，特别是以李宗仁、白崇禧为首的桂系势力，更在多次内战中与蒋介石集团结下深怨。徐州会战和武汉会战期间，中共加强了与第五战区所部的联系。撤退到鄂西北之后，鉴于中共抗日民族统一战线政策的广泛影响，李宗仁从壮大自己的声势、巩固自身的地位出发，也愿意在一定范围内与中共保持这种联系，认为"抗战好比一道箍，把国民党和共产党都箍在一起，团结抗战，不能再分裂了"。这样，活动在鄂西北的中共组织和党员积极开展统战工作，与第五战区和国民党政权中的开明人士联合成立了豫鄂边区抗敌工作委员会（简称抗委会）。

抗委会是一个具有半军事半政权性质的军政实体。它是根据董必武的指示，由共产党员、文化界著名人士钱俊瑞和中共秘密党员、豫南民运专员办

事处（已迁移至湖北花园）专员李相符等向第五战区提出，经李宗仁同意，于 1938 年 11 月 17 日在随县均川镇成立的国共合作组织。

抗委会的职责是在豫鄂边地区的信阳、桐柏、枣阳、随县、钟祥、京山、应城、安陆、云梦、孝感、应山、天门、汉川等 13 县发动和武装民众，配合正规军作战，协助地方政府开展抗日教育和发展生产。

抗委会下设军事指挥部和政治指导部，分别负责军事和政治工作。抗委会由李宗仁指定的国民党湖北省第三行政督察公署专员石毓灵为主任委员，兼军事指挥部总指挥；国民党开明人士李范一为副主任委员，兼政治指导部主任。

尽管是统战组织，李宗仁还是不愿让共产党插手军事工作，所以在抗委会军事指挥部的人选上，他安排的全是亲信：总指挥石毓灵曾任桂军的师长，副总指挥陈超毕业于黄埔军校，当时是李宗仁的高级参议，参谋长徐复观也是李宗仁的幕僚。只是在政治指导部下的工作，他才比较放手地交给李范一和李相符负责。

政治指导部的机关以李相符为副主任，聘陶铸为顾问，一批从豫南民运专员办事处和应城汤池训练班出来的共产党员被派遣到这里担任干部，如黄心学任政治指导部的组织科长，雍文涛任民运科长，潘乃斌任宣传科长，许子威任秘书室主任，就连他们当时主办的刊物——《大洪报》的正副总编辑——李苍江、史略也都是共产党员。政治指导部的机关设在随县均川镇（不久迁至长岗店）。

由于共产党员在政治指导部中的主导作用，政治指导部的工作开展得有声有色，在改造基层政权、处理民事诉讼、安定社会秩序等方面担当起了政权职能的角色。

首先，它举办了两期军政干部训练班，培训了大批抗日青年。政治指导部成立后不久，即在均川镇开办了鄂豫边区抗日军政干部训练班，由李相符兼任班主任。"这一期学员大约招收了 30 多人，除少数是由县外抽调来的外，多数都是均川镇附近的小学教师和回乡的中小学生。这期训练班办了三个星期就结束了，所有的学员都被分派到附近各市镇去建立工作据点。"① 政治指导部迁址到大洪山的长岗店后，又在那里举办了一期第五战区抗日游击军政干部训练班，这期训练班由李范一兼任班主任，杨学诚任教育长，招收的学员有100多人，大多数是从应城、京山、钟祥等县一般地方干部中抽调而来的，训练班对他们进行了比较正规的军事教育。这两期接受培训的学员绝大多数后来成了中共领导的抗日军政骨干。

其次，它着力改造旧的基层政权，推行民主政治。政治指导部从驻地长岗店的民主改革抓起，在那里举办了保甲长选举大会，结果一位姓王的一致被老百姓推举为保长。群众为此扬眉吐气，笑逐颜开。"这是你们给我们的好日子啊，可再不受那些恶狗子的欺了。"② 他们对政治指导部的人说。

长岗店民选保甲长的消息一传开，其他群众组织基础较好的地方也跟着选举起来。

1938年12月初，中共鄂中特委派张执一商请李范一先生，通过抗委会向国民党当局推荐接受共产党领导的进步人士孙耀华担任了应城县县长兼县游击队司令，国民党应城县政府很快被改造成抗日政府；12月中旬，经李范一提议，政治指导部派遣一批共产党员、进步青年分赴13个县担任国民党县政府政治指导员、地方工作队队长职务。这些共产党员和进步青年在当地党组织的领导下，以政治指导员等合法身份在各地发动和武装群众，整编"游击队"，改造旧保甲，撤换贪官污吏，极大地推进了民主政治活动和抗日群众运动的开展。

最后，它积极整顿地方社会秩序，打击地痞、兵痞流氓行为。长岗店附

---

① 李相符：《抗敌工作委员会》，载《战斗在鄂豫边区》，湖北人民出版社1981年版，第52页。

② 李相符：《抗敌工作委员会》，载《战斗在鄂豫边区》，湖北人民出版社1981年版，第54页。

近的村镇驻有国民党的各色部队，他们每到一地，即三五成群地涌到老百姓家里要吃要喝，强买强卖，遇上年轻妇女，还耍各种流氓行为。老百姓稍有不满，轻则挨骂，重则挨打，石毓灵的警卫队和他的保安部队也不例外。政治指导部未来之前，老百姓对此敢怒不敢言；政治指导部来之后，为保护老百姓的安全，政治指导部的同志对这些无赖行径进行了坚决斗争，其社会影响也日渐提高，一般老百姓都把政治指导部叫作"正直部"，很多老百姓遇到什么不公平的事，就跑到"正直部"来告状。

一次，李相符等人途经一个村子时，一位老农民拦住他们哭诉道：石毓灵保安部队的一位连长用枪杆子把他的儿子赶走，强占了他的儿媳，请求"正直部"的人替他主持公道！李相符等人立即将这个问题向石毓灵的参谋长严肃地提了出来，指出这种破坏抗战的行为必须严加惩处。迫于压力和民情，石毓灵只好依从政治指导部的意见，公开审理了此事，将那位连长关了一个月的禁闭。政治指导部与当地群众的关系也更加密切起来。

抗委会使鄂豫边地区有希望成为继晋察冀边区后的又一个模范的敌后抗日根据地，中共中央中原局对此也十分重视。刘少奇明确指出，应在此基础上，"仿晋察冀的例子创造鄂豫根据地"[1]。然而好景不长，随着1939年1月国民党五届五中全会的召开、国民党反共政策的出笼、全国性反共浪潮的出现，李宗仁的态度也骤然转变，3月下旬，豫鄂边区抗战工作委员会被第五战区明令宣布解散，委员会里的大批同志纷纷转向武汉外围的其他敌后游击根据地。

二、信阳、应山、汉川、英山等地方政府的改造

信阳三区军民联合办事处成立　　李德纯在与中共合作组建信阳挺进队的前后，多次请求中共派代表参加信阳县政府工作，于是，豫南特委先后派群工部长文敏生担任其县政府的秘书，统战部长刘子厚担任其县政府第一科科长。

---

[1] 1939年2月9日中原局致中共中央电。

信阳挺进队南下到黄龙寺后，李德纯以信阳挺进队司令的名义，召集附近各乡保长和士绅开会，商议军事、行政和经济方案。会后，他同县政府各办事机构一道回驻北王岗，而信阳挺进队的事务由我党全权领导。

信阳挺进队的党组织以真诚的态度，充分尊重、信任李德纯本人，凡拟实行的方案、采取的行动，均事先报告于他，征得其同意后方才执行。同时还通过各种方式为其争取民心，树立形象。挺进队到达四望山后，即向群众广泛宣传李德纯为组织抗战而做的大量工作，同时把发放救济粮、建抗日小学、军民联谊活动等受群众欢迎的工作统统记在县政府的名下。此外，为解决县政府的财政困难，挺进队在衣食紧张、经费困难的情况下，仍将打汉奸收集上来的资财一概上交县政府，由县政府掌管分配，给李德纯最实际的支持。

李德纯与共产党通力合作的行动，是国民党顽固派所不能容忍的。1939年1月，在国民党五届五中全会上，蒋介石作了《唤醒党魂发扬党德与巩固党基》和《整顿党务之要点》的讲话，确定了"溶共、限共、防共、反共"的方针。会后，国民党设立"防共委员会"，并于4月陆续秘密颁发了《限制异党活动办法》《异党问题处理办法》《沦陷区防范共产党活动办法草案》等一系列反共文件，对八路军、新四军的敌后抗战活动"由中央严格限制，不得任其发展"，即使"发生摩擦"，"亦应无所避忌"[①]。

在这种情况下，接替程潜任河南省主席的刘峙便有恃无恐地"处置"起来。他首先拿与"异党"合作的国民党地方官员开刀，在国民党五届五中全会结束到同年4月的短短三个月时间内，将凡与中共有联系，或与中共合作的国民党河南省专员和县长或免职，或借故"调离"。李德纯就是首当其冲，被免去信阳县县长，"调"往卢氏县任职的。

对此，李德纯向信阳挺进队党组织负责人表示：调他去卢氏任职是国民党的阴谋，他愿意留下来，同挺进队一起开展游击战争。挺进队党组织一方

①《限制异党活动办法》（1939年4月）。

面将李德纯免职的消息电告豫鄂边区党委，请求指示；另一方面动员群众赴国民党河南省政府请愿，挽留李德纯继续留任信阳县县长。国民党河南省政府态度顽劣，拒绝了各方要求。4月，中共豫鄂边区党委决定，送李德纯到新四军军部工作。途经竹沟时，李德纯加入了中国共产党。

1939年4月，中共邀请到四望山避难的信阳县知名人士和当地士绅，在仙石畈召开协商会议，建立信阳三区军民联合办事处，选举民主人士杜剑昂为办事处主任，同时成立由民主人士、开明士绅、商界代表、共产党员组成的办事处领导班子。这是中共在豫鄂边区敌后成立的第一个抗日民主政权，是在国民党顽固派控制政权的情况下，联合爱国进步力量，对基层政权进行改造的一项成功尝试。它的建立，对中共在四望山乃至整个豫鄂边区敌后游击战争的开展有着重要的意义，对抗日民主政权的建立有着示范作用。

应山县国民党政府的改造　　在应山县城陷落，县长刘汉基顾命自保、逃至乡下的情况下，1939年1月中共应山县委成立，决定利用刘汉基丧尽民心的机会，推动国民党应山县政府的改造。时鄂中区党委常委雍文涛正在应山一带指导工作，他指示应山县委，借助第五战区豫鄂边区抗敌工作委员会向国民党湖北省政府写报告，要求罢免抗日不力、"能力薄弱"的刘汉基，任命张铎为应山县县长。张铎是中共应山县委政权部长。在豫鄂边区抗敌工作委员会的吁请下，6月，国民党湖北省政府批准了这份报告，张铎接任国民党应山县县长，随即一批共产党员也相继进入各级政府中任职，如县委政权部长陈守一任县府秘书、共产党员颜泽霖任第四区区长等。他们到任之后，大力推动应山县的区乡机构改造，共计改造了两个区政府、20个乡政府，这是鄂中乃至豫鄂边区第一个由共产党人担任县长的国民党县政府。

国共合作的汉川县政府的建立　　汉川县长龚勋南在日军的淫威之下辞职之后，汉川县的乡、保机构完全瘫痪。时日军陆续派出20多支大小部队先后侵入汉川县所属的分水咀、城隍港、系马口、刘家隔等城镇，汉川人民生活在水深火热之中。

值此民族危难之际，年逾七旬、避居鄂西的爱国民主人士向岩毅然自请出任汉川县长。向岩早年留学日本，追随孙中山，探索民主救国道路，参加过辛亥革命，在湖北省享有很高的威望。向岩主政汉川，极力主张国共合作。中共天汉工委为向岩举行了隆重的欢迎会，并表达了合作愿望。向岩亦表示："如能在汉川搞一个国共合作的典型，为全国军民所示范，我死亦瞑目。"

向岩到职后，践行承诺，积极吸纳共产党员参加汉川县政府的工作。童世光被任命为县政治指导员兼任第一科科长，主管钱粮保甲。共产党员吴师筑、谢威先后担任汉川国民兵团副团长。按照国民党县政府组织条例"政治指导员可以指导县长的工作"的规定，向岩放手让童世光以合法身份，广泛开展统战工作，结交县、区政权中的进步人士。财委主任王华舫、县府秘书叶树屏、三科科长杨质钦、联保主任魏一民、县自卫队中队长邓道芳、分队长罗连芳等都成了童世光的朋友。1939年冬，日军进攻汉川南河渡，汉川形势又趋紧张。值此之时，国民党顽固派下令，要将汉川县的七八个中队及县政府机关、区机关的百余人、30多支短枪调到沔阳蒋管区。童世光得悉后，立即与向岩商议，思考对策。经过周密安排，汉川方面除30多条短枪由何定华、王连三等国民党顽固派带到沔阳蒋管区外，其余8个中队都被中共争取了过来，向岩和县政府工作人员也都随后转移到了田二河。

汉川县自卫队3个县中队、5个区中队共8个中队转到田二河后，国民党顽固派晏衡甫指使其弟弟来到县一中队（武器装备最好的一个中队），企图拖枪策反。中共组织发觉后，迅速与向岩研究，向岩同意了中共"武装改编的方案"，将汉川县武装除一部编为县政府自卫总队和县警卫队外，其余兵力全部编入新四军豫鄂边纵队第四团，这支力量为天汉抗日根据地的开辟发挥了重要作用。

总之，由于向岩的开明、进步和共产党员的积极工作，汉川县政府面貌焕然一新，成为与共产党全面合作的抗日政府。

共产党主政的英山县政府　　鄂东的英山县政府在国共合作的大背景下，

由于共产党员的骨干模范作用，也成为抗日政府。

1939 年初，驻大别山的国民党第二十一集团军总司令廖磊派第五战区上校高参杨必声（杨德华）兼任英山县长。杨必声曾参加上海的抗日救国活动，并于 1937 年加入中国共产党。杨必声到职后，即聘请中共英山县委书记魏文伯担任县政府主任秘书兼县民众抗日动员委员会指导员、县委军事委员郑重为县民众抗日动员委员会委员。同时县府的各科科长及股长、县常备队的队长及分队长、区乡抗日救国会小组长等也多半由共产党员担任。英山的国民旧政权得到了彻底改造。

在共产党员的努力之下，英山抗日政府召开了各界人士代表大会，制定了政治民主、节约财政、发展生产、区乡联防、扩大统一战线、镇压汉奸敌特等十大政纲。1939 年夏，日伪出动万人"扫荡"英山，杨必声、魏文伯等领导英山地方武装配合桂军第一七六师，打退了敌伪的进攻，俘敌伪百余名。廖磊大为高兴，为此还上报第五战区，授予英山"模范县"的称号。

第三节 抗日十人团及其活动

一、抗日十人团的产生

抗日十人团（简称抗十团）这一名称最早出现在五四运动时期。当时，袁世凯政府接受了日本帝国主义提出的灭亡中国的"二十一条"，而 1919 年 4 月的巴黎和会上，美、英、日等国家又把德国在中国山东强占的一切特权全部交给了日本，从而激起了中国人民，尤其是爱国学生的极大愤慨，抗十团就是这时期由北京的爱国学生发起的反对日本侵略的群众组织，蔡元培先生曾给予支持。此后，随着形势的发展，这一组织不复存在，但其名称却长留在一些爱国人士的心中。抗战全面爆发后，北平、上海、武汉等大城市相继沦陷，不少青年学生和知识分子流亡到鄂中、鄂东一带，他们借用抗十团的形式，组织反对日本帝国主义的斗争，赋以抗十团新的内容。

1939年6月，抗十团首先产生于京山丁家冲一带。它以每10人为一个基层单位，从事抗日活动，京应县委认为这一组织有利于发动群众，遂对它加以引导、倡导，指示学员在其中发挥骨干作用，串联群众。到9月，参加抗十团的团员已达近千人。同月，京应抗十团的第一次代表大会在京山丁家冲召开，到会代表50多人，推举京应县委民运部长汪心一任总团长，聂庆堂任总副团长，孙世英任宣传部长，常克东任组织部长，罗明任秘书长，总部设在丁家冲的庙湾。此次抗十团代表大会规范了抗十团的组织机构，明确了抗十团的奋斗目标，发出了"为发展团员五千人而奋斗"的号召，使抗十团由最初的群众自发的抗日组织发展成为鄂中党组织深入开展群众运动的形式。

会后，抗十团总团部在京山石板河举办了青年训练班，总计有800多名骨干参加了培训。训练班学员毕业之后，分赴京应各地，发动群众，抗十团由此得到了迅猛发展。

11月，中共中央作出《关于深入群众工作的决定》，指出："共产党必须进一步依靠群众，必须深入群众工作，才能克服投降与反共危险，巩固统一战线，争取继续抗日，争取民主政治，准备反攻力量，否则是不可能的。同样，共产党必须深入群众工作，获得广大群众的拥护，才能在投降与反共危险没有克服以致发生突然事变时，使党与抗战避免意外的损失，否则也是不可能的。"[1]这给抗十团的发展指明了方向。根据中央的指示精神，鄂中区党委把组织抗十团作为深入群众工作的要务来抓，要求广大党员想方设法，运用一切社会关系来发展抗十团。因而在很短的时间内，抗十团便在京山、应城、钟祥、安陆、云梦、天汉等地区，如火如荼地开展起来。

京（山）安（陆）抗十团组织是从京安边、京（山）随（县）边发起的。

---

①《中共中央关于深入群众工作的决定》(1939年11月)。

1939 年秋，鄂中区党委在青龙潭建立了以胡山为书记的安（陆）随（县）工委，此时正是抗十团在京山勃兴之时，安随工委遂以这一组织形式广泛联络群众，各乡保均设立了抗十团分团。1940 年 10 月，京安地区抗十团代表大会在青龙潭举行，曹冰清被选举为总团长。

天汉地区抗十团始建于 1939 年 10 月。天汉地委成立后，遂以陡埠头为中心，沿襄河两岸如汈汊湖、城隍、马口、榔头、芦排、杨林等发展抗十团。彭怀堂、龙登云原本就是汉留的龙头大爷，在群众中有较大的影响，天汉地委要求他们主持其事，广泛发动群众加入抗十团，很快就建起了 20 多个区团。1940 年 1 月 1 日，天汉抗十团在陡埠头建立总团，推选陈秀山担任总团长，龙登云、江萍（女）任副总团长。这时候天汉地区的抗十团团员已达 4 万多人。

鄂东的黄冈、蕲春、黄梅等县也纷起效仿，成立抗十团组织，甚至敌占区，包括国统区，也有抗十团的秘密组织。据不完全统计，当时整个鄂中地区有抗十团团员近 15 万人。

二、抗十团具有半军事、半政权性质

抗十团组织严密，县设总团，区乡设区团，保设分团；其社会基础亦相当广泛，团员中不仅有工人、农民、商人、学生、市民，也有小地主和富农，还有士绅名流、洪门兄弟、社会游民等，充分体现了在党的抗日民族统一战旗帜下实行各阶层大联合的政治主张。

抗十团的任务主要有四项：打击汉奸，摧毁伪政权；站岗放哨，扩军支前；组织群众，调解民间纠纷；打击零星日寇，没收仇货①。在鄂中各级党组织的领导下，鄂中抗十团很好地完成了它们的任务，它们在抗日保家、动摇敌伪统治、创建和巩固抗日民主根据地中发挥了积极、重要的作用。

---

① 《抗日十人团，边区群众运动的创举》，转引自《鄂豫边区革命史》（征求意见稿）。

摧毁伪政权，袭扰日伪军，惩处卖国贼　　京应抗十团成立后的几个月内，"合兴集、京汤乡、曹武街、汤泉镇、汤池等二十处以上的维持会全部摧垮了"！[①] 顾家场、徐店是日寇的占领区，抗十团深入虎穴，一次打死三名日本兵，缴短枪一支；曹武街是顽军曹勋的一个据点，这里的抗十团在一天深夜摸进其军营，偷出了13条枪支。在团山地区，抗十团处决了一个坏事做尽的伪团长。1940年春，日伪出动千余人，"扫荡"京应抗日根据地，京山抗十团总团部宣传部长孙世英率徐店和合兴集的抗十团团员，将田店至贾店一带的公路、桥梁、电话线尽数毁坏。日军进攻受阻，不久无功而返。安陆青龙潭镇的汪光良私通日寇，抗十团请示安随工委后，将汪光良公审后处以极刑，极大地震慑了汉奸。应城三合店距离日寇据点隔蒲仅8公里，是敌特经常出没的地方。一天，抗十团发现一个可疑的"哑巴"，并从他的口袋里搜出一张国民党第五战区特务马成庸的路条，同时又在另一个村子捉来一个来历不明的盲人，于是把他们关了起来。当晚，这个"哑巴"和盲人却窃窃私语，一个说"这个地方封锁很严"，一个说"悔不该到这个地方来"，被我负责监视的人听见。经审讯，"哑巴"供认，他原是国民党第五战区的特务，现充任隔蒲据点里的日寇侦探。此外，三合店抗十团还破获了潜伏在我税务所里的坐探。

拦截仇货，开展"经济游击战"　　实行经济掠夺是日军除军事奴役、政治奴化之外的另一项侵华目的。在侵入富庶的鄂中地区之后，日军进行了大肆搜刮，鄂中抗十团则在党的领导下展开了坚决的斗争。1939年秋，京山徐店、丁家冲的抗十团，在府河就一次拦截资敌谷米20余船，并连夜由20里外动员200余匹牲口将这批仇货全部搬走收藏了起来，闻讯赶来的日军只好望河兴叹。1939年底，京山宋河镇的日军借发良民证之机，榨取了百姓几万斤粮食。合兴区的抗十团知道消息后，和送粮群众（大部分为抗十团团员）一道，演出了一出虎口夺粮的活剧。那天，合兴区抗十团团员在团长顾盖北

---

①《七七月刊》第一卷第四期。

的带领下，隐蔽在通往宋河的铁匠棚里，当700多人的送粮大军挑着粮食即将到达铁匠铺时，埋伏在其中的抗十团团员朝天放了一枪，送粮队伍随即一哄而散，日军因此未得到一粒粮食。

巡更放哨，侦察敌情，传递情报 许多抗十团拥有武器装备，"丁家冲、天王寺、合兴集、徐店等乡都成立了自己的自卫队"。[1]他们平时巡更放哨，守卫乡里，战时为正规军带路，侦察敌情，有力地配合了敌后游击战争。京山石板河交通站经常要往路东发送情报和文件，但敌人对宋应公路封锁严密，不易通过，这里的三名抗十团团员自告奋勇地、巧妙地完成了这一任务。

拥军支前 在各地抗十团内，"还成立了许多妇女区团部，她们替军队成千成万的做鞋子"。[2]每逢部队作战之际，更是抗十团大力支前之时。1939年12月，新四军豫鄂独立游击支队第四团队在府河口伏击了两艘日本商船，缴获了大批物资。城隍抗十团便从潘许家台一带调集木船70余只，迅速将战利品运到第四团队的驻地马家垸东高村。

打击封建势力 为保护妇女的利益，京山抗十团发动了反对一夫多妻制、买卖妇女、虐待童养媳的斗争。[3]安陆青龙潭镇有个妇女不愿给一杨姓地主做小老婆，遂跑到陈家湾她的姨娘家躲避。不料她姨娘心术不正，暗中将这名妇女卖给了一个姓陈的做媳妇，姓陈的连夜带人抢走了这名妇女。抗十团陈家湾分团得悉后，请求区团仲裁此事，区团支持了这名妇女，惩罚了她的姨娘，批评了姓陈的恶劣行径，为受欺压的妇女撑了腰。

培养政权骨干 抗十团在对敌伪、汉奸的斗争中锻炼了群众，培养了一大批有威望的群众领袖，徐店的郭金标、合兴集的沈占东等抗十团团长，后来都被选为乡长，继续在抗日民主政权里发挥作用。

---

①《七七月刊》第一卷第四期。
②《七七月刊》第一卷第四期。
③《七七月刊》第一卷第四期。

总之，抗十团等群众抗日团体的兴起和壮大，是鄂豫边区党引导和组织群众运动的一大创举，它动摇了敌伪顽的反动统治，配合了根据地的敌后武装斗争，并为抗日民主根据地的政权建设积累了经验，夯实了群众基础。

第四节　抗日游击根据地粗具规模

一、养马畈会议

1939 年 6 月上旬，李先念、陈少敏等率新四军挺进团第一大队到达京山大山头，与"应抗"第三、第四支队会合。[①]16 日，鄂中区党委在养马畈召开了为期三天的扩大会议。会上，李先念、陈少敏传达了中共扩大的六届六中全会精神，宣读了中共中央关于创建根据地的六条原则，以及中原局关于整编和扩大鄂中敌后抗日武装的指示。会上，就"应抗"是否打出新四军旗帜问题，与会者表达了各自不同的意见。李先念力主统一豫南和鄂中部队的领导，这项主张得到了陈少敏和杨学诚的赞同。6 月 19 日，刘少奇和朱理治发来电报，指出："在目前，鄂中党的中心任务是在于最短期内扩大与创立一支五千人以上的党可直接领导的新四军。只有完成这一中心任务，才能在目前及可能的长久摩擦之下，确立我党在鄂中之地位，才有可能应付各种事变。"同时明确指出，"新四军的指挥与编制要统一，只有这样才能增强战斗力量"，而"鄂中顽固派正竭力打击应城我党力量，应抗第三、第四支队中我党工作已无法再掩护，望勿再迟延，立即编为新四军，免陷杨威部队之覆辙"。此外，来电还指示陈少敏、李先念等，"目前新四军新去，应积极活动，打击汉奸、伪军及零星日寇，以便扩大影响，以便巩固统一战线"。对顽固派，"如

---

① 《李先念年谱》（第一卷），中央文献出版社 2011 年版，第 228 页。

他不进攻我们，切勿找他去打，以免和他作不必要的过度对立，并予他们以造谣机会"①。这份来电统一了大家的思想。会议决议将鄂中、豫南党的抗日武装统一整编为新四军豫鄂独立游击支队，李先念任司令员，陈少敏兼政治委员（不久由陶铸代理），杜石公（后到国民党第二十九集团军做统战工作，被国民党军扣留，随即叛变，加入国民党军统组织）任参谋长，廖毅任政治部主任。

根据中原局的指示，会议决定成立新的鄂中区党委，陈少敏任书记，李先念（军事部长）、杨学诚（组织部长、社会部长）、陶铸（统战部长）、夏忠武（宣传部长）等为常委，姜纪常、顾大椿、刘慈恺、雍文涛等为委员，杨焕民、郑绍文为候补委员。

养马畈会议是豫鄂边区共产党人在发动敌后游击战争过程中召开的一次具有里程碑意义的会议。它加强了鄂中党组织的力量，统一了豫鄂边区抗日武装的领导，而且旗帜鲜明地打出了新四军的旗帜，从而为创建稳固的豫鄂边区抗日根据地、建立抗日民主政权创造了条件。

二、各地抗日游击根据地的开创

新四军豫鄂独立游击支队建立之后，各团队根据中原局关于"应积极打击汉奸伪军及零星日寇，以便扩大影响，巩固统一战线"的指示，纵横驰骋于豫南、鄂中和淮河、汉水两岸的广大地区，积极而勇敢地开展敌后游击战争，深入发动，组织群众，创建敌后抗日游击根据地。

豫南抗日游击根据地　1939年7月底，新四军豫鄂独立游击支队第二团队在南王岗整编完毕后，即根据统一部署，一部留平汉路西四望山坚持和扩大根据地，主力则跨过平汉铁路，向信罗边敌后挺进。

8月中旬，第二团队进驻朱堂店。14日，日军400余人向朱堂店开来，第

---

①《李先念年谱》（第一卷），中央文献出版社2011年版，第228—229页。

二团队主动出击，因不明虚实，日军稍作抵抗后便退了回去。次日拂晓，日军又从朱堂店的西北向第二团队发起猛攻。第二团队以其第二大队全部和第三大队一个中队坚守朱堂店及其东北阵地，并以一部纵深配备于东北侧翼，第一大队及团部警卫队、手枪队集中布防于朱堂店西南的陈家祠堂，依托山形地势，相机出击，第三大队（缺第一中队）则负责警戒朱堂店东南的李家湾、水砦、杨庄等地。此役，第二团队毙伤日军80余人，获重机枪一挺、步枪20余支、子弹数万发、战马四匹及大批军用物资。接着，他们乘胜追击，袭击信（阳）罗（山）公路上五里店日伪据点，收编皇协军50余人。

9月，信南第三团队和第五团队合编，组成新四军豫鄂独立游击支队第三团队。11月17日，第三团队集中优势兵力，向驻杨柳河的徐天斌皇协军发起攻击，数小时激战后，终于攻破其老巢，歼其240余人，徐天斌被击毙，遭绑架的30多名妇女亦被救出。

在这一时期，信南和信（阳）随（县）边的地方党组织也各自组织自卫武装，打击日伪势力，建立了以四望山为中心，东起信罗边，西至信随边的敌后抗日游击根据地。

鄂中抗日游击根据地　　养马畈会议后，新四军豫鄂独立游击支队第三团队与第一团队之一部，主动向应城魏家河伪军马筱甫部发起进攻，毙伤伪军20余名。9月，第三团队又彻底消灭了京山马家河一带的土匪武装石修武部，大山头根据地得以进一步巩固。

7月初，新四军豫鄂独立游击支队第一团队和挺进团到达孝感的杨家河、沙子岗一带，在国民党安陆二区区长杨弼卿部的配合下，全歼伪军胡翼武部200余人，开辟了安（陆）云（梦）孝（感）边根据地。

下旬，第一团队调兵安陆烟墩店地区，包围长期盘踞青龙潭镇的伪军周叔屏部。在强大的政治攻势面前，周叔屏率部200余人宣布反正，被编入第一团队第三大队，安（陆）应（山）随（县）边根据地由此建立。

8月，第一团队第三大队在周志坚的率领下回师孝感地区。2日，他们在襄（阳）花（园）公路上的憨山寺设伏，毙敌 9 名，毁敌汽车 5 辆。两天后，千余日伪军对新四军孙家店、赵家棚根据地进行报复性"扫荡"。挺进团一部一面掩护群众向安全地区转移，一面奋勇与敌周旋，毙伤敌伪数十名。三天后，遭受打击、疲于奔命的日伪军被迫撤退，赵家棚抗日根据地遂逐渐稳定下来。

李又唐的部队原是国民党应城县政府的保安队，后编入"应抗"第二支队。作为支队长，李又唐拒绝我党派去的政工人员，拒绝服从应城抗日县政府的领导，不仅不服从"应抗"的指挥，还暗通敌伪，收罗土匪武装，配合伪军夹击"应抗"第一支队，抢夺应城第四区区署，所部纪律废弛，奸掳劫掠，无所不为，已成为长在"应抗"内部的一颗毒瘤。

9 月 21 日，李先念、陈少敏、陶铸等亲率独立游击支队第一、第三两团队及"应抗"第一支队，向李又唐老巢杨家河、两河口发起进攻。[1]许子威以"应抗"总队长的身份，向李又唐部喊话，展开政治攻势，结果两个大队归顺新四军，余部或降或逃，李又唐仅带少数随从逃入云梦义堂镇的日军据点。李部土崩瓦解。

李又唐部的消灭，纯洁了"应抗"队伍，京安应根据地更加巩固，应城、云梦、安陆根据地从此连成一片。

天汉湖区抗日游击根据地　　所谓天汉湖区，是指汉川县襄河以北、天门县城以东的水网地带，面积 1000 多平方公里。其地湖泊众多，有汈汊湖、东西汉湖、龙赛湖、五垱湖、白湖、沉湖等，境内河流纵横，主要有襄河（汉水）、府河、天门河等。整个湖区土地肥沃，物产丰富，水草丛生，地形复杂，有建立抗日根据地的许多有利条件。

1939 年 8 月初，刚刚整训完毕的新四军豫鄂独立游击支队第四团队，在团长李人林、政治委员雍文涛（兼）等率领下，从京山八字门出发，踏上了

---

① 《李先念年谱》（第一卷），中央文献出版社 2011 年版，第 234 页。

开辟天汉的征程。9月初，第四团队和汉阳第五中队分两路夜袭泰山寺，顺利地端掉了伪军第九十二师熊光部的巢穴。熊光被击伤逃窜，其下300余名官兵、70余名随军家属以及大批枪械物资均被俘获。对伪第九十二师的胜利，不仅保护了人民群众的生命财产，扩大了新四军的政治影响，而且推动了天汉地区抗日民族统一战线的开展，逐渐创立了天汉根据地。

11月，独立游击第四团队通过民主人士马笙陔，争取了伪鄂西保安司令部张作云部，随后张部70余人、50多支枪，被编为第四团队第一特务大队。12月，第四团队又收编了活动在云梦道人桥一带的伪和平救国军陈少清部200余人枪。同时，峒冢地区左斌超部100余人枪也主动要求加入新四军。到1939年底，第四团队辖有三个大队，九个中队，计1000多人枪。

黄冈沿江抗日游击根据地 豫南、鄂中抗日武装统一整编为新四军豫鄂独立游击支队时，活动在鄂东的独立游击第五大队和新四军游击第六大队等抗日武装仍隶属于鄂豫皖区党委直接领导，独立行动。

1939年7月7日，新四军游击第六大队联合独立游击第五大队汪进先、吴林焕带领的两个中队，从（黄）陂北黄门冲出发，星夜袭击了驻孝感杜涂湾的伪第二十五师赵光荣部，俘其旅长以下官兵200余人。驻黄陂泡桐树店一带的伪第二十三师尹昌彦部慑于新四军的声威，惶惶不可终日，竟一哄而散，自行瓦解，（黄）陂孝（感）地区具备了创建根据地的条件。

9月1日清晨，当独立游击第五大队撤出夏家山、芦泗坳，准备转移时，桂军第一七二师师长程树芬亲率两个团，伙同鄂东游击第十八纵队王啸风部，突然向第五大队的驻地发起全面进攻。第五大队一营一中队损失两个排，黄冈中心县委组织部长张良卿、第五大队供给处长姚渠（郭力）、黄冈区委书记杜金鸣、李福荫、李佑泊等百余人惨遭杀害，是为震惊全国的"夏家山事件"。惨案发生后，第五大队在刘西尧、张体学等的带领下，英勇抗击，分路向信（阳）罗（山）礼（山）边突围。经过半个多月的艰苦奋战，9月18日，第五大队突围部队与新四军游击第六大队、新四军豫鄂独立游击支队第二团队在河南罗山彭新店会合。

"夏家山事件"发生后，文祥等人在与上级党组织失去联系、处境极为艰难的情况下，根据当地的实际情况，果断地决定改变过去在国民党军占据的山区活动的做法，率部转向黄冈沿江近敌区——王家坊及其以西的双柳地、毛家集、莲湖畈等地。

文祥等到王家坊地区以西的王福六、舒家墩后，根据敌强我弱的现状，将部队分散成小股便衣队，插入敌顽占据的区域，并用第五大队的名义发布《告鄂东父老书》，发动群众，打击敌伪汉奸和顽军。不到两个月，便在新洲、仓埠、阳逻、团风、黄州附近及与黄冈毗邻的浠水、麻城等地区，组织了十几支便衣武装，并在此基础上，建立了一支有300多人的县大队。同时，黄冈中心县委在王家坊等地还开办了党员训练班和鄂东青年训练班，培训党员干部和进步青年，进一步发动群众，开展武装斗争，王家坊抗日游击根据地正式建成。

第三章 ■ 豫鄂边区抗日政权的初步统一

1939年12月中旬，新的豫鄂边区党委成立，实现了对豫南、鄂东、鄂中地区党组织的统一领导，加快了对边区政权建设的步伐。1940年初，新四军豫鄂挺进纵队建军，完成了对各地抗日武装力量的整编。3月，豫鄂边区宪政促进总会成立，边区乡保政权的改选和抗日根据地的各项建设工作逐步推行开来。8月1日，豫鄂边区军政干部大会召开，决定成立豫鄂边区军政联合办事处，建立统一的边区政权领导机构。9月1日，豫鄂边区第一次军政代表大会按"三三制"原则，选举成立了豫鄂边区军政联合办事处。边区的政权建设由此迈入了初步统一的、正规的轨道。

第一节　建立统一的党和军队组织

一、组建新的豫鄂边区党委

建立全面统一的豫鄂边区党和军队组织，是坚持和发展敌后抗日游击战争，建立和巩固根据地政权的客观需要。"夏家山事件""竹沟惨案"[①]的发生，进一步表明国民党顽固派在豫鄂边区的反共高潮已经开始，而边区自养马畈会议以后，豫南和鄂中地区党所领导的抗日武装虽然实现了统一，但豫南地区的独立游击支队第二团队，信南第三团队、第五团队更多地还是受豫鄂边

---

① 竹沟惨案：1939年11月11日，国民党第三十一集团军总司令汤恩伯派少将参谋耿明轩为总指挥，纠集信阳、确山、泌阳三县常备队1800人，围攻尚未撤离竹沟的新四军第四支队第八团队留守处，致200多人被害。

区党委的领导，而鄂中地区的第一团队、第三团队、第四团队和挺进团主要受鄂中区党委领导，活动在鄂东地区的独立游击第五大队和新四军游击第六大队原属鄂豫皖区党委领导。1939 年 8 月，由于国民党第五战区出现政治上的倒退和反共活动，鄂豫皖区党委被迫从金寨县撤离后，这两支队伍实际上接受豫鄂边区党委和鄂中区党委的双重领导，鄂东地委和罗（山）礼（山）（黄）陂孝（感）中心县委也主要接受豫鄂边区党委的领导。这种不完全统一的党组织和抗日武装，难以应付日益严峻的武装斗争形势，容易被国民党顽固派各个击破，也不利于根据地政权的创建。

在严峻的局势面前，为了坚持和发展武汉外围的抗日游击战争，巩固和扩大敌后根据地，建立抗日民主政权，中原局根据中共中央的历次指示，认识到地方党和游击队分散的诸多不利，认为只有统一起来才能攥紧拳头，打击敌人。据此，朱理治在给中央书记处和刘少奇的电报中提出："为应付目前顽固派进攻及建立豫鄂边根据地起见，鄂中、鄂东原有的武装有建立统一指挥的必要。"① 此电即获批准。1939 年 9 月 18 日，中原局发出《关于创立鄂东、豫南、鄂中抗日根据地的决定》。决定指出："鄂东、豫南、鄂中敌占区域，是今天党开展华中游击战争最重要地区之一。创立坚强的游击队伍，建立鄂东、鄂中、豫南抗日根据地，并使之逐渐打成一片。这是今天鄂豫皖、豫鄂边以及鄂中三个区党委最重要的任务。"②

9 月下旬，刘少奇再次抵达竹沟，部署发展豫鄂边区敌后游击战争，指示朱理治、任质斌率中原局和豫鄂边区党委机关和部分武装迅速南下，与李先念会合，尽快实现豫南、鄂中、鄂东党组织和党所领导的抗日武装的统一，建立根据地，开展各项建设。③

①《纪念朱理治文集》，河南人民出版社 1993 年版，第 171 页。
②《新四军·文献》（一），解放军出版社 1992 年版，第 552 页。
③《李先念年谱》（第一卷），中央文献出版社 2011 年版，第 234 页。

11 月 16 日，朱理治、李先念、陈少敏、任质斌、刘子厚、贺健华等在四望山龚家湾召开会议，会议由朱理治主持。朱理治、任质斌等传达了中原局和刘少奇的指示，强调了为反击国民党顽固派的猖狂进攻，必须加强党对敌后抗日游击战争的领导和建立统一的抗日武装的必要。会议决定建立新的豫鄂边区党委，统一领导原鄂豫皖、豫鄂边、鄂中区党委所属的鄂东、豫南、鄂中等地党的工作，并将这三个地区的抗日武装力量统一整编为新四军豫鄂挺进纵队，以实现豫南、鄂中、鄂东地区党和军队的全面统一。这次会议通称为"四望山会议"。

四望山会议是在国民党顽固派开始在全国掀起第一次反共高潮的严重时刻召开的，它为共产党、新四军在豫鄂边地区粉碎敌顽夹击奠定了思想和组织基础。它是武汉外围分散的敌后游击区，向统一的、具有重大战略意义的抗日民主根据地转化的标志，是中原敌后游击战争由胜利走向更大胜利的新起点，在豫鄂边区政权建设史上有着重要意义。

经过一个月的筹备，12 月中旬，新的豫鄂边区党委组建完成。中原局委员、组织部长朱理治在京山八字门主持召开了第一次党委会，宣布了有关人事安排。新的豫鄂边区党委由郑位三、陈少敏、李先念、陶铸、任质斌、杨学诚、夏忠武、吴祖贻、刘子厚、程坦、葛启卜（1940 年 6 月脱党）等委员组成。中原局委员郑位三任书记，陈少敏任副书记，李先念任军事部长，杨学诚任组织部长，夏忠武任宣传部长，陶铸任统战部长，吴祖贻任民运部长，葛启卜任秘书长。郑位三在皖西根据地染病未能到职，区党委书记由陈少敏代理。葛启卜也未到职，秘书长由新到达边区的原鄂西北区党委书记王翰担任。后来又陆续增补了王翰、刘少卿、郑绍文、陈秀山、文敏生等为边区党委委员，顾大椿、刘慈恺为候补委员。

豫鄂边区党委的主要任务是领导地方工作。为了加强各地党的工作，边区党委下设鄂东、信（阳）应（山）、随（县）枣（阳）、天（门）汉（川、阳）四个地委。鄂中不设地委，应城、京山、钟祥、京（山）钟（祥）、（黄）陂孝

（感）、京（山）安（陆）、孝感、云梦等县（工）委，直属边区党委领导。

鄂东地委成立于1939年5月，原属鄂豫皖区党委领导。11月重建后，划归豫鄂边区党委领导，程坦任书记。辖黄冈中心县委、黄（安）麻（城）经（扶）中心县委、罗（山）礼（山）经（扶）光（山）中心县委等三个中心县委和黄安、（黄）安麻（城）、（黄）安南、（黄）冈麻（城）、黄冈、浠水、罗田、浠（水）蕲（春）黄（梅）广（济）、浠（水）蕲（春）、蕲（春）广（济）边等10个县（工）委。

天汉地委成立于1939年12月，由原天汉特委扩建而成，顾大椿任书记，辖汉阳、汉川、沔阳、天门、潜江、江陵、钟祥、荆门等县（工）委。

随枣地委成立于1939年12月，姜纪常（后余益庵）任书记，辖襄（阳）枣（阳）宜（城）、枣（阳）北、枣（阳）南、随（县）南等县（工）委。

信应地委成立于1939年12月，由原豫鄂边地委扩建而成，刘子厚任书记。辖信阳、信（阳）随（县）桐（柏）、信（阳）罗（山）、应（山）南、应（山）北等县（工）委。

二、新四军豫鄂挺进纵队建军

1940年初，豫鄂边区党委完成了对各地武装力量的整编。1月3日，中原局和刘少奇致电朱理治、李先念，指出："（一）所有在鄂中、鄂东活动之党所领导的部队，统归你们指挥节制，部队番号改称挺进游击纵队。（二）由纵队首长组织纵队委员会，以朱理治、李先念、任质斌、刘少卿、陈少敏诸同志组织之。以理治同志为书记。中层干部任免、部队行动及一切重要军事、政治计划，均须经纵队委员会讨论后执行。这是纵队党的最高领导机关。"[①]

根据中原局的指示精神，新四军豫鄂挺进纵队于1940年1月上旬在京山八字门正式建军，司令员李先念，政治委员朱理治，参谋长刘少卿，政治部

---

① 《新四军·文献》（一），解放军出版社1992年版，第558页。

主任任质斌，政治部副主任周志刚。同时，为了统一边区党委和纵队委员会的领导，边区成立了军政委员会，其成员与纵队委员会相同。3月，朱理治奉命去延安，任质斌代理政治委员和纵队委员会书记职务，王翰接替周志刚任政治部副主任。

挺进纵队下辖五个团队和三个总队：第一团队由原第五大队、第六大队合编组成，团长罗厚福，政治委员方正平；第二团队由原独立游击支队第一团队和挺进团合编组成，团长周志坚，政治委员黄春庭；第三团队由原独立游击支队第二团队和信南第三团队合编组成，团长肖远久，政治委员钟伟；第四团队即原独立游击支队第四团队，团长李人林，政治委员罗通；第五团队即原独立游击支队第三团队，团长蔡松荣，政治委员杨焕民；信（阳）应（山）地方武装编为信应游击总队，总队长张裕生，政治委员刘子厚；鄂东地方武装及应山地方武装一部编为鄂东游击总队，总队长熊作芳，政治委员程坦；应城抗敌自卫总队的番号不变，总队长许子威，副总队长王海山。原竹沟教导队和独立游击支队教导队合并成为纵队随营军事学校，李先念兼任校长，朱理治兼任政治委员。刘少卿具体负责学校的领导工作。朱理治去延安后，其随营军事学校的政治委员由李先念兼任。

在新四军豫鄂挺进纵队建军的前后，活动在信应随边的国民党第五战区第一行动总队独立大队的两个中队和一个分队，由共产党员徐达三率领，于1月开到赵家棚，编入信应总队。1月19日，挺进纵队又将争取过来的伪军郭仁泰部进行整编，成立第六团队，团长郭仁泰，政治委员郑绍文。与此同时，钟祥南乡的共产党组织又建立了100多人的武装，由钟祥县委负责人带到八字门，编入边区党委的警卫大队。至此，新四军豫鄂挺进纵队共有9000余人枪。

新四军豫鄂挺进纵队的创建，对于进一步开创豫鄂边区根据地有着决定性的意义。对此，中共中央给予了高度评价："武汉附近新四军挺进纵队（有九个团）的创造，是一个伟大的成绩。这次经验证明了敌占地区，不论在华中或华南，我党均可建立自己的武装部队，并且可以存在和发展，但其先决条件是地方党应有组织武装的坚强决心与工作布置，有不怕与顽固派摩擦的勇气与意志。"①中共中央的指示，是对豫鄂边区军民的巨大鼓励，也是对这里发展抗日武装的极好的经验总结。

新四军豫鄂挺进纵队成立以后，坚定不移地贯彻中共中央的路线、方针和指示精神，紧扣民族矛盾，高举抗日大旗，英勇顽强地抗击日本侵略者，积极地从战略上支持、配合友军与兄弟部队的对日作战。

1940年1月中旬，李先念等率挺进纵队第一、第二、第三团队东进鄂皖边，向盘踞大小悟山专事反共摩擦的鄂东顽军第十九游击纵队刘梅溪部展开还击。②4月，遵照中央军委及中原局关于在路西采取守势，增兵路东，打击鄂东程汝怀，以拊桂军侧后，牵制桂军向新四军第四、第五支队进攻的指示，豫鄂挺进纵队成立了（平汉）路西指挥部。在路东再次向大小悟山进军，反击顽军，控制了大小悟山，配合了华东新四军的反顽斗争。③6月2日，桂军第七军和鄂东第十六、第十九游击纵队共1万余人再次分路进攻大小悟山。面对顽固派的进攻，李先念、陈少敏、任质斌等运筹帷幄，一方面通电全国，揭露国民党顽固派掀起内战、破坏团结的罪行，并向国民党第五战区司令长官李宗仁提出严正抗议；另一方面率部坚决抗击反共顽军的进攻。经过一系列的抗日反顽战斗，游击根据地不断扩大。

2月，在李先念的率领下，新四军豫鄂挺进纵队发起侏儒山战斗，直叩武汉西大门，武汉震动。④5、6月，日寇为迫使国民党早日投降，发动襄（樊）宜（昌）战役。6月1日占襄樊，15日陷宜昌，鄂西局势骤然紧张。为配合正面战场作战，新四军豫鄂挺进纵队主力毅然挥师西进，作战略展开。6月下

---

① 中共中央书记处致胡服（刘少奇）、理治电（1940年5月5日）。
② 《李先念年谱》（第一卷），中央文献出版社2011年版，第243页。
③ 《李先念年谱》（第一卷），中央文献出版社2011年版，第252页。
④ 《李先念年谱》（第一卷），中央文献出版社2011年版，第245页。

旬，一举攻占了伪军据守的鄂中交通枢纽平坝镇，继而于7、8月，又挺进京山南山，开辟了襄（河）西和天（门）西的敌后战场。与此同时，他们还加强了对伪军的工作，争取了在武汉西大门汉阳的伪军1500余人反正。对敢于制造摩擦的国民党顽固派军队，他们则抓住有利时机，有理、有利、有节地给予狠狠的打击，配合全国粉碎了第一次反共高潮。

第二节　豫鄂边区宪政促进总会成立

毛泽东在《抗日游击战争的战略问题》一文中指出："这种游击区，经过游击战争的必要过程，消灭或打败了许多敌人，摧毁了伪政权，发动了民众的积极性，组织了民众的抗日团体，发展了民众武装，建立了抗日政权，游击区就转化成了根据地。"[1] 随着武汉外围敌后抗日游击战争的发展，豫鄂边区的政权建设提上了议事日程。

中共中央、中原局十分重视豫鄂边区的建设，特别是政权组织建设。早在1939年9月，中原局就指出："不建立抗日政权，单靠军事行动是很难立足的。""因此，从下而上、从小而大地来建立抗日政权，这是今天的主要方式。"指示还要求在"部队活动地区，只要该地区的县长、区长，甚至于几个联保对抗日是同意的，或是该地区的旧政权已经瓦解，新政权是由我们恢复起来的，就应在该地区武装地方民众，进行肃清汉奸，公布有利于民众的命令，储存、收集物资，组织地方民众团体，进行必要的行政改革"。[2] 1940年2月1日，中共中央作出《关于目前时局与党的任务的决定》，指出："要巩固与扩大

---

①《毛泽东选集》第二卷，人民出版社1991年版，第421页。

②《新四军·文献》（一），解放军出版社1992年版，第552页。

各个抗日根据地，在这些根据地上建设完全民选的没有任何投降反共分子参加的抗日民主政权。"2月10日，中共中央、中央军委在《关于八路军、新四军战略方针的指示》中指出："李先念部（应）力争鄂中、鄂东，坚决建立政权，建立根据地，扩大军队至三万以上，坚决消灭程汝怀。"①

为此，3月1日，朱理治向中共中央、中原局报告了豫鄂边区前段关于政权建设工作情况，称："现此间政权工作正在加紧进行中，安陆、应城、京山，新四军统治区域的联保改选运动，不久即将基本完成。云梦、汉阳两县政权工作，我们可以通行无阻。天门、汉川县政府因我军威胁，已经四散，改选保甲等亦可进行，现在急需建立整个政权领导机关，决定于月内成立全豫鄂边区宪政促进总会，一面推进宪政，一面领导已改选之乡区政权，指导与统一各种政权工作，以便过渡到成立正式边区性质的政权。"②

3月中旬，豫鄂边区党委邀请基本区内各县政权负责人和开明士绅张谦光、汪心一、娄光琦、向岩、黄曙晴、朱亚成、方圆记、丁瑞甫等在湖北京山丁家冲开会。会议由陶铸主持，李先念、陈少敏、任质斌等参加了会议。会议的中心议题是讨论如何实现宪政，建立统一的政权组织。

会议刚开始时，附近据点的敌伪军悄悄出动偷袭，可是他们尚未到达，沿途的群众已纷纷送来情报，守卫在丁家冲地区的挺进纵队第五团队一大队迅速掩护与会代表，从容转移到京山石板河以北地区，使会议得以在敌人进攻的炮声中安全复会。根据中共中央的统一部署，会议决定成立豫鄂边区宪政促进总会，作为过渡时期的边区政权领导机关，负责指导乡保政权的改选和根据地的各项建设工作。会议还讨论通过了《豫鄂边区宪政促进总会简章》，推选陶铸为主席，并决定创办《宪政之路》杂志为总会机关刊物，宣传抗日民主政治，指导各地政权建设工作。

---

① 《新四军第五师电报资料》第九卷，第31页。
② 朱理治：《关于豫鄂边区政权工作总结的报告》（1940年3月1日）。

豫鄂边区宪政促进总会以"协助政府，辅导民众，发扬民主精神，促进宪政之实施，以完成建立独立、自由、幸福'三民主义'之民主共和国为宗旨。""对区内各县之宪政促进会，以指导关系推动工作。"①

关于会员入会资格、权利、义务等问题，《豫鄂边区宪政促进总会简章》规定：豫鄂边区宪政促进会会员分为基本会员、团体会员、特别会员三种。本区内各县宪政促进会均为其基本会员；本区内各抗日民众团体及法团，凡自愿参加，只需经本会基本会员一人，或团体会员二人，或特别会员三人介绍，经常务委员会讨论，都可成为团体会员；各县行政长官与本区各部队之首长以及聘请名流、专家学者为特别会员。所有会员均有选举权与被选举权。所有会员必须按月缴纳会费。基本会员每月10元，团体会员每月5元，特别会员每月1元。

关于宪政促进会的组织问题，《豫鄂边区宪政促进总会简章》规定：会员大会是总会的最高权力机关，每六个月召集一次，必要时得有会员三分之一以上提议，或持有常务委员会的决定可临时举行。在会员大会闭幕时，推举33人至55人组织执行委员会，执行大会的决议。执委会每两个月召开一次，必要时须得经过三分之一以上的提议，或持常务委员会的决定可临时举行。执委会闭幕时，选举九人组成常务委员会，负责处理一切日常事务。宪政促进总会设主席一人、副主席二人、秘书长一人，以及秘书室、民政指导室、宣传教育组、组织训练组、财政经济组、武装自卫组等下辖组织，指导各地的政权建设。

豫鄂边区宪政促进会的召开，是边区党委第一次大范围地与民主士绅共商民主建政问题的大事，它宣传了中国共产党的抗日民族统一战线政策，扩大了新四军的影响。豫鄂边区宪政促进总会是统一的边区政权组织的雏形。

---

① 《华中抗日根据地财经史资料选编——豫鄂边区、新四军五师部分》，湖北人民出版社1989年版，第109页。

它的成立揭开了边区政权建设的新篇章。

4 月，陶铸奉命去延安，边区宪政促进会的工作由边区党委直接领导，许子威负责具体协调。

第三节　各地抗日民主政权的建立与民选运动的开展

建立抗日民主政权，以政权的形式维护人民群众的合法权益，组织动员抗战，开展生产和经济建设等工作，是根据地建设的首要任务。

1940 年初，在"群众的政治觉悟日益提高，恢复与建立全边区的抗日政权已成为广大人民的迫切要求"①的情况下，特别是豫鄂边区宪政促进总会成立后，豫鄂边区党委因地制宜，在不同地区采取不同的方法，建立起了各种形式的政权。

在共产党、新四军控制的基本区，大力实行民主，切实尊重民权，以民选的形式建立起新政权。这种形式以应城、安陆、京山、信阳、应山以及孝感的部分地区为代表。

鄂中的民选运动是在改造旧政权的基础上进行的。民选的办法多是采取由各县区的党组织派出工作队，深入各乡保进行宣传动员，有些地方还成立了改选委员会。

在群众初步发动以后，就在抗十团或"救联"等群众团体中进行酝酿，提出候选人。按规定，凡满 18 周岁的公民都有选举权和被选举权。一切准备就绪后，召开民众大会进行投票选举。投票的方法也是各种各样，有的举手表决，有的在候选人的身后插旗，有的在标有候选人的碗里投豆子。每个

————————

① 《七七月刊》第一卷第四期。

选民都可直接投票选举保务委员会委员和乡民代表大会代表，乡干部由乡民代表大会选举产生。在通常情况下，选举的方法有两种：一种是将候选人的名字写在纸上，规定选民在自己所赞成的名字底下点个点；另一种是将候选人的名字写在纸上，把这张纸封在碗口上，并在碗口边留一个小洞，开会时，给每个选民发规定数量的豆子，用投豆的方法进行选举。这种投票方式，适应当时群众的文化水平，常见于保、里的选举。投票选举结束后，召集当选人开会，进行分工，决定三人为乡参议会代表，四人为乡代表大会代表，其余的均为保务委员，然后在保务委员会里，推举正副保长及干事。

1940 年 3 月，应城县召开 100 多人的县宪政促进会，决定采取民选的方法，自下而上地选举保、乡、区三级抗日民主政权。据史料记载，这次全县范围选举的结果，民选区 5 个，民选乡 12 个，半民选乡 25 个。至此，应城县区、乡、保三级抗日民主政权基本建立。

信（阳）应（山）地区的民选运动与鄂中地区稍有不同。信应地委为改选信南和应（北）地区的乡、保政权组织，首先同当地进步人士进行协商，取得初步一致意见后，重新登记户口，确定乡、保区划，促进选民登记，提出乡、保长候选名单，先后在大王冲、金华寺、台子畈、螺蛳冲、青石桥、莲花塘和应山北部中心区域，自下而上地召开甲民、保民大会，选举出甲长、保务委员会主任，然后再召开全乡大会，选举正副乡长。在历时五个月的"联保改选运动"中，信应全区共改选了 11 个乡级政权组织，其中信南 8 个，应北 3 个。信应人自豪地说："信应的甲长、保长、乡长、区长以至县长，都是由人民自己选举出来的。"[①]为了加强对这些敌后抗日基层政权组织的领导和联系，信应地委还在改选的基础上，组织所辖区域乡选举成立了信南乡保联合办事处，作为临时政权组织。

通过一系列自下而上的民主普选，一些过去骑在人民头上作威作福的官

---

① 劲虎:《信应的面面观》(1941 年 7 月 7 日)。

僚大都被赶下了台，许多工农分子当选为乡（或保）务委员，有的地方还破天荒地第一次出现了女乡长、女保长。抗十团及其他抗日群众组织的基层负责人大都被选为各级政权的骨干。土地革命战争之后，工农群众又一次以主人翁的姿态管理着政权，从而极大地激发了广大民众的抗日热情。"在保民大会中，从来不敢过问政治的老百姓，也敢伸出他的黑粗的手，选他认为'可以'的人，做自己的代表，而且还敢大胆地撤换违背人民意志、违背抗战法令的不称职的分子，选举'好人'任乡、保长。"[1]京山县在短短的100天时间里，就有7个乡完成了民选，选民达2万多人。1940年初来到豫鄂边区访问的美国记者、作家史沫特莱女士，曾在大山头一带亲自参加群众大会，目睹民选活动的盛况，在《中国的赞歌》一书中，她描写了豫鄂边区的民主政治情况，并感慨地称赞：这是比近代英美还要进步的普选，是真正的民主！

民选运动"教育和吸收了广大群众特别是工农小资产阶级的群众，热烈地参加了政治生活，改正了旧政权脱离群众的不良作风，提高了乡保行政人员的工作积极性和抗日人民的政治水准及战斗性，奠定了抗日民主政权的基础"[2]。

在共产党能够推动工作而又存在着国民党政权的敌后，继续在抗日民族统一战线的旗帜下，实行旧政权的改造。汉川县抗日民主政权的建立，是这一类的明显例子。

向岩担任国民党汉川县县长后，汉川县政府与共产党合作，吸收共产党人参与政府的工作，抗日的态度是积极且明显的。1939年10月，驻武汉日伪军出动两万多人，对（汉）川汉（阳）沔（阳）地区进行大"扫荡"，汉川县政府所在地南河渡陷入日军的铁蹄之下。当向岩率县政府机关人员和国

---

① 陈少敏：《回顾1941年边区》(1941年12月9日)。

② 许子威：《关于军政联合办事处的工作——1941年4月4日在第二次军政代表大会上的报告》。

民党自卫兵团向西转移至五星街时，国民党汉川县马口区区长张锦藩和何定华、王连三等少数人主张去沔阳投奔国民党第一二八师，共产党员则发动广大自卫兵团的士兵，提出"汉川自卫武装要保卫汉川人民"口号，拒绝投靠王劲哉。

五星街地处汉川、沔阳交界地带，离国民党第一二八师的防区比较近，随时都有被剿灭的可能。曾受党组织派遣、担任过汉川县政府科长的天汉中心县委书记童世光见此情形，建议向岩率县府机关和自卫兵团迅速离开五星街。向岩欣然接受这一建议，并与童世光等率队向襄（河）北田二河转移。

到了田二河后，由于县政府机关囊空如洗，钱粮俱无，致使食宿都发生了困难。在这种情况下，童世光主动找到田二河商会会长陈锐夫，与其磋商。同时，还与新四军豫鄂挺进纵队第四团队团长李人林、政治委员罗通商量，借现洋1000元，作为开伙费。陈锐夫深明大义，一面动员所有商店开市营业，一面发动商家捐粮献款。民主爱国人士匡子桢则腾出匡氏宗祠作为县政府办公和住宿之用。由于多方面的努力，汉川县政府终于渡过了难关。

1940年1月，向岩在田二河召开全县士绅与乡保长联席会议，宣布"抗日、团结、进步"乃正确之政治方向。接着，在中共汉川县委的帮助下，向岩积极调整区、乡、保机构，普遍开展民主选举运动，肃清土匪，整编县自卫队，明令禁止抽丁、贪污，使政府工作有了很大起色。

向岩的这些做法，引起了以"三青团"特务为主体的汉川一些反动分子的不满。他们对向岩横加指责，并向国民党湖北省政府控告向岩"年老昏庸，勾结共匪"。国民党湖北省政府偏信诬告，撤销了向岩的汉川县县长职务，另委派一贯坚持"反共"立场的王连三为县长。在这关键时刻，豫鄂边区党委支持天汉地委广泛发动群众，在汉川县掀起了一场"拥向反王"的群众运动，全县4万多名抗十团成员到处召开群众大会，极力支持向岩留任汉川县县长。

3月，在田二河召开的"拥向反王"万人大会上，汉川县宪政促进会长匡子桢宣布，经宪促会研究，一致推举向岩为县长，与会群众长时间热烈地鼓掌欢呼。向岩深受鼓舞，激动得老泪纵横。他慷慨激昂地说："抚今昔兮蹉跎，瞻国事而长吁。……今后惟有追随吾挺公、念公及诸大豪杰、大名士之后，凤翥鸾翔，龙骧虎步，为吾中华民国最后写一页有声有色、有趣有味之光荣史也！"[①]王连三慑于群众运动的威力，最终不敢上任，灰溜溜地走了。此后，汉川县政府接受共产党领导，逐步转变成为抗日民主政权。

在新开辟的地区，由部队直接帮助建立起抗日政权。鄂东及云梦、应山的一些抗日政权、京山南山行政委员会、天门县行政委员会等，都是在部队的帮助下建立起来的。

在鄂东，随着新四军豫鄂挺进纵队的东进，大小悟山抗日民主根据地的建立，原国民党的地方政权大都瘫痪，无法继续下去。在此情况下，黄冈中心县委和平接收、改造了黄冈县第五、第六两区政权。1940年初，黄冈中心县委派员接管这两个"区政府"，向他们宣布，愿意在中国共产党领导下，执行抗日纲领、团结抗战的人员可以留用，否则礼送出境。第五区区长李耀明愿意留下，参加抗日，继续留任。第六区区长汪单一是国民党顽固分子，不愿合作，被礼送出境，区长由原区政府科员李四清接任。新成立的区政府组织留用人员学习《抗日救国十大纲领》，号召大家树立抗日救国和为人民服务的思想。接着，中心县委又于4月份在第二区鹅江乡进行建立抗日民主新政权的试点，建立鹅江乡政府和第二区民主政府，开明士绅王维让当选为区长。

云梦县抗日民主政权的建立是这类地区的典型代表。云梦地近武汉，交通便利，敌伪势力一向比较猖獗。盘踞于此的伪军胡翼武、贺承慈等部对人民群众横征暴敛，罪恶昭彰。武汉沦陷后，国民党先后委任过几任云梦县县长，都是腐朽无能之辈：有的携印潜逃，有的暗通伪军而后又被伪军所逐。一年之内的第三任县长孙宝森胆小如鼠，只能蛰伏一隅，不能动弹。后来，新四军几番出击，才杀灭了敌伪势力的威风。

———————

①《七七月刊》第一卷第四期。

1940 年 2 月，新四军豫鄂挺进纵队派徐觉非率部到云梦，跟孙宝森商谈国共合作事宜，双方达成协议，成立云梦县国民自卫队总队部，孙宝森兼任总队长，徐觉非为副总队长。4 月，因斗争环境艰苦与危险，孙宝森竟携县印和 2000 元银圆潜逃。新四军当即致函全县士绅、民众代表及原政府工作人员，并召开紧急会议。会上，代表一致决定成立云梦县宪政促进会，推举徐觉非为主席。县宪政促进会发表通电，主张彻底实行民主政治、普遍民选，真正实现孙中山"还政于民"的遗训。同时，县宪政促进会还决定在孙宝森未返回前，组织云梦县行政委员会，代行县政府职责，共产党员娄光琦被选为行政委员会主席。于是，云梦县的旧政权宣告垮台，抗日政权从此建立。

在敌伪、国民党顽固派、共产党三种势力共存的游击区（或边缘区），通过各种办法建立起"白皮红心"及其他类型的两面或三面政权。

这些地方有的是过去共产党力量未达到的沦陷区，有的是顽伪两面派公开统治的地区，有的则是被敌伪顽侵占蚕食的原抗日根据地。对于过去共产党力量未达到的沦陷区和顽伪两面派的统治区，党组织或利用关系，或动用武力去改造维持会和争取两面派政权的骨干，或公开派出工作队去做开辟工作。这些地区的斗争环境是十分恶劣的，但新四军工作队队员"白天不能活动就夜晚活动；夜晚不能活动的时候，就待敌人汉奸吃饭的时候去活动"[1]。经过长时期的工作，牺牲了不少干部，终于逐步在这些地区组织起秘密的农救会、妇救会，把伪政权改造成两面政权或三面政权。如鄂东黄冈县团风、诸城、三江口三个日军据点中间的雅霍洲的日伪政权，就是这样改造过来的。当日军在这两个江中沙洲（包括雅霍洲、罗霍洲）建立政权后，黄冈地方党组织派黄多彪带便衣队到洲上开展工作，首先除掉了铁杆汉奸乔金才和一个最坏的伪保长。然后趁黑夜深入到伪维持会会长胡余安家里，对他晓以利害，胁迫他答应为抗日民主政府工作。接着，召开伪保长会议，要求他们负责到

---

[1]《七七月刊》第一卷第四期。

洲上活动的共产党、新四军人员和民众的安全，并通过发动群众，秘密建立共产党组织。经过民主选举，使两个地下党员当选为正保长，三个地下党员当上副保长，乡长也由地下党员担任。这样在这两个江心孤洲上，虽然日伪维持会的牌子一直挂着，但抗日武装可以在那里安营扎寨，伤病员可以在那里休养调理，共产党和抗日民主政府的政策、法令可以在那里贯彻实施。在敌后抗日根据地的边缘区，由于敌顽的破坏，许多抗日政权的干部不能公开存身。有些地方，党组织只派少数未暴露的干部去出面应付，而把需要隐蔽的干部编作脱离生产的游击小组来掩护和坚持地方工作，从而保住了这些地区的抗日政权。

第四节　豫鄂边区军政联合办事处成立

在豫鄂边区各地抗日政权相继建立之后，有条件民选的县都按照中共中央的统一部署建立了宪政促进会，召开了县军政干部代表大会，选举成立了县行政委员会，使边区抗日民主政权建设获得了迅速发展。

豫鄂边区党委在大力建立抗日政权的同时，加强了对边区群众运动的领导。从1940年初起，边区党委即要求各地、县委都必须相应地设立民运部，部长必须是同级党委委员。同时，根据中共中央的指示，还将抗十团等原有群众组织的成员，按照自愿原则，逐步地分别统一在工、农、青、妇、商等各界救国会以及儿童团、自卫队等群众团体之下。

5月5日，中共中央对豫鄂边区的工作发来指示，指出："政权工作，要根据中央过去的指示，一方面要大胆地建立抗日民主政权，另一方面要注意争取中间力量。各种政策，尤其是财政经济政策，应当立即明确规定。组织群众的工作必须加强，要分别建立农民、青年、妇女的救国会，尤其重要的是自卫军，地方党还当有些发展。"①

根据中共中央的指示，豫鄂边区党委于 5 月底在黄陂姚家山召开边区各界救国会代表大会，出席和列席的代表共有 300 余人，李先念、陈少敏、任质斌等领导出席了大会。会上，表扬了先进工作者，布置了减租减息工作，成立了边区各界救国联合总会，边区党委民运部长吴祖贻被选为主席。

此后，在边区党委的领导下，边区宪政促进总会指导各县、区、乡，都建立了相应的救联机构，有相当一些地区在一段时间内，救联和抗十团同时并存。据 1940 年底统计，全边区参加各类群众组织的人数约有 15 万之多。其中，抗十团有 12.6 万余人；农民救国会有近 5000 人；工人救国会有 3000余人；商人救国会有 2000 余人；青年救国会有 2000 余人；妇女救国会有5000 余人；抗敌文化协会有 1000 余人。此外，还有近 10 万不脱离生产的自卫队员。各地救联还举办冬学，开展识字运动，有些地区还组织歌咏、演剧等文娱活动。豫鄂边区群众运动的健康发展，为根据地民主政权的建设奠定了扎实的群众基础和政治基础。

随着各地抗日政权的建立，豫鄂边区党委加快了建立统一的边区政权组织的步伐。

8 月 1 日，豫鄂边区党委在安陆白兆山南麓的彭家祠堂，召开了军政干部大会，大多数县团以上党政军民领导干部参加了这次会议。会上，李先念做了军事总结报告，任质斌发表了克服不良倾向问题的专题讲话，陈少敏就地方党和政权建设问题做了报告。会议认为基本区的政权建设取得了较好成绩，群众运动已逐步开展，地方武装不断壮大；统一战线工作也有了新的发展，争取了广大的中间力量，孤立和打击了最反动的分子。但是今后日寇的"扫荡"可能更加残酷，国民党顽固派投降反共活动将更加频繁，豫鄂挺进纵队处于敌顽夹击之下，战斗将更加频繁。豫鄂边区抗日根据地才开始进行建设，

①《新四军·文献》(一)，解放军出版社 1992 年版，第 559—560 页。

群众尚未充分发动起来，根据地尚不巩固，特别是财经困难将日益增加。因此会议号召边区全体党员和全军将士对此必须有充分的思想准备，兢兢业业，巩固与发展自己，克服一切困难，继续前进。

会议进行到 8 月 13 日，刘少奇对边区的工作发来指示，指出："在地方工作上，一面要去建立新开辟地区的工作，一面要切实巩固我之根据地，要深入到下层群众中去，进行深入组织工作，改变粗枝大叶的方式和官僚主义作风。"还强调：边区"过去捕汉奸罚款有些扩大化，即是未公开的汉奸亦罚款，在各处影响均不好，以后应严格限制，只许将公开的最反动的大汉奸逮捕罚款或枪毙之"。"秋收将近，你们要切实准备进行二五减租的办法，由政府及农救规定切合实际的减租办法。党、政府与群众团体工作人员，全体动员之减租，务须切实普遍执行，并在减租过程中，应尽可能少引起一些地主的反感和恐慌，对地主多做些解释工作。在减租后，即进行征收救国公粮工作。"①

会议根据刘少奇的电示，着重讨论了扩大部队、扩大根据地、克服财政困难，以及准备进行"二五减租"等问题，并决定立即成立豫鄂边区军政联合办事处，作为边区最高的政权机构，以加强边区政权建设和统一领导战争动员工作。

这次会议，是豫鄂边区共产党和军队在实现组织上的统一之后，进而从思想上实现统一的一次具有重大历史意义的会议。会议号召大家在继续完成边区战略任务的同时，支持根据地的建设，决定建立统一的边区政权组织，并规定了它的领导职能，边区的政权建设由此迈入一个新的起点。

8 月 14 日，李先念致电刘少奇及中原局，报告：基本区各县均开始选举民主政权，豫鄂边区决定成立边区军政联合办事处，统一领导全区政权工作。目前，联合办事处筹备会已成立，9 月 1 日将召开各县行政代表大会，正式选

---

①《新四军第五师电报资料》，第二十九卷，第 16 页。

举办事处委员。①

9月1日，在各地进行民选的基础上，豫鄂边区党委在京山八字门隆重召开了第一次军政代表大会。出席会议的代表70余人，其中有共产党、新四军的军政人员，有国民党进步人士，有开明士绅和民族工商业者。会议按照"三三制"原则，选举产生了豫鄂边区军政联合办事处，公推许子威为军政联合办事处主任，杨经曲、文敏生为副主任。

许子威，湖北省应城县（今应城市）人。1925年考入湖北省立医科大学，1926年冬进入武汉中央军事政治学校政治大队学习。1927年5月，夏斗寅叛乱，中央军事政治学校临时改编为中央独立师，在武汉卫戍司令叶挺的领导下，参与了平叛斗争，许子威任中央独立师第一团二营六连二班副班长，并加入中国共产党。不久，中央独立师改编为国民革命军第二方面军教导团（叶剑英任团长），许子威任第一营二连班长，参加了广州起义。起义失败后，辗转回到家乡，后考入南京金陵大学农林专科学校学习。抗日战争全面爆发后，相继担任"应抗"副司令、应城县委军事部长、应城县国民抗敌自卫总队总队长。时任豫鄂边区宪政促进总会负责人。

杨经曲，民主爱国人士，湖北省武昌县（今武汉市江夏区）人。1940年8月13日，率伪中国人民自卫军汪步青部的第一六五旅和第一六四旅的一个团共1600余人反正。时为新四军豫鄂挺进纵队第四支队支队长。

文敏生，山西省垣曲县人。1936年参加革命，1937年5月加入中国共产党。抗日战争全面爆发后，相继担任豫南人民抗日军独立团政治处主任、信（阳）桐（柏）确（山）县委书记。时任信应地委副书记。

豫鄂边区军政联合办事处是一个过渡形式的政权领导机构，它下设民政、财政、教育、公安、司法等机关，负责处理边区政府的日常事务，它的成立，在边区政权建设史上具有重要意义。正如《七七报》社论指出的那样：边区

①《李先念年谱》（第一卷），中央文献出版社2011年版，第245页。

首次军政代表大会与军政联合办事处的成立，将促进并实现边区军政的配合及相互帮助，行政设施、财政经济政策领导的统一，将改变边区各县行政杂乱无章的状况而趋于统一的、计划的、系统的、正规的轨道，将使边区的民众运动在新政策的扶持下更蓬勃地发展起来，将推动边区抗日根据地的建设事业进入一个更新的阶段。

第五节　根据地各项建设的展开

一、颁布规章条例，继续推行宪政

豫鄂边区军政联合办事处成立后，为统一边区行政管理体制，结束过去政出多门的状态，遂根据第一次军政代表大会的决议，先后制定和颁布了《县以下各级行政组织暂行条例》，以通令各县更广泛地开展民选运动，组织各级参议会和各级政府；颁发了《关于敌占区政权工作的决定》和《汉奸自首条例》以分化瓦解敌伪，扩大解放区；颁发了《优待抗日军人家属条例》和《抗属联合会章程》以加强拥军优抗工作，推动扩军动员运动的开展；颁发了《各县区整理田赋委员会简章》《各项税捐暂行条例》《粮食统制暂行条例》《贸易统制暂行条例》，本着不伤民不资敌的原则，统一边区的税收、财政经济管理，统制粮食和贸易；颁发了《乡村调解委员会组织条例》，以促进抗日前提下的人民团结；颁发了《普及抗战教育实施办法》，以反对敌伪及顽固派奴化政策、愚民政策与文化封锁政策，统一边区的教育制度，普及边区的抗战教育，以将边区的日常行政工作纳入规范管理。

在豫鄂边区军政联合办事处的努力下，边区宪政促进运动继续开展，新的民主政权不断建立，基本区内的区、乡、保政权还进行了一年一度的改选。

"并有很多县份如应城、汉川等均已按期实行第二次或第三次的改选。"[1]1941年3月1日，应城县第一届参议会正式开幕，大会直接选举了该县办事处成员，张谦光当选为该县县长，其他如汉阳等县也已着手召开同样会议，成立县级行政机构。

这样，到第二次军政代表大会召开前夕，边区已成立了天汉军政联合办事处、襄西军政联合办事处、信应军政联合办事处、鄂东军政联合办事处，以及直属边区军政联合办事处领导的京山、应城、钟祥、京（山）安（陆）、安（陆）应（山）、随（县）南、云梦等县政权。

天汉军政联合办事处，1940年秋成立，机关设在汉川陡埠头，童世光任主任，下辖天门、汉川、汉阳等县抗日民主政权。

襄西军政联合办事处，1940年12月成立，机关设在荆（门）南，龙剑平任主任，下辖荆（门）潜（江）、江陵等县抗日民主政权。

信（阳）应（山）军政联合办事处，1940年冬成立，机关设在应山浆溪店，吴祖贻兼主任，下辖信（阳）南、应山等县抗日政权。

鄂东军政联合办事处，1941年初成立，机关设在红安庙咀湾，汪心一任主任，下辖黄冈、（黄）陂（黄）安南等县抗日政权。

至此，豫鄂边区抗日民主政权比较牢固控制的地区（除县城和部分镇）计有京山、应山、钟祥、安陆、应城、云梦、孝感、礼山、信阳、汉川、汉阳、黄陂、天门、黄冈、江陵等15个县份，约500万人口，边区已形成了初步统一的抗日民主政权。

二、抗战动员与拥军支前

抗战动员工作是各民主政权和群众团体的中心工作之一，是民主政权建

---

[1] 许子威：《关于军政联合办事处的工作——1941年4月4日在第二次军政代表大会上的报告》。

立以后边区群众运动的首要任务。豫鄂边区根据地的抗战动员工作，主要包括民众自卫、扩军支前、拥军优抗等内容。

民众自卫活动。豫鄂边区民众自卫活动的办法很多，组织名称也不尽相同。军政联合办事处成立以后，作了统一规定，颁发了《边区国民抗敌自卫队组织条例》。条例规定：自卫队分为脱离生产的基干队、不脱离生产的后备队及半脱离生产的游击小组三种。为使各乡、各保的自卫队不致因为分散而削弱自卫能力，边区各级民主政府积极采取"联村自卫"的办法，遇有敌伪顽前来骚扰，一村鸣锣吹号，其余各村迅速给予支援。因而单个汉奸特务或少量土匪，往往难逃群众布下的天罗地网；即使是遇到大队敌伪顽军，也便于实行坚壁清野和掩护民众跑反。边区军政联合办事处成立以后，为了统一各县自卫队的训练与指挥，还作出了成立抗日保安队的决定。

在边区党政军领导机关的统一领导下，各县民众自卫斗争轰轰烈烈地开展起来。

信应根据地自卫队的数目众多，他们把抬伤员、送信、侦察敌情、为部队带路等，当作自己日常的功课。1940年11月11日，应山县曾动员自卫队员1000余名，配合新四军打击敌人。24日，又动员自卫队员1000余人追击土匪，战绩出色。

信阳基干自卫队曾经主动破坏柳林碉堡，配合新四军作战。11月，信阳敌人向信南根据地进行"扫荡"劫粮，并企图修筑由新店到台子畈的公路。信阳的党组织领导人民群众展开了大规模的反"扫荡"斗争，在一个月内，把所有可能为敌人当作据点的寨子都扒平了，几乎在敌人经过的所有路口，都掘了一道道沟坎，放满了路障。各村各户都埋藏好了秋收的全部粮食，不让敌人有劫掠的机会。在这一活动中，信阳县合计扒寨了10余座，破坏道路80余里，摧毁碉堡20余座。

京（山）安（陆）根据地的民兵、自卫队有二万之众，另有400名左右的地方部队。这些民兵、自卫队有效地进行了锄奸防匪的斗争。为了配合主力部队战斗，京安县行委会曾反复动员一万以上的人工，数次出动，共破坏公路 500 公里以上。在襄（阳）花（园）公路上，因抗日民众破坏公路，两辆日军军车被毁坏。

云梦县为了提高自卫队的政治军事素质，还层层举办短期训练班，并成立了县民主政府的主力部队——抗日保安营。

汉川县抗日政府作出统一规定，要求每乡成立 10—15 人的游击小队，每一联乡成立一个中队，完全脱离生产。

由于民众自卫武装的发展，许多地方的"铲共团"组织彻底垮台。应城县第二区、第三区自卫队队员和儿童团员，用巧计活捉了日军 10 余人。第四区的 2000 多名自卫队员曾将宋（河）应（城）公路全部破坏，并摧毁桥梁，结果使向国民党军队进攻的 1000 余名日军，因为汽车受阻而遭到抗日军队的伏击。

就是在敌顽我都能触及的两面、三面政权地区，抗日自卫队的工作也做得很出色。在黄冈，除了地方的主要武装便衣队外，乡有乡分队，区有区中队，在抗日县政府下还成立有县大队。各县地方自卫武装的力量，大部分都是由农救会、青救会等群众救国会的骨干会员组成，因而抗日救国的积极性很高。

边区民众自卫活动的开展，不仅保卫了家乡，而且使乡村的社会秩序大为改观。信应根据地在两个月内，就查明枪决土匪 11 名，保释 46 名，人民因此得以安居。在云梦、应城等基本区，史料上也有"坏人敛迹"[①]和"就是你开着门睡觉，也没有人来偷东西"[②]的记载。

随着抗日游击战争的深入开展，豫鄂边区的新四军力量迅速壮大，到 1940 年底，挺进纵队已发展到 15000 余人。其直接原因就在于边区的党组织

---

① 安天纵：《云梦两年》（1941 年 7 月 7 日）。
② 张谦光：《两年来的应城》（1941 年 7 月 7 日）。

放手发动了群众。

起初，由于敌人的屠杀、国民党顽固派的进攻和特务分子的暗害，不少群众对战争产生了恐惧心理，对共产党、新四军的发展前途也多有疑虑。在这一时期，不仅兵源存在困难，而且部队中的逃亡现象也屡有出现。

但在宣传贯彻共产党的抗日民族统一战线政策、开展边区群众运动、兴起抗十团、建立各界救国会，特别是成立抗日民主政权以后，扩军和支前工作都有了较大的好转，终于形成了一波又一波的热潮。在边区到处出现"母亲送儿打东洋，妻子送郎上战场"的热烈情景，有些因为留恋家乡或惧怕艰苦而一时糊涂的逃兵，大都在家属的帮助下重新归队。

扩军支前也成为各级民主政权和群众团体的重要日常工作。1940年3—5月，豫鄂边区党委曾在全边区范围内号召发起扩军运动。连续三个月的扩军运动，不仅锻炼了地方干部的扩军能力，积累了扩军经验，而且促进了群众的支前热情。据不完全统计，两年来各地扩军成绩大致如下：应城与京山两县都在3000—4000人，信（阳）应（山）地区2000人以上，京（山）安（陆）县2100余人，云梦与汉川都在1000人以上。总之，各地的党政军干部大都树立了一切为了抗日战争胜利这一思想。只要抗战需要，有的县往往将地方武装成建制地向主力部队输送。鄂东的黄冈、黄安、礼山、黄陂等县的参军运动搞得有声有色，成绩尤为显著。

边区各地的民主政权和群众团体，历来都把支前工作看作自己义不容辞的职责。几乎在每一次战斗中，各地政府都组织自卫队员配合作战或担任放哨、传递情报等任务。每逢正规部队有大的作战行动，他们还发动大批群众到运输队、担架队里去进行后勤供应和救护工作。支前成为抗日战争的人民性的具体体现。

拥军工作包括地方对部队的一切支援工作，这里主要是指慰劳部队的工作。慰劳部队的内容有捐款劳军，有妇救会为部队缝衣制鞋、补衣洗被，农救会员为部队带路等，群众性非常广泛。仅信应地区，两年中就为部队捐钱

400 余元，猪 4 头，麻饼、糖果无数。此外，妇女还为部队做了 1 万多双军鞋、200 多条毛巾。天汉、安陆、应城等县的妇女在 1940 年前后，捐赠军鞋 8000 多双，及大量的钱、毛巾和肉、菜等物资。

优抗虽然是一项地方工作，但它与巩固部队和提高部队的战斗力密切相关。因此，豫鄂边区各抗日根据地的党政部门一直十分重视优抗工作，有的地方还成立了抗属联合会。豫鄂边区军政联合办事处成立后颁发的《优待抗日军人家属条例》和《抗属联合会组织章程》，使边区优抗工作进一步制度化、法律化。

边区政府根据党的抗日民族统一战线政策规定：优抗对象除了新四军的家属以外，还包括在国民党正规部队中服役及抗战人员的家属。边区优抗的主要内容是关心抗属的生产和生活，具体形式是组织代耕队和秋收队，以帮助其生产和收获，通过优抗募捐，救济和关心其生活。另外，有些地方还帮助抗属成立各种类型的合作社，以提高他们经济自给能力。应山县共拨出大米 33 担 3 斗，现款 120 元，组织互助队、代耕队，帮助抗属，而抗属子女在读书方面均能得到免除学费和食宿费等优待，贫困者还发放津贴。应城县第四区的五个乡，接受代耕的抗属有 220 户，共计 824 个工，平均每户得 3.8 个代耕工；其中有三个乡共募捐 35 担米，优待了 416 户抗属。云梦县在救国公粮中提取百分之一，用以救济全县抗属。汉川县政府还组织向抗属拜年、接抗属吃饭、送抗属年茶、发抗属慰劳费等活动，各种类型的合作社甚至专门向抗属发放了优待购物证，群众组织则为劳军发起了"一文钱募捐运动"和"节约一把米运动"。

三、加强财经工作

由于战乱和连年天灾，特别是敌伪顽横征暴敛和疯狂掠夺，豫鄂边区的生产遭到了严重破坏，人民生活极度困苦。因此，自中国共产党人发动抗日游击战争始，边区财政经济就一直面临着异常困难的局面。随着武装力量的扩大，地方党政机构的建立，财政问题更加突出。对此，边区党组织和民主政府采取了一系列正确的政策，并在人民群众真心实意的支持下，努力克服困难，最终使财政经济工作基本上满足了战争的需要。

各地财政经济在边区政权建立之初，一般都是自筹自给。其办法和来源主要有：

募捐　这是一种群众性的献金运动，主要是通过个别动员或大会宣传来启发民众，使其自觉自愿地拿出财物来支援抗日。在各级政府的动员下，根据地内的男女老少纷纷拿出自己的微薄积蓄，捐给组织；应城一些膏盐矿商曾献出成担银圆，资助新四军部队。

征收抗日月捐　这是一种规定性的钱粮缴纳，初期实行按户分摊，因而使贫富者承担的义务不甚均匀。后来改为按田亩缴纳，实行富裕者多出，贫困者少出或免出的"合理负担"原则。

征收"关税"（出入境税）和坐商税　"关税"主要是由地方政府组织武装税收队，到沦陷区域或游击区的大小城镇、通商口岸去设卡征收的。坐商税是由地方政权对固定店铺征缴的税收。豫鄂边的税收队一直活动到武汉近郊，它不仅扩大了边区的财政经济来源，而且还起到了控制进出口贸易的作用。武装收税是一项军事斗争与经济斗争相结合、公开斗争与秘密斗争相结合的艰险工作，许多财经工作人员为此而献出了生命。

1940年夏季以后，豫鄂边区的军事斗争形势越来越好，根据地逐步得到巩固与扩大，财政开支亦与日俱增。就在这时，全边区范围内却发生了特大的旱灾，19个主要县，只有天汉湖区的汉川、汉阳两县获得较好收成，其余地区一般都只有二三成年景，少数地方甚至颗粒无收。面对严峻的经济形势，边区党委把财政经济工作跟解决民生问题有机地结合起来，在根据地内普遍实行新民主主义的经济政策，"保护各革命阶级的利益，发展民族经济，保护工商业，增加农业生产，创造自给自足的经济力量，改善人民生活。在'有钱出钱，有力出力'的原则下，实行合理负担，保证抗日部队给养"①。

8月，豫鄂边区党委召开财经会议。会议贯彻财经工作必须坚持一切为了抗战、一切服从抗战的最高原则，决定：地方机关干部伙食标准比主力部队应少20%；地方部队的津贴比正规部队应少25%；地方机关与地方部队干部供给标准相同；各级党委会干部比部队指挥人员供应标准少15%。这个决定除新区、游击区外，在基本区内均得到严格实行。

9月，豫鄂边区军政联合办事处成立以后，进一步加强了经济工作。10月，边区党委主持再次召开财经工作会议。会议根据刘少奇8月13日发来的指示精神，讨论贯彻关于征收救国公粮、减租减息和保障军队给养以及兵源补充等问题，在总结两年来边区财经工作经验教训的基础上，作出了"提倡生产，增辟财源，为实施新民主主义的经济建设而奋斗"的决议。会议还决定成立豫鄂边区财经委员会，由陈少敏兼任书记。从此，边区财经工作开始由分散走向统一，并且建立了预决算制度和收支报告制度，边区财经工作走上了规范化的道路。为保证财税来源，边区党组织和民主政府采取了如下一系列措施。

整理田赋税捐　　田赋为国家正税，人民已有缴纳的习惯，特别是在抗战期间，人民更是乐于以此资助民族解放战争。然而，由于抗战初期国民党基层政权的土崩瓦解，各县征收田赋的册卷或丢失，或落入敌伪之手，不易清理，因而只好以各种捐款代替。豫鄂边区军政联合办事处成立以后，颁发了《各县整理田赋委员会章程》。各地遂从零开始，着手进行改编保甲、清查户口和登记田亩等工作。云梦县第二区济民乡原为十个半保，经清查户口以后，发现了大批过去漏登的人口和土地，从而增加到十四个半保。

在完成清查户口和登记田亩的工作以后，各地按土地收获量的多少将土地划分为特上、上、中、下、特下五等，或上、中、下三等，然后登记征税，

①《七七月刊》第一卷第四期。

以中等计数，每亩每年只征收谷物一斗。农民有地五亩以下者只出半数，抗属全免。租种他人土地的佃户，只征土地所有者田赋，不征佃户。

整理税捐的显著成就是废除了原敌伪政权的一切苛捐杂税。军政联合办事处成立后，本着"政权机关筹款，军事机关用钱"的原则，消除了以往税收工作中的紊乱现象。当时的边区，除了田赋以外，还有绅商富户的抗日月捐、烟酒及屠宰等坐商税、关税，税率一般都定得较低，只有国民党统治区的五分之一。后来，边区逐步实行以实物为标准的征收制度，并实行累进税则。在相当长的一段时间内，关税和坐商税仍然是豫鄂边区的主要财政来源。在普遍税率较低的前提下，关税的征收较其他略高，但在征收过程中始终贯彻区别对待原则，即生活必需品征税较轻，消费品征税较重；进口货征税较轻，出口货征税较重；小商小贩征税较轻，大宗买卖征税较重。由于环境恶劣，在游击区征收关税，仍然由武装税警队负责，实行公开或秘密设卡、一次征收的办法。商人在取得税收证明以后，可在边区范围内安全通行。税警队还经常深入敌占区，责令当地的伪商会会长代行收税，并令其定时向新四军缴纳税款。

反击敌伪顽的经济封锁和破坏　　长期以来，敌伪在对边区进行军事"扫荡"的同时，进行了残酷的经济掠夺和严厉的经济封锁，国民党顽固派和一些地方土匪对抗日民主根据地也进行骚扰和掠夺，造成了边区人力的损失和食盐、粮食、机器、农具等生活资料和生产资料的奇缺。与此同时，敌伪又故意向根据地投放大量的伪钞和法币，并通过奸商套购和外运粮食、耕牛、猪鬃等重要物资，妄图破坏边区生产、金融和贸易。为了反击敌伪顽的经济封锁，豫鄂边区军政联合办事处成立以后，本着不伤民、不资敌的原则，设立了贸易统制局，举办了供销合作社，设立了交易所，采取了一系列保护措施。

应城县矿区是生产膏盐的基地，但膏盐矿区已被敌伪所占，敌伪一直对抗日根据地实行食盐禁运政策。党组织曾好几次发动工人进行反对统制的运盐斗争，并举办油盐合作社，利用各种途径想方设法到敌占区去秘密购运食盐，终于粉碎了敌伪的食盐统制。在这场斗争中，豫鄂边区无数民众英勇牺牲。在敌占区，由于日伪实行食盐控制，居民必须到维持会去领取分配的少量食盐，经过层层盘剥，每斤食盐要价起码在三四元以上；而在抗日根据地内的油盐集销处和合作社里，购一斤盐只需两元钱左右。

云梦的胡金店，自清朝以来就是安（陆）云（梦）应（城）一带屠宰耕牛的集中点，著名屠户就有"七十二刀"之多。百年以来，历代政府都声明禁止，但成效甚微。1940年10月，云梦县抗日政府为保护畜力，专门选择这里为驻地，发布禁令，组织工作队，在广泛向民众进行宣传教育的基础上，采取了惩办祸首、安置屠夫及设立耕牛交易所等有力措施。交易所于春秋两季开展耕牛买卖活动，不准屠杀，只准交换，而且只允许有政府发放的交换证的耕牛进入市场，否则不许通行。滥杀耕牛的现象在胡金店得到了禁止。

豫鄂边区从1940年春开始，就已明令禁止鸦片入境，禁止粮食、白蜡、桐油、猪鬃、五倍子等物品出境。各地政府认真执行这一命令，并在青救、妇救、农救、儿童团等群众组织的协助下，在大小路口设卡盘查，效果良好。

建立财政机构和统筹统支制度　在游击战争发动之初，由于领导系统分散，各单位、各部门、各部队在群众支援下，基本上采取自筹粮款、自己开支的办法，因而出现了经济上有的宽裕、有的紧张，用度极不平衡的现象。1939年7月，鄂中区党委曾就"纠正筹款混乱现象，统一支出制度"作出努力。

1940年初，豫鄂边区党委和新四军豫鄂挺进纵队成立以后，在纵队设立了供给部，各团队均相应地设立了供给股，各县政府下也都成立了财政科，逐步配备、充实了财会人员。军政联合办事处和边区财务委员会成立以后，边区财政管理体系逐步完善。当时，虽然限于条件，各地执行情况不尽相同，但没有计划、盲目支出的混乱现象已得到了相当程度的纠正。

发行流通券，活跃市场，稳定边区金融　武汉沦陷后，根据地内流通的货币共有五种之多：日军发行的日币、汪伪储蓄银行发行的储币、国民党政府发行的法币，还有银圆和铜圆。五种货币中以法币为主，它们比率浮动很大，因而市场上的物价涨跌失控。边区各级政府曾明令禁止使用日币和储币，但因为地处敌后，日军仍有控制金融的实力，又由于敌人的捣乱和国民党统治区的通货膨胀，法币的信用受到了严重冲击，在市场流通的票额不多，特别是角票和一元的法币早已破烂不堪，无法再用，处在大后方的国民党金融机构又不会给敌后的抗日军民以财政资助。为了克服由此可能造成的商业萧条、物价上涨、生活费用提高等问题，边区军政联合办事处曾以边区合作金库的名义发行过流通券数千元。此券在京山"石板河一带试用，大受人民欢迎，流通范围颇为宽广，而各县亦请求大量发行"[1]。应城县政府还发行过 10 万元的生产救国公债，以解决贫苦农民抗属的春荒、耕牛和种子问题。这种流通券和救国公债的出现，预示着边区的金融工作即将开始一个新的阶段。

征收救国公粮与积谷 救国公粮与积谷都是在边区军政联合办事处成立以后才开始征收的。农民只需承担田赋和救国公粮两种主要的经济义务。积谷是政府向余粮户以统购形式征购的，不属于无偿缴纳，目的在于通过统购统销来调剂民间粮食和控制其外流。征收救国公粮与积谷，对于供给军粮和救济难民及稳定经济等都起了重要作用。

四、逐步发展生产与局部改善人民生活

在解决财政问题的同时，豫鄂边区的党政干部还十分清楚地认识到，解决根据地经济和改善人民生活的基本出路还在于"增加生产，提高人民的生产热忱，发展手工业，做到边区内部经济的自给自足"[2]。为此，他们采取了如下的一些具体做法。

开始实行减租减息 1940 年秋，豫鄂边区开始在信（阳）南、黄陂、汉

---

① 许子威:《关于军政联合办事处的工作——1941 年 4 月 4 日在第二次军政代表大会上的报告》。
②《七七月刊》第一卷第四期。

川等部分地区进行减租减息试验，原则为"二五减租"（按抗战前实收租减少25%），低息取利。在减租减息以前，"边区的地租额占收获总量百分之五十到百分之四十之间为多，在不少地方，如黄陂、应山，地租占收成百分之五十以上，随南有的则占百分之五十五以上，一般的愈是下等田（比例）愈高，有的竟占收成量的百分之七十以上"①，地租盘剥往往压得农民喘不过气来。因此，边区政府提出"二五减租"以后，深受农民的欢迎。但是也有一些地方，由于地主制造谣言，存在着明减暗不减的现象。在实行减租减息的同时，抗日政府也强调农民要交租交息。

边区抗日政府还明令：禁止打骂和任意开除工人，增加工人工资，举办低利借贷，创办耕牛站，优待抗属和借粮救灾，等等。据 1941 年初的不完全统计，边区几个基本县发给灾户的救济费就在万元以上，豁免抗日月捐 15 个月，救济盐数百斤、米 15 担、锅 100 口。

解决河湖土地的归属问题　天汉地区的襄（河）北一带，十之七八为湖区，盛产鱼、菱、藕、莲、草、芦苇、野鸭等。这里的湖区历来为黄、孙、王等大姓中的地主所霸占，群众称他们为"湖王"或"湖霸"。凡有赶鸭或其他事情要进湖的，都得缴纳"湖课"，弄得乡民怨声载道。1940 年春，汉川县行委会成立以后，即明令宣布将水道湖泽收为公有，此后，渔民可以自由活跃于汈汊湖了，进湖渔船日以三四千艘计。

兴修水利，进行农田基本建设　敌伪顽对边区的全面破坏，导致了各地山林被毁、河道淤塞等自然地理形态的变化，因而旱涝等灾害严重地威胁着边区农业生产的发展。有鉴于此，边区各地抗日民主政府成立以后，便于1940 年冬开始，大力组织群众开展修堤筑坝的水利建设活动。农救会、妇救会、青救会等充当主力军，一些开明士绅也出资支援。应山县的吉羊乡修了约 2 里长的水道，利用吉羊山的水源，可灌溉田 170 石。孝感四个乡共用了

---

① 吴祖贻：《论边区减租减息问题》（1941 年 1 月）。

6000 余个工兴修水利。京山县挖塘堰可灌溉田 600 石。

在兴修水利的同时，抗日民主政府还积极组织民众开荒植树。信阳、应山两县开荒 50 余石，建林场一个，信阳恢复了茶山一座。云梦二区多荒山，抗日区政府邀约开明士绅参加组织了一个建设委员会，在五座山上共植树 18.08 万余株，计绿化荒山 2.26 万多平方米。云梦三区多湖田，1940 年栽藕 20 余亩。植麻大片，年产值 3000 元。应城植树 5000 余株。京（山）南三个乡开荒 600 余石。

与群众性的垦荒生产相呼应，边区党政机关和部队的生产运动也开展了起来。豫鄂边区党委和边区财委会曾要求党政军各机关实行一人一斗田，每年每人生产两个月粮食、20 斤蔬菜。

开展生产互助，成立各种类型的合作社和工厂　在几经战争创伤的边区，劳动力已受到严重摧残。为了增加生产，也为了优待抗属，抗日民主政府除了通过妇救会发动妇女参加农业生产以外，还在其他各抗日救国会的帮助下，广泛地开展了生产互助运动。尽管生产互助的形式多种多样，各地不一，但主要有两大类：一是规定义务性质的无偿代耕，二是自愿交换性质的换工。前者主要用于优待抗属，后者适用范围极广。

换工互助的含义主要是指人工与人工、人工与牛工之间的互换，这是解决战时人力、畜力不足的一种有效措施。各地实行的办法和换工的标准并不一致，但这种孕育着集体主义思想的生产方式，在边区的生产建设中发挥了相当积极的作用。由于组织起来及"动员妇女和吸收敌区人民向我移民的结果，（劳动力）在个别地区超过战前的水平"[1]。

建立各种类型的合作社，是发展边区生产的又一途径。合作社多系公助民办，由各救国团体中的群众或其他阶层自动筹集资金，政府给予适当帮助，取得盈利后由合作社成员按股分红。合作社分消费和生产两大类，消费合作

---

[1] 朱正传：《开展边区农民运动》（1941 年）。

社最普遍，各县、各乡都有。生产合作社多由手工业者所组织，大都集中在集镇和大村庄中，从事纺织、成衣等民用手工业品的生产。1940 年 11 月云梦县的第一次行政扩大会议上曾通过决议，创办农村贷款合作社，目的在于为次年春耕生产筹集资金。

此外，民间的运输事业，在抗日政府的提倡下，车拉人挑，也逐步扩大了行业队伍。1941 年初，根据鄂中各地 10 个运输合作社的统计，其资金就达 3.87 万余元。

工业方面，起初只有应城县的个别膏盐矿。1940 年 10 月召开的边区财经会上，党的财委会曾作出决定："大量建立卷烟厂、织袜厂、毛巾厂、墨水厂等，力求自力更生，不依赖外来物资。"[①] 于是，军政各机关和民族工商业者纷纷响应，努力集资筹办工厂。工厂分民用和军需两个部类，不管何类工厂，通常都只能用土法生产，没有正规厂房。民间的祠堂、庙宇、农民住宅等都是工厂的车间。部队办的工厂里的工人，兼有生产和战斗两重任务，平时是工人，遇有敌情是战士，农忙时还要帮助群众耕作。人民群众是这些工厂的极好保护者，敌顽来袭，在人民群众的掩护下，工厂才能得以安全转移。所有公营工厂都实行民主管理和供给制，职工没有工资，只发技术津贴，过着军事共产主义的生活。在民用工业方面，天汉乡间购置了许多新式织布机，信阳的纸厂、应山的铁砂厂也都实行了技术改造。

建立"交通"网　这里所指的不是现代意义上的交通，它主要指根据地内为党政军机关服务的类似于现在的邮政系统，其中也包括政府和军队必需品的运输。边区地域辽阔，敌人据点林立，且有土匪骚扰，沟通各地政治、经济、文化联系的渠道主要靠人工，因而工作十分重要而又异常艰苦。初期，由于领导系统不统一，不健全，交通管理较乱而且安全常常受到威胁。军政联合办事处成立以后，逐步在全边区范围内形成了统一的领导系统、统一的

----

① 许子威:《论边区的财政经济工作》(1941 年)。

经济供给，"交通"业务范围不断扩大。从天汉运到其他根据地的大宗钱粮，一般路途上都派有武装护送。尽管这样，仍然有许多交通战线上的工作人员被敌伪顽袭击杀害。

除了上述财经和生产建设工作以外，边区党委、挺进纵队和军政联合办事处还明令各级党政军机关，严禁滥征夫役船差，以利与民生息，发展生产。

豫鄂边区由于采取了以上一系列措施，因而才能在困难的环境中创造出经济复苏、物价稳定、人民生活逐步改善的良好局面。京安根据地 1941 年初的统计表明，物价指数比战前大大增高，人民的负担却比战前大大减轻。以反映人民生活水准最敏感的米价为例（选应城为点）："我基本区每斗八元，游击区每斗十七元，敌占区每斗二十元。"① 以一斑而窥全豹，豫鄂边区根据地人民的生活比新四军到来以前确实得到了一定程度的改善。对此，中共中央中原局和刘少奇曾经发电向华中其他抗日根据地表扬和推广这里的经验，指出豫鄂边区"虽有三十余师国军的限制，他们还能发展（已有一点五万人枪），财政充裕，这是要学习的"②。

五、初步开展文化教育和卫生事业

新民主主义文化在豫鄂边地区的传播，早在武汉沦陷以前就已开始，但取得卓有成效的结果却是在中共扩大的六届六中全会以后。它随着军事、政治、经济斗争的开展而开展，它的开展又推动着军事、政治、经济斗争的进行。其成果主要体现在如下几个方面。

宣传工作和文化活动　　报纸杂志和出版部门是宣传工作的主要载体和承办者。1939 年 7 月 7 日创刊《七七报》时，边区只有一部简陋的旧油印机承印，印数仅有几百张。几个月后更新了一台手推油印机，印数也没有超过

---

① 黄德钦、鲁明健：《两年来的京安》，《七七月刊》1941 年第一卷。
②《刘少奇对新四军彭雪枫部财政问题的指示》（1940 年 6 月 6 日）。

1000 份。1940 年 3 月通过秘密渠道购得一台卷筒油印机，《七七报》的发行量才有较大的提高。1941 年春节，边区获得了一台被称为"政治大炮"的四开平板铅印机之后，《七七报》改为铅印版，印数遂直线上升，仅三个月内就印了 10 余万张。

继《七七报》创刊之后，1940 年 2 月，新四军豫鄂挺进纵队政治部还出版了专供部队指战员阅读的《挺进报》。该报开始是油印五日刊，后来逐步改为石印、铅印三日刊，其发行量亦由每期的近千份增加到 3000 份。这两份报纸对于指导部队建设、鼓舞士气、提高部队战斗力、密切军民关系等都起到了重要作用。

在这一时期，挺进纵队政治部还出版了许多军队教育的教材和罗叔平著的《李先念传》《陈少敏传》等通俗小册子。

此外，各地方出版的油印、石印报刊也为数不少。如信应的《先锋报》《学习月刊》，京安的《抗日报》，应城的《民众报》，天汉的《前卫报》，还有各县翻印的小册子和教科书。

除了出版书刊以外，边区还广泛开展了文化宣传活动。在汪精卫投敌、国民党发动反共高潮期间，边区各地的党委政府分别召开了声势浩大的群众大会，宣传共产党的政策，发动民众起来抗日救国，反对投降反共活动。通过大会的宣传发动，群众的爱国热忱进一步高涨。大会通常都是在发宣言、通电和开展献金、献物、献子弹的高潮中结束的。1940 年 11 月和 12 月，信南各乡人民为声讨反共顽固派，还自动绝食一天以示抗议。此外，边区的党政机关在发动群众改选政权、动员新兵等活动中都充分发挥了宣传的威力。宣传工作对于团结友军、开展统战活动和瓦解敌伪等方面也发挥了重要作用。1941 年 2 月，日本军人赤山顺君就是在看了豫鄂边区的宣传品以后，才主动投诚钟祥地方部队的。

在京安等地，当地政府还以文化促进会、座谈会的形式，与知识分子结成文化统一战线，团结进步士绅。汉川的 400 多名文化促进会会员和学校教师组成文化战线上的生力军，开展对敌宣传，成效显著。

开展文娱体育活动也是边区文化建设中不可忽视的一个方面。豫鄂边区党委在 1940 年 10 月革命节建立的十月剧团和挺进纵队政治部建立的文工队，是由来自延安鲁迅艺术学院毕业的学员、国统区的文艺青年和小战士以及民间艺人组成的文艺团体。他们自编、自导、自演，宣传抗日救国，针砭时弊，受到边区人民的欢迎。由延安传来的和由边区青年作曲家邓耶等创作的歌曲曾在各根据地广为流传。春节期间，农村各地还盛行各种民间文艺活动。京南、信南、应山的农救会、妇救会会员，都能自排自演抗日反汪的宣传剧，很受群众喜爱。此外，逢年过节时，机关部队开展的篮球、网球、乒乓球等体育锻炼活动和民间开展的传统武术活动，也吸引了大量的观众。应城开办了民众教育馆，里面陈列着抗战书报、画册和象棋、胡琴等文娱用品，还出版过墙报，并办有夜校给自卫队员上课，该馆一时成为人民群众文娱的中心和群众教育的基地。

教育事业　　边区的教育事业，包括国民教育和干部教育两个方面。国民教育的主要手段是开办以对人民进行抗日民主思想教育、传授科学文化知识为目的的各种不同类型的学校，全日制的中学、小学和改良私塾是其中的主要部分。据 1941 年初的不完全统计，信应建有抗日小学（保小）20 所，学生 800 人；应城第三、第四两区共建有 74 所；京安县建有公立小学 5 所，私立小学 1 所，私塾每保 1 所；汉川第一区五个乡共建有各类小学、私塾达 101 所；京山的金汤、保店、天宝胜等三个乡共建有 33 所；云梦建有 8 所；应山第二区建有 6 所。其余各县也都创办了一些。在信阳、孝感、汉川 3 处，各兴办有中学 1 所，每所学生三五十人。据不完全统计，仅边区的四个县就有中小学校不下 300 所，学生近万名。学校的政治课本、语文课本等逐步做到由党政部门统一选编，其余课本多系沿用旧教材以应急需。边区还曾专门召开过教师座谈会，征询对发展边区抗日教育事业的意见。信南还办有师资训练班，以研讨新的授课内容和教授方法。

此外，从 1940 年冬起，各级民主政府和群众团体积极开展冬学运动，以求尽量扫除民众中的文盲。冬学分全日制、半日制和夜校三种。群众在冬学里接受识字教育，学习文化知识，倾听抗日救国道理，兴趣极浓，甚至有老太婆在夜间摸黑赶几里路也去上冬学。

边区干部教育的历史可以溯源到竹沟、汤池、七里坪等抗战初期的各种训练班。在根据地逐步创建的过程中，由于需要大批干部，各地从上到下都举办过时间长短不一的训练班。"应抗"就办了洪山军政干部训练班，总共六期，受训学员近千人，培养了大批乡、保和连队干部，动员参战的有 600 余人。此外，在职干部中还普遍开展了学习文化、学习理论、学习党的方针政策的教育活动。

通过共产党领导的抗日斗争和一系列的文化教育活动，豫鄂边地区已一扫过去的封建蒙昧状态和武汉沦陷以后滋长起来的"恐日"情绪，代之而起的是人民群众愿为民族解放战斗到底的坚强决心。诚如《七七月刊》上的文章所说："人民的文化水平、政治认识和民族意识的飞跃进步，等于平常时间的二十年。"[1]

卫生医疗事业　　伴随着新民主主义文化教育事业的进步，边区的卫生医疗工作也有了一定的发展。

抗日战争发动之初，农村中几乎很少有西医西药，流感、痢疾、疟疾、伤寒、脑膜炎等疾病时有发生。民间的中医草药是主要治疗手段，求神拜佛、迷信巫医的情况相当普遍。在这种落后、艰苦的环境下，浴血奋战的抗日战士不可避免地屡有伤亡。斗争的实践向各级党组织和各地游击队提出了如何及时抢救伤病员的迫切要求。于是，随着军事斗争的发展，部队的医疗工作应运而生。

在豫南，1938 年元旦，竹沟的新四军第四支队第八团队留守处成立了一

---

① 黄德钦、鲁明健：《两年来的京安》，《七七月刊》1941 年第一卷。

个有 50 多人的卫生队；同年 11 月，信阳挺进队成立了有 10 余人的卫生所。在鄂东，1938 年冬季前后，鄂东抗日游击挺进队成立了一个有 20 余人的医院，还附设有卫生训练班；1939 年初，新四军第六游击大队也建立了一个近 10 人的医务室。在鄂中，早在 1937 年 12 月汤池训练班开学时就有了医务室；1939 年初，应城抗日游击司令部建立了军医院。孝感中和乡的湖北抗日游击大队也于 1938 年 11 月成立了卫生所，到 1939 年 1 月该所已扩建为有 50 多人的路西医院。

1939 年 4 月，竹沟设立了军医处，处长李毅，继任者钟华。6 月，新四军豫鄂独立挺进支队建军时，支队司令部下设立了卫生队，同时将"应抗"的军医院改为挺进支队的野战医院，栗秀真为院长，李晓白为政治委员。1939 年 10 月，经过动员与争取，外科医生孙光珠参加了军医院工作，使医院的医疗技术有了一定程度的提高。1940 年初，新四军豫鄂挺进纵队成立，支队的军医院改为纵队军医院，各团队也都成立了卫生所。

美国进步作家史沫特莱在豫鄂边区采访时，曾参观过挺进纵队的医院。医院的艰苦奋斗精神使她大为感动，于是她除了写文章宣传以外，还通过外国神父等友人，从安陆、武汉等地专为医院动员来了医务人员，并筹集了一批医药物资。为了加强部队的卫生工作，1940 年新四军豫鄂挺进纵队在司令部下设立了医政处，以管理全纵队的卫生工作。栗秀真为医政处处长兼野战医院院长，汪进先为医政处政治委员，李晓白为医院政治委员，处、院合一办公后，孙光珠为医务主任，谈太阶为副主任。

这时部队的医务工作虽然还很不发达，但在发扬革命人道主义、医治伤病员等方面已发挥了相当大的作用。各地医院除了医治军人以外，还免费为附近的贫苦民众看病，从而密切了军民关系。同时，各医院还为统一战线工作作出了一定的贡献。据不完全统计，前后有近 500 名国民党军的官兵曾在边区各医院、医务所接受抢救和治疗，从而扩大了共产党新四军的政治影响。

边区的医院散布在山区、湖区和平原等各个地方，经常流动，不时活动在偏远乡村，有时战斗在敌人的眼皮底下。医务人员在群众掩护下完成救死扶伤的革命人道主义任务，群众的家就是医院的病房，妇救会员就是人数众多的护理人员，许多群众不惜冒着生命危险来保护伤病员。在敌伪顽四面包围、严重夹击的恶劣环境下，不少白衣战士为此献出了生命。

战争年代，边区医院除了主要为部队抢救伤病员以外，也对边区群众的季节性多发病、常见病和传染病的防治贡献了力量。边区医院在治疗各种疾病的过程中，逐步摸索着建立起了卫生工作制度。连队救亡室选有卫生委员和卫生干事，经常组织和督促干部战士搞清洁、挖厕所、剃头、剪指甲、洗衣、晒被，等等。内务值日员还要承担照顾病员饮食、茶水，上眼药，烧水洗脚，挑脚泡等任务。各医院中建立有党的支部和政治工作部门，专门负责医务人员和伤病员的思想政治工作。

各地方政权在附近部队医院的帮助下，也开展了一些防病治病的卫生工作。

第四章

■

豫鄂边区抗日民主政权的统一与根据地建设事业的发展

　　1941 年 1 月皖南事变后，中共中央军事委员会于 1 月 20 日发布重建新四军军部的命令，任命陈毅为代理军长、刘少奇为政治委员，并统一整编华中新四军部队为七个师和一个独立旅。新四军豫鄂挺进纵队奉命整编为第五师。2 月 18 日，中共中央军委任命新四军各师领导人。第五师由李先念任师长暂兼政治委员，任质斌任政治部主任。3 月 14 日，又任命刘少卿为参谋长，王翰为政治部副主任。新四军第五师筹建的同时，在豫鄂边区党委的领导下，豫鄂边区军政联合办事处也抓紧行政公署的筹备工作。4 月 1 日，豫鄂边区第二次军政代表大会召开，会议按"三三制"原则，成立了边区行政公署，公推许子威为主席，杨经曲、涂云庵为副主席。在会议进行之中，新四军第五师也组建完毕。4 月 5 日，李先念率众将领宣誓就职。4 月 10 日起，豫鄂边区部队一律使用新番号。

　　豫鄂边区行政公署成立之后，颁布了一系列条例，健全了各级办事机构，普遍实行了"三三制"，进一步扩大了民主，保障了人民的权利，改善了人民的生活，边区建设逐步向新民主主义社会迈进。

第一节　豫鄂边区行政公署的成立

一、新四军第五师建军

　　正当豫鄂边区军政联合办事处着力实行民主、开展各项建设、改善民生、支援抗战时，国民党顽固派挑起第二次反共高潮，制造了皖南事变，将此次反共行动推到了极点。

1941 年 1 月 4 日，新四军军部及直属部队 9000 余人奉中共中央命令北移。1 月 6 日，当部队行至皖南泾县茂林地区时，遭到国民党顽固派事先布置好的军队 8 万多人的包围袭击。新四军广大指战员经过七昼夜的浴血奋战，终因寡不敌众，除千余人得以突围外，大部分壮烈牺牲和被俘。军长叶挺被扣，副军长项英、参谋长周子昆被杀害，政治部主任袁国平牺牲。17 日，蒋介石又颁布反动命令，宣布新四军为"叛军"，并取消新四军番号，扬言要将叶挺交"军法审判"。与此同时，蒋介石还任命李宗仁为华中"剿共"最高总司令，以 30 万大军向华中的新四军发起进攻。在豫鄂边区，李宗仁划鄂中、襄西和鄂东为三个"清剿"区，妄图于 2 月底消灭新四军豫鄂挺进纵队，摧毁边区抗日民主根据地。

中国共产党对蒋介石的倒行逆施进行了针锋相对的斗争。1 月 20 日，中共中央革命军事委员会发布了重建新四军军部的命令，任命陈毅为代理军长，刘少奇为政治委员，并决定统一整编华中新四军部队为七个师和一个独立旅，号召新四军全体指战员坚持大江南北的抗日阵地，准备击退国民党顽固派的进攻。22 日，毛泽东以中共中央军委发言人的名义发表谈话，彻底揭露了国民党顽固派破坏全民抗战、勾结敌伪实行联合"剿共"的阴谋，向国民党当局提出了取消 1 月 17 日反动命令、惩办皖南事变的罪魁祸首等 12 条解决办法。毛泽东严正指出，时局不论如何黑暗，不论将来尚须经过何种艰难道路和在此道路上须付何等代价，"中国共产党和中国人民，不但有责任，而且自问有能力，挺身出来收拾时局，决不让日寇和亲日派横行到底"[1]。1 月 28 日，新四军军部在苏北盐城重建。

新四军豫鄂挺进纵队也奉命整编为新四军第五师。2 月 18 日，中共中央军委任命新四军各师领导人。李先念任第五师师长暂兼政治委员，任质斌任政治部主任（后代理政治委员）。3 月 14 日，又任命刘少卿为师参谋长，王翰

---

①《毛泽东选集》第二卷，人民出版社 1991 年版，第 774 页。

为师政治部副主任。新四军第五师在战斗的暴风雨中完成了建军工作。4 月 5 日，全师组建完毕，李先念率全体将领通电就职。4 月 10 日，新四军第五师一律使用新番号。

二、第二次军政代表大会的召开与边区行政公署的成立

在迎击国民党第二次反共高潮的同时，中共中央也高度重视抗日根据地的政权建设问题。

1940 年 12 月，就建设和巩固华中抗日根据地，中共中央发出指示：根据地的政权建立问题，是有第一等重要意义的，应实行"三三制"政权，把原来的大地主阶级专政的旧政权改造成为几个革命阶级联合的抗日民族统一战线政权，并应防止过"左"过右的错误。其具体表现为各级民意机关（参议会）与各级行政机关必须力求吸收进步分子与中间分子参加，同时要保持党所领导的工农小资产阶级在政权中的优势，要注意在区乡级的区长、乡长、村长中，一定要有党员与进步分子，这样才能真正保证基本群众的利益，防止地主阶级操纵。要教育干部、党员与群众，学会议会斗争方式与民主作风，在民主斗争的形式下，政府以新的形式来保护基本群众的利益与实现党的政策。在根据地民主政权已经建立的地区，要教育干部、党员、部队和群众团体尊重与拥护这个政权，不可破坏政府的威信。

指示还指出，凡根据地的各级政权，应以统一战线原则为标准，以发动基本工农群众的积极性为中心。因此，减租减息、提高工农群众的权利是必要的，反对只照顾统一战线而完全不能触犯旧地主阶级统治秩序的右倾错误，同时应注意防止过"左"的倾向，把减租减息、合理负担变成土地革命消灭地主富农的错误，以及过分强调改善工人生活而致工商业关门，成为缩小生产甚至引起工农对立的错误。应承认地主、富农、雇主、商人的财产权及政治权，不能随便没收、逮捕、处罚（真正的汉奸除外）。目前的革命阶段，还不是消灭阶级、取消剥削，而是限制剥削，给阶级关系以适应的有利于抗日

的调整。不要乱杀汉奸，不要没收逃亡地主的土地（只能由政府代管、交农民代种），并要善于经过顽军家属去争取顽军，要有正确的锄奸政策①。

12 月 13 日，中共中央在对华中工作的指示中再次指出，组织政府机关及民众机关，应坚持实行"三三制"，共产党员占三分之一，开始时还可以少于三分之一，网罗各党各派无党无派的一切不积极反共之领袖人物参加，其中应有国民党中间派及左派，民族资产阶级及开明士绅、地主均应参加，也可允许少数右派代表，真正组织各党各派各军的联合政权，力避我们包办。在土地政策上，应实行部分减租减息，以争取基本农民群众，但不要减得太多，不得因减息而使农民借不到债。同时应规定农民有交租交息之义务，保证地主有土地所有权，富农的经营原则上不变动。②

遵照中共中央的指示，豫鄂边区军政联合办事处开始修改和制定一系列抗日的法规条例，加快民主建设步伐。

1941 年 3 月，应城县委遵照豫鄂边区党委的指示，作出了"强化政权，全力支援边区主力作战"的决定，主持召开了全县第一次参议会。会议按照"三三制"原则，选举产生了应城县抗日民主政府，张谦光任县长。这是豫鄂边区在"三三制"的原则之下选举产生的第一个县级政权，为鄂中乃至边区的政权建设提供了示范。

随着豫鄂边区的民主建政工作的进一步开展，为了统一边区行政领导，以便广泛动员群众力量支援战争、渡过难关，边区党委决定召开第二次军政代表大会。

1941 年 4 月 1 日，豫鄂边区第二次军政代表大会在京山向家冲开幕。出席大会的代表 67 人，其中共产党员 32 人，其余均为党外人士。会议是在敌顽夹击的紧张环境下召开的，与会代表冒着敌人的炮火，在风雨中一连换了

---

①《中共中央关于建设和巩固华中抗日根据地的指示》（1940 年 12 月）。
②《中共中央对华中工作指示》（1940 年 12 月 13 日）。

四次会址，毫无怨言，坚持把会开完，参政热情异常高涨。云梦代表秦经武当时已年届六十，当接到会议通知时，为了不误会期，涉过深及腰腹的河水，在不断转移会址的途中，和大家一起急行于高低不平的河堤或小桥上，给与会同志留下了深刻印象。

4月4日，豫鄂边区军政联合办事处主任许子威受大会的委托，做有关政权工作的报告。报告从民政、财政、教育、建设、军事、司法等方面，对办事处成立后的工作进行了总结。

民政方面 豫鄂边区军政联合办事处成立后主要做了五件事。

第一，遵照第一次大会发扬民主的决议，颁布县各级组织暂行条例及县参议会组织条例，通令各县广泛开展民选运动，组织各级参议会及各级政府。半年以来，边区各县基本区内乡保以下的政权机构差不多已完成民选工作，并有很多县如应城、汉川等县均已按期实行第二次或第三次的改选。在民选运动中，广大群众，特别是工农、小资产阶级的群众深受教育，他们热情地参加政治生活，积极投入选举活动之中，政治水准大为提高，民选机构也因此消除了旧政权脱离群众的不良作风，抗日民主政权的群众基础更加牢固。

第二，指导各县抗日民主政权着手建立和调整区署机构。豫鄂边区军政联合办事处成立后，各县一律采取委派制，设立了区署机构，以作为县政府的辅助机关。在县区两级机构中，政府实行"三三制"原则，团结各阶层的抗日人士，吸收开明士绅、进步知识青年和积极的工农干部参政议政，改善了县区政府的领导构成，培植了大众化的政治领袖，提高了民主政权的威信，加强了各级政权的领导力量。

第三，建立敌占区政权。豫鄂边区军政联合办事处成立之初，即颁发了关于恢复敌占区政权工作的决定和汉奸自首条例。半年来，各县遵照执行并配合抗日部队的军事胜利，开辟和建立了广大区域的抗日民主政权，瓦解和粉碎了很多地方的汉奸伪政权，并争取了很多受敌伪诱胁的不忘家国的人士。原来的敌占区域，很多已经成了我们的抗日根据地。

第四，加强战争动员，开展扩大兵役运动。豫鄂边区军政联合办事处颁布的《优待抗日家属条例》与《抗属联合会组织章程》，得到各县的热烈响应与执行，特别是新兵动员工作，各县均能遵照政治动员的方式，分期完成任务，由此保证了边区抗日部队的巩固与扩大。

第五，提倡救济活动。豫鄂边区军政办事处成立后，组织了边区救济总会，并通令各县成立救济分会，准备先行募集捐款20万元，作为总会基金及举办各种救济事业之用。到4月，应城矿区的盐商已经认定捐款10万元，其他各县正在提倡和募集之中。

财政方面　豫鄂边区军政联合办事处成立后做了如下六项工作。

第一，整理田赋。豫鄂边区军政联合办事处颁发了各县区整理田赋委员会简章，对于整理田赋的具体办法，指示详细明了。但因工程量大，且环境动荡，因而除云梦县外，其余各县尚未彻底整理就绪。

第二，整理捐税。遵照政权机关筹款、军事机关用钱的原则，豫鄂边区各地取消仇货检查所，设立边区贸易统制局，并督促各县接收和整理一切税收机关。同时，还根据合理负担、废除苛杂的原则，颁发了边区各项税捐暂行条例，对于各种税收细则均有明确的规定。

第三，开源节流。在贸易统制局下，边区各地又增加了几个贸易统制分局和直属稽查所，增加了相当数量的收入，特别是在节流方面做出了比较好的成绩。自办事处至各乡保行政人员，均能响应上级的节约号召，刻苦自励，担任最艰苦的工作，享受最菲薄的待遇，在财政困难的时候，且能枵腹从公，以渡难关，其他的浪费情形也很少。

第四，建立预决算制度及收支报告制度。豫鄂边区军政联合办事处成立后不久，即郑重建立了这两项制度，并严令各县切实遵照执行。

第五，发行流通券。豫鄂边区军政联合办事处成立后，即以边区合作金库的名义发行流通券数千元，在石板河一带行使，大受群众欢迎，流通范围不断拓宽，各县亦纷纷请求大量发行。鉴于此，边区正筹备组织正式的金融机构。

第六，征收救国公粮与积谷。公粮和积谷是在豫鄂边区军政联合办事处成立后开始征收的。在征收当中大都能够本着合理负担的原则和说服自愿的方式做得公允得当，获得民众的支持。救国公粮与积谷的征收，对军粮的供给和救济难民起了很大的作用。

建设方面　豫鄂边区军政联合办事处成立后，做了如下五项工作。

第一，提倡生产，改善民生。在农业方面，边区各县均注意兴修水利，开垦荒田，提倡种特用作物（如麻、靛）及蔬菜与畜牧，并发动减租减息。在工业方面，边区各县注意提倡兴办手工纺织业，并在造纸、冶金、制盐等方面也都有所发展。

第二，统制粮食耕牛。豫鄂边区军政联合办事处颁发了《边区粮食统制暂行条例》，统一统制办法，严令各地执行。关于耕牛的统制办法，此时也在制定之中。

第三，统制贸易。本着"不伤民、不资敌"的原则，豫鄂边区军政联合办事处颁布了《边区贸易统制暂行条例》，控制了边区军民必需物资的外流，并把它作为争取敌占区民众的手段和削弱敌伪力量的武器。

第四，倡办合作社。豫鄂边区军政联合办事处成立后，有计划地提倡发展合作事业。合作事业以创办运销供给性质的合作社为主，生产性质的合作社次之，同时注意整理边区总合作社，使之成为边区合作事业的总枢纽。联合办事处还号召各种群众团体帮助推行各类合作社，以求普及这一便民惠民的事业。

第五，整理交通。豫鄂边区军政联合办事处成立后，召开边区交通会议，设立各交通站和总站，先求组织与经费的统一，再求业务的发展及其与各县的联系，积极开展工作。

文化教育方面　豫鄂边区军政联合办事处颁布了普及抗战教育的实施方案，对于各种教育行政的主要事项，均有明确统一的规定。同时创办洪山公学，作为边区最高学府。对各县的一切私塾亦注意改良，号召各县加强社会教育，反对敌伪的奴化教育，积极发展出版事业。

军事方面　豫鄂边区军政联合办事处颁发了《边区国民抗敌自卫队组织条例》，通令各县遵照执行，使边区的民兵自卫组织在规范化、制度化的基础上得到了很大的发展，对保卫边区、维护治安及巩固政权等方面，均起了极大的作用。同时边区还成立了抗日保安队，统一了边区各县国民抗战自卫队的编组、训练与指挥，实行了联庄自卫制度。

司法方面　豫鄂边区军政联合办事处特别强调保障人权，规定军队及区以下行政机关与群众团体，除现行犯外，无权逮捕任何人。其逮捕之现行犯，亦需迅速送请县政府或边区军政联合办事处处理。区、乡、保、甲只能调解案件，不能直接制裁。各级处理案件，均须呈上级核实。死刑案件，除特别紧急的情形之外，必须经军政联合办事处核准。

许子威的报告还就军政联合办事处工作中存在的不足和今后的工作任务作了阐述。报告最后指出："我们的敌人虽然还是非常强大的，但是我们依靠边区五百万以上的民众的力量，我们曾经在敌伪猖狂和伪政权没落的过程当中，建立了强大的边区抗日根据地和边区抗日民主政权，我们现在拥有更多的民众，获得更多的经验和教训，锻炼了更多的坚强干部，团结了更多的进步人士，创造了更多的人民抗日武装，我们相信有充分把握可以完成我们的任务，可以保卫边区，可以粉碎任何敌伪、反共派的进攻。"[1]

许子威做完报告以后，大会进入讨论和通过议案程序。最终，这次军政代表大会讨论并通过了 18 项重要提案，包括通电全国，呼吁团结，驱逐亲日派；将边区军政联合办事处改组为边区行政公署；开展敌占区政权工作，扩大抗日根据地；加紧战争动员；完成边区的彻底民选，健全乡保政权；表彰

---

①《华中抗日根据地财经史料选编——鄂豫边区新四军五师部分》，湖北人民出版社 1989 年版，第 136—137 页。

死难工作人员，做好抚恤工作；划分地方与边区两级税制；整理和接收各县贸易统制局；改订田赋制度；创办边区建设银行；发展边区合作事业；建立边区各地交通机关；实行粮食统制；发展国民教育；充实地方武装；动员兵役，扩大正规军；救济民众，以安人心而利抗战；成立各级司法委员会，提倡法治精神，切实保障人权等。会议还决定进一步扩大政治民主，改参议会制为代表大会制，使各级代表大会成为各级政权组织的最高权力机关，并制定了边区选举条例、各级代表大会的组织条例、县各级政府组织条例和行政公署组织条例等。

大会按照"三三制"原则，经过正式选举，产生了边区行政公署，许子威当选为行署主席，杨经曲、涂云庵①为副主席。大会选举行署执委 21 人，常委 9 人，李先念、陈少敏、吴祖贻当选为行署常务委员会委员。

豫鄂边区行政公署的成立，标志着边区抗日统一战线政权的加强和行政指挥的统一，是边区根据地民主政治建设的新发展和政府工作的新起点。

6 月 15 日，《七七月刊》发表了题为《豫鄂边区抗日民主政治发展上的重大事件》一文。该文指出："在敌顽夹击的情势下，在反共枪声爆响中，边区第二次军政代表大会胜利闭幕了。参与大会的有十余县代表，大会根据人民的公意和现实的需要，选举成立了边区行政统一领导的最高机关——边区行政公署，并且通过了'组织参议会''经济建设''改善民生'等重要议案。这一会议，是巩固豫鄂边区抗日民主政权的有力步骤，是坚持和加强敌后抗日根据地抗日力量的切要方法，是对亲日派反共派破坏边区企图有力的回击，是全边区人民兴奋的重大事件。"② 同期刊物还发表了陈少敏的署名文章《豫鄂边区第二次军政代表大会的成功及意义》。文章指出："第二次（军政）代表大

---

① 涂云庵，湖北省天门县（今天门市）人，民主人士。时任天门县各界救国委员会主任委员。

② 《鄂豫边区抗日民主政治发展上的重大事件》（1941 年 6 月 15 日），《七七月刊》第一卷第三期。

会，在 4 月初旬，在反共军大举进攻向家冲的反共战争中，胜利地开成功了。
这证明了边区人民及各阶层的开明士绅们建设边区民主政权、坚持边区抗日
根据地的决心和信心。同时证明了真正的民主政权，并不是亲日派、反共派
用大军进行反共内战所能摧毁的。"[1]

　　三年后，边区行署主席许子威在边区党委政权工作会议上汇报这一阶段
的工作评价说："当时对于民选和'三三制'政策是执行得坚决，也很有成绩，
最主要的就是：一、用民选方式由下而上地建立了一全套政权机构，这一套
政权得到了大多数人民的承认和拥护，其威信以及与人民的联系非国民党政
权所能比拟。二、团结了一批中间分子，虽然个别地区在拉夫凑数时有点千
篇一律。三、在群众中进行了莫大的宣传教育工作，相当地提高了群众参政
的热情，民众已经开始懂得什么叫作民主。"[2]

三、颁行各项法令

　　豫鄂边区第二次军政代表大会，通过了一系列法规和条例，具体如下：

　　《豫鄂边区选举条例》。该条例分总则、选举资格、选举代表人数比例、改
选、选举委员会、选举区域、候补及竞选、经费、附则等 9 章共 24 条。

　　《条例》申明："本条例根据国民政府建国大纲之民主选举原则及豫鄂边区
之实际情形制定之。"并规定：采取普遍平等无记名投票选举制选举边区、县
及乡三级代表大会的代表，组织边区县及乡代表大会。乡代表大会的代表采
取直接选举制，由保民大会选举之。边区及各县代表大会的代表均暂时采取
间接选举制，各由其下级代表大会选举之。

　　凡居住边区境内的人民年满 18 岁者，无阶级、职业、男女、宗教、民族、
财产与文化程度的区别，经选举委员会登记，均有选举权和被选举权。

---

① 陈少敏：《鄂豫边区第二次军政代表大会的成功及意义》(1941 年 6 月 15 日)。
② 许子威：《鄂豫边区政权建设的初步检讨及今后工作的意见》(1944 年 7 月 1 日)。

乡代表大会每居民 300 人选举代表一人，县代表大会每居民 5000 人选举代表一人，边区代表大会每居民 5 万人选举代表一人。

乡代表大会代表每半年改选一次，县代表大会代表每一年改选一次，边区代表大会代表每两年改选一次。

乡代表大会代表的选举区域以保为单位，如有联合数保在同一适当地点举行选举之必要时，可由乡选举委员会自行决定。县代表大会代表的选举区域以乡为单位，不得变更。边区代表大会代表的选举区域以县为单位，不得变更。

边区代表大会代表候选人，由乡代表大会及抗日政党与群众团体的县级领导机关，各依该县应选出代表人数提出竞选。县代表大会代表候选人，由保民大会及抗日政党与群众团体的乡级领导机关，各依该乡应选出代表人数提出竞选。乡代表大会代表候选人，由甲民大会及抗日政党与群众团体的保级领导机关，各依该保应选出代表人数提出竞选。

《豫鄂边区各级代表大会组织条例》。该《条例》包括总则、代表、组织、职权、会议、任期、改选、附则等 8 章共 24 条。

《条例》申明：本条例根据三民主义的民主原则及豫鄂边区的实际情形，以实施民主政治、巩固抗战中的政治社会基础为目的而制定。边区各级代表大会为代表边区各级最高权力机关。并规定：各级代表大会代表均由人民依法选举产生，但同级政府认为必要时，聘请边区内热心抗战及在社会、经济、文化各方面有名望者为代表，其名额不得超过代表总数的五分之一。

边区设立边区代表大会、县代表大会及乡代表大会。各级代表大会从代表中选出主席一人，副主席一人，主持全会工作。各级代表大会由代表选出驻会代表，于代表大会休会期间处理会内一切日常事务。边区代表大会七人，县代表大会五人，乡代表大会三人。主席及副主席为当然驻会代表。

边区代表大会的职责是，选举及罢免边区行政公署主席、委员及边区高等法院院长；监察及弹劾边区各级政府的政务人员；批准关于民政、财政、建设、教育及地方军事各项计划；通过边区行政公署所提出的预决算案；决定废除或征收地税捐；决定发行地方公债；决定边区的单行法规；决定边区行政公署主席或公署委员会及各处长提交审议事项；决定边区人民及民众团体提交审议事项；决定边区应兴应革的重要事项。

县代表大会和乡代表大会的职责，依边区代表大会的职责执行。

边区代表大会每一年开会一次，县代表大会每半年开会一次，乡代表大会每三个月开会一次。各级代表大会开会时，各级行政及司法首长均得列席，有发言权，无表决权。各级代表大会的决议案应送同级政府执行，如政府委员对议案认为不当时，应即详具理由送回原代表大会复议。

边区代表大会代表任期为两年，县代表大会代表任期为一年，乡代表大会代表任期为半年。各级代表大会代表于任期内因故去职时，由候补代表依次递补。

《豫鄂边区行政公署组织条例》。该条例规定：豫鄂边区行政公署由豫鄂边区代表大会选举委员19人至23人组织边区行政公署委员会，呈报国民政府备案。豫鄂边区行政公署设主席一人，副主席二人，由豫鄂边区代表大会在边区行政公署委员中选举。边区行政公署设常务委员九人，由委员会议互推之。正副主席为当然委员。

边区行政公署下设秘书处、民政处、财政处、建设处、教育处、审计处、保安司令部等机构。豫鄂边区行政公署有权颁发边区行政命令及决议，并制定边区单行条例及规程。但关于增加人民负担、限制人民自由、确定行政区划及重要行政设施，须得豫鄂边区代表大会核准或承认。豫鄂边区行政公署对于各县政府及所属各机关的命令或处分，认为有违背法令、逾越权限或其他不当情形时，可以命令停止其执行或撤销。

豫鄂边区行政公署主席的职责是：召集边区行政公署委员开会时为主席，代表边区行政公署执行边区行政公署委员会的议决案，代表边区行政公署监督全边区行政机关执行公务，处理边区行政公署日常及紧急事务。主席因公外出或因故不能执行职务时，由副主席代理主席职务。

秘书处的职责：管理边区行政公署委员会会议的通知及记录，撰拟、保存、收发文件；管理边区行政公署委员会的会计及杂务，编制统计报告，登记边区行政公署各处部职员的进退、典守印信等。

民政处的职责：对任免县行政人员提出意见，处理关于土地行政事项及警察行政、选举、户口调查统计、兵役行政、卫生行政、赈灾抚恤、保育及其他社会救济、婚姻登记及礼俗宗教、劳资及佃业争议、禁烟、禁毒、人民团体登记等事项。

财政处的职责：处理关于税务、公款及公债、预算决算编制、金库收支、公款管理、金融监督调整及取缔和其他有关边区财政等一切事项。

建设处的职责：处理关于农、林、畜牧、工业、商业、矿业的计划、管理、监督保护及合作事业的指导与奖惩，处理道路桥梁的建筑，防治动植物病虫害，保护益鸟益虫，农林畜牧工商矿业产品的陈列及检查监督，移民及新村建设，土地行政的测量和其他实业行政等一切事项。

教育处的职责：管理各级学校及社会教育、图书教材的编审及印刷、供应事宜，以及关于教育文化、学术团体的指导和图书馆、博物馆、科学馆、公共体育娱乐场所的管理。

审计处的职责：审核全边区行政机关的预算决算及征税征粮、机关收支凭据、金库收支、公营事业的收支、公产估价变卖、由行政公署补助的民营事业收支等事项；审查全边区行政机关的公有物项和关于贪污舞弊及浪费事件的检举事项。

抗日保安司令部的职责：处理关于绥靖地方及协助防卫边区和边区人民抗日武装团体的调查、整理、训练，保安队职员任免、统率、编制、训练、实施抚恤、调遣分配，军需，医务卫生，汉奸刺探的侦查、捕缉、处治，人民锄奸组织的指挥等事项。

抗日保安政治部的职责：处理关于所属保安队及人民自卫武装一切政治

指导及干部登记、审查、训练和文化政治教育、锄奸组织的指导、所属部队
与人民联络互助、军法案件处理等事项。

秘书处设秘书长一人，承边区行政公署主席之命，综合处理秘书处事务。
各处设处长一人，抗日保安司令部设司令一人。

《豫鄂边区县级政府组织条例》。该条例包括总则、县政府、区署、乡
（镇）政府、保甲共5章33条。

条例规定：边区各县政府由县代表大会选举委员9人至13人组织县政府
委员会。县政府设县长一人，由县代表大会在县政府委员中选举产生。各县
政府下设秘书室、民政科、财政科、建设科、教育科、抗日自卫队总队部。
县政府委员的任期与县代表大会代表的任期相同。

《豫鄂边区优待抗日军人家属条例》。该条例包括总则、抗属荣誉及特权、
以物资优待抗属、以劳动优待抗属、抗属义务、附则等6章共28条。

条例规定：凡现役正规抗日部队的军人或现役地方抗日部队的军人，以
及因作战伤残退伍后不能参加生产的抗日军人和已牺牲的烈士家属均享受条
例所规定的优待。

所称抗日军人家属（简称抗属）系指本人的直系亲属，即父母妻儿及未
析产的兄弟、未出嫁的姐妹。

抗属享受优待得依正式手续领取优抗证。现役正规军人的优抗证由师政
治部制定，交行政公署转各县政府发给；现役地方军人的优抗证由军区政治
部制定，直接交各县政府发给；退伍军人的优抗证，以军队政治机关原来所
发证为凭，若未发的则由县政府查明补发；烈士家属的优待证由各县政府查
明发给。

抗属在社会上最有荣誉地位，应受到各阶层人民的尊敬。不论任何人以
任何方式侵害抗属权益，政府人员均应出面主持，依法从重处断。抗日军人
在出征期内，已婚或未婚妻未得其丈夫同意，不论持任何理由，均不得请求
离婚或解除婚约；但在出征期五年以上无音信、生死不明者不在此限。凡妨

害抗日军人婚姻或其家庭者，依法从严惩办。

各级群众团体及各界民众均应根据条例的规定尽优抗的任务，各级政府则应负总的计划和领导之责。对优抗工作有重要成绩的政府人员、群众团体或个人，均应予以奖励或表扬；凡有办理不力或故意阻挠破坏者，应予严惩。

抗属应免除临时捐款。凡赤贫抗属应免除一切捐税，缺乏劳力或财力不能维持生活的抗属，应酌量减少或免除其各种捐税。抗属缺少田地耕种时，有耕种公有田地之优先权。抗属应免除劳役。在春耕秋收及兴修水利和使用水利时期，乡保政府及群众团体均应切实计划组织代耕队和帮工队为抗属代耕和帮工。为赤贫抗属代耕和帮工应尽纯粹义务，不吃饭，不要工资；为缺乏劳力或财力至不能维持生活的抗属代耕和帮工应半尽义务，只吃饭，不要工资。

抗属应鼓励出征军人，努力抗战，服从命令和遵守军纪；应服从政府法令，完成公民义务，努力从事生产，做后方民众的模范；应动员和说服逃亡或久不归队的抗日军人归队。

四、健全办事机构

豫鄂边区行政公署成立不久，又相继成立了建设银行、交通总局、税务总局、抗日保安部队司令部、政治部等机构。

豫鄂边区建设银行　在豫鄂边区第二次代表大会上，许子威、沈少华、丁连三、童世光、娄光琦、贺健华等提出"创办边区建设银行，俾资发展边区各种生产事业"的议案，该议案认为："敌伪在我边区不断进行'扫荡'，大肆焚烧，破坏我农村经济，同时大量使用敌伪钞，紊乱金融，破坏我法币信用，企图削弱我抗战力量，其计至为狠毒，兹为发展边区各种生产事业，巩固边区金融，提高与稳定法币信用，救济灾难区人民，必须创办边区银行，方能完成任务。"①

大会之后,豫鄂边区行政公署开始筹建建设银行和印钞厂。印钞厂设在汉川杨叶陂新陈湾,技术工人从汉口等地招聘而来,器材则通过维持会和商人由敌占区和国统区购进。6月,豫鄂边区建设银行在随(县)南洛阳店毡帽湾成立,左仲修任行长,宋逸民、庄果先后任副行长。

豫鄂边区建设银行资本数额定为100万元。资本筹集的办法是:(一)发行救国建设公债50万元(以应城膏盐矿救国捐作为担保)。公债值分10元、50元、100元、1000元等四种,年息六厘,每年还本息十分之一,10年偿清。(二)招募民股20万元。(三)政府于税收项下拨发30万元。

豫鄂边区建设银行成立后,还发行法币兑换券100万元,同时代理各县的金库收支及救国建设公债的发行和还本付息、贷放各种生产事业上必需的资金、投资各有利于人民抗战的事业、办理边区汇兑。

豫鄂边区交通总局　　在豫鄂边区第二次军政代表大会上,许子威、丁连三、娄光琦、沈少华、贺健华等同时提出了"严密建立边区各地交通机关,以利抗战"的议案,该议案认为:"交通工作关系抗战至巨,过去边区交通组织不完善,对于各种工作颇受影响,今后应当严密建立边区交通机关组织,以沟通各县之联络,加强各种工作上之领导,及发展边区运输事业,以利游击战争。"②此议案获大会通过。

6月,豫鄂边区交通总局成立,统一管辖并整理各县交通站,负责边区内各种公文信件的传递、转送汇款、各地物品的运输等。王守如、张进先相继任局长。

豫鄂边区税务总局　　在豫鄂边区第二次军政代表大会上,丁连三、苏微

---

①《华中抗日根据地财经史料选编——鄂豫边区新四军五师部分》,湖北人民出版社1989年版,第168页。

②《华中抗日根据地财经史料选编——鄂豫边区新四军五师部分》,湖北人民出版社1989年版,第170页。

提出"整理暨接收各县贸易统制局，以统一税制，加强对敌经济反封锁"的议案，该议案认为："边区贸易统制局自成立以来，因组织不健全，领导不完善，以致时常发生流弊，且各县贸易统制局尚有未经总局接收者，以致各自为政，系统紊乱。兹为统一指挥，增加税收效率起见，除整理天汉、京天各贸易统制分局及陈家河、杨家河各直属稽查所外，各县所设立之贸易统制局，一律由边区贸易统制局接收，以期统一税制，而便击破敌伪封锁。"①此议案获大会通过。

8月，豫鄂边区行政公署决定将原贸易总局改为边区税务总局，李健为局长。税务总局成立后，逐渐建立自上而下的各级税收机构，组织便衣收税武装，到长江、襄河和铁路、公路等一些交通要道及武汉附近城镇设卡收税。

抗日保安部队司令部　1941年2月，为加强地方武装和民兵自卫队建设，边区成立抗日保安部队司令部，由郑绍文任司令员，边区党委宣传部长夏忠武兼政治委员，黄德钦任政治部主任。

抗日保安部队政治部　在豫鄂边区党委的领导下，边区行署又抽调一批干部组建了保安部政治部，黄德钦调任政治部主任，吴师筑任副主任。政治部规定，各县地方武装主要军政干部的调动，必须经过司令部和政治部的批准。

五、按照"三三制"原则建立各级地方政府

在豫鄂边区第二次军政代表大会上，会议还决定将原鄂东、襄西、天汉、信应四个军政联合办事处改组为边区行署下辖的四个行政办事处，汪心一、刘真、童世光、陈守一分任办事处主任。安陆、应城、云梦、孝感、随南、京山等六县仍直属边区行署领导。在边区党委和行署的领导下，从6月开始，

---

①《华中抗日根据地财经史料选编——鄂豫边区新四军五师部分》，湖北人民出版社1989年版，第167页。

边区按照"三三制"原则纷纷建立各级地方政府，边区人民掀起了参政议政的热潮。

鄂东　　鄂东行政办事处选择比较稳定的地区，召开保民大会，成立了保委会，健全了民主制度，并通过保民大会直接选举乡参议员。保民大会是人民行使直接民主权利的体现，是民主建政的基础环节。从保到乡、县各级组织，都认真贯彻"三三制"原则，普遍召开有各阶层、各界人士代表参加的会议，实行民主选举。礼南、陂安南、黄冈等县工作做得特别扎实。

此外，鄂东行政办事处还加强了抗日民主政权的组建。

1941 年 4 月，中共（黄）安礼（山）工委、行政办事处和安礼大队成立，林维任工委书记，张安达任办事处主任，吴明忠任大队长。工委和办事处成立后，建立了四个中心乡，并在各中心乡成立了党支部。

8 月，蕲（春）广（济）边县委在蕲春白水乡长塘村张德里湾召开了各界代表大会。会议按照"三三制"原则，选举成立了蕲广边县军政联合办事处，张凤林任主任，国民党代表伍建春、民主人士翟玉成任副主任。同时还组建了蕲广边独立团，康洪山任团长，易鹏任政治委员。

10 月，中共浠水县工作委员会成立，于保成任书记。

12 月，浠水工委在西洋河马儿岗召开县宪政促进会成立大会，各界代表60 余人参加，会议选举刘浩为县宪政促进会主席。宪促会提出了"认真贯彻抗日民族统一战线政策，反对日伪，反对摩擦，团结抗日，保卫国土，建立安定的浠水，使人民安居乐业"的施政方针，并设立财粮、民政、司法、总务四科，全面行使政府职能。

11 月，中共蕲（春）太（湖）英（山）边县委在蕲春田家桥上湾召开各区乡党政代表、农民代表、士绅代表大会。会议决定成立蕲太英边军政联合办事处，并推举黄再兴（共产党代表）为主任，詹启英（国民党代表）、詹绪辉（农民代表）为副主任。同时还成立了蕲太英边总队指挥部，鲁教瑞、华家文先后任总队长，黄再兴兼任政治委员。

同月，（黄）安南县各界人民代表大会在八里区陈家河田村召开。会议宣布成立中共安南县委、安南行政办事处和安南县抗日游击大队，易鹏任县委书记，张振亚任办事处主任，戴政任县大队大队长，易鹏兼政治委员。

12 月，中共黄（梅）宿（松）边军政联合办事处成立，桂平任办事处主任。

鄂中 1941 年 5 月，随（县）南县第一次人民代表大会于洛阳店的桥湾召开，县委书记彭仲远主持会议，豫鄂边区党委书记陈少敏参加了会议，并作了重要讲话。会议首先讨论和通过了各项提案，接着按照"三三制"原则，选举产生了随南县抗日民主政府，张时超被选为县长。

在京安、应城、云梦、孝感、京山等县，为了实行民主政治，扩大民主运动，党组织按照"三三制"原则和村民代表制度的要求，推行了普选运动，完成了由保到县的完整的民选工作。这个时期的民选活动，在鄂中各地开展得既广泛又深入。据不完全统计（除京山外），民选区有 22 个，民选乡有 139 个，其中全民选乡有 62 个，半民选乡有 77 个。有的地方民选工作还深入敌占区附近。

自此以后，鄂中各地民主运动不断深入发展，许多基层乡保政权定期进行改选，有的一年改选一次，每改选一次，政权工作就进步一次，民主政治就扩大一次。民选运动的深入开展，真正体现了根据地的民主政治，体现了人民当家作主，那些不称职的干部，经过选举而被淘汰。如京山石板河的毛天才，原是放牛出身，刚参加革命时热情很高，群众选他当乡长。可是后来他变了，整天提着酒瓶，哼着花鼓腔，到处游逛，玩弄女人，生活奢侈腐化，群众意见极大，改选时他被淘汰并受到处分。而那些愿意为群众办事的好干部，则都被选进了政权机构。

民主建政后，鄂中各县政权更能适应坚持敌后游击战争和开展根据地建设的需要，更具有战斗性。京山向家冲乡公所，当国民党顽固派进攻时，主动带领游击小组配合主力作战。云梦县在登记田亩时，实事求是，严格认真，结

果发现完成登记田亩数竟超过旧田亩册所载的一倍。京安县巡店乡公所在日军
"扫荡"时，就在敌据点附近，一方面领导群众抗击敌人，另一方面推行政务，
积极征收积谷和税收，开展田亩及户口登记、优抗、封锁敌伪等工作。

天汉　1941 年 5 月，天汉行政办事处在汉川陡埠头成立，办事处提出了
团结人民群众在抗日民主政权的领导之下，坚持团结抗战，坚持保卫根据地，
实施彻底的民主政治，为建立巩固的模范的抗日根据地，实现革命的"三民
主义"新中国而奋斗的口号，并在各地认真贯彻边区第二次军政代表大会通
过的各项决议，民主选举各级人民代表和政府组成人员。

天汉地区民选前的多数乡保政权没有实行"三三制"，不是清一色的共产
党员，就是清一色的非中共党员。为了改变这种状况，6 月，天汉地委和天汉
行政办事处根据边区第二次代表大会的决议，开始对乡保实行彻底民选，按
乡建立包括党、政、军、民、士绅代表组成的选举委员会，广泛动员，进行
改选。在有党组织的地方，则在党支部、群众团体中产生候选人；在暂时无
党组织的地方，则派工作队进行宣传，征求各方意见，产生候选人；在部分
敌占区也实行了选举。汉川敌占区 8 个保的民众，向乡公所要求改选。在维
持会的掩护下，有 3 个保进行了改选。投票人数比上年增加一倍以上。

在改选乡保中，天汉地区各级政府认真执行"三三制"原则，取得了明
显成绩。如汉川 23 个基本乡，共 136 个干部，其中共产党员 46 名（内有乡
长 17 人），进步人士和中间人士各 45 名。

在着手建立和调整县以下的区署机构过程中，天汉行政办事处从实际出
发，采取不同的方法，建立不同形式的区乡政权组织。在基本区建立的有区、
乡、保政权，在游击区和边缘区建立有两面政权以及三面政权。各县的区署
都采取委派制度，作为县政府的派出机关开展工作。

1941 年 5 月，襄南办事处成立，彭怀堂任主任，张斧任副主任。7 月，汉
川县政府撤销襄南办事处，统一建立乡政权，划全县为 6 个联乡办事处。天
门、汉川两县设立的联乡办事处，其性质和制度与区署相同，各联乡办事处

均下辖若干乡公所。

由于天汉地委、天汉行政办事处在领导县、区两级政权建设中，认真贯彻执行"三三制"原则，吸收开明士绅、进步知识青年和积极抗日的工农分子充实县区领导机构，因而天汉行政办事处在较短的时间内培养了许多大众化的政治领袖，民主政权的威信日益增强，县区政权的领导作用也更加突出。

由于民主政治的扩大，抗日民主政权的健全，并宣布和实行保护一切寄居敌占区的地主及士绅利益的政策，使根据地内各阶级的利益有了切实保障。因此，跑到敌占区的地主、士绅、商人等纷纷回来，各就其业。各级政府的工作作风也大为改变，许多干部深入群众，与群众打成一片，利用各种关系，争取与团结一切抗日人士，积极领导游击小组、自卫队和地方军同日伪进行斗争，各级政府得到了越来越多群众的支持和拥护。

襄西　到1941年4月，襄西的荆（门）南、当阳、荆（门）钟（祥）、北山、石牌等抗日根据地已连成一片。豫鄂边区第二次军政代表大会后，在襄西地委和襄西行政办事处的统一部署和领导下，各县按照"三三制"原则，加强了民主建政工作。在荆南，由于没有设立县级民主政权，其所辖的路东、路西两个区的政府工作，直接归襄西行政办事处领导。路东区委书记李云程、办事处主任李家谟，路西区委书记先后由程里（女）、王竹宣担任，办事处主任为李香甫。路东区和路西区共辖15个乡、130多个保。由于当阳根据地的迅速发展，襄西地委决定撤销原当阳县军政办事处及四乡联合办事处，按照"三三制"进行民主选举，成立当阳县行政委员会。共产党员刘华廷当选为行委会主席，非党进步人士雷冬伯、周美成、张元辉当选为副主席。行委会先后设立财政、税务、民政、文教、行政、贸易、粮食等7个科，辖14个乡，约100个保。荆钟县辖北山区、皮集区、杰全区和石牌镇，也加强了民主改选工作。

信应　豫鄂边区第二次军政代表大会结束后，信南县委、县行政委员会即根据大会通过的选举和组织条例，从6月开始分头向选民宣传，讲解选举条例，并依照条例召开保民大会和乡代表大会，选举产生新的保务委员会和乡政府组成人员，并在乡代表大会上选举了出席县代表大会的代表。9月初，信南县在李家店召开县代表大会。出席大会的有地方士绅、社会名流、农民、手工业者和共产党员代表300多名。会议根据《豫鄂边区各级代表大会组织条例》，经过与会代表的充分酝酿、协商，选举地方绅士聂绍五为大会主席，豁性益为副主席，聂绍五等5人为驻会代表。经过选举委员会的推荐，大会选举进步知识分子蔡韬庵为县长，共产党员颜醒民为副县长。

应山县由于受到日军的"扫荡"和国民党顽固派的进攻，民选工作未能进行。

信（阳）罗（山）边地区的抗日民主政权是在根据地的扩大和巩固中不断得到加强和完善的。

9月，信应地委决定建立信罗边行政委员会，鲁彦卿被选为行委会主席。

同年冬，淮北地区的大批党员和进步力量由于受国民党顽固派的镇压，不断通过淮南地区撤到信罗边，使党在这一地区的力量大大加强，根据地得到迅速扩大，政权建设工作亦不断取得新的成绩。

到1941年底，豫鄂边区在黄冈、黄陂、黄安、麻城、蕲春、黄梅、广济、宿松、鄂城、浠水、大冶、汉阳、汉川、沔阳、天门、荆门、当阳、钟祥、京山、安陆、随县、应城、云梦、孝感、应山、信阳、罗山等27个县均按照"三三制"原则建立了抗日民主政权。这时边区政府执行"三三制"的情况是："边区行署：主席（党员）、两副主席（一进步分子杨经曲，一进步之中间分子）、科长以上干部五人（党员二人，进步分子二人）。常委七人，党员七人。执委二十一人，党员十三人，内推先念代表五师、少敏代表党委、祖贻代表救联参加为行署委员"；"县级：县长党员四人，中间及同情分子各一人。行委主席党员三，中间分子二人（副主席党员二）。科长以上干部党员多于三分之一。科长以下会计则约三分之一"。①

这样，上自边区行政公署，下至各保务委员会，鄂豫边区形成了一个较为完整的政权系统。

第二节　边区渡过严重经济困难

1941 年至 1942 年，由于日本侵略者的野蛮进攻和国民党顽固派的包围封锁，加上连年的自然灾害，豫鄂边区抗日民主根据地的经济发生了极大困难。

边区在 1940 年就因旱情严重而造成歉收，1941 年夏又遇到了 60 年未有的旱灾，"就整个边区来说，除湖区外仅有少数地方获得十分之四五的收成，其余收成都是十分之二三，甚至有颗粒无收者"②。受灾人口达 200 余万，占当时边区基本区总人口的三分之二，鄂东、孝（感）北、应山、天（门）南、京（山）北、安（陆）应（城）等地尤为严重。严重的灾荒造成了农产品生产的锐减，而国民党顽军又不断包围封锁边区，敌伪则加紧掠夺，并向边区大量抛掷法币，以高价吸收边区农产品，致使边区物价腾涨，米粮匮乏。以京山石板河地区 1942 年 2 月的物价为例，"米每斗涨到 44 元"，比两年前涨了 55 倍；"肉涨到 3 元钱一斤"，比两年前涨了 12 倍。③因此，"1941 年，是多事的一年，是斗争尖锐化的一年，也就是最艰苦的一年"。④边区军民面临着严重的财政经济困难，许多地区群众没有饭吃，全村全家行乞；部队给养十分困难，不得不以野菜、葛根、葛花、黄荆叶等充饥。

---

①《鄂豫边区党委关于政权工作的总结报告》(1941 年 10 月 21 日)。
② 丁连三：《为打破边区财政难关，加紧经济建设，切实救济灾荒而斗争》(1942 年 2 月)。
③ 夏忠武：《法币低落与边区经济建设》(1942 年 2 月)。
④ 陈少敏：《回顾 1941 年的边区》(1941 年 12 月 9 日)。

在严重的经济困难面前，如何打破难关，加紧经济建设，切实开展救济灾荒工作，一时成为边区各级领导讨论、研究的重要问题。

1941 年 7 月，豫鄂边区党委和边区各界救国联合总会召开救联干部会议，李先念、任质斌、陈少敏、杨学诚、吴祖贻等参加了会议。会议强调要发挥各界救国联合会的作用，动员边区人民群众，全面开展"反对敌伪、竞选参政、借粮"等三大斗争。

会议结束时，边区党委民运部长、救联会主席吴祖贻做了《动员全边区人民，为粉碎敌伪统治、援助全世界反法西斯运动而斗争》的总结报告。

报告指出："近来敌伪在边区的统治是空前的加紧了。自从法西斯希特勒发动攻势以后，敌人为了积极准备南进北进，迅速解决中国事件，就开始一面在其占领区整顿扩大伪军、伪组织，发动清乡运动，实行经济统制，以达到其强化统治的目的；一面策动其占领区全部伪军、伪组织，向我根据地进行军事的、政治的、经济的全面进攻，以造成我坚持敌后抗战的空前困难。""我们的任务就在于开展全面的反敌伪斗争，从敌伪内部去瓦解其统治，粉碎其进攻，巩固边区抗日民主根据地，积极准备反攻力量，争取抗战最后胜利。"为了胜利完成这一伟大的任务，我们必须动员广大人民进行全面的反敌伪斗争，掀起人民竞选参政的民主斗争，抢救秋收，为粮食而斗争。报告特别指出："为了粉碎敌伪的粮食统制，今年发动武装抢救秋收的斗争，和实行减租减息、救济灾荒、改善人民生活、组织广大群众展开粮食战线上的斗争，在今年更有特别意义。"①

1942 年 1 月 11 日，豫鄂边区党委作出了《关于经济建设的决定》，要求"各级领导机关，把这一工作当作中心工作来干"，一定要把"经济建设工作动员到广大群众中去，号召群众积极参加经济建设事业，提高群众生产热忱，

---

① 《华中抗日根据地财经史料选编——鄂豫边区新四军五师部分》，湖北人民出版社 1989 年版，第 23—30 页。

组织群众到生产战线上去，克服群众生产情绪低落现象"。

《决定》从边区实际出发，提出了经济建设的奋斗目标和应注意的工作。其要点是：

1. 目前经济建设的中心，是要着重于农村生产事业，这是经济建设事业基本的基本。而今日农村生产事业，主要的是兴修水利，防止天旱与水涝，广泛进行修坝、修垱、筑堤、挖堰等，并且马上就要开始，各县需切实布置，任何困难都需突破，各县真正造成一个兴修水利运动。特别要求京山县修理石板河之坝，安陆及应城县修理漳河沿河之坝，天汉承继去年经验，修理湖区堤垸。其次，如谷种准备、肥料的收集、提倡精耕、开垦熟荒、防止再荒等，都需要我们马上进行。我们要做到今年无论天旱雨涝都能收成，并尽量争取生产增加。为使此项工作有组织地进行，各县党政军民共同组织水利委员会，动员开明士绅参加，具体制订计划，落实一定的修坝、挖堰的数目。

2. 发展手工业，摆脱对于洋货的依赖。发动群众自制日常需用品，如纺纱、织布、毛巾、袜子、卷烟、肥皂、造纸、造电池、油墨等，广为提倡，尽量争取半年以内能完全自给或大部分能够自给。主要发动群众来做，政府可以帮助，负责组织提倡，必要时可给予贷款。

3. 组织贸易机关，实行贸易统制。收集土产品组织出口，购买我急需品，禁止非必需品的流入。做到物物交换，杜绝大量法币流入，保证我必需品的源源供给。同时切实教育群众，使群众自觉不卖米、棉等给敌人，告诉群众不这样做要吃亏。对于木梓、桐油等土产品的生产，亦须提倡，甚至我们政府停止或减收土产品捐税，以示奖励。

4. 爱护人民的人力、物力，培养元气，减少不必要的群众会议。尽可能减少夫役，免除勤务，合理地解决人民岗哨，增加人民生产劳动力。反对浪费劳力现象，禁止下级政府擅自发动慰劳，增加捐税。并确定以后发动慰劳及增捐，均需得区党委及行署同意，否则以枉法乱纪论处①。

边区行署主席许子威、边区党委宣传部长夏忠武、边区行署副秘书长丁连三等领导纷纷在报刊上撰文，就战胜困难、度过灾荒提出了许多可行意见。

新四军军部、中原局也就豫鄂边区救灾工作发来指示。

1942年3月，新四军军部给第五师发来指示："解决目前粮食恐慌，应一方面加紧发展春耕生产运动，多种生产成熟较快能济春荒之农作物；另方面可向地主粮商进行借粮募粮。"②

4月，中原局就借粮募粮问题明确指示："（一）借粮募粮是一种极端复杂的工作。务须防止简单摊派的过左行动，需要进行艰苦深入的调查研究和耐心的宣传解释工作。各地应举行士绅座谈会、参议会及群众会议，来公开讨论这个问题。（二）不仅要使各界了解我们借募粮食是不得已的苦衷，而且也要使各界了解我们在借募方法上也是力求公道合理，以免除地主富农对我们的疑惧和不满。因此向地主富农借募粮之口号，似乎以改作向有余粮剩粮者借募粮为较妥，虽然事实上有粮剩余者，多为地主富农，但也应向剩粮之中农及囤粮之粮商酌量借募，以示公道。"③

根据边区的实际情况和新四军军部、中原局的指示，边区政府采取了如下赈济灾荒的措施。

一是借粮募粮。1942年3月，边区军政委员会决定以当年田赋作抵押，向地主富农借米，向较大地主募米，并规定了各地借募的数目：小焕岭，借2000石，募700石；平汉路东各县，借4000石，募1000石；白兆山，借1000石，

---

①《华中抗日根据地财经史料选编——鄂豫边区新四军五师部分》，湖北人民出版社1989年版，第251—252页。

②《华中抗日根据地财经史料选编——鄂豫边区新四军五师部分》，湖北人民出版社1989年版，第21页。

③《华中抗日根据地财经史料选编——鄂豫边区新四军五师部分》，湖北人民出版社1989年版，第22—23页。

募 300 石；湖区及襄南，借 5000 石，募 1500 石，共 15000 石，"以维持（五师）司令部、政治部、十三旅、特务旅、抗大等四个月伙食"[①]。

一个月后，边区党委针对第五师用粮告罄，征粮计划又落实不到位的情况，进一步提出解决边区经济困难，尤其是部队困难的救急方案："目前应力行救急动员，向地方富户借粮 20 万石，以田赋作抵，供给五师当前需要。"[②]

对一般民众，边区行署通过"以有余济不足"和"以丰济歉"的办法解决灾区暂时的、眼前的困难。"以有余济不足"就是"发扬阶级联盟的合作互助的精神，发动地方殷实富户借种、借粮、借资金，并保证以最优越最可靠的条件如期偿还"。"以丰济歉"即是"拿丰收区域的剩余，来救灾荒区域的不足"，边区行署又号召各个地区的政府和人民，都应"把救灾恤邻当做彼此应尽的责任"[③]。

二是抓好春耕生产。搞好春耕生产是解决边区灾荒问题的一个长远办法，边区党委、行署高度重视。1942 年初，边区将春耕工作作为当年 5 月之前一切工作的中心，各地均成立了春耕运动委员会指导春耕生产。

针对春耕种子匮乏的问题，边区行署要求各县从速购买种子，预备春耕时发放，并发动群众向富户借种子，"由政府保证在秋收后偿还，使灾区人民不致感觉种子恐慌"[④]。为缓解春耕期间的春荒问题，华中局还发出指示，"应有计划地动员缺乏粮食的人民多种菜蔬，至少足够两月的食用，以补济春荒"[⑤]。鄂豫边区结合本地的种植传统，要求各地多种速生春谷、春粟、春荞、春苞谷，拾黑果，挖百合，保证春耕的正常进行。

在敌伪顽的"扫荡""清乡"和"清剿"中，边区的耕牛被大量掠走，"就

---

① 军政委员会：《鄂豫边财政问题之解决办法》（1942 年 3 月）。
② 《区党委对鄂豫边区经济困难解决办法》（1942 年 4 月）。
③ 许子威：《论边区财政经济工作》（1942 年 2 月）。
④ 丁连三：《为打破边区财政难关，加紧经济建设，切实救济灾荒而斗争》（1942 年 2 月）。
⑤ 《华中局关于春耕运动的指示》（1942 年 2 月 19 日）。

敌伪在赵家棚拉走人民耕牛，每保达 100 余头之多，这样摧毁人民生产力是如何严重的问题"①。为解决耕牛困难，边区政府一方面严格统制耕牛，禁止奸商利用灾民逃荒出售耕牛之际，贩卖耕牛资敌；另一方面出资购牛，在各地普遍设立了耕牛站，帮助贫困户耕作。

各地还以奖励打榨烧窑的油饼、石灰的方式，鼓励老百姓搜集牲畜粪便和树叶蒿子做肥料，增加土地肥力，提高春粮产量；同时奖励开垦生荒、熟地；还采取以工代赈的方式，组织群众修整河堤塘堰，将京山的石板河、安应的漳水、应南的黄沙河、随南的清水河、当阳的漳河、天汉湖区的堤坝进行了疏浚和加高加固，增强了水利灌溉和抵御自然灾害的能力。

三是发行救国公债。1941 年 10 月 1 日，边区行署发布救国公债条例，规定从即日起发行救国公债 50 万元，以应城盐膏矿抗日捐作担保，票值为 10 元、50 元、100 元、1000 元四种。救国公债除用于第五师的开支和救济灾民之外，其余部分都用于发展生产、组织合作社、开办工厂、扶持手工业等，帮助边区渡过经济难关。

四是开展货币斗争。在抗日根据地创建初期，豫鄂边区市场上流通着银圆、铜板及国民党政府发行的法币、日本侵略者发行的军票、汪伪政府发行的储币等多种货币，法币作为国民政府制发的货币，在边区的流通受到保护。随着抗日战争的深入，日寇除加强对边区军事"扫荡"、烧杀抢劫之外，还通过在其占领区搜罗法币，抬高军票和储币对法币的比值，然后向边区大批投放的办法，高价收买边区农产品，攫取粮食和统制物资，造成边区粮食短缺，物价飞涨，通货膨胀。"民国 28 年（1939 年）5 月 22 日之军票，须以 120 元，才得兑法币 100 元。现在呢，民国 30 年（1941 年）12 月 31 日军票以 24.50 元，可兑法币 100 元。"②在这种情况下，发行边币就成为对敌斗争、克服边区

---

① 丁连三:《为打破边区财政难关，加紧经济建设，切实救济灾荒而斗争》(1942 年 2 月)。
② 夏忠武:《法币低落与边区经济建设》(1942 年 2 月)。

经济困难的有效有力手段。

1941 年 4 月，豫鄂边区建设银行成立，并开始少量发行边币。1942 年 3 月边区召开首届抗日人民代表大会，大会作出了调整金融关系，严禁日币、储币在边区境内流通，维护法币，发展边币，充实边区建设银行，逐渐统制"外币"的决定。随后，边区建设银行发行了面值分别为 1 角、2 角、5 角、1 元、2 元、5 元和 10 元的总额 50 万元的边币，并采取了合作社卖货只收边币，法币兑换边币，禁用日币、储币等办法提高边币的地位，边币逐渐成为边区内部的本位币，从而阻击了敌伪利用货币进行的物资掠夺，有利于边区经济的恢复。

五是要求机关工作人员勤俭节约、劳动自救。在天灾人祸面前，边区行署根据 1940 年 10 月边区财政会议精神，在精简人力的同时，还向各级机关人员发出号召，要求他们利用工作之余从事垦荒、养殖活动，"实行一人一斗田计划，生产两个月粮，二十斤菜"，[①] 边区行署还要求边区机关人员厉行节约，爱护公物，不浪费公家一文钱，不糟蹋公家一张纸、一支笔、一瓶墨，而且把节约提到与其对革命的忠诚联系起来的高度加以考虑。

除此之外，边区还普遍建立合作社，采取政府出钱、人民出力，或富人出钱、穷人出力的办法，贩运食盐及边区各地的土特产，调剂有无，甚至将边区土产运到接敌区或敌占区，换回边区需要的文具、纸张、材料、药品和其他民生日用品。有些地方则将边区所发的救济费及在本地募集的救济款物，举行小本借贷，使灾民进行小本贸易，谋生自救。边区还通过建立卷烟厂、织袜厂、毛巾厂、纺纱厂、靛水厂等力求自力更生，并借此解决贫苦灾民生活。

通过采取以上措施，边区的灾荒大为缓解，春耕生产取得了很大成绩。"在兴修水利上，如修塘、修坝、修垱等，孝感四个乡统计共用去 10106 个工，

---

① 丁连三：《为打破边区财政难关，加紧经济建设，切实救济灾荒而斗争》(1942 年 2 月)。

云梦一个乡统计用去 10788 个工，可灌田 1147 石，占乡田数四分之一，京钟
三个乡统计用去 6002 个工，安陆挖塘灌田六七百石。在借谷种方面，孝感
借出谷种 3000 石，荆门 300 石，信阳借给应山 800 石，应城几个乡统计借出
四五百石，天门借出谷种 150 石，京山借出 100 多石，京钟三个乡借出 30 石。
以去年灾情奇重之孝感，能借 3000 余石，不能不说是一个奇迹。就开荒来说，
京南三个乡统计已开荒熟荒 6.8 万亩，估计可开 10 万亩，这真是一个极伟大的
事，据估计这开的荒田，年可产粮 34 万亩，约供 10 万人全年的食用。"[①]

第三节　《豫鄂边区施政纲领》的颁布

在加紧经济建设、开展救荒斗争的同时，边区在各根据地普遍实行民选
的基础上，亦加快民主政府建设的步伐。

1942 年 3 月 13 日，豫鄂边区党委和行署在京山召开了首届抗日人民代
表大会。与会代表来自 20 余个县（28 个单位），共 126 人，其中共产党员 47
人，党外各界人士 79 人。另有特邀代表 18 人，临时代表 10 人。代表中有台
湾代表 1 人，日本反战同盟盟员 1 人。各地的党委和政府的领导干部，以及
著名的士绅列席了会议。

这次大会认真执行"三三制"原则，改选了边区行政公署委员会，选举
成立了人民代表大会（参议会）的代表团，陈少敏当选为大会主席（议长），
涂云庵为副主席。驻会代表团 9 人，共产党员占三分之一。吴祖贻、夏忠武、
潘怡如、柳野青、杨松如、陈畴九等当选为驻会代表。许子威继任行署主席，

---

① 夏忠武：《春耕生产运动的展望》（1942 年）。

杨经曲、张伯尼①为副主席。行署委员25人，党员8名。会议通过与党外人士的真诚合作，较好地消除了部分中间分子的疑虑。

会议经过民主讨论，通过了《豫鄂边区施政纲领》。这个施政纲领是根据中共中央抗日民族统一战线方针和《抗日救国十大纲领》，结合边区具体情况制定的。《豫鄂边区施政纲领》共分25条，对贯彻执行抗日民族统一战线和实行抗战时期的军事、政治、财经、文教各方面政策都作了明确的规定。

纲领充分体现了中国共产党团结抗战的精神。它要求：

团结边区内部各抗日党派、各阶级抗日人士及全体人民，发挥一切人力、物力、财力、智力，坚持边区抗战，保卫边区抗日根据地，反对敌伪强化统治，粉碎汪逆"清乡"运动，牵制敌人南进、北进、西进计划，援助苏联，配合友邦，加强国际反法西斯统一战线，积极准备反攻力量，为最后战胜日寇而斗争。

团结边区境内外之一切抗日党派、抗日军队、公正士绅及广大人民，反对亲日亲德派分裂的阴谋，反对反共摩擦、进攻边区，反对破坏边区团结抗战之言论、行动与特务政策。

扩大边区抗日武装，保障抗日部队之物资供给，实行精兵主义，提高其战斗力；切实实行志愿兵制，调整一切后方劳动生产力动员制度，增进抗日部队与人民之亲密团结，实行全民武装，建立各级人民武装委员会，加强人民武装自卫之领导，强化人民抗日自卫军之组织。普遍建立少先队，普遍发展游击小组，广泛发展群众性的游击战争。彻底清剿土匪，维护边区抗日秩序。

对边区境内一切抗日军队及一切不愿参加新四军之地方武装与反正伪军，只要坚决抗战并不破坏团结者，应一律予以最诚恳的帮助。凡地方抗日人士

---

① 张伯尼，湖北省京山县人，1938年参加革命，曾任京山县行政委员会主席。时任京山县县长。

愿组织武装者仿此。

加紧对敌伪瓦解工作，积极争取伪军反正，对已反正之伪军实行三大保障："不收缴枪械，不调换干部，不编遣分散"，并保障其薪饷待遇从优；帮助其扩大，以增加抗战力量，粉碎敌人"以华制华"政策。

对在战争中被俘之敌伪军官兵人员，不问情况如何，一律施以优待。如有自愿参加抗战工作者，收容任用之。不愿者，一律释放。如释放之俘虏再参加进攻边区战争又被俘虏时，不论被俘虏次数多少，一律实行再捉再放之宽大政策。其他任何部队进攻边区而被俘虏之官兵，其处置办法仿此。

纲领还充分体现了人民民主专政的精神。它要求：

彻底实行民主政治，扩大抗日民主运动，健全各级民主政权机构，实行普选及村代表制，严格执行中国共产党提出的"三三制"。为保证共产党员参加各级竞选的候选人名单及政府机关中不超过三分之一起见，同意共产党员如超过三分之一时，其超过者自行退出，以使各党各派及无党无派的一切人民，只要不投敌者，均可参加政府工作及民意机关的活动。

纲领保证一切抗日人民（地主、农民、资本家、知识分子、商人等）的人权、财权、政权、地权及言论、出版、集会、结社、信仰、迁徙等自由权。规定：除司法系统公安机关依法行使职权外，任何机关团体不得对任何人加以逮捕、审讯与处罚（现行犯不在此列）。抗日军队对于有关军事之汉奸盗匪等案犯有逮捕处理之权，但事前或事后应通知当地政府（作战时不在此列）。一切抗日人民有随时随地不论用任何方式控告任何公务人员非法行为的权利。

纲领还规定：建立司法制度与健全司法机构，严禁刑讯，"重证据，不重口供"，对一切汉奸分子，除罪大恶极不愿悔过者外，凡属被迫胁从或为生计所迫与一时受骗而非自愿者，不问其过去行为如何，一律实行宽大政策与教育感化，并给予政治上、生活上的出路，不得加以杀害、侮辱、罚款或强迫其写自首悔过书，对一切阴谋破坏边区抗战的分子与叛徒、特务等处置仿此执行。

实行简政政策，厉行廉洁政治，提高行政纪律与工作效能，根除各级政权脱离群众的官僚作风，如公务员有贪污渎职等违法行为者加重治罪。同时保障一切公务人员及其家属最低限度必需的物质生活。

保护一切抗日人民的财产所有权。没收日、德、意及少数坚决汉奸分子的财产，充当抗战经费。凡边区人民流落边区以外或敌区，其财产无人照管者，政府应代为照管，候其回籍即全部交还之。

加强优抗工作，厉行优抗条例，帮助抗属解决劳动力缺乏及其他困难，务使一切抗日军人家属得到生活上的保障与精神上的安慰，设立救济机关，救济灾民、难民、老弱、残疾。

实行抗战经济政策，以求达到边区经济上的自给自足，自力更生。反对敌人经济封锁及掠夺垄断的"以战养战"政策。积极发展边区工业生产与商业流通。兴办手工业，改良纺织工业，普遍设立合作社，廉价供给人民日用必需品，推销土产品，欢迎与奖励边区境外工商业资本家在边区投资兴办实业，保护正当的自由贸易，严禁奸商垄断居奇，统制对外贸易，保护水陆运输，打击走私，禁止必需品出境，限制非必需品入境。

发展农业生产，改良农业技术，提高人民劳动生产热忱，积极垦荒殖田，修堤挖堰，凿井筑坝，疏河建闸，植树造林，预防水旱灾荒，奖励精耕及富民经营，提倡农村副业，增加农业生产量。

实行粮食统制，武装保护收成，收藏粮食，反对敌伪抢粮，严禁奸商偷运资敌及囤积居奇，调剂粮食，平定米价，合理征收救国公粮，保障抗日部队及人民粮食的正常供给。

统一财政税收，建立以实物为标准的收支制度，实行合理负担，减轻中农及贫苦农民的负担。居民中除极贫者应予免税外，逐渐做到按财产或所得多少为标准统一累进税则，务使负担捐税者占全体人口之百分之八十以上。非经边区代表大会通过，政府不得任意增加捐税。

举办土地登记，实行减租减息，取缔私人征收湖课河课，免除湖赋河赋。

地租不得超过主要收成的实收量千分之三百七十五，保证地主一律按"二五减租"原则收租，佃农按此原则交租，地主不得预收地租，废除押金等额外剥削。利息由双方规定，但旧债不得超过年息二分，法律不保护高利贷，保证债主放债收息，债务人按此原则还本付息。旧债付息超过原本一倍者停利付本，超过二倍者本利停付，凡农民因借贷而典当押出的田地，期满后有随时赎回的权利。

曾经土地革命之区域，在革命失败后，凡属非法没收所得之农民原有土地房屋等应全部交还农民（其强买或没收后又转卖者，由政府具体解决发还农民）。若个别地主因交出上项土地而无法生活者，得由政府酌予救济，同时农民对地主亦不得采取报复手段。

健全财政机构，实行金库制度，调整金融关系，严禁敌钞伪钞在边区境内流通，维护法币，发展边币，奖励储蓄，吸收游资，充实边区建设银行，逐渐统制外贸。

调整劳资关系，增强劳动纪律，提高劳动生产率，实行十小时工作制，禁止无限制延长工作时间，废除奴役制度，按物价高涨增加工资，适当改良工人生活，救济失业工人，禁止使用童工从事妨害健康的劳动，并保障童工、女工及学徒工同工同酬。

发展边区抗战文化教育，提高边区人民文化政治水平，提高民族气节，粉碎敌伪奴化教育与亲日反共宣传，普及国民教育，推广识字运动，减少文盲，改良私塾，训练师资，改善教员待遇，扩大书报发行，加强干部学习，提倡文化娱乐，爱护与培养知识青年，救济失学失业青年，奖励学术研究，健全正规学校。

提倡民众体育卫生运动，推广卫生行政，欢迎医务人员到边区来发展卫生工作，解决医药困难，奖励中药改良，举行医生登记，禁止巫医，以增进抗日部队及国民的健康。

提高妇女在社会上、政治上、经济上、文化上的地位，发挥妇女劳动生产的积极性，提倡男女平等，坚持自愿的一夫一妻制，禁止抢婚及买卖妇女，反对早婚及虐待童养媳，保护孕妇产妇，严禁堕胎，保育婴儿，教养儿童，推行妇女文化教育，消除妇女中封建落后的不良习俗。

给社会游民分子以适当之职业与教育，使之能参加生产及抗日活动，不得加以歧视。对洪门、汉留、红学、黄党及一切封建社团会门组织，采取团结政策，并帮助其进步，使其成为抗日力量。

宗教信仰自由，宗教（基督教、佛教、回教、道教及其他教派）财产不变动。对外国人民在边区境内游历或进行实业、文化、宗教活动者，不问其国籍如何，只要尊重中国主权及政府法令而不危害抗战者，政府应一律予以恳切的保护。

《豫鄂边区施政纲领》是豫鄂边区人民抗日救国的行动指南。它的颁布和实施，调动了各阶层人民的抗日积极性，使边区的各项建设进入了一个全新的发展阶段。

这次抗日人民代表大会还根据当时空前严重的经济困难情况，确定了以财经工作为边区政府中心工作的方针，讨论通过了贯彻中央土地政策的具体实施办法、水利条例和厉行春耕等提案。大会一致赞成在财政工作上采取重大转变措施，实行合理负担，公粮以收成多少、田赋按土地多少累进计征，都征收实物，以保证边区部队、机关的给养。为了帮助部队解决当前的给养困难问题，大会一致决定向地方士绅借粮募粮，紧急筹备军米2万石。

会议还通过了司法委员会组织条例、人权保障条例以及呼吁团结抗战、主张正义、改革保甲、实行公民小组制、实行全民武装、提高政权纪律等提案。

代表大会闭幕之后，行署委员、驻会代表与各县县长等又接着开了五天联席会议。对于组织春耕、兴修水利、发展公营工业、扶助家庭手工业、各项生产投资等进行了逐项研究，并作出了具体部署。

豫鄂边区首届抗日人民代表大会，是在各县召开代表大会的基础上举行的，因而事前就推动了各县民主政权的建设，促进了各级政府工作。大会通

过《豫鄂边区施政纲领》和一系列条例和议案，进一步促进了边区根据地的
民主建设和各项建设事业的进一步发展。

第四节　根据地的发展建设

自1941年起，在豫鄂边区党委和行署的领导下，边区各抗日民主政府克
服困难，在抗灾救灾中兴修水利，发展农业、副业及工业、手工业，实行统
制贸易，加强税收金融、文化教育、医疗卫生等方面的工作，使根据地的建
设有了进一步的发展。

一、兴修水利，发展农业生产

由于敌伪顽的不断夹击和日伪的空前掠夺，加上连年的自然灾害，豫鄂
边区的经济面临着极为困难的境地。为坚持敌后抗战、改善人民生活，各抗
日民主政府依照《豫鄂边区施政纲领》的精神，坚决执行《关于经济建设的
决定》，大力兴修水利，使根据地的农业生产较快地得到了恢复和发展。

鄂东　1940年、1941年，鄂东发生特大旱灾，造成严重灾荒。豫鄂边区
行署成立后，在边区的统一号召下，鄂东各抗日民主县政府把水利建设作为
一项重要工作来抓，每年冬、春两季都组织民众，按照"小型水利群众自办，
大型水利政府投资"和"因地制宜，就地取材"的方针和办法，广泛开展挖
塘、筑堤，大力兴修水利。黄冈县将方圆20里的太和池围堤加固增高，使湖
水库容量大大增加。安麻边县把陡家冲、红花冲一带的所有塘埂、堰堤都整
修一遍，还在扬程高、易干涸的地方修了一些新塘和小水库。

在兴修水利的基础上，各县抗日民主政府还依照"凡开垦生荒，三年不
征土地税；开垦熟荒，一年不纳粮"的规定，提倡垦荒和精耕细作。在政府

政策的感召下，陂安南县庙咀湾，除垦复了内战时期荒芜的田地外，还开垦了大片生荒。黄陂县高望乡开垦了荒地600多亩。为解决广大农民在生产过程中资金短缺的实际困难，各级政府还筹措资金，发放贷款。礼南等地的农民在农救会领导下，自愿组织互助组、换工队，以村为单位，10—20户为一个小组，平时换工互助，农忙或抗灾时集体劳动。

鄂中　在1940年的大旱灾中，鄂中是重灾区。为此，鄂中地委多次号召根据地军民兴修水利，开垦荒地，发展生产，以战胜自然灾害和日伪顽军的经济封锁。

1941年8月，安（陆）北工委在艾家楼子召开区乡干部和积极分子会议，研究解决群众的生活和兴修水利、发展生产的问题。会议分析认为，安北地区的贫苦农民虽然大量外流行乞，但地主富农的储粮可供当地全部人口的一年之需。据此情况，会议决定把度灾与兴修水利结合起来，提出了"有田者出米，无田者出力，以工代赈，共度灾荒"的口号，并具体规定：除较大的河坝工程由抗日政府拨款和动员富户捐资兴修之外，一般水利以村为主，谁修谁受益，粮食自筹，当日兑现，私塘则由私塘主出粮供饭作为参加水利建设者的报酬。出工的报酬按劳力的强弱分成三等，挑百斤以上者每人每天三升米，挑百斤以下者两升，未成年的孩子一升，遇有特殊情况，经群众评议酌情增减。这样，田少者出力换回粮食可度荒，田多者出粮修水利能受益。

会议的精神得到广大群众和多数开明士绅的拥护，逃荒在外的群众纷纷返回家园。安北抗敌委员会委员唐质民先生说："值此国难当头，灾情深重之时，敢于带领民众兴修水利者，非共产党岂有他哉？此乃百年大计，我唐某表示衷心拥护，并尽力给予支持。"经过一个冬天的奋战，安北人民在发源于吉阳山的一条河流上，筑起了三座拦水坝，蓄水量可浇灌6000多亩土地。其他各县均响应地委的号召，也搞了大量的水利建设。值得一提的是这一时期鄂中地区开展的"千塘百坝"运动。

1941年8月，中共安北工委发展为安（陆）应（山）县委，书记王良，不久由赵家驹继任。县委成立后，制定了在全县修建一千口塘堰、一百座堤坝的水利建设计划，即"千塘百坝"工程。

为此，安应县委成立了"兴修水利指挥部"，由县委副书记汪立波为指挥长。经过宣传发动之后，全县军民一齐上阵，当年同时破土动工的水利工程达 300 多处。

安应的"千塘百坝"运动得到了边区党政军领导的高度重视与关怀。李先念曾亲临水利工地视察并参加劳动，满口称赞说："修塘筑坝这办法好，既修了水利，又度了荒年，是合乎人民要求的，今后要推广。"并指示："要注意质量。塘要挖深，坝要筑高、培厚、夯紧，才会多装水，不漏水，寿命长。"后来，边区党委还从边区银行拨出 300 万元边币（折市价稻谷 1200 万斤）给安应县，用作水利建设经费。

经过两个冬、春的奋战，安应人民共修坝 106 座，挖塘 1063 口，胜利地完成了"千塘百坝"计划。"千塘百坝"运动，有力地推动和促进了鄂中各根据地的水利建设。据不完全统计，随南 11 个乡就有上万名妇女参加劳动，为兴修水利作贡献。他们在石板河和清水河 20 公里长的地段上共修起拦水坝 70 多处。其中，在清水河上所修的水坝蓄水量达 10 万立方米；京安一县组织 5000 余人，修堤 50 多里；云梦一个乡修水利用工 1 万多个，受益面积达 1100 亩；孝感的四个乡修水利用工也 1 万多个；应城所修水利可灌溉 4000 亩。安应的"千塘百坝"运动的消息传到延安后，《解放日报》和延安广播电台均作了报道。

豫南 在信应地委的号召组织下，自 1940 年冬起，豫南根据地人民就投入了开荒生产运动。

1941 年，他们在新开垦的荒地上种茶和种植其他经济作物。同时各地党政机关、武装部队也利用工作之余和战斗空隙，开荒 152 亩，并都种上了麦子和蔬菜，部分解决了机关供给。

1942 年 1 月 11 日豫鄂边区党委作出《关于经济建设的决定》后，信应地委立即进行布置，号召并组织县、区、乡干部和地方武装上山开荒，进行生产自救，以减轻群众的负担。其中，信应地委和信南、信罗边县委动员组织党政军干部100余人组成开荒队，带着耕牛、农具，在土城、辛店、上天楼、曹楼、双桥、冯家楼等地开荒1000多亩，并种上庄稼，然后交给当地群众管理。豫南山多田少，水源不足，为了保证开垦的荒地能够丰收，信应地委一面垦荒，一面加紧水利建设。信罗边县委和行委会动员群众和武装部队修建了辛店台湖水库和渡槽，保证了1000多亩耕地的灌溉；应山县委、县政府动员民兵修建了一公里长的水渠，将吉阳山上的水引下来，使170石农田得到灌溉。

襄河 天汉地区各县、区、乡党组织和政府响应党中央的号召，遵照边区行署的决定，带领群众一手拿枪抗击敌伪顽的"扫荡""清乡""蚕食"，保卫根据地；一手拿镐整修塘堰，蓄水保水，疏通排灌水渠，修筑堤垸，发展农业生产。

1941年春，天汉地委组织倪家、养黄的群众修垸筑堤长达50余里。

1942年2月，天门县行委会召集天北区所辖四合垸各垸士绅开会，成立了由何骥磙、石英、曾子静、陈树衡、孙庭发等组成的筑堤委员会。在政府指导、民主监督下，该项筑堤工程既保证了时间，也保证了质量。

襄北韩集等六乡33垸、襄南榔头等五乡七垸，则在汉川县行委会的督导下，由区、乡政府和农救会领导，自筹资金，投工12935个，整修了江湖堤坝，为农业丰收打下了基础。

同时，为了解决群众缺乏耕牛、种子的困难，各级行委会积极发放贷款，并通过农救会向殷实富户借种子，仅天门县就借出种子150石，保证了所有田地的播种。

"柴山斗争" 天门县东部从卢家口到净潭的东北面沿河两岸近两万亩的土地上，长满了一望无际的芦苇，被称为"柴山"。这一带的老百姓常年烧火做饭、换米换油盐全靠在柴山割柴，尤其是每年春天割青肥田，更是靠这片柴山。因此柴山被当地群众称为"命根子"和"米坛子"。可是它却长期被净潭的恶霸严秉权霸占。

1942 年春天，正当群众普遍要求上山割青肥田的时候，严秉权的"看青队"与上山群众发生冲突，并打伤群众。中共天东工作组的胡祥林得知这一情况后，立即召集杨家桥几个党支部的负责人开会，决定发动群众与严霸作面对面的斗争，坚决打击恶霸的嚣张气焰。天门县委听取胡祥林的汇报后，派县委组织部长陈明带领工作组在天东成立反霸指挥部，陈明任指挥长，张恕任副指挥长。

在县反霸指挥部的组织安排下，杨家桥党支部做好了上山的各种准备，带领基干民兵、积极分子二三百人向湖区开进。刚刚开镰，严霸的"看青队"便提着刀、举着矛向群众冲过来，结果被支委魏成龙、杨牯牛等带领的基干民兵打退。消息传开后，迅速激发了三民、养黄、卢家口农民的反霸热情。县反霸指挥部抓住这一有利时机，在总结经验的基础上，组织了以基干民兵为主体的一万余人的割青大军，开进柴山与严霸进行说理、斗法，掀起了声势浩大的反霸割青运动。经过两三天的战斗，割平了严霸控制的柴山，柴山斗争取得了初步胜利。

严霸并不甘心他的失败。随后，他买通国民党第一二八师某部营长沈俊山，联名向天门县行委会告状，诬告群众"侵犯"其"祖业"。于是天门县行委会与严霸又开始了"斗法"。行委会主任曹志坚亲自开庭审理此案。在法庭上，农民杨海山、沈老六、陈金华、刘炳扬等先后揭发严家霸占鄢姓、周姓、刘姓几千亩农田，搞翻山号子霸占柴山周边农民田地的事实，使严秉权由原告成了被告。

最后，根据群众的控告，曹志坚以《豫鄂边区施政纲领》为依据，指出，边区纲领规定"取缔一切封建特权对公产的把持"，因此从今日起，"柴山都归县政府统一管理，交农救会代管，由农救会组织群众割青积肥"。"柴山斗争"取得了最后决定性的胜利。时任天汉地委书记顾大椿在《谁的天下》一文中指出："他们在肥料斗争（指柴山斗争）后，到据点中把敌人准备清乡用的东西打了、最坏的汉奸杀了。"①

"反湖霸斗争" 黄冈根据地内有大小湖泊30多个，约有18万亩湖田，相当于当时全县可耕地的三分之一。其中，涨渡湖是黄冈有名的大湖，鲜鱼产量很高，有"开湖臭（腥）三县"之称。但是大小湖霸霸占着所有的水面，春夏征收水课，秋冬禁止渔民打鱼，独享渔利，渔民们极为不满。

1942年底，豫鄂边区行署根据广大渔民的愿望，成立了黄冈湖业管理局，由黄冈中心县委和黄冈县民主政府代管，张翼任局长，漆先庭任副局长（后任局长）。

湖业管理局成立后，即根据《豫鄂边区施政纲领》中关于"取缔私人征收湖课河课"的规定，宣布废除各种残酷剥削的湖规，合理规定湖主与渔民的分成比例，此举得到了渔民的支持和拥护，多数湖主也能遵章执行。但也有一些渔霸拒不执行民主政府的规定，对此，湖业管理局进行了坚决打击。如詹家湖湖主詹庆仁对民主政府的规定不予理睬，对上门执法人员施以淫威，不许渔民和湖业管理局工作人员接近湖区。针对这种情况，黄冈中心县委民运部长王正春和漆先庭带队深入渔民家中，隐蔽开展工作，组织发动了300多户渔民，同詹庆云展开面对面的说理斗争，迫使詹庆云不得不答应渔民的合理要求。

1942年冬，边区党委书记陈少敏亲自来到黄冈，深入湖区，指导渔民的反霸斗争，最终实现了湖产归公，取消一切湖霸的规定，大大促进了湖区的生产发展。

陈明在《关于抗日战争时期鄂豫边区的农民工作》一文中指出："边区党委民运部长吴祖贻对我说，从'柴山'和湖区等反霸斗争来看，反帝斗争如没有必要的反封建斗争配合的话，这个斗争是不能深入的，必须把发动农民

① 顾大椿：《谁的天下——谈襄南的蚕食与反蚕食斗争》（1943年1月）。

抗日与开展必要的反封建斗争结合起来。这对于边区的群众运动是一个重要发展。"①1942 年，边区各级政府认真贯彻《关于经济建设的规定》和《豫鄂边区施政纲领》，带领边区人民开展生产运动，大力兴修水利，开垦荒田，进行"柴山"和"反湖霸"等声势浩大的群众斗争，这些斗争结下了丰硕成果，各地农业都取得了较好收成。

二、发展副业、手工业、工业生产

豫鄂边区在着重发展农业生产的同时，为了打破敌伪和国民党顽固派对敌后抗日根据地的经济封锁，实现经济上的自给自足，还采取多种措施，鼓励各地发展副业、手工业、工业生产，改善民生和保障部队供给。

鄂东　　鄂东各抗日民主政府在发展农业生产的同时，也十分重视发展副业生产。黄冈、黄陂、陂安南等基本区，人多地少，劳动力剩余，所以各地农救会就利用农闲时节因地制宜地组织农民发展副业生产。

当时的副业种类有：运输（主要是挑贩）、纺织、饲养、榨坊、面坊等。挑贩业无须什么成本，获利较农业为多，因而在当时农村发展很快。黄陂、陂安南抗日民主政府通过农救会组织挑贩队，将根据地生产的纸烟及其他副业产品运到敌占区或根据地的外围区，换回根据地军民所需的食盐、火柴和其他工业品。有些地方规模还比较大，如黄陂塔西乡"二保八十三户经营副业的，其中挑贩即占三十三户；又如二保沈家稻坊七户中有六户挑贩"②。纺织也是当时主要的家庭副业。鄂东各地政府针对实际情况，购进棉花，通过农救会、妇救会贷给群众纺线织布，再以一斤布兑换二斤或二斤半棉花（按质量定），或者以付加工费的办法收购群众织成的布。这不仅增加了群众的收

---

①《湖北抗战》，军事谊文出版社 1995 年版，第 349 页。

②《华中抗日根据地财经史料选编——鄂豫边区新四军五师部分》，湖北人民出版社 1989 年版，第 527 页。

入，而且也解决了边区的军需民用。

当时鄂东地区各县所兴办的工厂，可分为军工和民用两类。军工方面的有修理枪械、制造手榴弹枪榴弹的兵工厂，制药厂，被服厂，印刷厂等；民用方面的有榨油、编织、制陶等。这些工厂的经营方式有私营、公营和公私合营等，大都是白手起家，土法生产，手工操作。有的有固定厂房，有的公营工厂因战争环境，则没有固定厂房，平时常分散在几个村的农户中，战时流动。

鄂东的手工业发展几乎遍及所有基本区，如黄陂、陂安南、礼南、安礼、黄冈以及蕲黄广。黄陂蔡店、塔尔、长堰一带的修械厂、电料厂、被服厂、纸烟厂、皮革厂、硝皮厂、造纸厂、肥皂厂等大小工厂就有数十家，其中大部分直属第五师，属公营的。黄冈中心县委在王家坊赤脚寺创办的被服厂，直属第五师后勤部，月产军服3000套左右。被服厂生产最繁忙时，职工多达200余人，分住在涨渡湖边五六个渔村，经常有10多条船只在武装护卫下，为被服厂运输。1942年冬，黄冈被服厂还分出10多部缝纫机和60多名工人到蕲广边创办另一家被服厂。此外，黄冈的糕点制作、安礼的皮油加工、安麻的铸造和陶器加工等家庭副业也很有影响。

鄂中　　1942年前后，鄂中各抗日民主政府办起了一批手工业作坊和工厂。各工厂大都实行民主管理，把发展生产与改善工作和生活待遇有机地结合了起来，厂方还为工人建立了保险保健制度，对因工病残和死亡的工人家属给予救助抚恤，从而调动了工人的生产积极性和创造性，生产技术和生产效率不断提高。

1942年10月，随南难民委员会在鄂中专署的帮助下，先后在寿山办起了鄂中被服厂、安应随修理厂、三八卷烟厂、军用鞋厂、军人服务社、消费合作社等。三八卷烟厂出产的"三八牌""五五牌""慰劳牌"香烟畅销边区。军用鞋厂不仅生产布鞋，还把布条加工成"布草鞋"供应部队。鄂中被服厂日夜开工，生产大批军服，直接满足部队的需要。

应城膏盐矿区，是边区唯一的比较集中的工业区域，这里的工人于1942年向资方提出增加工资的要求，抗日民主政府既支持工人们的要求，又对矿主和资本家开展工作，使劳资双方达成协议：一方面适当提高工资，改善工人生活；另一方面提高生产效益，使资本家能获得一定的利润。这样，劳资双方都满意，从而促进了膏盐矿生产的发展。

豫南　信应地委将一些手工业者组织起来，先后在信南的大王冲、李家店、金华寺等地建起了公营的毛巾厂、被服厂、印染厂等，同时还动员根据地内的一些富户集资兴建了一些造纸厂、锅厂、胭脂窑、墨厂等。对这些工厂，政府均从资金上给予一定的扶持。

抗日民主政府的鼓励政策极大地激发了群众的办厂热情，一些原本从事手工副业生产的群众从政府奖励发展家庭手工业和民营工厂的政策中看到了发展的希望，纷纷找人合资合股，办纸厂、榨糖厂、卷烟厂、织袜厂、窑厂等。其中仅龙潭冲、郭家畈一带，就有手工作坊30多家。信应地委在大王冲南水口创办了被服厂和印染厂。印染厂采集橡子、花果包、银桑叶等熬制染料，从敌占区和国统区收购土布，进行印染。被服厂当时有30多名工人和10多台缝纫机。

豫南枪械修理所，不仅修理枪械，还能制造手枪、地雷、手榴弹等武器，拥有100多名工人。1941年，李先念曾亲临修械所视察，召开大会，充分肯定了大家取得的成绩，并决定在此基础上成立兵工厂，以适应斗争的需要。豫南枪械修械所后由大王冲船石沟迁至李家寨明家老湾天平山，正式建立"新四军第五师天平山兵工厂"。

襄河　襄河地区有边区的印刷厂、印钞厂、兵工厂和被服厂。1940年9月，豫鄂边区第一次军政代表大会后，齐光、冯侃、李承章、刘英、樊允等奉命来到天汉，秘密筹建边区印钞厂。他们通过各种渠道赴武汉聘请专业技术人员，购买设备和原材料，绘制边币图案并试印。印钞厂最先设在汉川杨叶陂新陈湾。这里地势低洼，芦苇丛生，周围人烟稀少，交通不便，不易被敌人发现。但在敌人的频繁"扫荡"之下，印钞厂也不得不经常转移，尽管如此，工人们还是在艰苦中创业，战斗中生产。1941年4月，豫鄂边区建设银行发行的边币正式投入市场，立即被根据地人民接受与喜爱，群众称之为"这是我们自己的钞票"。同年冬，边区行署财政处长刘子厚到湖区检查指导工作，在听取印钞厂的汇报后，经请示行政公署，同意印钞厂在原印小额面值边币的基础上，速印大额面值的意见。随后，边区印钞厂印制了1元、2元、3元、5元、10元票面额的边币。1942年春，边区印钞厂又通过各种关系和多种渠道，从敌占区招聘了十几名专业技术人员，添置了新器械和材料，扩大了生产规模，印钞厂发展成为拥有8部石印机、1部圆盘机和30多名专业技术人员的专业印钞厂。

1941年7月，豫鄂边区党委派张日星、俞仲武等在天汉湖区建立了边区第二印刷厂，主要负责印刷《七七报》。为了保质保量地完成印刷任务，该厂干部和工人采取游击战术，有时把厂设在渔船上，有时设在农民家中，工人大都扮成当地渔民。第二印刷厂在天汉湖区战斗近两年，为《七七报》的发展和边区的宣传工作作出了贡献。

1941年，豫鄂边区行署还在天汉湖区兴办了被服厂。被服厂设在湖区农村候湾王茂兴、陈昭兴家，有工人20多名，缝纫机8台。在一年多的时间内，被服厂为部队和机关生产了上万套被服。

天汉湖区兵工厂，是豫鄂边区最大的兵工厂。1942年初，原天汉修械所，由于获得了伪定国军第一师兵工厂的全部设备、枪身及制造弹药的原材料，经第五师党委的批准，将修械所改为兵工厂，厂长肖秀康，政治委员吴亚雄，主要驻扎在汉川杨叶陂、罗家湾一带。边区兵工厂拥有工人300余名，其中有的就是原汉阳兵工厂的工人，主要制造步枪和轻重机枪，兼造短枪、手榴弹、炸药等。为了防止敌人的破坏和利于分散隐蔽，兵工厂下设三所，第一所负责修理，第二所负责制造枪炮弹药，第三所负责装配。

鄂南　鄂南虽然发展较晚，但是根据地的抗日民主政府一经成立，便把发展公营经济作为工作的重点，建立了一些直接为军政人员平时和战时服务的被服厂、修械所。

阳大被服厂设在筠山樟树塅，有缝纫机 10 台，工人 10 多人，主要为第十四旅生产成衣。武鄂被服厂设在胡林的下冯村，鄂大被服厂设在麻羊塪山下，这两个被服厂采取分散作业和集中赶制的办法。即在冬夏换衣季节，把布料、棉花分散到可靠群众家里缝制、保管，需要时收取缝纫机，集中熟练工人，在敌伪顽骚扰较少的村庄突击赶制衣服。咸武鄂被服厂设在保福寺石碑码头，有工人 10 多名，为鄂南部队缝制衣服。

1942 年，鄂南还在筠山和麻羊塪建立了阳大修械所、鄂大修械所。

三、统制对外贸易

敌伪不仅从军事上加紧对豫鄂边区的"扫荡"，而且在经济方面也加强了封锁与禁运；国民党顽固派亦在经济上封锁、扰乱边区。为了加强对敌经济斗争，豫鄂边区行署坚持对日伪实行反封锁政策，禁止粮棉等物资流入敌占区，同时禁止仇货入境。1942 年，边区各地在贯彻《关于经济建设的决定》中，进一步实行了对内贸易自由、对外贸易统制的政策。

1942 年 3 月，豫鄂边区首届人民代表大会通过了《豫鄂边区施政纲领》明确规定："保护正当的自由贸易，严禁奸商垄断居奇，统制对外贸易。""实行粮食统制，严禁奸商偷运资敌及囤积居奇，调剂粮食，平定米价。"[①]会后，边区贸易总局一方面制定详细的统制办法，规定：物资出口必须向"总局及其委托机关领取出口特许证，并交纳关税，否则一经查获即行没收"。另一方面在各县设立分局，组织贸易，帮助群众发展供销合作社。

鄂东　　鄂东各县抗日民主政府依照《豫鄂边区施政纲领》的规定，在经

---

① 《华中抗日根据地财经史料选编——鄂豫边区新四军五师部分》，湖北人民出版社 1989 年版，第 302—303 页。

济上开展反封锁斗争的主要途径是发展内部商业，统制对外贸易。

在发展内部商业方面，鄂东各地抗日民主政府采取了建立公营商业、发展合作商业、保护私营商业等措施。

一是由各县民主政府集中一些资金和物资，建立公营公司。如1942年9月成立的黄陂县蔡店贸易公司就是一个突出的例子。它除了下设综合性商店外，还负责管理德兴、谦益、公益和抗大等四大公营商行。德兴、谦益、公益商行主要经营粮食、植物油、食盐和棉花；抗大商行主要经营文具、纸张和医药用品。它们的公营本身就是加强统制。陂安南贸易公司是后来由蔡店贸易公司分出来的，它在长堰和同兴集各设一个综合性商店，经营范围很广。蔡店和陂安南贸易公司及其管理的公营商业，通过预付发放收购贷款、组织原材料供应和收购农产品运销等活动，为繁荣当地经济、保证军民之需等方面作出了贡献。

二是在各县、区、乡建立运销供给公用合作社，发展合作商业。合作社是以群众自愿组织为原则，在各级政府及建设银行的指导和协助下，集资投股筹办的。它以改善军民生活、帮助战时物资统制为目的，收购当地农副土特产品，同时供应农民小型生产工具和日用必需品。礼南安来乡第七保由群众合股办的合作社，"物价一般较街上低一些，比如肉价，合作社每斤六十四元，街上卖七十二元；盐价，合作社一斤六十八元，街上卖七十八元；油价，合作社每斤四十五元，街上卖六十二元，所以群众在合作社可以买到便宜的东西。另方面，平抑了市面上的价格"[1]。

三是在发展公营贸易商业和合作商业的同时，加强对私营商业的组织管理，注意发挥私商的作用，以协调进行对敌贸易斗争和开展根据地物资交流。陂安南地区将较大集镇的牙行组织起来，政府投资一部分，实行公私合营。

---

①《华中抗日根据地财经史料选编——鄂豫边区新四军五师部分》，湖北人民出版社1989年版，第509页。

在小集镇，组织私人合资联营，称为公行制。当市场上的粮棉油物资供过于求时，政府购进；供不应求时，政府卖出。这样不仅有助于平抑物价，而且政府还掌握了物资进口主动权，防止物资流入敌区。对于私营的商贾、行商，只要不勾结日伪，不为敌伪走私，不囤积居奇，一律受到抗日民主政府的法令保护。

为了统制对外贸易，鄂东专署设有贸易分总局，各县设分局，专司其事。一是禁止或限制粮棉等战略物资流入敌占区，禁止非生活、生产必需的奢侈品流入根据地；二是鼓励商人购买根据地急需物资入境和组织土产品出境。在税收上，对从敌占区运来的军用品、食盐、医药等，一概不收税；但凡消费品、化妆品及一切非必需品，一律禁止或征收高额税。同时，广泛教育群众，自觉遵守边区政府的规定，不出卖粮食给敌人，并坚决打击一切扰乱市场、破坏金融、用统制商品通敌资敌等不法行为。为稳定物价、活跃市场，确保根据地资金流通和货币周转，规定边币为边区根据地的主要流通币。但在边缘地区或与敌顽交错地区，也可使用国民党政府发行的法币和日伪发行的伪币，以便向外购买货物，但严格控制边币与法币、伪币的比值，避免其冲击根据地的市场和物价的稳定。

鄂中　鄂中在反对经济封锁、实行统制贸易中，围绕着食盐所展开的斗争尤为激烈。日军为控制应城矿区食盐的外运与生产，先后截杀了数百名贩盐的商人和运盐的农民。在马墙角和咀台的二三十丈深的废矿井中填满了被害者的尸体。1941 年以前，矿区有盐厂 108 座，1942 年日军烧掉 100 座，仅留 8 座盐厂维持生产。并派兵把守严格监视，规定所产的食盐必须全部交给伪制盐部，实行配给供应。对此，根据地的各级政府采取相应措施，与敌人展开了针锋相对的斗争。

为反对食盐封锁，鄂中行署在盐矿发展党组织、动员党员和积极分子根据敌人白天监视严格、夜晚松懈的情况，采取白天用小火烧淡盐水、夜间加大火烧浓盐水的方法制盐，把夜班多生产的三分之一的产量积攒起来，做到

"偷盐"不减产，当积聚到一定数量时，便由工会所挑选的健壮工人组成的运盐队挑运，政府派手枪队护送，偷越敌碉堡和封锁线，把食盐运到京山石板河，然后再分运到根据地各地。安应的王家店，是鄂中向鄂东运盐的必经之路，伪维持会长王端阶伙同敌伪军曾多次截运、残杀运盐的群众。安应游击队遂将其捕获处死，驻王家店的伪军从此再也不敢拦截运盐队了。

豫南　豫鄂边区首届抗日人民代表大会召开以后，1942年3月，边区贸易总局在豫南根据地设立了豫南对敌贸易物资统制分局，聂绍五任局长。分局设立后，分别在柳林、李家寨、新店、台子畈、李家店等地设立了税贸所和供销合作社，组织了一支300余人半军事性质的税贸队伍，有组织有计划地通过合作社同敌占区或国统区的商人以物易物地换取根据地需要的食盐、药品等短缺物资，查堵非法出口的粮食、猪鬃、茶叶、竹笋等禁止自由出口的物资，打击走私和偷税漏税等不法商人或资敌商人，保护入境商人的合法利益。

襄河　1941年10月，天汉地委根据边区财经工作会议精神，成立了天汉贸易局，各县成立了贸易管理所实行贸易统制。为满足军民生产、生活必需品的需要，天门、汉川各级贸易机关帮助群众组织合作社，采取由公家贷款，或由民众自筹资金的办法，办起了经销耕牛、农具、猪鬃、布匹、小百货，以及油、盐、柴、米、酱、醋等合作社，这对稳定物价，活跃市场，打破敌人的经济封锁禁运，保证根据地生产生活资料的供应都起到了较好的作用。

天门贸易管理所根据当地盛产棉花和土布销路很广的情况，一面组织渔北地区家家户户利用农闲纺织，一面收土布外销，换回生活日用品和军需物资。

1942年由于天旱，边区党委、行署所在地——京北地区粮食缺乏，加上国民党顽固派频繁挑衅、摩擦，军民生活十分困难，他们就组织土布到襄南换回大批粮食，源源不断向边区运送，保证了机关部队的供应。

汉川县行委会为服务群众，调剂农村经济，先后在韩集、横堤、里潭等地建立了 15 个合作社。蚌湖乡合作社设在杨家集，有股金 2.3 万元，经营大米、大小麦、谷子、匹头、食盐等日杂用品，平时买卖使用的都是建设银行的票证。芦桃乡共 15 保，集资 1 万元成立了合作社，直属汉川县行委会。合作社的主要任务是解决粮食和食盐供应的困难，他们在外地采购大米、小麦和食盐，但政府规定除运费和采购盘费外，每石粮食只准加两元钱的利润，保证合作社的物价要比商人的低。

为了实现对外统制，预购农民生产的粮棉，襄河地区各级民主政府规定由保、甲长负责领取预购金的一半，到收获时，将预购的粮棉存放在群众家里，等政府和部队需要时，随要随卖。这种办法比政府修建仓库要好，可以节约大量的周转资金。提前发预购金，群众也满意，因此解决了生产上的资金困难，对未预购的杂粮、稻草也规定不准卖给敌人，此举有力地打击了敌人的"以战养战"阴谋。

四、减租减息

1942 年 3 月，豫鄂边区首届人民代表大会通过了进一步实行户口田亩登记的决议案以后，各级政府专门突击完成了这项工作，为合理征收田赋及救国公粮打下了基础。边区所实行的田赋是按土地多少累进计征实物，分上忙、下忙两季征收的；公粮则按收成多少，与下忙田赋一起征收。

1942 年 6 月，边区行署通知各地，要求各县、区级以上干部迅速投入上忙田赋征收工作之中，完成田粮征收任务，切实解决部队和机关人员的生活急需。8 月 1 日，豫鄂边区党委再次发出《关于积极准备征收下忙公粮的指示》，指出："各级党必须加强对这一工作的领导，具体订出一区一县的征收计划和步骤，地委、县委要亲自分区领导这一工作，机关干部应尽可能地抽出暂时参加这一工作，区委支部一定要全部动员，不要平均分散力量，要按计划把强的干部、多数的干部放到急征区去，同时要按干部的经验能力及文化水平分予登记、计算征收或其他工作，各县要有全权的能够负责解决问题的征收工作的临时公开指挥机关（如粮委会、征委会等），党的主要负责干部及政权负责干部参加主持，各乡也要有登记征收及粮食管理、统一指挥的临时机关。"

遵照以上指示，边区各级党政机关纷纷派出干部深入基层，协助开展征收工作。据1942年11月统计，各基本区及一小部分游击区共征收田赋、公粮20余万石谷，占全边区财政总收入的70%以上。

与此同时，豫鄂边区各级政府还发动群众开展了减租减息运动。边区行署还特别颁布了《豫鄂边区1942年度减租办法》，规定：凡佃田的租课无论公田、私田，一律按其原定实付租额减25%。如减后租额仍超过主要收成之实收量375‰时，须减至375‰。在水旱荒地地区，须按歉收数规定租额，再按规定租额实行"二五减租"。自减租办法公布后，一切黑课、干课、塌课一律禁止。在本办法施行前已存在者应认作借贷关系，于减租开始时按减息办法处理。秋收之后，各基本区都开始了减租减息运动。

鄂东　鄂东地区自1941年起，便在陂安南县的部分乡开始试行减租减息。1942年减租办法公布以后，黄冈、黄陂、安麻、礼南等县在基本区都严格按照减租办法，普遍实行。黄冈县王家坊中心区花竹乡七保、八保减租户占佃户总数的96%，减租田占总佃田数的97%。黄陂的大地主鲍济堂一家即退谷600多担。全县共退出价值500多担谷的押金。礼南县安来乡第七保"减租地主二十二户，受益佃农四十六户，共减租二十二石，共实收谷一百六十三石，交给地主谷四十八石，地主收谷占全保实收谷三分之一。每斗田收谷至多一石，一般原租佃关系是对分，主佃各半，实行二五减租，符合375‰之标准"[1]。

---

①《华中抗日根据地财经史料选编——鄂豫边区新四军五师部分》，湖北人民出版社1989年版，第511页。

鄂中　　鄂中地区首先在汉孝陂和应城湖区，取缔了私人征收湖课、河课，免收湖赋河赋。各县在地委和专署的统一部署下，先后召开参议会，动员开明士绅和地主，带头执行"二五减租"，京安的陈琳川、京北的黄定陆、京安的闵章甫等率先示范，推动了各地的减租运动。据 1942 年统计，整个鄂中减了 1.1 万多户佃农的租，减去租谷 1.2 万石，受惠户达 1.96 万多户。

豫南　　信应地委自 1940 年秋开始，便选定中山乡、中正乡和民治乡为试点地区，进行减租减息工作。《豫鄂边区 1942 年度减租办法》公布后，信应全区推广了减租减息工作，农民从中得到了实惠。

襄河　　天汉地委自 1941 年秋开始，在天门、汉川两县普遍开展了减租减息。为了做好此项工作，天门、汉川两县委先后召开农救代表会、参议会、佃农会、地主士绅会，组织成立县、区、乡各级评租委员会、秋收委员会。由于组织得力，宣传到位，襄河地区的减租减息工作比较顺利，农民的觉悟和农救会的威信都因此而提高，民主政府的各项政策更加深入人心。

五、发展文化教育事业

边区的教育工作是政权建设的一个重要部分，其基本任务是培养坚决抗日、拥护民主、服务战争及政权建设需要的有文化的基层干部，它继承了老苏区的革命教育传统，"在教育内容上，以政治教育为主，在教育对象上，以干部教育为主，在时间上，采取速成的办法"[①]。1941 年至 1942 年边区的文化教育充分体现了以干部教育和速成教育为主的原则。在这一时期，边区创办了豫鄂边区党校、抗大十分校、洪山公学、豫鄂边区高级行政干部学校等。

豫鄂边区党校　　1940 年 7 月，随着根据地和各地党组织的发展与壮大，为了适应干部培训工作的需要，豫鄂边区党委决定把原豫鄂边区党员干部培训班扩充为边区党校，杨学诚（后夏忠武）任校长。边区党校培养的对象主

---

① 李实:《抗日战争时期鄂豫边区的教育工作》，沈淑均根据口述整理（1982 年）。

要是各县区委一级干部。

到 1942 年，由于地方干部的大批成长和提拔，党校又增加了一个高级班，主要培训新提拔不久的地委、县委一级干部。党校学员除了大部分是边区各县从事地方工作的干部之外，还有部分来自部队，包括准备转业到地方工作的干部和随军工作团的成员；有来自敌占区从事秘密工作和准备发动游击战争的干部，如武汉、鄂南等地区来的干部；也有从国民党统治区如鄂西北、湘鄂西、鄂南等调来学习或撤退来边区工作的党员干部；甚至还有起义军官。

党校的学习内容是随着党员的条件变化而充实和提高的。主要课程有党的建设、社会发展史、中国革命问题、马列主义等。此外，也请人做一些专题报告，如根据地的各种政策、游击战争、党中央和边区党委的重要指示精神及一些游击战争的基本常识。学员学习方式，主要是听课和小组讨论。到 1945 年 8 月结束时，边区党校共办了 9 期 25 个班，培养了各类干部 1000 余人。

抗大十分校　　1941 年 10 月，新四军第五师决定在原随营军校和师政治部干部训练大队的基础上，创办中国人民抗日军政大学第十分校，由李先念兼任校长，黄春庭任政治委员，以大量"培养忠实于民族国家，能任地方或军队中军政工作的干部"[1]，适应部队发展的需要。

1942 年 2 月 15 日，抗大十分校在随县洛阳店正式开学，边区党政军领导机关和负责人纷纷致贺。李先念在题为《我们的大学》的贺词中说：抗大十分校的建立，"是边区人民四年英勇斗争的结果，而它又将是最后战胜日本帝国主义，（赢得）鄂豫边区人民（胜利）的摇篮！""它是鄂豫边区英雄儿女的'萃英堂'，新中国的'育才院。'"[2]豫鄂边区行政公署在贺信中指出："概自敌寇汉奸踏进豫鄂边区以来，我边区各级学校，均被摧残破坏，（以致）造成大

---

[1]《中国人民抗日军政大学第十分校招生简章》（1942 年）。
[2] 李先念：《我们的大学》（1942 年 2 月）。

批失学青年，削弱（了）我抗战有生力量，其计甚毒。贵校为培植青年，在敌寇不断'扫荡'之下艰苦缔造，由随校改为抗大，成为边区最高学府，吸收有志青年，培养抗（战）建（国）人才，充实军政干部。将见边区抗日武装得贵校而更加扩大，边区民主政权得贵校而更加巩固，边区建设得贵校而更加发展。"①

为了培养青年工作干部和敌军工作干部，抗大十分校还附设了陈毅青年学校和敌工训练班，学员在校学习的时间按其文化程度决定。课程设置有：军事课、政治课和文化课。军事课包括游击战术、基本战术、特种兵种教育；政治课包括抗战救国理论、军队政治工作、政权工作、民运工作、世界革命史、哲学、社会科学等；文化课则包括国语、数学、自然常识等。

抗大十分校还根据延安抗大的经验和边区的实际情况，十分重视理论联系实际。学员除了学习军事、政治理论外，还经常担负一定的战备任务，在实践中学习提高。学校还注重对学员的思想意识教育、政治活动能力和行政管理能力以及工作作风的培养。它不仅通过课堂作业检查教育效果，测验学员的水平，而且对每个学员注意进行政治质量、能力水平的鉴定，并以此作为他们分配工作的根据。

洪山公学　　洪山公学的前身是原豫鄂边区党委青训班及洪山中学，1940年8月14日在八字门正式开学，是一所专门为根据地培养民运、政权、财经、文教等方面干部的学校。筹办期间，陈少敏兼第一任校长，学校交边区行署领导后，吴祖贻兼任校长，简文任副校长。1941年下半年又设立了小学部，1942年设立了中学部。

洪山公学的教学内容是根据各班学员文化程度、政治水平、年龄大小来区分的，着重于群众运动和政权建设。高级班以政治课为主，文化课为辅；普通班政治课与文化课并重；初级班小学部以文化课为主。对年纪小、文化

---

① 《豫鄂边区行政公署贺信》(1942年2月5日)。

程度低或文盲的少数学生，办有识字班。从整个教学系统来看，在政治方面有抗战理论、中国问题、统一战线、社会科学、大众哲学、党的历史、政治常识。在文化方面有历史、地理、数学、语文、音乐等。在军事方面有游击战争与战术。洪山公学平时大多时间同边区党政首脑机关在一起，遇有严重的敌情时便由部队派兵护送，分散下去。洪山公学1945年10月结束，共为边区培养各类干部2000余人。

豫鄂边区高级行政学校　　1942年2月，豫鄂边区创办了高级行政干部学校，以为各县、区、乡培养行政和经济干部，刘子厚兼任校长。1943年该校并入洪山公学，并设立行政系、经济系、教育系，成为洪山公学的高级研究班和专门部，大批招收学生，培养乡保干部及各项行政人员。

边区各地还抓紧了对在职干部的理论、文化教育，特别是组织原来没有机会上学的工农出身的干部，或缺乏基础知识的年轻干部在实践中进一步学习理论和文化知识，要求他们掌握一定程度的马列主义理论及语文、数学和自然科学知识。

部队的在职教育工作抓得尤为紧张。陈少敏在《加强部队中干部的学习》一文中，号召干部"主要靠自修的办法，以连为单位组织一个学习小组"，"学习、学习、再学习是每个共产党员必须具备的党性原则"。为了推动部队干部学习，边区成立了高级干部在职研究班，同时还发布了《政治教育课程及进度》《部队军政教育文化比例》《关于发动全师文化学习运动问题》等一系列指示。第五师政治部为加强部队的文化教育，特地编发了入伍教育课本、《政治一百课》、工农干部文化政治读本、《青年教材》、战士识字课本及自然、算术等文化课本，供干部、战士学习。对此，新四军政治部在1942年的工作总结中肯定道：第五师"对一般干部与战士的文化教育进行得较有成绩"。

在大力加强干部培养教育的同时，豫鄂边区抗日民主根据地还开展了多种形式的国民教育运动。其中主要的有发展中小学、改良私塾和进行成人冬学等。

　　普通中小学是豫鄂边区各县、区、乡、保创办的比较正规的新式学校。对于这些学校,"边区行署教育处供应教材和每年召开几次会议,学习教育方针、统一教育思想。日常教学和行政工作由各县教育部门管理"①。

　　由于环境恶劣、战事不断,各地的中小学有多有少,时多时少。到1941年底,"抗日小学(即保小)信阳建立了二十所,学生八百人;应城三、四区共有七十四所;京安设有县立小学五所"。"京山之金汤、保店、天宝胜三个乡共有小学三十三所……汉川一区五个乡共有小学一百零一所;云梦有县立小学八所;应山二区六所……信(阳)应(山)、孝感、汉川还各办了一所中学。"②中学办得比较成功的有应城中学、天汉中学、黄冈中学、信南中学、黄陂中学、鄂中中学、当阳傅氏宗祠学校等,"共有学生2000余人,教职员工140余人"。③较有名的小学有种玉湾小学、聚隆小学、天汉第一抗日中心小学、黄陂县第一中心小学。学校规模一般为五六十个学生,两三名教师。如黄陂中心小学初办时,"只有一个班,约六十名学生,教师为曹竟吾和阮永康"。当然也有"多达三四百学生,20多个教师的,如安陆聚隆小学"。

　　各地中小学的学制和课程安排因值战时,不尽一致,办学经费来源和师生待遇也不一样。一般来说小学六年制、中学三年制。教材方面,中学有国文、数学、政治、历史、地理、音乐、体育等;小学则由"(行署)教育处组织教材编审委员会,主持编了小学国语、算术和常识课本,采取石印、铅印、木版刻各种办法,由边区交通总局雇民夫翻山涉水往各县分送"④。

　　各校的经费多由政府下拨,辅以学田和其他公产收益,其来源在豫鄂边区第二次军政干部大会上得到立法保证。这次大会通过了《整顿与发展边区国民教育案》,提案第八条规定:"整顿扩充教育经费:一、调查收回所有学田

---

①《湖北省老解放区教育回忆与调查》,教育科学出版社1990年版,第91页。
②夏忠武:《两年来的文化教育工作》(1941年)。
③《湖北省老解放区教育史稿》,武汉大学出版社1988年版,第138页。
④《湖北省老解放区教育回忆与调查》,教育科学出版社1990年版,第92页。

学产作为教育基金；二、划定公地、庙产、公产、公款一部或全部作为教育基金；三、各县应按教育发展需要酌拨充分经费，以利教育发展。"①

由于私塾教学沿传久远，有较深的群众基础，因而它也是边区教育的重要形式。边区各抗日民主政府依《豫鄂边区施政纲领》的有关文化教育方面的精神，对各地私塾采取了灵活的改良政策。规定私塾：一是应采用边区政府编印的国语教材。这种教材不足时，可选用国民政府编的除《公民》以外的教材，也可教《三字经》《百家姓》，但绝对不允许用敌伪课本。二是应组织学生读《七七报》，进行时事教育。三是应教唱抗日歌曲。达到以上三点，即称"改良私塾"。这种分导式的改良办法，既突出了教育为抗战服务的目标，提高了私塾的教学水平，又易于为举办族学的族长和士绅所接受，便于在抗日民族统一战线的旗帜下团结他们。所以私塾在边区各县得到较快的发展。汉川县（1943 年 1 月统计）有改良私塾 70 所；陂安南有 61 所，学生 1745 人；安麻县有 52 所，学生 1259 人；安礼县有 44 所，学生 1292 人。②

豫鄂边区十分重视群众教育工作。进行群众教育的主要方式是一年一度的冬学运动。早在 1937 年 10 月 13 日，陕甘宁边区政府就发出《关于冬学的通令》，要求各地"利用冬季空闲，给年长的失学成年、青年以受教育的机会"。此后，陕甘宁边区各级组织年年颁发冬学的指导文件，冬学运动搞得有声有色，且取得了巨大成果。豫鄂边区的冬学运动始于 1941 年冬季，以后每年从 11 月就开始准备。

在每次冬学运动中，边区政府都派人给予指导，邀请边区各类知识分子，如地方中小学校、族学、私塾的教师和开明士绅为教学人员。冬学开始之前，边区政府都对聘请来的教师进行培训，学习时事，熟悉教材，然后到秋收冬

---

① 贺健华、丁连三等：《整理与发展边区国民教育——鄂豫边区第二届民主代表大会通过的提案》（1941 年 6 月）。

②《红安县教育志》第 33 页，《汉川县教育志》第 38 页。

耕完毕时，方由他们为农民介绍形势，读报扫盲，传授科技，一直持续到次年春耕大忙时节。

冬学的地点或借用民房、公屋，或暂用学校教室，课桌因陋就简，板凳自带。雨雪天白天上课，晴朗天晚上学习。经费有的采取民办公助的办法，灯油、书本、报纸、粉笔由政府补助，笔墨纸张由所在乡保或学员负担。

冬学教学，首先进行时事教育，讲全国的、边区的抗战形势，讲支援抗战的任务和要求，讲党的方针政策，以动员人民，宣传人民；在日常教学中，教员经常通过读报的方式，宣传我军的胜利，揭露敌人的罪行，提高群众的民族自信心，鼓舞群众认清抗战必胜的前途。冬学非常重视识字教学，教员往往通过生活和生产常识教农民认识数目、日月季候、稻、麦、镰刀、锄头、纺线车这些字，还教他们认识共产党、抗日民主根据地、国民党、日本帝国主义、法西斯主义、汉奸等经常听到的名词，深入浅出地讲清基本概念，丰富他们的政治常识；并教他们打算盘、简单的笔算和记账方法，更注意结合识字教育，讲些生产知识，如选种、中耕、施肥等，实际组织农民进行冬耕，搞好越冬作物田间管理，鼓励群众搞好生产，支援抗战。冬学也向农民宣传民兵工作，防奸防特，宣传变工互助办法的好处，引导农民搞好冬防，走变工互助的道路，战胜生产中的困难，夺取丰收。

这种国民教育形式在当时边区深受群众欢迎。京山县康龙乡"有一个老太婆，夜间摸几里的黑路，甚至落大雨，她还去受训"①。效果也是十分明显的，几年间，边区有10万以上的农民受到冬学教育，不少人因此摘掉了文盲的帽子。

肃清奴化影响，清除反动封建流毒，争夺群众，争夺青少年，建设新民主主义文化，是当时边区国民教育的一项重要任务。为此，豫鄂边区行署颁布了《普及抗战教育实施办法》；《豫鄂边区施政纲领》也强调指出，"发展边

---

① 夏忠武：《两年来的文化教育工作》(1941年)。

区抗战文化教育，提高边区人民文化政治水平，提高民族气节，粉碎敌伪奴化教育与亲日反共宣传，普及国民教育，推广识字运动，减少文盲"，是边区国民教育的指导方针。正是在此方针的指引下，边区党政军民牢牢掌握举办教育的领导权，紧紧抓住为抗战服务的中心目标，高举抗日民族统一战线的大旗，团结各方知识分子，抵制伪教育，改革旧教育，使边区的教育事业焕发出了一种前所未有的生机。

豫鄂边区的国民教育具有民族化、科学化、大众化的特点，其主要方面包括：

（一）传播抗日救国思想，这是边区国民教育的重点。边区行政公署颁布的《教学改进标准》规定："教学实施，必须适合抗战建国的需要，灌输科学民主思想，培养学生坚定的国家民族观念和团结抗战的蓬勃情绪。"自1940年起，边区行署用了三年的时间，编辑出版了小学国语4册、算术2册和高小与初中都可适用的自然2册。以小学《国语》第4册为例，这一册共有32课，除4课练习外，另28课中讲民族抗战内容的有7课，占四分之一。它们是：《四行仓库》《鹿地亘》《空军英雄》《聪明的邓颖》《牛被敌人牵走了》《牛的话》《割麦》。此外，在音乐课中，教师还教唱抗日歌曲，如种玉湾小学欧阳辉老师就教了《黄河大合唱》《十绣卢沟桥》《只有铁血救中国》《红缨枪》等①。对族学、私学，边区也要求它们进行爱国主义教育，为抗战服务。至于游击区的一些私学，边区规定"日伪来'扫荡'时可准备几套汪伪教材摆在桌面应付敌人，但不准讲授"②。且每校发《七七报》一份，使师生及时了解抗战形势和边区政府的政策法令。在冬学教学中，宣传抗战形势，提高群众的民族自信心，讲解共产党、抗日民主根据地、汉奸卖国贼等名词的含义，帮助群众了解基本的政治常识是其重要的方面。这些举措使爱国主义的思想浸润了每

①《湖北省老解放区教育回忆与调查》，教育科学出版社1990年版，第172页。
②《湖北省老解放区教育回忆与调查》，教育科学出版社1990年版，第93页。

个人的心田，边区也因此而培养了千千万万的抗日英雄和民主革命战士。

（二）传授科学文化知识。在边区行署教育处组织编写的教材中，属生产劳动、科技小常识类的往往占有很大的篇幅，像第五册《国语》28 课中就有 17 课之多，而且从形式到内容，尽量做到适合少年儿童的年龄特征和生活习惯，避免生硬说教。如《我们都有》《我问你》等课文，就很贴切地以儿童的语气和心理，道出他们眼中的世界。同时还由于边区都在农村，因此教材又多以反映农村生活为主，改变了旧教材以城市为中心，按城市生活方式需要传授知识的状况。中学的自然课程更是重视讲授风、雨、雷、电等自然气象知识和耕种收获等生产知识，以贴近实际，学以致用。冬学运动也是向群众传授科技知识的大好时机，边区行署教育处长李实曾回忆："冬学结合识字教育，讲些生产知识，如选种、中耕、施肥等，实际组织群众进行冬耕，搞好越冬作物田间管理，鼓励群众搞好生产，支援抗战。"[①] 这就不仅是理论上传授科学知识，而且在实践上推而广之了。

（三）开展识字扫盲教育。边区行署教育处在编写低年级教科书时，就十分注意提高学生的识字能力，注意由易而难，由简到繁。"每课一般只有三至五个生字，每个生字在本册书中要重复出现若干次，以达到逐渐提高、不断熟悉和巩固的目的。"[②] 冬学是对成年人进行"普及教育，消灭文盲的重要办法之一"。所以识字活动在其教学内容中占有很重的分量。豫鄂边区的识字教学继承了苏区教育的传统经验，它采取了从冬学课本上识字、从标语口号里识字、从教唱歌曲中识字、从生活生产中见物识字等方法。《天门养黄乡四所冬学两个月来的总结》一文中记载：天门养黄办了四所冬学，好的能识三四百字，差的能认五十到百多字。有的还学会了珠算，懂得了一些时事和常识。[③]

---

①《湖北省老解放区教育回忆与调查》，教育科学出版社 1990 年版，第 94 页。
②《地方革命史研究》1989 年第 2 期，第 28 页。
③《七七报》(1942 年 2 月 21 日)。

豫鄂边区的国民教育在各级抗日民主政府和人民群众的努力配合下，粉碎了敌伪的文化侵略，为抗日战争争取了大批的青少年，同时通过加强国民教育，壮大了党的基层组织，提高了人民群众的民族意识和文化水平，扩大了抗日民族统一战线，为民族抗战和民主革命的胜利发挥了重要作用。

豫鄂边区党委和行署在兴办一批干部学校、加强国民教育的同时，继续创办报刊，出版各种书籍。1941 年至 1942 年，边区又创办了报纸《老百姓》、杂志《反战旗报》《挺进》以及《支部工作》《中央路线》《战斗》《政治工作通讯》《连队生活》等内部刊物。

《老百姓》 《老百姓》是豫鄂边区党委于 1941 年创办的小型报纸，它面向广大群众和普通党员，进行政治的、社会的和科学的启蒙教育。顾文华为该报负责人。该报开始由边区党委宣传部领导，后来改由宣传部与民运部共同领导。初期为八开两版，后改为八开四版。第一版为国家或边区的大事；第二版、第三版为地方新闻、通讯、特写等；第四版为副刊。该报在一般情况下每 10 天出一期，有时也六七天或者半个月才出一期。1943 年 1 月底改名为《农救报》，共计出版约 60 期。

《反战旗报》 1941 年 11 月，投入新四军第五师的日本反战士兵在大悟山八角门楼成立了在华日本人反战同盟第五支部，用日文出版的《反战旗报》即是该支部主办的机关报，该支部支部长坂谷义次郎和副支部长森田博美任正、副主编。该报纸主要揭露日本军国主义分子发动侵华战争给日本人民带来的灾难，号召日本士兵反对侵华战争，要求回国。参加该报编写工作的还有反战同盟盟员岩崎美佐夫、星文治、中野重美、大久保良志等，朝鲜人金勇南以及第五师政治部干部郑淡清、林风、徐致五、刘晚晴、高乐尚等也参与了编辑工作。《反战旗报》在边区日军军营中产生了广泛影响。

《七七月刊》 《七七月刊》是豫鄂边区党委于 1941 年在湖北京山八字门创办的综合性刊物，由《七七报》具体负责编印。它经常刊登专论，也发表包括政策、理论研究、工作经验总结、通讯报道、书报评介、小说、剧本、诗歌、杂文等文章。它既承担政治杂志的任务，又为各种学术研究人员和文艺工作者提供发表作品的园地。该刊为32开本，每期100多页，虽为月刊，但实际上由于战争环境动荡，也并不是每月出版。

《挺进》　《挺进》杂志是新四军第五师政治部于1942年创办的，由《挺进报》社负责编印，杜陵主编。第五师政治部曾在《关于关心党报统一出版物问题》的指示中指出：《挺进》杂志是第五师的机关杂志，是对连以上干部进行一般的军政文化工作指导与军政业务理论教育的刊物。它的主要内容包括：（1）重大时事及对敌伪顽的分析；（2）军政理论的通俗化；（3）军政业务的理论及可以公开的工作教训；（4）干部修养指导；（5）文化学习。从现存资料来看，该杂志既有政治、军事论文，又有战术经验介绍，还有文艺作品。该刊1944年停办。停刊后，由《挺进报》以第五师政治部的名义，编辑出版了《挺进》增刊，其内容多为报纸篇幅容纳不了的新华社播发的长篇文章。

此外，豫鄂边区的不少地委、县委，部队的旅团，甚至乡的农救会也办有油印报纸，据我们现在所见到的报纸原件、照片、复制件、有关资料记载、相关老同志回忆，当时边区的各种油印小报，至少有30多种，如钟祥县委主办的《新钟祥报》、应城县委主办的《民众报》、信应地委出版的《先锋报》和《学习》半月刊、京安县委主办的《抗日报》、天汉地委出版的《前卫报》等都较有影响。这众多的报刊犹如灿烂的群星，照耀着中原大地的夜空，给豫鄂边区的人们指明了争取民族独立和人民解放的道路。

随着报刊的创办，豫鄂边区的出版事业也得到了迅速发展。1940年底建成的七七报印刷厂，于1941年元旦正式出版了边区第一张铅印报纸之后，在1—5月即铅印了各种书籍5万余册。同年冬又建立了《七七报》第二印刷厂和《挺进报》印刷厂。各报社和七七出版社除出版了大批报刊之外，还出版了《中国革命运动史》《社会科学概论》《八路军政治工作》《步兵战斗条令》《步兵战术问答》《边鉴》和边区《烈士传》等书及大量的课本、教材、宣传品，翻译印刷了马、恩、列、斯和毛泽东、刘少奇的著作，仅《新民主主义论》

就一次翻印了1.2万册。发行工作也逐步完善。

六、建立医疗卫生体系

1941年4月，新四军第五师成立后，师部设有卫生部和军医处，栗秀真任卫生部长，曾昌华任政治委员（1942年6月后由张明接任），谈太阶任军医处长。师卫生部负责边区部队医务干部的调配、培训和对各野战医院的领导、统一筹划药材供应等工作。军医处负责部队各旅团的卫生、医疗、战伤救护等工作。

豫鄂边区党委及边区行署、各旅团分别设立了卫生科、医疗所、卫生队等。同年秋，为了加强对边区医疗卫生工作的统一管理，将白兆山、天汉湖区、赵家棚、黄冈、蕲黄广、信南、小焕岭等七个地方的原地方医院，统一整编为第一到第七医院。

1942年，随着边区军分区的建立，各军分区司令部亦设立了卫生科，并新建了第二军分区野战医院。第一野战医院转移至云梦、安陆边界后，改称师军医院，原京山南山医疗所也扩建为南山医院。

1941年7月和1942年2月，新四军第五师卫生部先后举办了两期医训班，共培训学员130余人，充实了边区各级医疗卫生队伍。各医院建立健全了一些医疗制度，改进了许多医疗技术和护理操作，重视了外科消毒灭菌工作。各部队加强了卫生宣传教育，改进了战伤抢救的包扎、止血、固定等工作。

1942年5月1日，第五师政治部发出了《关于夏令卫生运动的政治工作指示》，该指示有力地推动了边区卫生工作的开展。

7月，第五师卫生部成立了巡回手术组。该手术组在一年多的时间里，先后到6个医院、20多个医疗所，对数百名伤病员进行了外科、战伤手术及疑难病症的诊治，同时还给各地群众治病、做手术、接生，并讲解卫生防病知识。

10月，边区决定撤销师卫生部，各野战医院改名为兵站医院，划归各军分区领导，师巡回手术组改名为医疗巡视团兼手术组。

七、健全司法机构，确立司法原则，厉行廉洁政治

豫鄂边区的司法组织是随着边区政权的统一而逐步统一的。边区政权建立之初，各县司法组织还不健全，行政机关甚至民众团体代替司法机关处理案件，任意逮捕他人或不遵守法律判处的情况时有发生，甚至"个人便可以随便杀人而不经任何行政或司法机关的审讯和判决"①。特别是政权建立之初，为取得军政人员的给养，边区曾靠打仇货、捉汉奸罚款的办法筹集粮款，打击面未免过宽，由此造成了一些重罚、错押、错杀案件。为此，1940年12月13日，中共中央在《关于华中地区的各项政策》中指出："锄奸政策，以镇压众人皆恶之少数最反动分子为原则，极力避免多杀人。除政府外各机关团体不得自由捕人罚人。"

为改变这种状况，沈少华、丁连三、娄光琦、苏微等在1941年4月召开的第二次军政代表大会上，提议"成立各级司法委员会，提高法治精神，切实保障人权"。这个提案得到了大会的通过，并推定由边区行署委员、汉川县长叶树屏等负责筹划。此后，边区和一些县（如礼南县）即开始设立临时法院，并组成特种临时刑庭。各县抗日民主政府都成立了司法科等组织。但无法可依、有法不依的情况仍然较为普遍。

1942年3月16日，华中局就豫鄂边区的政权建设发来指示，认为"为了建立新的政权机构新的民主制度与作风，要切实实行法治，建立法律的高度威信。各种法律的制定，须要各根据地根据实际情形用极大的注意力来进行，并须吸收许多专家来工作"。还强调"共产党员特别是政府工作的党员，要学习法律，养成法治的精神"②。同月，边区第一次抗日人民代表大会通过的《豫

---

① 吴祖贻：《抗日根据地组织工作和党的领导问题》(1940年8月1日)。
②《华中局关于改造鄂豫边区根据地内政权机构的指示》(1942年3月16日)。

鄂边区施政纲领》明确规定"建立司法制度与健全司法机构",并同时颁布了
《各级司法委员会组织条例》。在这次大会上,柳野青被选举为边区行署司法
处处长,边区的司法机构逐步建立了起来。

在广大农村,边区还建立了调解组织,制定了调解制度。由于边区当时
仍然是一个半封建性质的社会,基层群众受旧势力欺压的情况普遍存在,而
且,湖山归属、土地宅基等方面的纠纷也很多。因此,边区政府借鉴了土地
革命时期我党创造的调解工作制度,颁布了《区乡调解委员会组织条例》,通
令各县组织区乡调解委员会,按照迅速、简单、公平、合理的原则,依靠群
众,运用调解和仲裁手段处理民事纠纷及轻微案件,从而避免了矛盾激化,
有效地减少了犯罪行为的发生。

这一时期边区的公安队伍建设也颇有成效。在敌伪顽夹击的严峻环境里,
鄂豫边区除遭受敌伪的政治、军事进攻和经济封锁之外,还面临着敌特、奸
细和国民党顽固派的特务组织的骚扰破坏。据《豫鄂边区半年来保卫工作总
结》(1942年1月9日)一文介绍:敌伪在武汉设有日本陆军特务部、华中宪
兵司令部宪兵队密侦队、南京中央特工部武汉特工区部及各地警备队、宣抚
班、保安队等特务组织;国民党顽固派在豫鄂边区设有军统特务小组、国民
党自强社、五战区反共行动委员会等特务组织。它们或派人打入边区机关、
部队从事暗杀、搜集情报、放毒、施美人计、组织拖枪叛逃等破坏活动,或
收买内奸,训练并组织侦探网,捕捉边区党员、干部,瓦解边区党政机关。
因此边区的反特、反奸任务十分艰巨。

自抗日根据地创立伊始,边区就注意公安保卫工作。豫鄂边区的公安机
构是由党的保卫部门中的社会部发展而来的,是边区司法组织系统中的重要
部门。1942年3月,边区行署成立公安总局,娄光琦、刘慈恺先后任局长,
郭欠恒任专职副局长。各专署设公安特派员,各县成立公安局,区、乡也
设立治安特派。各级公安机关都建立了自己的武装——手枪队或特务大队
(公安队)、刑警队。边区公安总局有一个手枪队和警卫连,一般县公安局也

有三四十人，少数县还可达六七十人，区乡公安机构一般也有二三十人。他
们侦破边区周围的日伪军、国民党特务组织及其流动情况，镇压汉奸、特务，
是各级抗日政权的重要组成部分。

在豫鄂边区的司法实践中，边区政府制定了如下司法原则。

第一，"由司法机关行使侦查案件，逮捕和审判罪犯，其他非司法机关不
得随意拘捕、审讯和处理犯人"。为了使这一原则具有法律权威，《豫鄂边区
施政纲领》明确规定："除司法系统与公安机关依法行使职权外，任何机关团
体不得对任何人加以逮捕、审讯与处罚。"后来，在《破坏抗日秩序治罪暂行
条例》等专门法中，这一原则被再次重申，凡是与此相悖的，即是违法，必
须究办。如有一次，一名武装队员非法逮捕了安陆县桑树店工救会一名会员，
工救会向有关部门起诉，经过审理，那名武装队员受到了处罚。

第二，"重证据不重口供"。这一原则也被明确写进了《豫鄂边区施政纲
领》。在司法实践中则表现为彻底废除肉刑，在审讯时，尽量求取证据（人
证、物证），而不重口供。遵照此原则，边区各级政府破案率很高，而且较少
冤枉好人，受到边区广大人民群众的称道，同时也宣传了法制，扩大了我党
和新四军第五师的政治影响。

第三，"在法律面前人人平等"。边区司法组织对此原则极为重视，执行极
为严肃。豫鄂边区党委多次要求政府机关及其工作人员奉公守法，对于那些
滥用职权、破坏法律尊严的干部依法进行处理。1942年秋，边区行署遵从人
民群众意愿，撤换了不称职的县长，同时司法机关还依法审讯、处决了一名
"贪污舞弊、破坏政策法令的税务局长"。

豫鄂边区司法组织在坚持上述司法原则的同时，还建立并遵循一系列严
格的司法制度。如"二审终审制"的审级制度；"不服县府判决，可向行署上
诉"的上诉制度；"各级处理案件须呈上级批示，死刑案件须经行署核准"的
复核制度；各级民意机关、行政机关及群众团体，均可派代表参加各级司法
机关的审判活动的公审和陪审制度等。

同全国其他抗日根据地一样，鄂豫边区的抗日阵营内部，各种组织成分也相当复杂，加之敌伪顽的反动宣传、封建思想的影响，这就使得边区思想政治建设处在一个极为复杂而又异常困难的环境，各种腐朽思想和腐败现象在党政军内部不同程度地存在着。早在 1940 年 8 月，豫鄂挺进纵队政治部就在《关于开展干部中反不良倾向斗争的问题》中指出："目前在我们的部分干部中间存在着疲怠松懈、不负责任、苟安偷懒、颓废堕落与贪污腐化的现象和自由主义与本位主义的倾向。自然地，加强自身建设、坚持反腐倡廉就成为边区面临的重要任务，也成为边区在复杂、险恶的环境下能够巩固、扩大的重要保证。"

边区政权建立之时，亦即是边区政府反腐倡廉开始之日。在《豫鄂边区施政纲领》中，边区政府明确地将"实行简政政策，厉行廉洁政治，提高行政纪律与工作效能，根除各级政权脱离民众的官僚作风，如公务人员有贪污渎职等违法行为者加重治罪"等行政原则写了进去。而在具体实践过程中，边区政府言出必行，对少数胆敢以身试法的政府工作人员也确实做到了违法必究，不稍姑息。1942 年秋，行署遵从民意，"坚决撤换不称职的县长"，司法机关经过审讯，处决了一名"贪污舞弊、破坏政策法令的税务局长"[1]，从而在较长时间内教育了一大批政府工作人员。

八、大力发展地方军和民兵

"地方武装对根据地之巩固，特别重要。"[2] 第五师在建军过程中，既重视正规军的建设，也注意地方武装和民兵的建设。1941 年 2 月，边区成立了以郑绍文为司令员、边区党委宣传部长夏忠武兼政治委员的抗日保安司令部，其职责是在边区党委军事部（部长李先念）的领导下，负责边区各县地方武

---

① 许子威:《1942 年边区民主建设之回顾》（1942 年 12 月 15 日）。
②《中共中央关于建设和巩固华中抗日根据地的指示》（1940 年 12 月）。

装和自卫队的指挥、训练和管理。7月，边区又下令建立了以黄德钦为主任、吴师筑为副主任的保安部队政治部，并规定各县地方武装主要军政干部的调动要经过边区抗日保安司令部和政治部的批准。其间，在选举产生边区行政公署的第二次军政代表大会上，与会代表讨论并通过了包括发展自卫队在内的加强战争动员、充实地方武装等重要提案。

边区抗日保安司令部和政治部成立后，加强了地方武装和民兵的组建工作。边区抗日民主政权的统一，也为开展这项工作创造了有利条件，因而边区的地方武装在1941年有了较大规模的发展。据第五师印发的《鄂豫地区地方武装情况报告》（1942年1月5日）记载：截至1941年12月，边区（不包括平汉路东、襄河西及其他我半统治区）有自卫队员19.91万余人，自卫队员占边区总人口的20%以上。自卫队中，有三分之一是基干队，可随时配合主力部队对敌作战。自卫队的规模比1940年底翻了一番还多。

除此之外，边区抗日保安司令部和政治部还不时派出巡视员去检查地方武装和民兵的军事、政治教育和日常管理工作，加大了对地方武装和民兵整训工作的管理力度，各地地方武装的战斗力也明显增强，它们在保卫党政机关、保卫秋收、剿匪锄奸、协助主力部队打击敌顽等方面，作用越来越大。

1941年11月7日，中央军委下发了《关于根据地建设的指示》，指出"目前军事建设的中心注意力，应放在地方军及人民武装的扩大与巩固上"。12月，李先念在边区干部大会上作了《扩大和巩固地方武装》的讲话。在这篇讲话中，李先念指出："为了取得抗战的胜利，我们除了加强正规部队建设外，还必须巩固和扩大地方武装，使主力部队如虎添翼。"还"必须要有遍布广大地区的群众性的民兵组织"。"把组织自卫队民兵这一环抓好了，我们就可以实现党中央关于全民武装的号召，使根据地确立牢固的基础，立于不败之地。"[1]中央军委的指示和李先念的讲话成为边区发展地方军和人民武装，特别

---

[1]《李先念文选》，人民出版社1989年版，第34、35、38页。

是扩大自卫队民兵武装的指导思想。

1942 年 1 月 22 日，李先念在蕲春县横车铺儿咀召开鄂皖边县团以上军政干部会议，要求广泛发动群众、武装群众，推进与扩大敌后游击战争，巩固与扩大根据地。[①]不久，边区党委发出通知：把全边区人民组织到保卫家乡、保卫边区的斗争中来，每个保组织一个游击小组、一个自卫队，并建立各级人民武装委员会。4 月下旬到 12 月中旬，边区遇到了空前严重的敌顽夹击。8 月，边区党委发出了《关于猛烈开展群众战争动员的指示》，要求各地猛烈开展群众战争动员工作。据此，根据地各级政权迅速行动起来，每个保均成立了 20 人以上的主要由优秀共产党员、优秀自卫队员组成的基干自卫队；乡游击分队、区游击中队、县游击大队也已普遍建立，各军分区组建了 2—3 个小团。第一军分区称"自卫团"，第二、第三军分区称"独立团"，第四、第五军分区称"挺进团"。这些地方武装由已实现地方化的主力部队帮助训练，战斗力不断提高，装备也大为改进，第五师主力部队的兵源也更多地采取了由地方武装和民兵逐步升级的方式加以补充，边区的民兵组织发展到了一个新的阶段。

在强调发展民兵武装的同时，1942 年 2 月，党委又发出《普遍组织少先队》的指示，认为"人民抗日自卫军、游击小组和少先队是全民武装之统一体的组织部分"。"少年先锋队是全民武装斗争的生力军和后备队"，普遍组织少年抗日先锋队，"在实现全民武装坚持长期斗争中，和强化自卫军，广泛开展游击小组，有同等重大的意义"。此后，少年先锋队在边区纷纷组建起来，许多 13—17 岁的少年男女自愿编入少年先锋队的队列之中，他们 3—10 人组成一小队，三小队组成一分队，三分队组成一中队，三中队组成一大队，以上类推至以县为建立总队（或师），受县政府领导。这些一边接受政治、军事、文化教育，一边参与保卫边区斗争的少年先锋队员，配合自卫队站岗放

①《李先念年谱》（第一卷），中央文献出版社 2011 年版，第 349 页。

哨，侦察敌情，帮助抗属，组织歌咏、演剧活动，参加生产劳动，成为边区对敌斗争不可忽视的后备力量。这样，到 1942 年前后，边区形成了主力军、地方武装和民兵相结合的适应人民战争需要的军事体制，边区的政权建设随着人民武装力量的增强而更加巩固。

当然，由于边区斗争环境的恶劣，也由于参加地方武装和民兵组织人员的成分复杂，兼之对地方武装和民兵组织管理的不完善，一些地方如襄河区的少数区乡武装也曾发生拖枪叛逃、投敌告密等恶性事件[1]，这些事件从反面说明了加强区乡地方武装建设的必要性和重要性。

---

①《襄河地委、三军分区政治部关于审查改造区乡武装问题的通令》(1942 年 2 月 24 日)。

第五章 ■ 强化政权与根据地的大发展

　　1943 年 2 月，鄂豫边区党委在大悟县蒋家楼子召开扩大会议，强调了"一切服从战争"的最高原则，并遵照中共中央的决定，宣布由李先念任中共鄂豫边区委员会书记，兼第五师师长和政治委员。随后，边区采取一系列措施，强化了对基层政权，特别是对乡保政权的领导。同时，各级政府结合"强化政权"工作，圆满完成了军事建设计划，先后粉碎了敌伪的春季、夏季"扫荡"。5 月至 9 月，边区军民又粉碎了国民党顽固派的"清剿"计划，为制止第三次反共高潮作出了贡献。第五师部队还解放了襄南地区，恢复了襄西根据地，开辟了赣北和石公华抗日根据地。鄂豫边区政府还领导人民大力兴修水利，开展大生产运动，普遍推行减租减息政策，改革国民教育，加强贸易统制，发展合作事业，完善法制建设，实行精兵简政，使抗日民主根据地更加巩固。

第一节　加强统一领导

一、蒋家楼子会议

　　从 1942 年下半年起，世界反法西斯战场出现了重大变化。7 月 17 日，德军出动 200 万人，1000 余架飞机，6 万余辆坦克，对斯大林格勒展开了猛烈攻击。苏联军民凭借顽强的斗志，在 160 天的保卫战中，总计消灭了德军 150 万人，给希特勒法西斯势力以致命的打击。"这一战，不仅是苏德战争的转折点，甚至也不但是这次法西斯战争的转折点，而且是整个人类历史的转折点。"①

在 10 月的阿拉曼战役和 11 月的法属北非殖民地战役中，英、美军队大败德意联军，先后占领了阿尔及尔、奥兰和摩洛哥，并对退入突尼斯的法西斯军队形成东西夹击之势。在太平洋战场，猖狂一时的日本军国主义者也遭到了沉重的打击。在瓜达尔卡纳尔岛之战中，日军的三次大反攻均告失利，所罗门群岛尽归美军所有，日军在太平洋战争初期所占的优势宣告完结，被迫由战略进攻转入战略防御。

在中国战场上，已成强弩之末的日本帝国主义仍在作垂死挣扎，它一方面抽调兵力增援太平洋战场，并企图集中兵力打通中国大陆自北向南的交通线，建立与东南亚的陆上联系，以稳定其太平洋战场的局势；另一方面加紧对敌后根据地的"扫荡"、蚕食和对国民党的逼降、诱降。自 1942 年 12 月中旬至 1943 年 1 月上旬，日军调集第 3、第 6、第 40、第 58 师团各一部共 5 万余兵力，发动大别山战役，分五路向大别山区的国民党军队"扫荡"，并向鄂豫边区抗日民主根据地展开疯狂的"扫荡""蚕食"。

在此之前的 1942 年 4 月下旬，国民党第五战区遵照蒋介石歼灭华中新四军的指令，发动了对鄂豫边区的持续八个月之久的反共高潮。10 月，桂军吞并鄂东顽军，鄂东行署的保安部队被改编为鄂东挺进军。其后，新编的鄂东挺进军第十六纵队、第十七纵队、第十八纵队在桂系将领程树芬的指挥下，会同蒋介石的嫡系第三十九军，对鄂豫边区采取碉堡封锁、步步为营和军政并行的进攻策略，使鄂豫边区面临着十分严峻的敌顽夹击的斗争局面。

根据世界战局的变化，为迎接新的艰苦斗争的到来，第五师主要负责人李先念、任质斌、刘少卿等于 1942 年底向中共中央军委、新四军军部拟报了一项军事建设计划，提出了 1943 年整军经武、发展武装力量的设想。在酝酿此计划时，有些地方领导同志认为"地方工作就像匹驴子，实在驮不动了"，

---

①《毛泽东选集》第二卷，人民出版社 1991 年版，第 841 页。

尤其是粮食供给和兵员补充已十分困难，希望部队的发展暂时缓一缓、停一停，主张发展的军队同志和感觉负担过重的地方同志在思想认识上产生了较大分歧。统一思想认识、迎接新的困难就成为摆在鄂豫边区党政军负责人面前的一道亟待解决的难题。

1943 年 2 月，鄂豫边区党委在大悟山蒋家楼子召开扩大会议，边区党政军民组织的党员负责干部大都参加了会议。

会议之初，地方工作负责同志纷纷发言，强调地方负担过重，会议气氛相当沉闷。李先念、任质斌及边区党委组织部长杨学诚、第五师政治部副主任王翰等人讲话之后，会场气氛才逐渐活跃起来。李先念在讲话中深刻剖析了世界反法西斯战争和中国抗日战争正处在历史大转折时期的局势，论述了边区党的任务和加强军事建设的重要性，阐明了在边区贯彻"一切服从战争"的最高原则的必要性，说明了在边区党政军民中进一步增强"军事第一""胜利第一"的现实意义①。任质斌的讲话一方面承认地方工作的负担的确很重，另一方面强调要看到"一年打败希特勒，两年打败日本鬼"的形势，认为目前形势摆在这里，第五师地区又是突出孤立的，我们如不利用现有机会发展部队，怎么迎接抗战胜利，打败日寇后又怎么办？他特别引用了党中央早在1940 年豫鄂挺进纵队创建时发来的电报，指出作为一个独立战略单位，必须努力扩大自己，务求扩大到四万人枪，这样才能应付各种困难局面，才能使自己立于不败之地。

在地方干部中很有威信的杨学诚表示赞同李先念、任质斌的讲话，几个地委书记也表示想通了，一批地方干部的认识就此发生了转变，因而陈少敏在最后的会议总结中明确提出：今后我们的方针就是"军事第一，胜利第一"。

这次会议在总结 1942 年边区武装斗争和根据地建设经验的基础上，认真

①《李先念年谱》(第一卷)，中央文献出版社 2011 年版，第 388 页。

讨论了 1943 年边区面临的形势与任务，作出了"一切为了战争，一切服从战争"的决议，从而统一了对发展军事力量与迎接抗战胜利的相互关系的认识，从思想上解决了军队与地方、军力与民力、短期斗争与长期斗争的关系问题。

这次会议宣布了中共中央的决定，由李先念任鄂豫边区党委书记，兼第五师师长和政治委员，陈少敏任党委副书记，任质斌任第五师副政治委员，边区组成以李先念、陈少敏、任质斌为首的领导核心。

这次会议还通过了 1943 年的边区军事建设计划。经过热烈讨论，会议一致通过了李先念、任质斌、刘少卿等同志拟报的军事建设计划。这一计划的要点是：以扩大武装力量、组织全民抗日武装为核心，突出部队的作战能力和指挥能力。其要点是：（一）将新四军第五师的几个主力团各补充至 1200 人；（二）五个军分区和罗礼经光、信应罗礼指挥部各建立两个小团，每团 400 人以上；（三）各县建立二三百人的游击大队，各区（或中心乡）建立一支 70 人左右的基干游击队，各乡建立一支 20 人左右的游击队；（四）广泛建立民兵组织；（五）加强抗大十分校的领导，协助各军分区、各旅办好教导队，师部办好团营干部轮训队，全师在校受训干部经常保持在 3000 人左右；（六）整训部队。该计划不仅提出了边区武装分级组建、逐级递升的建军原则，而且发出了"训练重于扩大"的号召，强调了部队素质建设的重要性。

陈少敏在会议总结讲话中号召边区军民更积极地动员起来、边区的军政干部更紧密地团结起来，为实现这一军事建设计划、争取抗战的最后胜利而奋斗。

蒋家楼子会议的召开，为鄂豫边区党政军民认清形势、统一思想、迎接新的斗争、支持长期战争，做了思想上、组织上的准备。

二、强化政权

为贯彻落实蒋家楼子会议精神，保证战争动员任务的完成，1943 年初，鄂豫边区党委、行署在全边区提出了"强化政权"口号。

1941年4月第二次军政代表大会之后，鄂豫边区各县先后按照"三三制"原则和村民代表制的要求，普遍进行了民选运动，建立了民选政权，它们在领导和推动根据地的各项建设、保障军事斗争的胜利上发挥了积极而重要的作用。但由于在长期游击战争的环境下缺乏对基层政权人员的教育和培训的条件，加之农村宗族势力、封建专制势力的影响，致使边区的一些地方政府出现了工作浮泛，作风专横，"专门破坏群众利益，破坏政策"，生活上"贪污腐化，贪赃枉法"[①]，同党的基层组织关系也不协调等现象。加之1942年4月至12月的八个月间，边区处在敌顽夹击的异常严峻的形势之中，群众经常跑反，党政机关经常转移，"各种工作步骤都被打乱，特别是此时战争动员任务在政府的身上已特别加重，而政府机构本身又非常脆弱"[②]，因而不少地方政府经常不能完成战争动员的各项任务，影响了部队行动的实施。正如1942年9月，陈少敏在边区第四次组织工作会议上所说："严格地说，我们……没有健全的能领导群众斗争的政权。"

为改变这一状况，适应新的斗争形势的需要，也为了更有力地组织动员群众，确保战争动员任务的完成，鄂豫边区党委及时提出了"抓紧时机，强化乡保政权"的口号，并决定由边区党委组织部长杨学诚兼任行政公署副主席、党团书记。

蒋家楼子会议之后，行政公署拟定了强化政权组织的方案，主要内容有：（一）以撤换方式调整各级行政机构，特别是乡保政权；（二）加强干部管理工作，密切政府上下关系；（三）采取严格措施，实行政府机关的雷厉风行作风。

鄂豫边区党委在加强党的基层组织改造的同时，还提出要克服"仅限于改造区委、支部而没有同时去改造乡保政权"的弱点，"抓紧时机，强化乡保

①《华中抗日根据地财经史料选编——鄂豫边区新四军五师部分》，湖北人民出版社1989年版，第462页。
②许子威:《鄂豫边区政权建设的初步检讨及今后的意见》(1944年7月1日)。

政权，尽可能地与党的区委、支部同时在斗争中进行改造"。为加强党组织对乡保工作的领导，1942年3月31日，边区党委机关刊物《党的生活》第11期上刊发了易家驹的文章：《区委怎样领导乡的政权工作》。该文分析了目前区委在领导乡政权工作中的三种不正常现象："第一种坏现象：某些区委对乡的政权工作，采取漠不关心不闻不问的态度"；"第二种坏现象：某些区委对乡的政权工作，采取事事干涉包办代替的态度"；"第三种不正常现象：某些区委对乡的政权工作……是跟乡公所走尾巴，有的甚至同流合污"。认为"党的一切政策都必须通过政府去实现。边区的各级政府应该实行'三三制'，吸引拥护抗日民主的中间分子参加政权工作，然绝不能因此而减弱党的领导，相反地，应该加强党对政权工作的领导"。"过去区委对于政权不闻不问及包办代替的现象，都是错误的，应该马上纠正。"

遵照鄂豫边区党委的指示，各地委、县委选派或提拔了大批优秀的党的干部到政府工作，不少地方的县、区、乡、保主要负责人均由同级党的负责人兼任。信阳中心县委还提出了"叫坚强的党员干部参政，乡保政权要把握在可靠的成分（工农）手中，便于反封建斗争的胜利。要加强政权工作的效率，提高威信。乡保政权要控制在区委支部之下"[①]的要求，撤换了一些不称职的乡长和保委会主任，而以党员干部充任之。在鄂中，仅陂安南县一个月之内就撤换了30多名乡长。方家棚村的保长张宽甫还因吃喝嫖赌，被公审法办。一些县委则结合区委、支部改造工作，在乡公所普遍建立了党团组织，并确定党团书记为区委委员之一。党的政策、决议及政府的法令，通过乡公所党团在乡委会和乡公所讨论执行的决定，使党在政权领导中的作用普遍加强。

各级地委、县委还结合党内开展的整风运动，整顿政府工作中不民主的家长制作风、不集中的自由主义作风、不深入的游击主义作风、不实际的官

---

① 《党的生活》第二十六期（1943年）。

僚主义作风，以提高政府的工作效率，用强制手段，培养各级政府雷厉风行的务实作风。

在加强党对各级政权领导的同时，边区党委和行政公署又明确了各级政府的工作任务，厘清了各级党委与同级政府之间的关系。规定：各级政府须全盘负责战争动员的一切工作；须切实解决人民群众生活、生产中的困难；坚决镇压敌伪特务及破坏分子；政府工作计划的布置与总结交由同级党委讨论；政府范围内发生的重大事件的处理，应征求同级党委的意见；同级党委有检查、督促政府执行政策和教育政府中的党员的职责。在许多基层村保组织，乡公所党团还调整了保委会和保内基干队、农救会等组织间的关系。这些工作职权的划分，纠正了"党委包办一切"的现象，克服了过去党政不分的弊端，从而梳理、协调了各级政权中的党政关系，使党政思想能统一到"一切服从战争"上来。

各地、县抗日民主政府在培养、选拔大批乡保干部，充实乡保政权之时，还健全了乡保机构。各乡公所普遍设立了民政股、财政股、建设股，以及教育股和武装股，建立、健全了保委会，使乡保政府能更好地履行职责，服务战争需要。

在"一切服从战争"的最高原则之下，鄂豫边区的"强化政权"工作，一方面整顿了各级党组织和政府机构，提高了各级行政干部的素质，"党的优秀干部大批地派到政权内面来"[①]，保证部队兵源补充和粮款供应任务的完成；另一方面使乡保政府"行政的效率和威信确实提高了"，"县政府与乡公所的不协调现象消灭了，乡公所与区委对立的现象没有了"。[②] 同时还借此大规模地培养了乡保干部，加强了基层政权建设的力量。

在1943年鄂豫边区开展强化政权运动过程中，《新民主》月刊所起的宣传

①许子威：《鄂豫边区政权建设的初步检讨及今后工作的意见》（1944年7月1日）。
②《豫南抗日民主根据地史稿》，河南人民出版社1988年版。

182

与动员作用功不可没。它的出现，既是边区文化建设中的一项成就，也是边区政权建设中的一件大事。

《新民主》创办于 1943 年 1 月 15 日。"《新民主》月刊，不同于《七七月刊》，也不同于《挺进》杂志。《新民主》月刊，它是政权性质的刊物，内容着重在政权建设方面，怎么样和敌伪作斗争，怎么样在斗争中巩固与扩大抗日民主政权。同时，《新民主》月刊，也不同于旧政权时期的政府公报。过去的政府公报，只是罗列一些政府的法令表册，枯燥无味，不能起什么作用。《新民主》月刊，除了很少一部分必须公布的法令外，最重要的，则是如何发扬民主精神。"《新民主》"是鄂豫边区行政公署为了实施具体深入的领导，加强敌后民主建设，组织与领导我们边区各级抗日民主政府、各级抗日民主政府的每个干部，以及边区每个进步人士，都能团结一致，为巩固与扩大抗日民主根据地而努力，为争取抗日的最后胜利而努力"①。

具体而言，《新民主》的任务是：（一）"发扬民主主义的真实内容，使我们的干部和一些进步人士都能懂得：什么是新民主主义？什么是旧民主主义？新民主主义与三民主义有什么样的关系？"（二）"加强领导，使领导自上而下地深入到乡保，深入到人民中去。"（三）"团结所有行政干部与一切进步人士，尽是发表他们的意见，反映真实的事实，（以）及时的得到正确的解决。"（四）"切实改造乡保政权。"（五）"是我们行政干部的教育刊物，我们所有行政干部，在《新民主》月刊经常的教育之下，将会提高自己的认识，发挥自己的积极性，提高工作效能。"（六）"成为建设敌后的强有力的推动机。"②

在《新民主》随后发表的诸多文章中，行署主席许子威的《1942 年边区民主建设之回顾》、赵季的《1943 年学校教育建设的期望》、黄振夏的《洪小是怎样教学的》、任泉生的《加紧深征广征》、丁连三的《云梦七个乡的下忙

---

① 《新民主·发刊词》1943 年 1 月 15 日。
② 《新民主·发刊词》1943 年 1 月 15 日。

公粮征收总结》和《关于简政工作之检讨》等文章对边区基层政权工作有较大的指导意义。正如《发刊词》中主张的那样，该刊在加强政权建设、改造乡保机构、传达行署法令、解决实际问题、推进干部教育等方面发挥了积极而有效的作用。

三、军事建设计划的完成

蒋家楼子会议之后，鄂豫边区党委和行署一方面通过加强党的组织建设，强化政权工作；另一方面通过实施军事建设计划，完善、推进政权建设，使各级政府在完成军事建设计划的过程中发挥了巨大的作用。

早在1942年冬，鄂豫边区行政公署即开展了"冬季扩军"活动。"以政治动员方式，动员民众参加抗日部队，并继续深入组织民兵和优抗工作，使边区千百万人民抗日力量都能充分发挥，边区抗日的部队，都能充实和扩大"。[①]蒋家楼子会议之后，边区更是掀起了广泛深入的参军热潮。

在淮河以南，信（阳）罗（山）公路以北的淮南地区，成立不久的中共淮南工委、淮南行政委员会和淮南支队，迅速行动起来，投入扩军运动之中。他们利用党在淮南的影响和深受水、旱、蝗、汤（恩伯）之苦的淮北民众对共产党和抗日民主根据地的向往，动员、吸收淮南、淮北贫苦农民参军入伍。在各级政府的宣传、动员之下，淮南地区的党员、干部和战士利用人熟、地熟和亲戚、家族关系，纷纷动员自己的亲友、乡邻参军入伍；淮北汝南、正阳、确山一带的群众，也以赶集、走亲戚的名义，穿过国民党统治区的封锁线，三三两两地涌入淮南参军，顾店、九店、甘园等地每天就有100多人入伍。短短两三个月的时间，淮南地区就招收新兵8000余人。

在信阳，中心县委组建了第二十五、第二十六两个小团，并将信罗边县委掌握的地方武装升级，重建了县大队和两个直属区大队，接敌区还成立了

---

① 许子威:《1942年边区民主建设之回顾》(1942年12月15日)。

敌后武工队。

据统计，当时新四军第五师的 9 个主力团队有三分之一的士兵是这次扩军运动中补充上来的，淮南支队也在这次扩军中扩编为 6 个战斗连和 1 个警卫排。在主力团队兵员充实的情况下，此后不久，第五师又重建了第十五旅，其第四十四团、第四十五团后来成为恢复襄南根据地的重要力量（其第三十九团很快又归还第十三旅建制）。各军分区所属的独立团、自卫团、挺进团则成倍发展，由原来的 10 个扩至 21 个；县、区（中心乡）、乡的游击武装和民兵也得以壮大，接敌区还成立了武工队。到 1943 年底，第五师部队发展到近 4 万人。军事建设计划的完成、第五师战斗力的增强，对粉碎敌伪频繁"扫荡"、打破顽军的"清剿"计划、扩大和巩固边区抗日民主根据地，都有着至关重要的意义。根据边区军事建设计划中提出的"训练重于扩大"的要求，第五师还于 7 月至 11 月开展了全师整训运动，既抓紧间隙进行军事训练，又普遍进行阶级教育，提高广大干部、战士的阶级觉悟和军事素质。

第二节　拥政爱民和拥军优抗

一、拥政爱民

鄂豫边区各级政府和广大人民群众，从人力、物力、财力等诸多方面对第五师给予了最大的支持，第五师的发展壮大，无不凝结着地方政府和人民群众的血汗奉献。鉴此，第五师为进一步加强军政、军民团结，巩固抗日民主根据地，长期坚持敌后抗战，发起了一场拥政爱民运动。

1943 年 5 月，第五师党委下文规定，5 月为"拥政爱民月"。第五师各部队接令后，以机关和连队为单位，纷纷召开军民座谈会和党政联席会，听取党政机关和群众对部队的意见；举行拥政爱民公约的宣誓，要求指战员爱护群众像爱护自己的父母一样，尊重政府像尊重部队领导一样，服从政府法令像服从部队命令一样；要求指战员对照"三大纪律、八项注意"的规定，检查自己，对发生违反群众利益的情况，除作自我批评之外，还要立即向群众道歉、赔偿损失。部队还同地方政府协商，在战斗、训练间隙，有计划地参与根据地的生产建设，利用春耕时节，帮助群众挖塘、修坝、积肥、割麦、插秧等，用实际行动赢得根据地人民的拥护和爱戴。

1943 年 10 月 1 日，中共中央传达了《开展根据地的减租、生产和拥政爱民运动》的指示，要求"各根据地党委和军政领导机关，应准备于明年阴历正月普遍地、无例外地举行一次拥政爱民和拥军优抗的大规模的群众运动"[1]。根据这一指示，鄂豫边区党委于 1944 年 1 月发出了《关于拥政爱民和拥军优抗月的决定》，明确每年的农历正月，即公历 1 月 25 日至 2 月 23 日前后为边区拥政爱民和拥军优抗运动月。春节期间，第五师各部队为驻地百姓开展了洒扫庭院，劈柴担水，召开军民联欢会，请房东聚餐，给群众送春联、拜年等活动；各地党政机关和群众团体也杀猪宰羊，做年糕，组织劳军活动。军民之间鱼水深情，军政之间团结协作，抗日民主根据地内呈现出了军民齐心迎击敌顽的大好局面。

二、拥军优抗

在第五师开展拥政爱民活动的同时，鄂豫边区政府也组织民众，掀起了拥军优抗热潮。各地农救会、妇救会广泛发动群众给部队做军鞋，交公粮，为抗属代耕代种。京应一带，农救会出面组织劳力，开垦荒田作为拥军田，然后将收成送给部队作为军粮；陂安南、黄陂等地，农救会和妇救会还开展"一把米"拥军活动，即每家每天节省一把米（一二两）来支援部队；"礼南崇林乡、安来乡农民，好的米自己不吃，给军队吃，而把好米调换（部队吃的）

---

① 《毛泽东选集》第三卷，人民出版社 1967 年版，第 868 页。

芽谷米"①。

1943 年初，鄂豫边区行政公署对《抚恤条例》进行了修改，加大了对抗属的抚恤力度。按照边区《优待抗日军人家属条例实施办法》的精神，边区各地政府组织了优抗会。据统计，仅 1943 年 1 月至 7 月，云梦县即建立了 23 个乡优抗会，170 个保优抗会。在全县 1787 户抗属中，有 859 户得到赠款，或赠粮食以及春耕人工、牛工等的优待；有 18 户得到借粮，854 户得到贷款。②

各级政府和优抗会以及各抗日群众团体还利用节日对抗属进行慰问并赠送礼物。1943 年中秋节，鄂豫边区行政公署组织慰问抗属工作队，分赴各抗属家嘘寒问暖。在礼南县，工作队给 30 多户抗属（一户是顽军程树芬部士兵的家属）每户送肉二斤，面三斤，食盐一斤。③

各县政府在财政十分困难的条件下，仍设立"优抗基金"，优待包括国民党友军家属在内的抗属。黄陂县政府在 1943 年 5 月的契税收入项下，拨出 36 万元为"优抗基金"。该县除明令区乡政府加紧调查抗属、执行优抗政策之外，还于 6 月下旬成立由大批妇女干部组成的优抗工作团，到高望乡、塔西乡开展优抗工作。陂安南的一个乡有抗属 58 户，其中新四军抗属 45 户，红军家属 2 户，国民党军家属 11 户。1943 年春，该乡视抗属家庭经济情况的不同，分别予以不同的优待：对家境较富裕的 20 户抗属（其中新四军家属 13 户，红军家属 1 户，国民党军家属 6 户），给予慰问和荣誉奖励；对生活较困难的 38 户抗属（其中新四军家属 32 户，红军家属 1 户，国民党军家属 5 户），给予钱粮帮助，共优待法币 4900 元，谷物 36 石。全部抗属均享受代耕，但依经济状况不同，分一、二、三等予以优待；有 26 户享受贷肥优待（新四

---

① 《鄂东抗日民主根据地史稿》，湖北人民出版社 1991 年版，第 150 页。
② 《鄂豫边区抗日民主根据地史稿》，湖北人民出版社 1995 年版，第 338 页。
③ 《挺进报》（1943 年 9 月 20 日）。

军家属 20 户，红军家属 1 户，国民党军家属 5 户），计贷豆饼 2600 斤。另外，乡政府就耕牛、种子、农具等也给了抗属一定的优待。为此《七七报》曾进行了专门报道。

第三节　根据地的大发展

一、粉碎日伪军的"扫荡""清乡"，打破顽军的"清剿"计划

1943 年，面对败局已定的战争形势，陷在中国战场上的日本法西斯势力仍在作最后的顽抗，它除了加强对国民党集团的军事逼降、政治诱降之外，还加紧对敌后抗日根据地的"扫荡"和"清乡"，企图巩固其占领区，集中兵力，以求在中国大陆与盟军一决胜负。

1943 年初，日军在对国民党第五战区发动大别山战役的同时，也对鄂豫边区展开了大规模的春季"扫荡"。

自 4 月始，日军对京应、安应、天汉等地进行夏季"扫荡"，为其即将进攻湘北、鄂西做准备。

在春、夏两季"扫荡""清乡"被粉碎之后，6 月至 9 月，日军对边区又实施了秋季"扫荡"。时国民党军队降兵如云，降将如林，日军将之编为伪军，并将原伪第十一师、第十二师、第二十九师升格为正规军，充实装备，作为其"扫荡""清乡"的机动力量。同时，日军还于 9 月 9 日在武汉设立伪湖北省政府"清乡"事务局，专管诸如组织伪政权、编组伪保甲、清查户口、招募伪军等事宜。鄂豫边区面临着残酷、严峻的斗争形势。

对此，鄂豫边区党委、行署和第五师先后发布指示、布告和命令，号召边区党政军民积极行动起来，团结对敌，战胜困难，粉碎敌人的"扫荡""清乡"。6 月下旬，陂安南等地首先成立反"清乡"委员会，召开各阶层座谈会

和群众游行集会，举行民众宣誓活动，宣誓不给敌人带路，不给敌人送粮，协助新四军作战，掩护地方工作人员。许多开明士绅保证，不泄露军事秘密，不使用敌伪钞票，不组织伪维持会。边区的基层党组织和政权还发动群众破坏敌人必经的公路、桥梁，拆毁可以资敌的寨墙、碉堡，收藏粮食，坚壁清野，加强区乡游击队、武工队和民兵基干队、自卫队的力量，增设岗哨，进行反奸、锄奸工作。

针对敌伪分区"扫荡"的特点，边区抗日武装以灵活机动的战略战术打击敌人。主力部队运动至外线，相机侧击、尾击敌人；地方武装和民兵基干队、自卫队则留守原地，依靠群众，袭扰敌人；各接敌边沿区乡则普遍组织武装工作队，深入敌据点及其附近地区，解救被抓的群众，夺回被敌人抢掠的物资，使敌人处于四面受困的境地。经过三个多月的浴血抗战，边区党政军民携手粉碎了敌伪的秋季"扫荡"。

在日军对鄂豫边区发动春季"扫荡"时，胡宗南部的第三十九军、桂军的第一七四师等，也分别侵入黄冈、罗（山）礼（山）边和鄂南等地，在抗日民主根据地内烧杀掳掠。边区军民经过一个月的自卫作战，击退了顽军对罗礼边的进攻，保卫了大小悟山指挥阵地。

5月，日军进犯湘西、鄂西，驻守在大别山区的第五战区国民党军队却奉令大举进攻鄂豫边区。第五师一方面袭击敌伪，另一方面呼吁国民党第五、第六战区"团结对敌，抢救湘北、鄂西"，但国民党顽固派置若罔闻，仍一意孤行，兵戈相向。第五师站在自卫的立场上，利用国民党军队的矛盾，争取中间势力，孤立和打击顽固势力。5月中旬，侵入边区的川军第一二七师第三九九团被第五师击溃后，第五师将所缴获的人枪悉数送还，第一二七师自此不再向安应地区进攻。5月底，顽军第九十二军暂五十一师侵入陂安南，袭击我医务所，杀害我伤病员。6月2日，第五师集结第十三旅的主力，勇猛追击，将敌逐出了根据地。6月13日，第十三旅等部乘胜东进，在浠水白石山地区给前来"进剿"的鄂东挺进军第十七纵队以歼灭性的打击。6月30日，顽军第三十九军大部和一个保安团、两个游击纵队，勾结伪第十一师李宝琏部，在三架敌机的掩护下，夹击第十三旅的主力于巴河东岸。第十三旅识破伪顽的阴谋，以避实就虚之法，留下地方武装就地坚持，与敌周旋，而主力跳出圈外，全身西返，迫使敌伪顽合击第五师的诡计彻底破产。

1943年5月共产国际宣布解散，国民党借此大做文章，叫嚣"解散共产党""取消陕北特区"，封锁陕甘宁边区的几十万国民党军队蠢蠢欲动，准备"闪击"延安，第三次反共高潮愈演愈烈。

在鄂豫边区，国民党第五战区也于8月发起连续军事"进剿"行动。鄂豫边区军民一方面召开动员大会，致电中共中央，表示誓死保卫党中央，保卫毛主席；另一方面做好自卫准备，决心以实际行动支援陕甘宁边区，打退国民党的第三次反共高潮。

6月，鄂东顽军侵入黄冈、冈麻根据地后，大搞恐怖活动，肆意烧杀劫掠，仅黄冈一地就残杀群众300余人，根据地陷入腥风血雨之中。对此，第四军分区军民根据"人不犯我，我不犯人，人若犯我，我必犯人"的自卫原则，以部分兵力配合地方武装和民兵坚持当地斗争，主力则北上宿松、太湖、岳西、英（山）罗（田）边，南下阳（新）大（冶），致使顽军在根据地内处处遭袭，后方亦受到第四军分区的威胁，被迫陆续撤退。正如李宗仁在8月20日致电李品仙所言："自剿匪以来两个月，不惟多无结果，反使'共匪'流窜我军防地，似此情势，言之实堪痛心。"

在中国共产党和解放区军民的强烈抗议和坚决斗争之下，在国内进步力量和国际舆论的压力之下，蒋介石在9月召开的国民党五届十一中全会上，终于收敛了他处心积虑要"消灭共产党"的企图，向中外表明了"中共问题是一个纯粹的政治问题"的观点，停止了第三次反共高潮。鄂豫边区的军民以自己的血肉之躯，为制止这次反共高潮作出了应有的贡献，同时也保卫了根据地的民主政权。

二、发展襄南根据地，恢复襄西根据地

襄南是指东自武汉，西抵沙洋的襄河以南、长江以北的平原湖区，包括江陵、潜江、监利、沔阳、汉阳等县和汉川、石首等县局部，面积约 1.2 万平方公里。

1943 年 2 月，日军 5 万余众进犯襄南，驻守在这里的国民党第一二八师被围歼，师长王劲哉受伤被俘，国民党第六战区挺进军第二游击纵队司令金亦吾则率部投敌。襄南完全沦入敌手。

深受日、伪、匪蹂躏的襄南人民多次派代表，请求新四军第五师出兵襄南。据此，鄂豫边区党委和第五师师部决定进军襄南，在河湖港汊地区建立抗日民主根据地。

3 月下旬，第三军分区参谋长李人林率第四十五团第一营从潜北泗港、京山多宝湾之间夜渡襄河，并迅速挺进到江陵三湖附近的洪宋场、剅口一带，与江陵地下党取得联系。随后，第三军分区政治部主任刘真、第十五旅政治部主任刘放先后各带一部分兵力南渡襄河，与李人林部会合。在徐李市建立了中共襄南工作委员会和襄南指挥部，刘真任书记兼指挥部政委，李人林任指挥长，刘放为工委委员，全面负责开辟襄南的工作。

李人林到达洪宋场、剅口后，与原国民党第一二八师独立团团长倪辑伍进行接触，宣传党的统一战线政策和抗日主张，使该部 300 余人接受第五师的领导，被编为江陵抗日自卫团，倪辑伍任团长。5 月上旬，李人林率部击溃伪军刘银国部，俘敌百余后，又歼伪军李胜坤之监利保安大队一部，使挺进襄南的新四军部队在江陵、潜江边的三湖、白鹭湖地区立定了脚跟。

为牵制日军，配合正面战场作战，第十五旅旅直及第四十四团、第四十五团第三营，于 5 月中旬受命渡过襄河，出师襄南。同时，襄河地委决定，撤销襄南工委，成立襄河地委襄南代表团，方正平为书记，吴林焕、李人林、刘真、刘放等为委员，统一领导襄南的军事和地方工作。

第十五旅主力渡过襄河后，针对潜西、监西匪患严重的状况，即化整为零，组成若干战斗小组，深入发动群众，开展剿匪斗争，很快收编了几十股土匪武装和伪军部队，最大的一支是伪第七团李正乾部，800余人于5月中旬弃暗投明，宣布起义，参加新四军，被编为新四军第五师第三军分区第一纵队，李正乾任司令员，徐达三任政治委员。

6月6日，第十五旅主力及第三军分区之一部合击熊口，击败伪军朱秉坤部，解放了潜（江）西、潜（江）南的熊口及杨家场、马家场、吴家场、周家矶等地。下旬，荆（门）潜（江）县行政委员会成立，李凌云任主席。这是襄南地区重建的第一个县级抗日民主政权。不久，第十五旅第四十五团之一部在白鹭湖西岸的新观打退敌伪的"扫荡"，新四军已基本控制了襄南西部地区。

7月上旬，第十五旅第四十四团渡过东荆河，挺进天（门）潜（江）沔（阳）地区。8月初，毛嘴一战，歼伪军110余名，军威大振。后又收编了几十股土匪，解放了排湖以北、襄河以南的广大地区，随后建立了中共天潜沔县委和天潜沔行政委员会，下辖三个区和六个中心乡。

挺进洪湖地区的第四十五团在监北一带也迅速打开了局面。9月6日，第四十五团及当地武装各一部在洪湖张家坊设伏诱歼日伪军350多人，极大地打击了敌人，振奋了民心。10月15日，监沔县行政委员会成立，第五师完成了洪湖抗日游击根据地的开辟工作。

襄南是富庶之地，历来是湖北的粮仓和财税基地，襄南根据地的建立既从战略上实现了对武汉西南的包围，更从财力上支援了鄂豫边区的建设。襄南解放后，地委设立了财经部，专署设立了财政科、粮食科、物资统制分总局、建设银行分行，县以下各级政府也建立健全了财政机构。为统制对外贸易和管理关税，鄂豫边区贸易管理总局在襄河地区设立了天汉、襄南两个分总局，同敌人展开贸易和货币斗争，并以物资换取边区所需的军用品和工业品。襄南地区征收的税款成为边区的财政支柱。

在发展襄南的同时，第五师部队亦着手恢复襄西根据地。襄西地区包括襄河以西的荆门、当阳、远安、南漳、保康、宜都和钟祥、宜城等县一部分地区。1940 年 8 月成立的豫鄂边区襄西军政委员会、襄西地委、襄西行政委员会在 1942 年敌顽夹击的情况下，先后奉命向襄东转移，襄西只留下少数干部和武装，在当阳、荆南、北山设立三个"坚持委员会"，开展对敌伪顽的斗争。1942 年 10 月，襄河地委决定成立荆（门）当（阳）钟（祥）中心县委，并成立襄西支队，为全面恢复襄西做准备。

1943 年 5 月，第四十五团插入荆南，驱逐了侵占荆南根据地的国民党荆门县保安支队姚金陵部，打通了襄南和襄西的通道。7 月，荆南恢复了路东、路西两个区委，重建了区、乡抗日民主政权，荆当钟中心县委亦改为襄西中心县委。8 月，当阳伪军廖友三、严兴华部 200 余人反正，被编入新四军襄西支队，这对壮大襄西抗日力量、巩固和发展襄西抗日民主根据地，发挥了较大的作用。

10 月，新成立的第三军分区（第十五旅和原第三军分区部队合并）以第四十五团主力和襄西第三十三团及地方武装反击顽军郑家良部，成功地扫除了襄西根据地的一大祸害，开辟了江（陵）枝（江）当（阳）地区。12 月初，中共江枝当工委和抗日民主县政府成立，襄西根据地基本建成，新四军第五师从西线完成了对武汉的战略包围。

三、开辟赣北根据地

改变新四军第五师独立作战的局面，实现第五师和新四军军部以及其他战略单位的联系，是华中局成立之后一直考虑的问题。1942 年 3 月 16 日，华中局扩大会议就第五师的工作任务曾指示："设法以适当名义向长江以南敌后地区发展及沿长江而下与七师联系。"[1]

为此，1943 年 8 月，在反击顽军掀起的第三次反共高潮过程中，第五师

---

[1]《华中局关于改造鄂豫边区根据地内政权机构的指示》(1942 年 3 月 16 日)。

命令黄（梅）宿（松）县委书记郑重、浠（水）蕲（春）英（山）太（湖）边县委书记王全国，分别率第四军分区挺进第十八团和挺进第二十团，向鄂皖边进军。两支队伍被桂军阻截于金寨山区后，折返原地，但郑重仍以惊人的毅力和意志，带病率挺进第十八团教导队30余人，昼伏夜行，忍饥挨饿，经蕲（春）东，走太湖，越岳西，跨桐城，过庐江，历经20余天，于9月初到达皖中无为县严家桥附近，终于与新四军第七师部队胜利会合。

24日，新四军军部指示第五师：为巩固第五师、第七师的战略联系，应在沿江敌后地区建立游击基地。第四军分区遂决定派挺进第十八团渡江南下，在江西瑞昌、彭泽地区开展工作，开辟赣北根据地。

郑重奉命率挺进第十八团的教导队和手枪队30余人，先行向赣北进发。他们经皖南铜陵、青阳、贵池、石台，于年末渡江抵达彭泽。在此之前，彭泽有商群、詹润民领导的新四军赣北游击大队，近百人枪。郑重到后，两部会合，成立江南挺进支队，商群任支队长兼政治委员。随后又建立了彭（泽）至（德）游击大队，曹晓春任大队长，田仁永兼政治委员。迅即在赣北发动群众，加强统战工作，整顿原有的抗十团，发展抗日武装，扩大新四军影响。

不久，挺进第十八团在团长张海彪的率领下，分四批进入彭泽，先后收编、打垮了10余股游杂武装和土匪势力，成立彭泽县委，郑重任书记。形成了东到东流，南至至德县，西到鄱阳湖口，北跨长江北的泊湖、大官湖，以彭泽为中心的赣北游击根据地，辖人口20余万。它的开辟、巩固与扩大，打通了黄广边、黄宿边以及第五师与新四军第七师的联系通道。

四、创建石公华根据地

石（首）公（安）华（容）地区的党组织原属中共中央南方局的湘鄂边特委领导。1943年春，日寇进攻鄂西、湘北时，这里全部陷入敌手。按照南方局事先的指示，石公华的党组织与鄂豫边区党委接上了关系，并归属其领导。9月，襄南代表团代表鄂豫边区党委决定，成立中共石公华县委和新四军江南挺进支队，由张泽生任县委书记兼支队政委。

18日，江南挺进支队在第十五旅第四十五团参谋长青雄虎率领的一个营的兵力配合下，进抵石首江北地区，收编了当地的游杂武装方以成部。随即依靠当地的党组织和抗十团，发动群众，建立乡保政权，创建了石首江北地区的抗日根据地。10月中旬，石公华县委在炮船口召开县人民代表大会，成立抗日民主政府——石公华县行政委员会，魏恒若任主席，李树人、万流一任副主席，行委会下设行政、民政、教育、财政、建设等科，辖江北、池东、池西三个联乡办事处和区委。

11月上旬，日军调集第11军的第3、第34师团，第9军的第39、第58师团及第13军的一部，伪军的一部共7万余人，发起常德之战，再次西犯湘北、鄂西。为配合正面战场，李人林率江南挺进支队在第四十五团的配合下，渡江南下，于11月28日渡过调弦河，到达桃花山。

桃花山位于岳阳、华容、石首三县交界的洞庭湖滨，东西宽40里，南北长60里，第二次国内革命战争时期，这里即是湘鄂西苏区的组成部分。

在桃花山，李人林主持召开士绅名流座谈会，宣传党的抗日民族统一战线政策。江南挺进支队深入发动群众，组建抗日武装，打击敌伪土匪势力，很快在这一地区扎稳了脚跟。至12月，石公华地区先后建立了5个联乡办事处和32个小乡的抗日民主政权。各联乡办事处以"三三制"组建民主政府，大力发展民众武装，坚决清剿土匪势力，实行"减租减息"政策，积极兴修水利，征收行商坐商税款，成立乡保合作机构。根据地内生产得到发展，社会秩序安定，抗日民主政权得到了人民的衷心拥护。

石公华根据地的开辟，使第五师在洞庭湖滨建立了一处重要的战略支点。这样，到1943年底，鄂豫边区抗日民主根据地发展到东至皖西宿松、太湖、潜山，西至沙市、宜昌、荆门、当阳、远安，南至石首、公安、华容、崇阳、通山、蒲圻，北至信阳西部的广大地区，根据地从东南西北完成了对武汉的战略包围。

第四节　根据地建设的全面加强

一、大生产运动

蒋家楼子会议在强调加强军事建设的同时，亦十分重视根据地的经济建设，特别是农业生产建设。鄂豫边区党委提出了"战争、生产""生产、战争"口号，要求各地一手拿枪，一手握锄，在战争动员和武装斗争中领导群众搞好生产。

1943年初，鄂豫边区行政公署颁布《鄂豫边区1943年度春耕生产运动紧急动员条例草案》，对兴修水利和种子、肥料、耕牛、农具的准备与使用，春耕的管理办法，都作了具体规定；《条例》载明，奖励生产成绩卓著者，严惩破坏生产者，以促进生产，发展经济。

在边区各级党政机关的号召下，各地加强了对春耕生产的领导，各县相继建立了由保长、乡保救联主任、乡保农救会会长及热心生产建设的开明人士组成的乡保春耕委员会，直接领导全县的春耕生产。

为解决贫苦农户春耕期间的种子和口粮问题，不少县乡抽调干部向富户宣传抗日民族统一战线政策，动员富户将粮种借出来援助他人。许多地方在种子、耕牛、农具、劳动力上实行互助，特别是组织代耕队为抗属代耕代种。黄陂县安来乡老七保，"在换工锄草中，整湾的小孩集中在一起，由两个不能锄草的老婆婆看孩子，还把十来岁的孩子也组织起来割麦草"[1]。各级政府还筹措资金，发放贷款，帮助贫苦农民解决畜力、种子等困难。天京潜县政府为解决天西群众生产上的困难，甚至动员天北区的农民牵着耕牛、带上口粮到天西支援生产。

陂安南县抗日政府为鼓励开荒种粮，作出规定：凡开生荒的，三年不征

---

[1]《七七报》（1944年3月12日）。

土地税，熟荒一年不纳粮。这极大地激发了农民开荒种粮的积极性，该县高望乡仅 1943 年春就垦荒 600 多亩，并很快种上了豌豆等杂粮。

边区政府依据各地自然条件的不同，提倡农作物和副业多种经营。鄂东黄冈、黄陂、陂安南等县人多地少，劳动力有富余，当地的农救会就组织农民从事贩运、纺织、喂养（猪、牛、羊、鱼），开办榨坊、豆腐坊。黄冈县涨渡湖区则在抗日民主政府和鄂豫边区行署的领导下，于 1943 年春设立湖业管理局，建立了 33 个渔业合作社，组织渔民新挖了 37 个鱼池，养成鱼苗 76 万尾，分投各湖。湖管局还发动渔民植莲藕 1800 余亩，当年即增产鲜鱼 4000 余担、藕 2000 余担，整个黄冈湖区出现了历史上最好的收成期。

在李先念、陈少敏的带领下，边区各级党政军机关负责同志一方面帮助群众修塘筑坝，兴修水利；另一方面自己动手开荒种菜，以求自给，他们的模范行动极大地带动了边区的生产活动。

10 月 1 日，中共中央发出《开展根据地的减租、生产和拥政爱民运动》指示，要求各"党委、政府和军队，必须于今年秋冬准备好明年在全根据地内实行自己动手、克服困难的大规模生产运动，包括公私农业、工业、手工业、运输业、畜牧业和商业，而以农业为主体"①。

11 月，鄂豫边区党委召开各县县委宣传部长会议，贯彻执行党中央关于实行大生产运动的指示。会后，各县乡干部深入基层，解决农户困难，指导群众生产，党员、农救会员、基干队员纷纷响应，各自制订自家的生产计划，并组织参加村、保生产竞赛活动。

各机关、学校、部队也自己动手，开荒种粮、种菜、喂猪、喂鸡鸭、打鱼、采集各种山货，进行各种手工业生产。一些单位柴、炭、菜全部自给，粮食部分自给；个别单位达到全部自给，解决了生活之需。黄陂县方望区的一个乡公所、游击队、公安派出所和区委联合起来组织了一个大的生产队，

---

① 《毛泽东选集》第三卷，人民出版社 1991 年版，第 911 页。

内分贸易、供给、牲畜等小组，分工负责，各司其职，积极从事种植、养殖和榨油等农副业活动。

鄂豫边区党政军领导机关即在原来生产运动的基础上，进一步开展大生产运动。边区成立了由行政公署统一领导的生产委员会，各级政府也相应组织了同类机构，负责制订生产计划及检查计划的落实情况。各机关由此掀起了生产建设运动的高潮。边区行政公署率先垂范，种菜、烧炭等都走在边区机关的前列。到12月上旬，行政公署机关的两座炭窑即烧炭2万余斤，不仅满足了本机关烤火之需，而且还能供应其他机关。行署与群众组织的食盐合作社，共赢利8.5万余元。

天道酬勤。这场大生产运动取得了丰硕成果。《七七报》评价道："我们边区由于党政军民一齐动手，兢兢业业进行生产运动，尤其是今年春耕水利建设，加之中夏风水调顺，得以在今年获得数十年来空前普遍的丰收。"

大生产运动不仅减轻了人民的负担，有利于边区克服财政困难，改善部队、机关的生活，而且锻炼了部队和地方党政工作人员，有利于改善军民、军政、官兵的关系，为赢得抗日战争的最后胜利准备了物质和群众基础。

二、普遍推行减租减息

为限制过重的封建剥削、缓和农民和地主的矛盾、调动农民的生产积极性、发挥全民抗战的热情，1943年夏秋之际，鄂豫边区行政公署特别颁发了《1943年度减租办法》，针对边区实行"二五减租"后的租额仍高于产量的375‰的情况，规定"减后租额如仍超过主要收成的实收量千分之三百七十五时，须减至千分之三百七十五"。《办法》还总结前几年减租经验，集中群众的智慧，编写了简便易记的减租算法口诀，"二五减，课四只交三，三七五，收八不过三"，以方便群众运用。

过去在减租过程中，一些顽固地主威胁恐吓农民，说什么"五战区就要来了，谁吃了黄铜谁就要吐生漆"，"新四军就要开走了"，"有你们过的"，"小心你们这些狗杂种的性命"，[1]致使群众有顾虑，不敢减租，或明减暗不减，甚至明减实增的现象。

为改变这一现象，在 8 月中旬庄稼尚未收割期间，鄂东、鄂中、襄河、豫南等基本区就自上而下，层层发动，召开农民代表会、参议会、佃农会、地主士绅会，宣传党的减租减息政策，对以退佃威胁农民的不法地主进行说理斗争。豫南的信南县还成立了由县长、乡长、农救会会长及开明士绅组成的县乡两级评租委员会、收成委员会，登田看课，逐户评议减租数量。

经过这些工作，党的政策为大多数群众所了解、掌握，农民发动起来了，大多数地主也对此表示理解、配合、支持。黄安的地主更坦白地说："这比打土豪分田地强多了，减一点算什么事。"[2]信南青石桥的一个地主在秋收时，甚至自动召集佃农到家议租。

在交租阶段，各基本区多实行登场交租。即在各乡减租工作队的主持下，将地主佃农集合在稻场上，当面算账，当面减租，当面交租，当面交换减租证和交租证，佃农并在此时将原交押金扣回。

边区的减租减息政策得到了民主人士和开明士绅的带头响应。京安县长陈琳川、议员谢楚藩领先报名减租；京北县行委会副主席、开明士绅黄定陆以身作则，将自己的 10 多亩良田让给佃农耕种，不收一颗租，并把自己积蓄的大部分粮钱捐给抗日政府；京应县的一些士绅说："新四军的政策，如能真正实行，神鬼钦服，何况我们是人？"

普遍的减租减息运动，极大地减轻了农民的负担。据安（陆）应（山）县统计，全县 36 个乡中，全部减的有 30 个乡，减一半的有 4 个乡，全系敌占区未能减的只有 2 个乡。在全减的 30 个乡 260 个保中，减租业主 9166 户，共减租谷 168 万余石，受益佃户 16000 余户。信南县中山乡共有佃田 3000 石，

---

① 《七七月刊》第一卷第五期。
② 《新民主》创刊号。

每年减去田租 750 石，约 33 万斤，受惠者达 3000 多人，平均每人减去地租 110 斤以上，等于增加两个多月的口粮。黄陂高旺乡第四保王家湾有一户佃农，往年种一石九斗佃田，除交租外自己总不够吃，需要打短工来补，1943 年减租后，他不缺粮吃，还逐渐将短工收入积攒起来，准备买田。

普遍减租减息，改善了贫苦农民的生活状况，调动了他们抗战和生产的积极性。陂孝北山区的民谣道出了减租后的农民的心情："田是农民开，秧是农民栽，往年租课重，二五减回来，民主政府好，穷人乐开怀。"礼南县大悟一带的百姓也表达了同样的喜悦："七月秋风吹呀，遍地谷子像黄金呀，秋收委员呀来看成，合理公道把租评来依呀嗬咳。"洪湖黄蓬乡在减租减息之后，农民参加抗战、保卫家乡的热情更加高涨，自卫队由原来的 72 人发展到 150 余人。坝潭乡在扩军运动中，原定计划招兵 7 人，报名者达 60 余人[1]。

合理负担，减租减息，加强了各阶层的团结。不少地主也认为，"今年的减租，那再没什么事说，办得平和，收租并不很吃亏"[2]。黄安抗日民主根据地有歌谣唱道："民主政府，实行'双减'，租额固定，债利有限。按此比例，统一计算，政策到户，合理负担。穷欢喜，富不怨，各方都照顾，团结为抗战。"[3]

三、加强贸易统制，发展合作事业

敌伪在对鄂豫边区根据地实施军事进攻的同时，从经济上亦采取封锁和掠夺并重的策略，削弱根据地军民抗战的物质基础。他们一方面向根据地禁运食盐、药品和军用品，另一方面派出八大洋行，组织伪合作社，以日币、奢侈品及汪伪政府发行的储币套取根据地的粮食、花生、棉花、药材、油料、

---

① 《襄河抗日民主根据地史稿》，湖北人民出版社 1995 年版，第 313 页。
② 《鄂豫边区抗日民主根据地史稿》，湖北人民出版社 1995 年版，第 328 页。
③ 《红安县革命史》，第 344 页。

皮革等物资，致使根据地内物价腾涨、人民生活大受影响，抗日民主政府的财政亦出现空前困难。

为此，鄂豫边区行署和物资统制总局在 1943 年颁发了一系列的法规章程，实行物资统制，粉碎敌伪的经济掠夺，保障根据地的军需民用。

1943 年初，豫鄂边区物资统制总局发布了"统字第一号"《公告》，规定：边区对谷米、大麦、小麦、高粱、芝麻、黄豆、菜籽、各种清油、皮油、梓油、桐油、生漆、棉花、板炭、烟叶、牛皮、杂皮、捆麻、蓖麻、五倍子、草子、土纱、土布、茯苓等实行分期分区统制。其中，大麦、小麦、菜籽、棉花在边区范围内实行统制。统制物资的出口，"须向物资统制分局及其委托之机关请领出口特许证，并完纳关税，否则一经查获，即行没收"。《公告》还要求，"经营此项物资出口商人，应迅速以地区（为）单位，组织同业公会"，"代会员向本局请领出口特许证"。

与此相配套，边区又制定了《组织商会同业公会暂行办法》和《出入口特许证暂行办法》。《特许证暂行办法》规定：同业公会和商会是协助政府进行物资统制的组织，要在物统局和建设银行的指导下，团结商人，管制出口物资，平抑物价，代同业商人办理出口特许证及向银行借款事宜。而"申请出口特许证时，须注明换回何种物资"；换回时，商会、同业公会和合作社还须验证其物品并出具证明，然后将出口特许证缴回原签发机关注销。否则，"未换回物品，亦不缴回特许证"；"违反统制办法"，"不在指定地区售卖"，将停发其出口特许证。而未领出口特许证的（外运）统制物资，"一经查出，全部没收"。

完善关税征收是加强物资统制，反对敌人掠夺、繁荣边区生产和商业的必要手段。4 月 1 日，鄂豫边区行政公署公布了《关税税则》《关税税率》和《关税征收办法》。《税则》对物资出口、入口及税率制定的原则作了说明。《税率》规定，边区的入、出口物资的税率共分为免税、2%、5%、10%、15%、20% 等六级。在入口物资中，五金、电料、食油、食盐、机器及军用品实行免税，雨伞、竹木器、毛巾、蜡烛、万金油、红白糖、肥皂、牙膏、鞭炮、胶皮鞋等实行 2%—10% 的低关税，而对参燕、银耳、绸缎、纸烟、罐头、汽水、酒、化妆品等高档消费品则征收 15%—20% 的高关税。在出口物资中，对土布、芦席、竹木器、木耳、鸡鸭鱼、丝茧、石膏等实行 2%—10% 不等的关税，对清油、木柴、五金、金银及布品、铜、镍币、云母、猪鬃等则禁止出口。《关税征收办法》则对关税征收的部门、手续及偷税漏税的处罚事项作了具体说明。

为打击偷关漏税的不法行为，4 月 1 日，鄂豫边区行政公署公布了《物资统制局缉私办法》《物资统制局奖惩办法》和《物资统制局关税人员牺牲抚恤优待办法》。《缉私办法》规定，凡关税缉私队、群众团体、基干队、民兵、乡保工作人员、部队和其他或个人均有缉私之权；凡"明令封锁禁止出口入口之物品"，"未领出口特许自由运输，业经物统局公告统制之物资，及过关未纳税的偷漏物品"，都是查缉的私货；缉私地点在敌伪据点附近，公路、铁路附近，关卡外围的空隙地带等处。凡缉没的物品，经交当地关卡处理，并以罚金的五分之一作为奖励。《缉私办法》还鼓励群众举报私货，鼓励缉私人员积极工作。在《奖惩办法》和《优待办法》中，行政公署规定：对在缉私中作出贡献的关税人员，分别给予晋级、传信嘉奖、记功、奖状、物质奖励；对工作消极、循情受贿、打骂商人、贪污公款等，视情节轻重，分别给予撤职、降级、禁闭、记过，甚至极刑等惩处。对因公牺牲的关税人员，则给予表彰、抚恤，享受其他抗日烈士家属同样的优待。

这些政策法令的颁行对加强对敌经济斗争、规范边区的物资统制事项、团结商人、调动关税私缉人员的积极性都起到了重要作用。鄂东统制分局自 5 月 20 日起施行，鄂中、天汉、信应分总局则自 6 月 1 日起执行。

在对外实行物资统制的同时，边区鼓励一般的物资进口和商品流通，以改善军民的生活、保障物资供应、促进生产发展。4 月 7 日，鄂豫边区行政公署和物统总局颁发了《合作社组织规程》和《管制榨油业作坊暂行办法》。

《规程》规定，合作社以群众自愿组织为原则，"如因环境或其他关系某种地区急需组织合作社而在事实上又一时难以实现时，政府机关、群众团体及军事机关在有计划地吸收群众参加的条件之下，亦得以合作名义开始经营"；合作社可开展供给、运输、生产、信用四种业务，须大力发展。榨油业是关系边区民生的重要行业，鄂豫边区公署及物资统制总局专门发文以保护、管理其生产。《榨油暂行办法》要求各地"以分局为单位进行调查登记，发给营业许可证"，"管制之榨油业，所需原料，按月实行发配"，"榨油业资金如感不足，需要帮助时，可商请政府给予贷款"。其产品以内地营运为原则，须按指定数量每月供给消费合作社、运销合作社、集镇之油盐店、杂货铺。

在各级政府和边区建设银行的支持下，边区的专署、县、区、乡根据群众的自愿，集资投股，相继兴办了许多商店和合作社；边区的机关、部队、学校也纷纷建立了各种公营商店和合作社，收购农副特产，调节市场，平抑物价，满足军民生活之所需，合作社在根据地的经济建设中发挥了巨大的作用。礼南安来乡第七保由群众合股创办的一个合作社，"物价一般较街上低一些。比如肉价，合作社的每斤六十四元，街上卖七十二元；盐价合作社每斤六十八元，街上卖七十八元；油价，合作社每斤四十五元，街上六十二元"。

四、实行合理负担

1943年7月25日至8月8日，鄂豫边区党委和行政公署召开财粮会议，要求财政工作在合理负担的原则上，完成1943年边区田赋公粮的征收任务，保证"一切服从战争"的需要。

边区的财政收入主要来源于关税、地方税和田赋公粮。关税中的收入主要来自行商。边区各物资统制分总局、各县分局在此方面做了大量的工作，各局还设立税警队、手枪队，必要时实行武装收税。1943年，鄂东成立特税局，下设5个税务分局、30多个税所和150多个税卡，月均收税款10万—30万元（法币），其中，宋埠、拜郊、刘集、大埠街4个税所，月收税款5万元

（法币）以上。特税局除在抗日民主根据地内收工商税外，还组织税警武装，到敌占区、顽军统治区或边缘区收税，甚至深入日军据点内，采取政治宣传和武力威慑的办法，征收日本洋行所经营烟叶、牛皮等土特产税。柳子港的井泽洋行、宫冈洋行，宋埠的福利洋行，新洲的三菱洋行，团风的裕隆洋行，仓埠的江商洋行等日商，不仅规规矩矩地缴纳税款，还按照抗日民主政府的要求送来西药等物品。

在鄂中，应城日本膏盐公司的石膏船多由日军押运，途中日军停船抢劫的事经常发生。1943年，第五师在临江口伏击敌石膏船，敌人损失惨重，不得不按照边区政府提出的条件，作出不登岸骚扰百姓，并到税卡缴纳10%的行商税的保证。

襄河是富庶之地，关税收入历来是边区财政的重要来源。据记载，鄂豫边区每年的财政收入800万—1400万元，其中襄河关税为500万—1000万元[①]。襄南根据地开辟后，东自汉阳沌口，西至石首古长堤的300多里长江水道成为襄河关税的一大税源。日本八大洋行在汉水沿线各据点采购棉花和其他物资运往武汉，襄南物资统制分总局通过军事打击，迫使日方如数缴纳关税，其税额大约相当于一个分局的收入。

地方税包括坐商税、卷烟税、榨坊税、糟坊税、鱼税、湖产税、屠宰税及过境船舶登记费和公产收入税等，这是一笔比较固定的税收收入，主要用作各县党政军群机关的开支。

边区实行累进计征的田赋公粮税。在征收田赋时，各地大多是根据田地的土质和产量，将田地分成不同等级征收。黄安等县分为上、中、下三等，黄冈则分为特上、上、中、下、特下五等，按级计征。即便如此，各地视产量的高低，征收的田赋公粮亦有较大差别。如在襄河地区，每亩征收额为一斗六升谷子，占每亩收获量的5%左右，其中田赋六升，由土地所有者负担，

---

① 《襄河抗日民主根据地史稿》，湖北人民出版社1995年版，第328页。

公粮一斗，由主佃各负担一半。这样，一亩田的农业税，地主负担一斗一升，佃农负担五升。而在黄冈，仅田赋一项，特上田每亩征一斗一升（约占其产量的15%），上等田每亩征九升（约占其产量的12%），中等田每亩征六升（约占其产量的8%），下等田每亩征三升（约占其产量的5%），特下等田则酌情少征或不征。这还不包括以累进税率征收的公粮。

总体而言，边区为保证人民群众休养生息，免除一切苛捐杂税，实行的是低税制，征税额大大低于敌占区和国统区。累进计税较过去按田亩平摊更为合理，因而受到了边区人民的拥护。当时，边区流传着一首交粮歌唱道："新四军为老百姓，又打仗又生产，减轻人民的负担，月捐杂税都不要，只要田赋粮，大家交清是应当。"

五、加强法制建设

在1943年，边区的法制建设更趋完善。3月17日，鄂豫边区抗日人民代表大会驻会代表团和边区行政公署召开联席会议，通过了《鄂豫边区破坏抗日秩序治罪暂行条例》，此条例对边区法制建设具有里程碑式的意义。

根据《条例》，对于破坏边区抗日秩序的犯罪，视其情节轻重，可以判处罚金、劳役、有期徒刑直至死刑等。《条例》规定：凡反对政府聚众暴动者，甘心附敌匪破坏边区者，杀害抗日工作人员及其家属者，伪造边币扰乱金融者，威胁诱惑抗日工作人员叛变投敌者，透漏边区之军政机要消息、盗窃机密文件者，破坏桥梁、电线等军事设施者，均处以死刑。对其他处罚和劳役、各种有期徒刑和罚金，《条例》亦作了明确规定。

对侦查、逮捕、审讯的司法程序，《条例》规定：县公安局为侦讯机关，由县长、公安局长共同负责审判。如遇军事紧急情况时，县以上公安机关可作紧急处理，并呈报行政公署。不服判决时可上诉至行政公署，由行政公署组织特种临时刑庭，受理各县上诉案件。案情重大者，公安总局有权直接侦讯，特种临时刑庭有权直接判决，由行政公署下令执行。《条例》是打击敌特、汉奸破坏活动的一只铁拳，它有利于维护抗日民主根据地的秩序，彰显法治精神。

此外，为使边区在经济、文化及其他战线对敌斗争中有法可依，鄂豫边区行政公署在1943年还先后颁布了一系列政策、办法、法令，重要的有：《优抗条例实施办法》（1943年1月15日）、《1943年度春耕生产紧急动员条例草案》（1943年1月20日）、《物资统制局关税税则》（1943年4月1日）、《物资统制局关税税率》（1943年4月1日）、《关税征收办法》（1943年4月1日）、《物资统制局缉私办法》（1943年4月1日）、《物资统制局奖惩办法》（1943年4月1日）、《物资统制局关税人员牺牲抚恤优待办法》（1943年4月1日）、《合作社组织规程》（1943年4月7日）、《物资统制总局公告》（统字第一号）、《物资统制总局颁发出入口特许证暂行办法》、《关于各地物统分局今后签发内地运销通行证、后方进口免税证的通知》、《管理榨油业作坊暂行办法》、《组织商会同业公会暂行办法》及《减租办法》《小学教育实施办法》《中小学教学改进标准》《惩治破坏抗日秩序者条例》等近20项。

1943年夏，鄂豫边区公安总局在云梦召开了各县公安局长会议，传达贯彻边区党委和行署关于公安工作的"五条原则"：镇压敌人、肃清匪特、保卫边区人民的生命财产；加强调查研究，在敌伪顽机关建立内线掌握敌情；不冤枉一个好人，不漏掉一个坏人；坚持镇压与宽大相结合的方针，以争取、利用、分化、瓦解敌人为主，打击为辅；在工作方法上要坚持客观、具体、慎重、彻底。这五条原则基本体现了人民民主专政的人民性和民主性。

边区的公安机关在完成侦查、审讯、执行等职能任务时，还时刻依靠各级政府和人民群众，同敌伪顽的汉奸、特务作斗争。他们或利用各种社会关系，分化、瓦解伪军和做国民党军队的统战工作；或打入敌特组织内部，从事搜集和传递情报工作，有时还配合地方武装袭扰敌伪。1943年初，应城县公安局手枪队在应城与长江埠地段设伏，活捉了日军第4师团长北野宪造的侄女，经过谈判，换回了我四名被捕的女战士。同年秋，边区公安总局派警卫连的一个排和手枪队夜袭义堂镇，抓获汉奸李厚生，为根据地除了一大祸害。在锄奸反特及与敌伪顽的武装斗争中，许多公安、保卫干部和战士英勇牺牲，他们把热血和生命奉献给了边区的政权建设。

六、精兵简政

1941 年，在各抗日民主根据地面临着严峻的政治、军事、经济形势的情况下，陕北民主人士李鼎铭先生提出了精兵简政的意见，后被中共中央采纳，并决定将其作为一项重要政策予以贯彻。

鄂豫边区是从 1942 年起着手党政军民领导机关的精简工作的。这一年，边区"重新规定各级政府编制，实行调整各级行政机构，取消办事处，成立督察团，取消区署，实行中心乡制度"①，较好地执行了简政政策。1943 年，边区又结合军事建设计划及加强地方党的建设、强化政权等各项工作，进一步加大了精简的力度和广度。

1943 年初，鄂豫边区党委成立了由李先念、许子威等五人组成的精简委员会，各级党政部门也相应组建了精简领导机构。

精简首先从部队领导机关抓起。1943 年 2 月，边区撤销抗日保安司令部及其政治部机构，各地方武装和民兵改由所在军分区领导；第五师机关带头精简，精简下来的干部大多下到基层，充实战斗部队；部队中凡 40 岁以上、16 岁以下的战士或勤杂人员，或送地方政府安置，或送学校读书。

地方军政机构也缩小编制，减少脱产人员，将过去每乡 5 名脱产干部减为至多只有半脱产人员 1—2 名。6 月，第五师对地方军事指挥机构进行了一次较大的调整：第四军分区和第五军分区合并为第四军分区，罗礼经光指挥部归属第一军分区领导，信应罗礼指挥部归属第二军分区领导，以减少指挥单位和职数。9 月，第五师师部命令，将一同进军襄南的第十五旅和第三军分

---

① 许子威：《1942 年边区民主建设之回顾》(1942 年 12 月 15 日)。

区合并，对内以第十五旅的名义相称。

经过这番裁减、合并，鄂豫边区的党政军机关干部大大精减，截至 1943 年 10 月，边区党委机关干部减至 30 余人，行政公署机关干部减至 80 余人，第五师师部机关干部减至 140 余人。第五师司令部勤务员仅留下以前的十分之一。

尽管如此，鄂豫边区仍继续努力，设法精减更多的脱产人员和非战斗人员。11 月 12 日，边区召开党委、行署和第五师直属机关整风、生产、精简的干部大会，李先念在会上做了重要报告。报告要求全体干部深刻认识精兵简政、减轻农民负担、开展大生产运动的意义。报告指出："精简问题，边区一级已经做得差不多了，现在是要求十三旅和各个军分区，要好好地来精简一下。抗大不待而言，也是要精简的，是没有任何理由可讲的。"

这样精简上层、充实下层，特别是充实连队，更好地适应了战争的需要，更能提高上层的工作热情和工作效率，以前几个人完成的工作现在一个人独立承担，官僚主义和事务主义的现象也大大减少，而到下层机关和连队工作的同志，经过重新武装之后，也找到了展示各自所长的用武之地。同时，脱产人员、非战斗人员的减少，使边区各机关节约了开支，从而减轻了人民群众的负担，更有利于密切军民、军政的关系。

七、大力发展国民教育事业

1943 年是鄂豫边区国民教育事业调整和大发展的一年。

在 1942 年顽军连续发动的八个月反共高潮和敌伪万人大"扫荡"中，边区的教育也在动荡不安、频繁转移的环境中大受影响，有些地方甚至遭到严重破坏。为此，边区行署主席许子威在《边区民主建政之回顾》一文中特别指出：1943 年的文化教育工作要"整理洪（山）公（学），扩大洪公，把边区高级行政学校并入洪公，成为洪公的高级研究班和专门部，大批招收学生，培养乡保干部及各级行政人员"。

1943年初，边区行政公署对洪山公学进行全面调整，将原洪山公学的中学部和小学都独立出来，分别成立鄂豫边区实验中学和实验小学，直属边区行署教育处领导。这两所学校作为教育边区干部、年少战士和部队子弟、军烈属子女以及部分社会失学青少年的阵地，既是培养青年干部或后备干部的摇篮，也是普通中小学的示范。

实验中学由周性初任校长，吴芷英任副校长，黄正夏任教导主任，有教职员工约20人，学生约280人。学校最高领导机构为校务委员会，校务委员会由党支部书记、校长、教导主任、总务主任、各班班主任、军事大队长和学员代表组成，下设教务处。它改革了当时一般学校教务、训育分设的老办法，体现教导合一、教书育人的思想。为满足抗战和边区建设的迫切需要，实验中学缩短了学制，初中、高中均改为两年制；在课程设置上，它开设了政治理论教育、文化科学知识教育、军事训练和军事知识教育、社会实践等四个方面的课程。实验中学实行完全的供给制，生活军事化、行动战斗化的作风对培养学生的意志、品质起了很好的作用。

实验小学由牛键任校长，学校常年保持100人左右的规模。学制为三年，初小二年，高小一年。它强调学习文化知识，兼习政治和军事，所开设的课程有语文、算术、政治、常识、唱歌、绘画、军体等，其中，前四门课程的教材系该校老师在教学探索过程中自己动手编写的。

实验小学和实验中学一样，都十分重视时事政策教育，每个班都订有边区党委机关报《七七报》和新四军第五师政治部出版的《挺进报》，学校经常组织学生读报和讨论。边区党委各个时期的中心工作，学校也经常组织学生参加，同学们在深入农村、进行社会调查的过程中，既增长了知识，也得到了锻炼。

同年春，鄂豫边区行署还在陂安南县陈家楼创办了育才学校，实验中学的副校长吴芷英兼管校务，12名老师也是从洪山公学教育班抽调来的毕业生，学生多为边区党政军机关干部、烈属子女，还有当地的失学青年。育才学校以培养有一定科学文化知识、懂得党的方针政策，掌握一两种手工业生产知识或经济管理知识、能够独立工作的人才为目标，所以它在讲授文化知识、时事政治的同时，还组织学员开荒种菜，同农民一道插秧种麦，学习卷烟技术以及织线袜，纺棉纱，制墨水、粉笔、毛笔，造纸等。由于大多数学员文化程度不高，学校从教他们基础知识开始。数学方面，主要教他们认识中国数字、阿拉伯数字，学会加减乘除运算和珠算；语文方面，教他们识字，写便条、写信、写简单的汇报材料；政治课方面，主要给他们讲政治常识和党的方针政策，如共产党、国民党、统一战线、《鄂豫边区施政纲领》、三三制、日本帝国主义、持久战，等等。育才学校到 1944 年关闭。

5 月，边区行署教育处在黄陂罗家畈召开教育工作会议，信南、鄂中、鄂东、天汉等基本区专署、县政府教育科长和各县中小学的代表 100 多人参加了会议。会议着重讨论了如何发展公办和民办中小学、民办学校（保小、族小）如何为抗战服务、如何进行教育改革等问题。会议强调：加强学校建设是改造乡保民主政权的主要内容之一，应该受到重视；教师是发展边区教育的关键，教师的社会地位和生活待遇应该提高。会议决定：1943 年学校建设的方针仍然是以普及小学教育和改良私塾为主要努力方向，各基本区专署、县政府须开办一至两所完全小学，每基本乡至少应有一所初级小学，进一步改良私塾；深入开展一年一度的冬学运动，各地应根据环境和师资条件进行教学改革。边区教育工作会议推动了普通中小学教育的发展。

为端正边区国民教育的办学方向、指导边区的中小学教学改革，边区行政公署还制定了《教学改进标准》，强调"教学实施必须适合抗战建国的需要，灌输科学民主思想，培养学生坚强的国家民族观念和团结抗战的蓬勃情绪"。《标准》对教材、教学、教师都提出了明确的要求。9 月 10 日，边区行政公署又颁发了《鄂豫边区小学教育实施办法》，强调"宗旨在于改造和整顿目前小学行政、教务、训导、事务等工作，使教育工作适应战争需要"。《办法》对小学学制、编制、课时、校历、校长、教务、训导、事务工作人员的职责都作了规定，同时还要求"各县公私立初级中学在教务、训导、事务各方面亦得参酌采用"。

为解决师资不足问题，1943 年秋边区行政公署教育处决定开办师范学校，由教育处处长李实兼任校长，石坚具体负责。来自基本区各县的 40 多人参加了开班学习，学员主要学习新民主主义的教育思想及部分学科的教学业务，毕业后均充实到各县教育部门工作。

10 月 10 日，边区教育处在黄安姚家祠堂举行了中小学生作文讲演竞赛会，100 多名从边区各公、私立中小学选拔、推荐来的代表，跋山涉水，穿过敌伪的层层封锁，参加了这次竞赛活动。学生们用自己略显稚嫩的声音，歌颂共产党、新四军和抗日民主政府，用满腔的仇恨，控诉日寇汉奸的暴行和国民党顽固派的倒行逆施。他们的演讲集中展示了边区近年来的教育成果，赢得了边区上下的一致好评。竞赛会闭幕的当晚，实验中学的同学还为大家表演了戏剧、舞蹈、歌咏等文艺节目。

1943 年底，鄂中、鄂东、天汉、襄西等基本区、一般区或联乡的每个保都实现了有一所中心小学（完全小学）的目标，多数乡都有一所初级小学，全边区创办了 10 余所中学。黄陂、黄安、安陆、汉川、京山等县还开办了私立小学，黄陂建了两所私立中学。

私塾，这种盛行于鄂豫边区的一种私人教育方式，在这一时期也得到边区政府的支持和引导，抗日民主政府通过对塾师进行短期轮训、指定教材等措施，加强了对私塾的管理。

冬学，作为"成年补习教育的一种，特别是农民教育的良好机会，也就是普及教育、消灭文盲的重要办法之一"[1]。冬学很早就在各抗日民主根据地开展，鄂豫边区大规模的冬学运动掀起于 1942 年冬至 1943 年春。边区党委和行署为此专门颁发了关于开展冬学运动的通知，对当年冬学教育的要求、部署

---

[1]《关于冬学的通令》（1937 年 10 月 13 日）。

和办法都作了具体的规定。边区还成立了由宣传部、民运部、农救会、妇救会、青救会共同组成的冬学运动委员会领导这场运动，行署教育处直接负责组织工作，各县亦成立了相应的组织机构。

冬学把文化识字教育、时事政治教育与生产运动结合起来，是一场全民性的边区学习运动。运动高潮之时，边区几乎人人入学、村村办学。据统计，1943年冬，陂安南、安礼、安麻三县在黄安境内共办有冬学700多所，学员25000余人；鄂东的黄冈、礼山、蕲春、广济等县办冬学2000多所，学员3万余人；天汉、京钟、安应一带办冬学3000余所，学员5万余人。这场学习运动大范围地减少了文盲，提高了农民的思想觉悟和对抗战的认识。

第六章 ■ 鄂豫皖湘赣边区行署成立，夺取抗日战争的最后胜利

1944 年，中国的抗日战争即将步出相持阶段的困境，转入夺取最后胜利的反攻阶段，鄂豫边区亦面临着大发展的有利形势。春季，当日军发起河南战役，国民党军队大溃退，而日军又立足未稳之时，新四军第五师遵照中共中央、华中局的指示，迅即出兵河南，建立了豫中南抗日民主根据地。5 月，鄂豫边区召开政权工作会议，确定了今后政权建设的基本方针和基本任务。6 月，边区第一届临时参议会召开，通过了一系列政权法规条例，使边区的民主建设又向前迈进了一大步。10 月 18 日，中共中央来电，决定将鄂豫边区改称为鄂豫皖湘赣边区，鄂豫边区行署改为鄂豫皖湘赣边区行署。1945 年 1 月，八路军第三五九旅南下支队与新四军第五师会合后，带来了中共中央关于鄂豫皖湘赣边区"以发展为主"的指示，边区根据地在战斗中迅速扩大，并克服最严重的经济困难，迎来了全民族抗战的最后胜利。

第一节　边区政权建设工作的完善

一、边区整风运动

1943 年 11 月郑位三抵达鄂豫边区后，以华中局代表的身份全面领导边区的工作。首先他领导了边区的整风运动。鄂豫边区和新四军第五师的全面整风运动，是在"战时整顿三风"的基础上，始于 1943 年冬季的，是在郑位三、李先念的指导下，以任质斌为书记的边区总学习委员会领导进行的。

郑位三，湖北省黄安县（今红安县）人。1922 年参加革命，1925 年加入中国共产党。土地革命战争时期，任黄安县农民协会常务委员，黄安县总工会委员，黄安县委委员、书记，鄂豫皖特委委员，鄂豫皖特区苏维埃人民委员会委员长，鄂豫皖中央分局候补委员，鄂豫皖省委常委、鄂豫皖省苏维埃主席，鄂东北道委书记，鄂东北游击队总司令，红二十五军政治部主任，豫陕特委书记，鄂豫陕特委书记。抗日战争爆发后，先后任鄂东特委书记、鄂豫皖区党委书记、新四军第四支队政治委员。来鄂豫边区前任新四军第二师政治委员。

1943年11月18日，鄂豫边区党委发出《关于彻底开展整风运动的决定》，对整风的主要任务、方针、政策和步骤、方法均作了明确规定。为加强对整风运动的领导，边区党委决定成立总学习委员会和分学习委员会。总学习委员会由李先念、任质斌、陈少敏、夏忠武、吴祖贻、顾循等六人组成，任质斌任书记。行政公署成立分学习委员会，由许子威任书记，它除领导行署本身整风外，并且在区党委和总学习委员会领导之下，负责研究计划、指导整个政权系统的整风工作。各地委（军分区）也成立了分学习委员会，由地委书记、司令员、组织部长、政治部主任、专员组成，以地委书记为分学习委员会书记。在各分学习委员会下，再设中心小组及若干普通小组，以行政单位编入小组，同时使党的小组与学习小组统一起来。

鄂豫边区这次整风的普遍内容，首先是对全党进行一次认真的阶级教育。各分学习委员会组织广大党员干部在前一阶段突击开展阶级教育的基础上，自12月初开始，把继续深入地进行阶级教育纳入整风运动。广大党员干部在这一时期的阶级教育中，对国民党的阶级基础及抗战前的政策、抗战以来共产党与国民党的联合与斗争、当前抗战形势及其前途、肃清国民党的反动思想影响和掌握马克思列宁主义，都分别作了比较系统的研究和讨论，从理论与实践的结合上区分了两个阶级、两个政党、两个主义和两个战场的本质差别，进一步明确了三民主义与蒋介石的主义、新民主主义与共产主义、无产阶级人生观与资产阶级人生观的区别，提高了党员干部的阶级认识和觉悟，坚定了阶级立场，从而树立远大的斗争目标，增强夺取抗日胜利的信心。

12月19日上午，总学习委员会举行了高级干部政治测验，检查党、政、军直属机关部处级、旅团级干部的学习情况。这次高级干部政治测验，由任质斌、夏忠武当场命题，采取答卷的方法进行，陈少敏监考。她向参加考试的同志宣布纪律："第一，不许开小组会；第二，不许看书；第三，正正经经，一笔一画，好好答卷；第四，将来的卷子还要你们自己改；第五，大家不会写的字不要问我。"一直到下午4时仍有几个干部在认真答卷。

1944年1月中旬，阶级教育阶段结束，鄂豫边区的整风转入"以加强党性锻炼为中心"，切实整顿党风的第二阶段。

从2月到8月，边区在大悟山八角门楼，先后举办了两期整风学习班，轮流抽调县、团级以上干部短期离职学习。每期两个班，均分高、中、低三个组，六个整风小组共295人。其中高级整风组115人，中级整风组90人，低级整风组90人，由于参加整风班学习的对象、级别和水平不同，各组整风学习的内容和要求也有所区别。高级整风组学习"整风文献"，中低级整风组主要学习党的政策、党的知识等。

在第二阶段，第五师和边区党委引导干部将宗派主义的表现分类进行专题反省。在批判山头主义、个人英雄主义、小团体主义时，各人边学习边对照自己的情况作自我检查，最后发现存在的问题与不足有：对中间分子抱有成见，认为他们非土豪即劣绅，因而执行党对中间分子的政策不深入、不认真，以致对一部分中间分子、中间武装的工作没有做好；在党和群众的关系上，群众观点下降，官僚主义和享乐作风滋长，违反群众纪律的事时有发生；在局部与全体的关系问题上，有些部门独断专行，各自为政，随意调动干部；在干部相互关系上，存在着新老干部、工农干部与知识分子干部之间不够协调，不顾党的利益，甚至搞政客作风等现象；在个人与党的关系上，存在着个人主义、自由主义、退却思想、名利思想等种种错误。

通过学习，党员干部懂得了宗派主义是主观主义在组织关系上的一种表现，它妨碍着党内外的统一和团结；并认识到党是无产阶级组织的最高形式，必须严格执行少数服从多数、下级服从上级、局部服从整体、全局服从中央的民主集中制原则；必须加强党的观念，按照无限忠心、联系群众、有独立工作能力、遵守纪律、共产党员必须为共产主义奋斗终生、个人利益无条件服从党的利益、尊重组织和执行决议等标准来严格要求自己。

整顿党风活动增强了党员干部的党性，改善了军政关系、军民关系、部门与部门之间的关系、新老干部之间的关系，加强了民主集中制和党内外的团结，加强了党的一元化领导，提高了党的战斗力。

在第三阶段，总学委会号召每个人深入检查自己的世界观、人生观，坦白交代自己的历史问题，深刻反省，多作自我批评，清算过去的历史。当时，总学委会提出了"纯洁队伍，迎接新任务"的口号，要求干部向党交代自己的政治历史问题，清算自己的历史。

通过自觉反省，广大干部受到了深刻的革命气节教育，认识到在中国复杂的民族斗争、阶级斗争的环境中，如不进行思想改造的危险，并表示一定要保持革命气节，为保卫民族利益和人民利益而坚决斗争。

实际上，第三阶段就是审干阶段。在华中局代表郑位三和边区党委书记李先念的支持下，总学委会正确执行中央《关于审查干部的决定》，重视启发党员干部的自觉性，没有搞"抢救运动"，没有搞"逼供信"，没有搞"残酷斗争、无情打击"，始终坚持"惩前毖后、治病救人"的方针，坚持"思想批评从严，组织处理从宽"的原则，还允许干部申诉。对不适当的处分，经个人申诉、党组织重新审查之后，可以变更或取消。干部之间尚未证实的问题，可向对方提出质疑。对那些有问题尚有顾虑的，先由负责同志给予开导启示，再在小组内展开批评，并配以个别说服，给予时间让其考虑，使其幡然悔悟，改过自新。

由于鄂豫边区党委正确掌握了政策，没有采取过急的手段和方法，审干工作进行得比较平稳、比较正常，使大家在没有压力的条件下进行思想检查。通过审干，党的组织进一步纯洁，党更全面地了解了干部的情况，对如何培养、教育、选拔、使用干部也提供了有力的依据。

鄂豫边区和第五师的整风运动健康发展，促进了马克思列宁主义在边区的传播，使得边区党在政治上、思想上和组织上更加统一。部队经过整风活动，无论是军事素质还是政治素质都有了显著提高，少数干部的军阀主义残余和宗派主义倾向得到了较好的纠正和克服，部队内部关系和外部关系更趋良好。地方干部经过整风，进一步增强了政策观念和群众观点，提高了执行党的各项方针政策的自觉性，群众则在党员的带动下踊跃参军参战，积极发展生产，因而从根本上保证了边区抗日斗争和根据地建设的顺利发展。整风运动的成功，为边区和第五师加强无产阶级政党的思想建设，积累了丰富的实践经验，对于边区和第五师夺取抗日战争的最后胜利，乃至后来赢得解放战争全局的胜利，都起了重要作用。

二、各地临时参议会的建立

根据政权工作会议的精神，5 月 24 日，鄂豫边区行政公署修正公布了《鄂豫边区县临时参议会组织条例》。

该条例全文 19 条，规定：在县代表大会（县参议会）因事实限制不能召开期间，各县应依条例规定成立县临时参议会；县临时参议会具有选举县长及县政府委员、听取县政府报告并提出质问及弹劾、在不违反边区施政纲领及行署法令范围内制定本县单行法规、审核通过县预算决算案、议定县政府提交审议事项等职权；县临时参议会参议员的名额依各县大小规定，30 人至90 人不等；县长及县政府委员为当然参议员，士绅应占当然委员以外全部名额的 35%，民众团体代表占 60%，地方军队代表占 5%；士绅参议员由行政扩大会议选举或由县政府聘请产生，民众团体及地方军队参议员由其自行推选后报县政府加聘，县代表大会的代表有被选聘的优先权；县临时参议会参议员如果第一次会议无故不出席，即视为辞职，另行选聘补充；有不称职者经会议议决进行罢免；县临时参议会的参议员在会上的言论对外不负责任，除现行犯外，任何参议员无论会期内外，未经议长许可或行政公署命令，不得进行批捕或拘禁；参议员应保守秘密，不得对外任意泄露；县临时参议会在执行职务上与县政府有争议时，在不违背边区施政纲领及行政公署法令范围内，县政府应服从临时参议会的意见；各县临时参议会设议长、副议长各一人；临时参议会设驻会委员，由临时参议会选举五人，在闭会期间负责执行其委交事项及日常事务，议长和副议长为当然驻会委员；县临时参议会每半年召集一次，必要时由议长临时召集，第一次会议由县长召集；县临时参议会开会时，应请县政府各科、局长出席报告工作，并负责答复质问案；临时参议员的任期为一年，如任期尚未满而县参议会已经成立，则自行消除其职务等内容。

6月22日，鄂豫边区第一届临时参议会在大悟山开幕，会议历时八天，于6月29日结束。出席会议的各界代表共153人，身份有工人、农民、学生、革命军人、地主、资本家等，其中共产党员42人，国民党员及其他各党各派、无党无派爱国人士111人。会议的主要内容有：听取边区行署主席许子威做的政府工作报告及华中局代表郑位三关于争取抗战最后胜利的报告，讨论议案和选举成立边区首届临时参议会。

会议开始时，边区行署副主席、国民党党员杨经曲先生首先致开幕词，表示"中国今日极需实行民主，只有实行民主，中国才能进行反攻"，他把民主比喻为农夫之望霖雨。接着，李先念发表讲话，他代表第五师指战员向全体议员表示，我们坚决为保卫民主、保卫团结而奋斗到底。他还向大会提交了军事工作报告书一件。郑位三在报告中详细阐述了当前时局，并说中国共产党一贯为新民主主义中国而奋斗。过去边区在民主建设上曾有很大收获，今后还要为边区民主建设大大努力，使全边区人民都动员组织起来，和新四军一道坚持边区抗战。日本反战同盟第五支部的代表北村也作了讲话。

随后，边区行署副主席涂云庵和主席许子威做了政府施政工作报告。议员们对报告展开了充分、热烈、真诚的讨论。会议还对议员们提交的各项议案进行了讨论。会上通过的主要议案有：扩大民主，建立各级临时参议会；解决财政困难，保证部队给养准备反攻；秋收后彻底进行减租减息、交租交息；保障人权；发展文化教育事业等。当地驻军还为与会代表演示了大炮、枪榴弹、照明弹、燃烧弹和信号枪等技术。28日，会议进行选举，郑位三当选为鄂豫边区第一届临时参议会参议长，陈少敏、涂云庵为副议长，补选驻会委员8人，行署委员4人。

6月30日，鄂豫边区行政公署委员和临时参议会的驻会委员召开联席会议，具体研究解决政权建设上的一些问题，郑位三介绍了华东抗日根据地政权建设的经验。

此后，边区不断完善政权体系，到1944年底，边区有16个县成立了临时参议会，选举了县政府委员、县长，制订了各县的施政计划和单行法规，审核并通过了预决算案，建立了对行政人员的监督机制。

这时边区行政公署的组织机构和主要成员是：行政公署主席许子威，副主席杨经曲、涂云庵，行署下设民政处（处长陈守一）、财政处（处长刘子厚）、建设处（处长彭绳武）、教育处（处长李实）、司法处（处长柳野青）、公安总局（局长刘慈恺）、物资统制总局（局长李健）、粮食局（局长任泉生）、审计处、人事处（处长陈任远）、银行等。行政公署内有党的组织，刘子厚任党团书记。

三、边区政权工作会议

1944年7月，鄂豫边区党委召开了政权工作会议。边区行署主席许子威在会上做了《鄂豫边区政权建设的初步检讨及今后工作的意见》的报告，对边区政权建设进行了总结，同时提出了今后工作的意见。

报告提出："目前政权建设的基本方针和基本任务是赶快扩大民主，加强政府与人民的联系，使临时政府早日走上民主化的道路，有计划和有步骤地充实政府工作的民主内容，和准备政权民主化的充分条件。""目前所谓政府民主化，其内容就是建立各级临时参议会，建立各级政府委员会及政府工作的民主制度，培养法治观念，学习民主作风。"[1]

会议认为，政府要民主化，最好的形式是组织参议会，人民派自己的代表参加参议会，让人民的意见通过参议会反映出来。政府则通过参议会了解民意，政府施政的方针必须通过参议会讨论通过，批准后执行。并规定，参议会的议员应由人民中选举产生。乡参议员由保民大会民主产生，县参议员由乡参议会选举，边区参议员由县参议会民主选举。在此过程中必须严格执行民主精神。保民大会是人民直接行使民主权利的地方，是民主政权的基本环节。今后对于保民大会，不仅应把它当作一个选举运动的会议，而且要把它当作一个发扬民意、推行政令、监督政府而又拥护政府的会议。各级参议会和保民大会今后要定期召开，以保证政府执政并注意保持政府与民意机关的经常联系。

会议还要求：大会之后，各级政府一定要根据"三三制"原则和政府组织条例，把各级政府委员会充实和建立起来，尽量争取党外委员常驻办公，共同负责，要尊重党外委员的职权和意见，真正做到民主合作，反对宗派主义和独断专行。各级政府委员会必须坚持民主集中制的原则，并在此原则下建立政府工作的各项制度。

（一）建立集体领导分工负责的制度。政府委员会是真正领导行政设施的权力机关，行政首长对外代表政府，对内必须服从并执行委员会的决议，非经上级行政委员会的许可，不能无故搁置或擅自变更和撤销委员会的任何决议，亦不得无故不举行和不参加委员会的会议。各委员以及各部门要有明确的分工和密切的联系，保证工作的协调和一致。

（二）建立政府与民意机关及群众团体保持密切联系的制度。政府工作除必须保守秘密者外，应尽量做到公开，按期向民意机关报告，并注意多与人

---

① 许子威：《鄂豫边区政权建设的初步检讨及今后工作的意见》（1944 年 7 月 1 日）。

民直接见面，随时答复人民的咨询。

（三）建立以民意为根据的干部管理制度。政府委员在原则上应该完全以民意决定去取，完全尊重民意机关的选举、弹劾、罢免权，反对任何不尊重党外人士，特别是党外上级干部的态度。奉公守法，尊重民意，应该成为考查成绩的标准。

（四）建立检查、报告、请示和批准的制度。加强上下级的联系，防止各自为政、滥用职权、破坏政策法令的毛病。

（五）建立党团工作制度。改善党政机关，加强党对政府的领导。

会议还明确指出，法律是各阶层人民在权利义务等各种具体问题上面一致的意见，它带有固定性和强制性，它是政府推行政令的依据。不仅人民要服从法律，尊重法律的尊严，政府也要服从法律，也要尊重法律的尊严，否则将无法保证各阶层人民的基本利益，获得各阶层人民特别是中间分子的信任。为了创造实现扩大民主的条件，会议还提出赶紧组织人民大多数、加强农村统战工作、赶快培养大批干部等紧迫任务。

四、农救会代表大会的召开

1944 年 11 月 20 日，鄂豫边区党委在礼南姚家山召开了边区农救会代表大会，出席代表 300 余人。会上，陈少敏做了《一年来农救工作的总结》报告，吴祖贻做了《秋收减租总结》报告，郑位三做了《迎接天光》的政治报告。

陈少敏在《一年来农救工作的总结》报告中，对边区农救工作的成就作了高度评价，肯定了农救会在组织农民生产、进行水利建设、减租减息、拥军优抗等方面的成绩。报告指出：

生产方面　　"今年生产比往年不同，生产情绪比往年高多了。""我们看到了有了农救会后组织生产的成效。""如天汉水利建设，水灌了湾子，农救会硬是组织力量把水车出去。各地在春天防旱活动中都做了很大的动员，到处挖塘、挖堰。部队也来帮助，礼南部队、陂安南的部队，帮助很多，连我们的指战员也挑粪。为什么部队帮助生产？部队如此热情？就是因为农民生产情绪提高了，刺激了部队，今年人民军队合作生产是空前未有的现象。"又如换工，今年各地有了农救会，换工"一面按旧习惯，一面范围扩大，连儿童、妇女也换工"。像安应为了抢救黄谷，组织 160 乘车子，车水翻山，这不仅在边区过去没有，在全国也没有。这些不是大换工是办不到的，在没有农救会的地方是办不到的。再就是种麦。"今年天气反常，打苞谷不落雨，割谷种麦时落连阴雨，礼南农救会就发动了抢种麦子，实行换工的活动，这是生产情绪提高的表现。"

减租方面　"过去任何一年都没有（像今年减租）如此彻底，证明农民不怕了，敢斗争、敢说话了，评租也比往年公平些。如果今年天气不捣乱，减租是非常齐整，又快又好。礼南退麦租，普遍退，各村开个小组会，自己就去退了，不找政府，不找工作人员。同时在今年的减租当中，创造了很多宝贵经验，让地主也没有话说。""我们今年不仅减租，而且还斗最坏的地主，斗瞒田的地主，斗争范围广，内容丰富，不仅为自己利益，而且为政府利益而斗争。所斗争的都是些硬杆子，不仅农民斗他，而且地主也帮我们斗，这就是由于有了农救组织力量。"

拥军方面　今年拥军的成绩，也是过去没有的。"如安陆槎山乡，公粮应交一千四百多石，今年农救会领导交公粮，自动地多交出四百多石，由一千四百多石多到一千九百多石。"交时生怕落后，三个钟头或六个钟头就完成一个保的非常普遍。"不仅农民这样积极，陂安南的地主也受感染，要求比一下，他们不做生意，把门一关，专门来交公粮。"在礼南，"今年首先来个复查田亩，某某湾一查搞出一二百亩，增加了政府的收入。崇林乡、安来乡交米生怕搞不好，好的米自己不吃，交给部队吃，要来把好米换芽谷米。特别是交公草时，你交三十斤，我交五十斤。安南劳动英雄交草六百斤，黄陂有人不服，要交七百斤"。

战争动员方面 如在大山寺战斗中，礼南农救会员是拼了命，日夜不睡，抬伤兵。妇女尽管是小脚，但还是要上前线劳军，妇救会长亲自给伤兵喂药、喂水。在陂安南的龙王山战斗中，女的送饭，就是老人也来帮助抬担架，到处找伤兵。"这是过去没有的，这是由于有了农救会的领导。"①

吴祖贻在《秋收减租总结》报告中，着重介绍了边区减租斗争的经验，指出"农民在今年减租中确实执行了法令，又得了利，抬了头，翻了身"。并总结出这项工作的四条经验："第一，证明地主并不可怕；第二，证明农民团结就有力量；第三，保护农民合法利益，就得农民自己起来斗争；第四，要选举好负责人。"

郑位三在《迎接天光》中比较了国共两党政治基础、阶级基础的不同，号召边区全体党员干部提高阶级觉悟，坚定阶级立场，指出，共产党领导的敌后根据地，是真正执行民主的，国民党大后方是反民主的，根本目标不相同。我们是真正地要实行民主，国民党大后方是想坚持半封建半殖民地的制度，是想实行一党专政。我们的目的是为了实行新民主主义，国民党的一切都是为少数人，共产党领导的政府从根本上来讲就是为大多数人。我们是取之于民，用之于民。我们民主政府为民众救灾、兴修水利、贷款，要用些钱，我们要养活军队，为老百姓打仗。国民党则不同，他们是取之于民，用之于己，用之于少数人。

在谈到抗战前途时，郑位三指出，中国的前途到底怎样？"这事看说得远或近，要说十年二十年头，那中国还是要到社会主义。但现在还未到时候，现在办的就是新民主主义共和国。什么是新民主主义？新民主主义就是资产阶级、无产阶级、小资产阶级合作专政，他们在政治上是平等的，都可以在政府中当委员，在经济上实行交租又减租，工业上既要改善工人生活，又要

---

① 《华中抗日根据地财经史料选编——鄂豫边区新四军五师部分》，湖北人民出版社 1989 年版，第 544—546 页。

使资本家赚得几个钱，这就是新民主主义的办法。这个办法，在中国已经稳了，任何人此刻想办社会主义、共产主义，是做不到的，是要失败的。"

为此，"从今天起一直到建国，在边区根据地上，我们可以把新民主主义共和国的旗帜树立起来，我们决心要把它搞成功，我们共产党中央已下了建国决心，派了许多老革命同志来边区，不出半年，过去的鄂豫皖苏区、湘鄂赣苏区、湘鄂西苏区的老同志都要回来。不仅我们不走，而且八路军、新四军许多干部还要来，我们要在边区就地建国，大家要加把油，努把力"。

会议最后由陈少敏作总结。她说：大会本身是成功的。因为在这半个多月来的报告和决议，都是名副其实地高度地发扬了民主。在这种发扬民主的讨论中，发挥了我们的创造性，让大家清楚，只要高度发扬民主，什么事情都可以解决。

这次会议讨论、通过了边区农救会的斗争纲领，确定了农救会的斗争目标：要造成边区根据地内农民的优势；要展开根据地的全面建设，打下反攻的经济基础；要在反攻以前掀起农民运动的新高潮。会议还通过了农救会章程和宣言，以及生产、减租、粮食、救灾、拥军、扩大农救、建设外围圈、改组国民政府和统帅部等决议，选举成立了边区农救委员会，这是边区农救组织的最高机关，边区党委民运部长吴祖贻兼任会长。

大会还布置了会后各地农救会必须完成的六项重要任务：一是展开全边区大生产运动，明年要做到每亩全年增产粮二斗至三斗，每人种菜六百斤；二是发动救灾互助，解决军粮民食，切实实施拥政拥军，各出大批人力物力，准备反攻，农救会应负责统制、运输、调剂粮食，做到人人吃饱饭；三是建设人民武装，发扬劳武结合，做到人人生产、人人战斗；四是选举最好的农救会员参加各级政府，农救会随时随地做到帮助、推动、监管政府，并做执行政府法令的模范；五是加紧农救会员和干部教育，展开冬学运动；六是巩固与扩大农救会，普遍建立，提高质量，加强团结。并希望敌占区农友们也用各种方式组织起来，团结起来，准备力量，共同为争取抗日民主胜利而奋斗。这次大会盛况空前，它大大调动了农民的革命热情和生产积极性，为进一步开展根据地的生产建设、支援战争、准备反攻，打下了一定的基础。

五、第二届临时参议会的召开

1945 年 1 月，为了选举出席延安全国解放区人民代表大会的代表，总结 1944 年边区政府的工作，进一步扩大民主，准备大反攻，鄂豫皖湘赣边区在大悟山南冲召开了第二届临时参议会，郑位三向大会做了报告，提出了树立农民优势的口号，许子威代表边区政府作了会议总结。大会进行了五六天，选出了出席全国解放区人民代表大会的代表 10 余人，其中有湖北地区在延安工作的郭述申、钱瑛。

根据这次临时参议会的认定，会后，边区行政公署对其领导成员作了适当调整。主席许子威，副主席兼党团书记刘子厚，副主席杨经曲。秘书长丁连三，民政处长余益庵，财政处长刘子厚兼，人事处长陈任远，建设处长彭绳武，教育处长李实，司法处长柳野青，公安总局局长刘慈恺，物资统制总局局长、税务总局局长李健，粮食总局局长汪心一，鄂豫边区建设银行行长庄果。

第二节　鄂豫皖湘赣边区行署的成立

一、开辟豫中、豫南根据地

1944 年，经过七年多的全民族抗战，世界反法西斯战争，无论是欧洲战场还是中国战场都发生了巨大变化。在欧洲战场上，苏联红军在取得斯大林格勒战役的重大胜利后，又对德军进行了多次歼灭性的打击。1 月，德军防线全部瓦解。同年夏，苏军收复全部国土，并攻入德国境内。

欧洲反法西斯战争的胜利，使日军处境更为不利。由于苏联红军的强大攻势和德军溃败，欧战结束已为期不远，从而为美、英军队抽出兵力用于太平洋战争创造了条件。2月初，美军占领马绍尔群岛，之后，不仅日军与南洋的海路交通线难以维系，而且其在南洋各地的军队还有与本土失去联系的危险。在中国战场，由于敌后抗日军民的接连胜利，加上中国及美国空军对日本本土的轰炸，日军更是陷入步履艰难的境地。为摆脱困难，也为使在中国大陆的日军和孤悬南洋的日军联结起来，援救其侵入南洋的部队，日军于是决定发动一场妄图消灭中国空军和美国在华空军基地，打通中国南北大陆、确保与越南大陆联系的交通线，保卫日本本土的豫湘桂战役。

1944年4月18日，日军以华北方面军总司令冈村宁次为总指挥，投入华北方面军的第12军四个师团和第5航空军之一部，计9.76万人，自中牟一带渡过黄河，向当时驻守河南的国民党第一战区的30余万大军进攻，河南战役爆发。在历时37天的作战中，日军实现了攻占平汉线南段及其附近广大区域的目的。

这样，在整个河南战役中，国民党军队损兵20余万人，弃守豫中、豫西的38座县城和3万多平方公里的国土，河南的1000多万同胞就此沦于日军的铁蹄之下。

在国民党军队大溃退的同时，国民党河南地方政府几乎全部垮台。各地除主要交通线和一些重要地区为日军盘踞外，大片地区成了国民党游击队、地方土顽、土匪、汉奸横行的天下。中共中央对豫中战场的形势给予了密切关注，并根据战场形势的变化，果断作出决定。4月22日，也就是日军发动河南战役的第二天，毛泽东致电滕代远、邓小平，要求太行、太岳八路军迅速南下，"开展豫北工作，以便将来可能时，开展豫西工作基地"[1]。而新四军第五师则应积极策应中原国民党军队作战。

---

[1]《新四军文献》(四)，解放军出版社1995年版，第298—300页。

11 日，中共中央书记处在致电华中局并鄂豫边区党委时，指出："敌人已大举向河南进攻，目的在打通平汉线并控制陇海路潼关以东一段。估计敌人暂时不会退出，河南平汉路以东及河南大部地区已成敌后地区，而国民党汤恩伯等部业已大败，溃散者颇多。河南秩序紊乱，人民抗日武装必然蜂起。……河南地方党员在目前情况下，应该起来参加与领导河南人民抗战，应该组织抗日游击队及人民武装，建立根据地，保卫家乡。"鉴此，中央决定，在目前"河南党的组织与中央已断绝联系"的情况下，豫南地区的工作由鄂豫边区党委负责。鄂豫边区党委应即切实侦察河南情况，并选择河南籍干部党员，秘密派回去进行群众工作，及在可能条件下组织抗日游击队与人民武装，以便将来能给河南敌后游击战争以一般指导。①

随着形势的发展，6 月 23 日，刘少奇、陈毅致电李先念、郑位三等，认为"河南战役现暂告一段落，敌寇一面作局部东退，似在引诱宗南出关，寻求再度歼灭；一面则积极修复平汉路，图确实占领。但目前敌全盘战局重心在攻略粤汉路。长沙陷落，衡州亦将不守，敌由广黔向北进行夹击，亦计日可待。因此，使我五师的战略地位和作用益形增高，五师今后发展方向应该确定向河南发展，完成缩毂中原的战略任务。（倘若）这一任务完成，使我华中、华北、陕北'呵成一气'，便解决了我党我军颠扑不破的战略地位"②。

7 月 1 日，鄂豫边区党委在大悟山白果树湾召开扩大会议，讨论发展河南问题。在此之前，边区党委曾于 2 月制定了在边区贯彻"以巩固为中心"的工作方针，经过四个月的斗争实践，特别是近期形势的风云变化，说明这项方针的局限是十分明显的，所以在这次扩大会议上，不少同志主张应根据形势变化，将"以巩固为中心"的工作方针，改为以发展为主，并提出从三个主力旅中派出两个旅去发展河南。有的同志则主张半年内继续贯彻"以巩固

①《新四军文献》（四），解放军出版社 1995 年版，第 301—302 页。
②《新四军文献》（四），解放军出版社 1995 年版，第 303 页。

为中心"的工作方针，而以发展为辅。由于争论激烈，会议对此进行表决，通过了以巩固原有地区为主，进军河南、湘鄂赣为辅的方针。

3日，郑位三以郑（位三）、李（先念）、任（质斌）、陈（少敏）的名义，就第五师"向河南发展工作的布置"致电刘少奇、陈毅等，提出："关于河南战略任务指示电收到，我们对河南发展的可能和需要完全同意来电。"但"我们现在存在几个困难，确与发展河南的任务有矛盾。其一是严重的财政困难，我们边区目前缺少四个月的给养。财政困难已成为主要危险，况且河南又是不好解决财政之地区。其二是地方工作落后的现象还很严重，主要地区的群众还未组织起来，不可抽兵、抽干部太快。其三是干部缺乏，目前我们的干部数量只有需要的三分之一，而且数年来无时间学习和教育。因此，经我们一周以来详细交换意见后，认为至少半年以内，仍应布置原地区的巩固工作为主，逐渐增加力量。发展河南，必须在对财政的危机基本上有所克服、基本区群众组织以后，才可较多转移力量到河南"。还提出："如果你们认为这样是对的，那么对发展河南工作，我们提议：（一）中央多调别的力量，少指望我们；（二）我们请中央及华中局多派干部来，以便将河南籍干部完全抽去；（三）我们拟马上组织河南工作，在那里设立地委，派去约七个连的兵力，暂时在原信罗两县境内推进工作。"①

毛泽东收阅此电后，批复："请刘（少奇）陈（毅）协拟复。"

6日，华中局电复郑、李、任、陈，指出："关于你们七一扩大会议所拟讨论的各项问题，已有前电同意外，我们兹有下列意见，请你们研究。中原会战后，敌人已将平汉路打通，为第五师与华北八路军及华中新四军基本地区打成一片（创造）有利时机。同时根据中央指示，发展河南、打通八路军、新四军联系，为我党目前颠扑不破的战略方针。因此，五师必须争取时间，迅速准备向北发展的一切条件，加强豫南党与群众工作，以地方群众名义，

---

①《新四军文献》（四），解放军出版社1995年版，第399页。

发动各种可能的群众性抗日自卫运动与建立游击据点，设法派遣大批豫皖地方干部，以公开社会关系或以小的便衣武装和游击队掩护，用各种灰色与隐蔽的名义，相机深入平汉路东敌后一带，发动群众与侦察情况等等。主力部队在目前条件下，虽尚不宜过早挺进，以免过分刺激国民党，但你们必须准备一定主力，以便时机一旦成熟，即可出动。我们深悉你们目前集中力量进行巩固工作之重要，但目前五师向北发展客观顺利条件，对五师与全国今后发展前途均有极大意义，不可错过。我们同样在动员华中各师集中河南干部及责令第四师部队作同样准备部署，以配合你们。"①

10日，刘少奇进一步来电指示："望你们由信阳、罗山逐渐向北发展。目前你们有一个团的兵力，并有一批干部组织河南工作委员会，工作是好的，但须有得力干部去领导。"②

根据中共中央和华中局的指示精神，新四军第五师决定将原在豫南活动的淮南支队两个连、信（阳）应（山）独立第二十五团三个连和驻守大悟山的第三十八团二营等部共千余人，组成豫南游击兵团，任命第十三旅副旅长黄林为兵团指挥部指挥长，并确定到河南以后，立即成立中共豫南工委，由鄂豫边区党委宣传部长夏忠武兼任书记。

准备工作刚刚就绪，7月25日，中共中央又发来了关于进军河南的全面部署指示电，指出：八路军太行、太岳、冀鲁豫军区各一部（应迅速）南下，开辟豫西，加强豫东睢（县）杞（县）太（康）地区；新四军第四师（应迅速）西进，恢复肖（县）永（城）宿（县）根据地，打通与睢杞太地区的联系，相机控制新黄河以东地区③；新四军第五师一部（应）首先由平汉铁路两侧经信罗边向北发展。同时还指出，河南敌后情况复杂，新四军、八路军进

---

① 《新四军文献》（四），解放军出版社1995年版，第231—232页。
② 《新四军文献》（四），解放军出版社1995年版，第401页。
③ 《李先念年谱》（第一卷），中央文献出版社2011年版，第439页。

入河南后，关键在于正确执行党的各项政策，更灵活地去适应具体情况，建立抗日秩序，要抓紧建立新的抗日武装，在局面初步稳定后，再转入组织领导群众斗争，实行减租减息政策，建设根据地。

奉命作为豫南游击兵团先遣部队的信应独立第二十五团三个连和淮南支队两个连，在淮南支队支队长赖鹏等带领下，采取声东击西的战术，于7月29日在陡沟西的沈湾、邱湾一带渡过黄河，迅速插入正阳、确山边界的梁庙、熊寨一带，消灭了在梁庙一带活动的一股百余人的土匪武装，解救了被土匪绑架的数十名群众，把缴获的牲畜、财物分给群众，并以地下党工作基础较强的正阳县胡冲店地区为中心，开展地方工作。

此后，第五师又指示该部在平汉线以东，正阳陡沟一线以西两侧地带，采取分散游击战，坚持进行统战活动，巩固原有地区工作，在汝（南）上（蔡）遂（平）地区开辟了一小块游击区。同时命令黄林即刻率豫南游击兵团主力继续渡淮，迅速抵达淮南地区，与信应独立第二十五团和淮南支队会合。

8月27日，黄林率部到达淮南县委所在地栗山头，与淮南县委和退回淮南根据地的先遣队会合。29日，黄林率第三十八团九连、独立第二十五团一个连和淮南支队两个连，采取远距离奔袭的战术，在胡冲店一举歼灭投敌反共的正阳县保安团，活捉了保安团团长金宇栋以下官兵600余人，缴获各种枪支500余件。

胡冲店战斗的胜利，震动了整个豫南。国民党胡冲店乡长许尚珍、正阳常备大队大队长乔玉林和确山县的张明斋、郑立钊等地方武装首领，纷纷率部主动要求参加新四军，接受改编。豫南游击兵团遂抽调独立第二十五团两个排和淮南支队，与上述武装统一整编为豫南挺进兵团第三团，赖鹏任团长，胡仁任政治委员；独立第二十五团余部改称为豫南游击兵团第二团，林国平任团长，邵敏任政治委员；其他地方武装合编为汝正确总队，江鹏德任总队长，张国兴任政治委员；同时成立汝正确县委和县行委会，肖章任县委书记，余旭轩任行委会主席。不久，汝正确县行委会又先后建立了肖店、杨店、胡冲店、陡沟等 4 个区政府和 10 多个乡政府，初步开创了汝正确边根据地，创建了进军河南敌后的前线阵地。

为开辟平汉路西，豫南游击兵团和豫南工委在决定向路西挺进的同时，很快在路东建立了中心县委和路东军事指挥部，由张难任中心县委书记，胡仁任军事指挥部指挥长，以统一领导留在路东的党和武装，坚持路东敌后斗争，进行根据地建设。

9 月，黄林率兵团挺进第二团和第十三旅第三十八团三营九连，由张杨店奶山出发，越过平汉铁路西，到达泌阳牛蹄、沙河店一带。同时，周庆鸣率第三十八团三营七连、八连也赶到了黄梅店一带。

10 月，黄林与周庆鸣在木掀岗会合。20 日，豫南游击兵团集中了第三十八团三营、第四十五团二营和挺进二团一部，将驻竹沟东南爬头寨、曾制造"竹沟惨案"的祸首之一张明太部包围，歼灭该部 500 余人。接着，原信阳、确山一带的游杂武装高章亭等部，先后接受豫南游击兵团的改编，参加抗日。在此期间，豫南游击兵团又组建了信（阳）确（山）、确（山）泌（阳）桐（柏）、汝（阳）上（蔡）遂（平）县委、抗日民主政府以及抗日指挥部，蔡云生、杨玉璞、张子明分任县委书记兼县长和指挥部政治委员，周庆鸣、刘汉三、张九英分任各县总队长。确泌桐县行委会辖 5 个区和 20 多个乡，信确县行委会辖 4 个乡和 1 个直属乡，汝上遂县行委会辖 3 个区、2 个中心乡及 13 个乡。同时，豫南游击兵团还将第三十八团三营在补充大批参军农民后，改编为兵团挺进第一团，吴坤任团长；将第四十五团二营与一部分地方武装合编为挺进兵团第四团，张和智任团长，余嗣贵任政治委员。至此，豫南游击兵团已发展到 5000 余人。

为配合太行、冀鲁豫军区的行动，新四军第五师命令豫南游击兵团迅速向舞阳、叶县、鲁山地区挺进，与地下党取得联系，组织群众武装，开展游击战争，竭力打通与八路军兄弟部队的联系。接受命令后，黄林即率豫南游击兵团挺进第二、第四团和第一团一部向豫中挺进。他们从嵖岈山经舞阳西南的庙街，进抵叶县西南的三皇店、罗冲一带。新四军所到之处，敌伪、土匪武装望风披靡。沿途各县，包括西平、遂平、舞阳、叶县地区的地方党组织，尽管在国民党顽固派发动的反共高潮中遭到了严重破坏，但保存下来的共产党员在新四军到达后，纷纷出来主动联系，为开辟豫中敌后游击战争再作贡献。

为了加强对河南敌后党和军队的领导，11 月，鄂豫皖湘赣边区党委决定将豫南工委扩大为河南工委，豫南游击兵团改为河南挺进兵团，并派任质斌代表边区党委和第五师前去领导。黄林任兵团司令员，任质斌兼工委书记和兵团政治委员。

任质斌到达河南确山孤山冲兵团指挥部，听取黄林等的汇报以后，主持召开了营以上干部会。会上，他总结了挺进河南以后的工作经验，鼓励大家英勇奋战，争取创造更大的根据地，彻底改变边区面临的困境，会议确定了部队及根据地发展和建设的方针。接着，任质斌又分别主持召开了统战、政权建设、群众工作等一系列会议，布置了建立"三三制"政权、扩军、优抗等工作，设置后勤基地。

其后，为满足各地对干部的需要，河南工委建立豫南军政干校，招收和培养了一大批抗日知识青年学生，充实到部队和地方政府工作。同时河南挺进兵团还决定派出一部分武装北上襄城、郏县一带活动，迎接八路军第三五九旅南下支队；一部分武装到平汉铁路以东的上蔡等地活动，策应冀鲁豫军区向水东地区的进军。平汉路西抗日根据地开辟后，河南工委立即成立了中共路西中心县委和军事指挥部，由杨玉璞任中心县委书记兼指挥部政治委员，周庆鸣任指挥长，以巩固孤山冲为中心的根据地。

1945 年 3 月，第五师又命令第十三旅旅长周志坚率第三十八团第一、第二营挺进河南。4 月，经请示中共中央同意，鄂豫皖湘赣边区党委决定以罗（山）礼（山）、信（阳）应（山）、信（阳）随（县）、信（阳）罗（山）和淮南等县为基础，成立了第六地委、专署和军分区，夏忠武（后方正平）任地委书记兼军分区政治委员，陈刚任军分区司令员，余益庵任专员。

周志坚率部挺进河南，进入嵯峨山与黄林会合后，两部于 3 月 26 日围攻舞阳尹集敌据点，全歼伪和平建国军第一师商振亚部一个团，俘其 800 多人。

4 月 13 日，河南挺进兵团第二团进攻西平合水镇，取得了击毙日军指挥官松木，俘敌伪 300 余人，其中包括张国威、吴春亭两名伪军少将的重大胜利。随后，挺进兵团开展对国民党第六十八军的统战工作和瓦解伪军工作，又组建了中共西平、遂平、叶（县）方（城）舞（阳）县委、县抗日民主政府和县独立团，开辟了以嵯峨山为中心的豫中抗日根据地。

5 月，第五师将河南挺进兵团第二团、第四团和西平独立团、遂平独立团等武装，在已组建的西（平）遂（平）泌（阳）舞（阳）指挥部的基础上，组建豫中游击兵团，同时建立中共豫中工作委员会，栗在山任工委书记兼游击兵团政治委员，黄林任兵团司令员。

6 月，第五师又以信（阳）确（山）、信（阳）桐（柏）、泌阳等县的抗日武装为基础，成立新的鄂豫皖湘赣边区第四地委、专署和军分区，夏忠武任地委书记兼军分区政治委员，韩东山任司令员，娄光琦任专员。8 月，豫中游击兵团与八路军河南军区陈先瑞支队会师，组建新的豫中地委、专署和军分区，栗在山任地委书记兼军分区政治委员，陈先瑞任司令员，欧阳景荣任专员，并决定将豫中党政军组织划归河南区党委和河南军区领导。至此，河南新区的局面迅速打开，新四军第五师和进军河南的其他兄弟部队一起，共同为开辟河南抗日根据地作出了贡献。

至此，新四军第五师开辟了东起汝南、西至泌阳、南至信阳、北接舞阳，纵横 200 余里的敌后抗日根据地。豫中、豫南敌后抗日根据地的建立，使鄂豫边区与华北八路军兄弟部队初步取得了联系，牵制了敌伪顽袭扰边区的部分兵力，开辟了兵源、财源。豫中、豫南地方武装亦发展到 8000 余人，中原地区的抗日力量大为增强。

二、创建鄂皖边、赣北游击根据地

鄂东独立团东进黄梅以后，中共鄂皖边的党组织和抗日武装就把工作重点放在县城南部和湖区，利用那里人口稠密、村庄大、湖网面积广的特点，深入开展工作，积极创建抗日游击根据地。

1944 年 5 月，鄂皖边中心县委书记兼鄂皖指挥部指挥长黄世德率部来到黄梅蔡山，接着黄（梅）宿（松）边工委书记桂平也率一个连的队伍集中在孔东，两支部队会合后，随即向土匪武装卢自朝部发起攻击，迅速将其击溃。

9 月，卢自朝勾结鄂东顽军地方部队共 600 余人，从广济郑公塔乘船向蔡山白神墩、王二房、周宣、田宝一带骚扰，肆无忌惮。经过周密部署，黄世德派干鹄带一个连从白神墩边打边退，何海清带一个连从广济高星村直插湖边，截击卢匪退路，自己率余部从田宝向周宣猛攻，对匪实行三面夹击，将其全歼。此战缴长枪 300 余支、机枪 9 挺，扫除了新四军在黄梅湖区开展工作的重大障碍。随后，黄（梅）宿（松）县委建立了孔东、化南、穴清扬、塘谢、段窖等乡级政权，黄（梅）广（济）县委建立了蔡上、蔡下、新开、孔西、段塘、白湖等乡级政权，鄂皖边区从此连成一片。

与此同时，赣北游击根据地也在反顽斗争中日渐扩大，不断巩固。6 月，张海彪、田仁永、廖挺等由无为，曾少怀、陶权由蕲黄广率挺进第十八团到达彭泽，在原有工作基础上，成立了彭泽县委，郑重任书记。不久彭泽县委又扩大为彭（泽）至（德）宿（松）望（江）湖（口）鄱（阳）工作委员会，即彭泽大工委，郑重、吴光治先后任书记，属鄂皖边中心县委领导。彭泽大工委辖彭（泽）鄱（阳）湖（口）工委（书记田仁永）、宿（松）望（江）工委（书记杨光明）。挺进第十八团到彭泽后，即对外公开新四军名义，并将商群所率武装编为江南挺进支队（商群任支队长兼政治委员），随后又建立了彭至游击大队（曹晓春任大队长，田仁永兼政治委员）。在开展武装斗争、打击敌伪、发展抗日武装的同时，郑重等还大力开展群众工作、统战工作和敌伪工作，加强了赣北抗日游击根据地的政权建设工作，先后建立了4个行政办事处。彭泽行政办事处，主任廖挺，辖郭桥、路南、彭西、马路、大庙等6个乡；彭湖行政办事处，主任詹润民，辖湖西、太字，以及原棠山行政办事处所辖，共11个乡；彭至行政办事处，主任曾在禄；宿望行政办事处，主任陈明。

赣北游击根据地西到鄱阳湖口，东到东流，北跨长江北的泊湖、大官湖，南至至德县，辖人口20余万。它的开辟、巩固与扩大，打通了黄广边、黄宿边以及与赣北对新四军第七师的联系通道。

三、发展襄河根据地

第五师第十五旅和第三军分区部队于1943年开辟襄南根据地，恢复襄西地区之后，襄河地委随即加强了政权建设。

1944年7月，襄河地委决定成立汉沔中心县委，下辖汉沔、川沔、嘉蒲三个工委及监沔县委。不久，汉沔行委、汉沔军事指挥部、汉沔临时参议会亦相继成立，根据地内各区乡均组建了小股游击队，部分村组建了基干队，多次成功打退了敌伪的"扫荡"、抢粮行动。第三军分区部队和地方武装又乘胜出击，扩大了石公华、江陵、潜江、天潜沔等基本区的范围，控制了横跨长江、襄河的大片国土。到11月，襄河抗日根据地发展到东至汉阳蔡甸，西至当阳、宜昌，南至石公华、洞庭湖，北至京山、钟祥，面积4.8万平方公里，辖江陵、荆潜、天潜沔、汉沔、监利、监沔、石公华、当阳、天京潜、天汉、京钟、荆钟、京北等13县，共265个乡，500万人口。

襄河地区的政权组织有襄西政务委员会、襄南政务委员会和汉沔政务委员会以及天汉、京北、天京潜等3个直属县政府。襄西政务委员会辖当阳、荆钟县行委会和荆南、北山2个行政办事处；襄南政务委员会辖江陵、荆潜、天潜沔、监沔、石公华、川沔、汉沔等7个县行委会；汉沔政务委员会辖监沔、汉沔、川沔行委会，以及坝潭、黄蓬、福兴、老沟、张沟等5个直属中心乡政府。

鉴于襄河抗日根据地"地域辽阔，领导不便"的客观实际，为了改变这一现状，不断扩大抗日根据地，为战略反攻做准备，11月25日，鄂豫边区党委和第五师党委决定以襄河为界，将原襄河地区分为襄南、襄北，分别成立地委、专署和军分区。

襄南地委（第三地委）机关设在潜江熊口，方正平任书记兼政治委员，李守宪任专员，吴世安任军分区司令员。襄南专署辖江陵、监利、监沔、天潜沔、川沔、汉沔、嘉蒲、石公华、荆潜、荆钟北山、当阳等11县，襄南军分区辖第四十五团、第三十团、第三十一团、第三十二团、第三十三团、襄西中心县军事指挥部、江陵中心县军事指挥部、汉沔中心县军事指挥部、嘉蒲支队、江南中心县军事指挥部、天潜沔总队、荆潜总队、川沔支队、江南挺进支队、池西游击大队等。

1945年3月，随第三五九旅南下的原红二方面军将领贺炳炎、廖汉生等一批干部抵达襄南，鄂豫皖湘赣边区及时调整和充实了襄南地委的领导。边区党委决定：方正平任地委书记兼军分区政治委员，廖汉生任地委副书记兼副政治委员（4月，方正平调任第六军分区政治委员，廖汉生接任地委书记和军分区政治委员），贺炳炎任第三军分区司令员（吴世安调任第五军分区司令员），王绍南任副司令员，魏国运任参谋长，陈菊生任副参谋长，朱绍田任政治部副主任。3月6日，襄南专署召开第一次行政扩大会议，选举陈守一为专员，潘哲夫、刘宝田为副专员。

襄北地委（第五地委）机关设在天门夏家场，郑绍文任书记兼军分区政治委员，张谦光任专署专员，吴林焕任军分区司令员。襄北专署辖京北、天汉、京钟、天京潜、天北、应西等六县，襄北军分区辖第四十三团、第四十四团、天汉总队、天京潜总队、京北总队、京钟总队、应西总队、天北大队。

四、成立鄂豫皖湘赣行署

日军在打通平汉线侵占河南大片国土后，又进犯湘桂和闽浙沿海地区。1944 年 6 月陷长沙，8 月陷衡阳，10 月陷福州，11 月陷桂林、柳州、南宁，最终打通了大陆交通线。国民党军队继中原大溃退后，又在湘桂迭遭败绩，致使华南数千万人民群众陷于水深火热之中。

为了在抗日战争最后阶段能收复更多失地，中共中央和毛泽东确定了在巩固和发展华北、华中、华东抗日根据地的同时，提出向南发展的战略方针。9 月 1 日，中共中央政治局会议正式决定由王震等率领干部到华南去开展工作。10 月 30 日，中央命令王震、王首道等率八路军第一二〇师第三五九旅为主力的八路军南下支队挺进湘粤，开辟以衡山为中心的华南敌后抗日根据地，使其北与鄂豫边、南与华南东江抗日根据地连成一片。

八路军南下支队由第三五九旅和三个干部大队组成，司令员王震、政治委员王首道，下分六个大队。第一、第二、第三大队是第三五九旅的战斗部队，第四、第五、第六大队是干部队。其中第四大队以原红六军团暨湘赣苏区的老干部为基础，加上第三五九旅干部训练队组成，由郭鹏任大队长，廖明任政治委员，该队准备随第三五九旅南下开辟湘粤新区。第五、第六大队是中央准备补充给新四军第五师的干部。第五大队以原红二军团暨湘鄂西苏区的老干部为基础，由贺炳炎任大队长，廖汉生任政治委员，任务是返回洪湖老苏区一带，加强第五师在那里的干部力量；第六大队以原红四方面军暨鄂豫皖苏区的老干部为基础，由文建武任大队长，张成台任政治委员，准备到鄂豫边区加强第五师的力量。

鄂豫边区是这一战略性进军的出击地和直接后方。在此之前，新四军第五师已开创了地跨鄂、豫、皖、湘、赣五省边界的抗日民主根据地。1944 年 6 月 22 日，中共中央军委秘书长叶剑英在延安与中外记者参观团的谈话中，公布第五师活动地区为鄂豫皖军区①。8 月 5 日，新四军领导人张云逸、饶漱石致电毛泽东、刘少奇，提出：由于"目前我们与五师间之交通仍然困难，我们对五师情况之了解，比中央所了解者较少，而不会更多。同时自中央最近决定在河南敌后发展方针后，五师今后与北方之关系更加密切。为了加强对五师之领导，我们建议今后五师仍以中央直接领导为好"②。中共中央军委批复同意。9 月 28 日，李先念、任质斌又致电中央军委和新四军军部，提出："看到新华社广播《华中抗日根据地》一文内宣称，五师地区为豫鄂皖军区，过去我原对内外均用五师名义，对军分区地方军的命令指令，亦用五师名义，似有不妥。故我们拟公开公布五师地区为鄂豫皖军区，或鄂豫军区，以后对正规旅团下达命令，用五师名义，对军分区下达命令用豫鄂皖军区名义，妥否，请指示。"③10 月 19 日，刘少奇以中共中央军委名义复电称："同意划五师活动地区为湘鄂豫皖军区，五师首长兼任军区首长。"④此后即通称鄂豫皖湘赣军区（或豫鄂皖湘赣军区、鄂豫皖军区）。作为地域概念，对边区亦称鄂豫皖湘赣边区，原鄂豫边区行署即改称鄂豫皖湘赣边区行署，主要领导人及组织机构均未变动。

这时，全边区共有五个专署，一个豫南办事处，共辖 36 个县，800 余乡，7000 余保。行政区划分情况如下：

第一专署，基本区有陂安南、陂孝礼、安南、礼北四县，共有 159 个乡，1916 个保。游击区有罗礼应、经扶、安麻三县，无政权。

第二专署，基本区有信南、安应、云梦三县，游击区有信罗、应北、孝陂、京安、应城五县。基本区和游击区共有 158 个乡，1831 个保。

第三专署，基本区有江陵、监沔、天潜沔、荆当、石公华、荆沔、当阳

①《李先念年谱》（第一卷），中央文献出版社 2011 年版，第 429 页。
②《新四军·文献》（四），解放军出版社 1995 年版，第 233 页。
③《新四军·文献》（四），解放军出版社 1995 年版，第 240 页。
④《新四军·文献》（四），解放军出版社 1995 年版，第 241 页。

等七县，共 140 个乡，1445 个保。

第四专署，基本区有黄冈、冈麻、鄂大、武鄂等四县，共 54 个乡，738 个保。

第五专署，基本区有京北、天汉、京钟、天京潜等四县，共有 125 个乡，1518 个保。

豫南办事处，基本区有汝正确、汝蔡遂、确西、信确、西遂舞、淮南等六县。

第三节　第三五九旅南下与湘鄂赣抗日根据地的建立

在抗日战争即将转入全面战略反攻的前夕，1944 年秋，中共中央作出一项重大战略决策：在巩固和发展华北、华东抗日根据地的同时，一方面派遣一批干部奔赴东北，增强东北人民抗日力量；另一方面派遣八路军第三五九旅南下湘粤，建立五岭抗日根据地，以使华北抗日根据地、鄂豫边区、东江抗日根据地连成一片。这既是牵制敌人兵力，配合全国各战场对日反攻的需要，也是为建立我党南方战略基地，应付蒋介石在日本投降后可能发动内战而作出的长远考虑。

1944 年 11 月 9 日，八路军第一二〇师第三五九旅第一梯队 5000 余人，改称国民革命军第十八集团军第一游击支队（简称南下支队），由王震、王首道率领，从延安出发，两渡黄河，南越陇海路，经鲁山、叶县、方城、舞阳等敌占区，突破日军的重重封锁和顽军的不断阻击，胜利抵达豫中南。

新四军第五师在积极向河南发展的同时，也根据中共中央的战略决策，把协助第三五九旅南下发展华南抗日根据地，作为鄂豫皖湘赣边区的重要任务之一，因而加紧了对发展鄂南的工作安排，具体布置了迎接第三五九旅八路军南下支队的各项事宜。

7月，第五师第四军分区作出决定，加强对鄂南中心县委和鄂南指挥部的领导，整顿鄂南工作，大力发展鄂东南（长江两岸）人民的抗日游击战争，并由罗通任鄂南中心县委书记，李平兼任鄂大工委书记。王震率部南下后，第四军分区又命令鄂南各地党组织，认真做好建立鄂南桥头堡的工作，积极为大军渡江做准备。在鄂南各地党组织的努力和广大人民群众的支持下，到12月，已囤粮10余万斤，并在沿江一带设立交通站，组织船民利用打鱼和行船机会，摸清鄂城、黄石港等日伪军据点情况，积极为大军渡江提供军事情报。鄂南中心县委和鄂南指挥部在沿江各根据地组织船队，对船民进行护送部队渡江的训练，并令所属沿江挺进第一支队积极活动于金水闸、簰洲、老官咀一带，打差船筹军粮，为迎接第三五九旅南下积极做准备工作。

1945年1月27日，第三五九旅与新四军第五师主力在湖北大悟汪洋店附近的陈家湾会合。29日，第五师在陈家湾的大河滩上召开了欢迎八路军南下支队的大会，李先念、王震、王首道、陈少敏都发表了热情洋溢的讲话。2月3日，鄂豫边区党委召开扩大会议，王震等南下支队军政委员会成员出席会议。在会上，王震说：在延安动身南下时，毛主席叮嘱我两件事：一是向坚持在鄂豫皖湘赣边地区敌后孤军作战的新四军第五师全体指战员表示问候；二是要我代为传达关于我们南下以后，鄂豫边区工作的指示。主席说，你们南下以后，要取得李先念他们的支持与配合，要立即渡江南下，并转告郑位三、李先念，他们今后的工作将应以发展为主，同时照顾原有地区的巩固工作，而发展的主要方向应以鄂南为主，其他各面也应有发展的打算。此次边区党委扩大会议统一了思想认识，确定了第五师和鄂豫皖湘赣边区1945年的工作方针以发展为主，同时决定由张体学、罗通率第四军分区第四十团、第四十一团配合南下支队行动。

南下支队在大悟山休整17天之后继续向南挺进，沿途在边区军民的大力支持下，进展非常顺利。2月18日至23日，南下支队主力从黄州与下巴河之间和蕲春与田家镇之间分别渡江成功进入鄂南。由于第五师地区"过去宣传八路军和广泛深入动员迎接南下支队,军行所至,军民甚为兴奋,行动甚为方便"①。26 日,部队在阳新大田畈与千余名敌伪军展开一场恶战,击毙日伪军 270 余名,取得了挺进鄂南的首战胜利。大田畈战斗后,南下支队直插湘鄂边的大幕山。

3 月 3 日,南下支队以一部兵力与鄂豫皖湘赣第四军分区主力相配合,向盘踞在大幕山一带的顽军熊彪、周九如部进行反击,歼其一部。6 日,支队挺进至崇阳的金塘、大源、高枧一带。随即建立崇(阳)通(城)通(山)抗日民主政府。26 日南下支队攻克平江,组建了平江县抗日民主政府。31 日,毛泽东来电指示:"同意你们在湘北工作一个时期,建立联系南北之间的根据地,然后继续南进。"②4 月中旬,南下支队因受到国民党第九战区顽军的阻挠,遂撤出平江县城,将主力分散到岳阳、临湘、平江、通城和崇阳之间的广大地区,深入发动群众,组织人民抗日武装,建立各级抗日政权。

为加强根据地的建设,4 月 15 日,王震、王首道等致电中共中央,提出:"为适应目前斗争形势,统一湘北、鄂南发展及分区工作领导,成立湘鄂边区党委及行政公署,与五师地区直接联系,仍受五师党委会领导,是否适宜?请郑(位三)李(先念)考虑决定,交中央批准电复。"③23 日,李先念电复王震、王首道并报中共中央,称:"我们同意王(震)、王(首道)成立湘鄂边区党委的意见,五师第四军分区,除江北部队外,江南之部队及地方工作全部交该区党委,这对于工作有莫大好处,并提议暂由湖南省委同志改为党委,请中央批准。"④

5 月,中共中央批准成立了湘鄂赣边区临时区党委,王首道任书记,同时

---

①《新四军·文献》(四),解放军出版社 1995 年版,第 681 页。
②《新四军·文献》(四),解放军出版社 1995 年版,第 686 页。
③《新四军·文献》(四),解放军出版社 1995 年版,第 688 页。
④《新四军第五师电报资料》第二十三辑,第 9 页。

成立了湘鄂赣军区，王震任司令员，王首道兼任政治委员，辖三个军分区，并成立了湘鄂赣边区行政公署，聂洪钧任主任。湘鄂赣边区临时区党委、湘鄂赣军区和行政公署，均受鄂豫边区党委和鄂豫皖湘赣军区和行政公署的领导。

湘鄂赣临时区党委辖东地委、西地委和湘北地委，刘士杰、罗通、曾涤分任地委书记。湘鄂赣边区行政公署辖东分区政务委员会、西分区政务委员会、湘北政务委员会，贺健华、罗通、曾涤分任主任。东地委辖武鄂中心县委、阳大通中心县委和武鄂、鄂大、阳大、湘富、阳新、阳通、阳瑞等县（工）委；西地委辖咸武鄂、咸通阳、咸崇蒲、嘉蒲临、金水等县（工）委；湘北地委辖岳临通、平浏长县委。

为了巩固湘鄂赣抗日根据地，南下支队一部及各军分区部队采取集中兵力、各个击破的作战方针，在人民群众的支持下，不仅击退了日寇的不断"扫荡"，粉碎了国民党顽固派的多次围攻，而且自己也在战斗中不断发展壮大。至7月初，已解放了赣北彭泽以西，湘北岳阳以北，长江以南，南北130余公里、东西180余公里的广大地区，人口200余万。

南下支队主力继续南进后，根据中共中央7月11日电示"在王（震）王（首道）率主力南进后，我们意见似以成立地委，直接受鄂豫皖区党委指导为妥。地委由张体学任书记，其他委员由鄂豫皖区党委决定"①的精神，鄂豫边区党委决定将湘鄂赣临时区党委改为鄂南地委，张体学任书记，湘鄂赣行政公署改为第七专员公署，贺健华任专员。

---

①《李先念年谱》（第一卷），中央文献出版社2011年版，第490页。

第四节 为争取抗战的最后胜利而奋斗

一、克服财政经济困难

1944年，随着部队的发展壮大，军饷开支不断增加，加之连年的自然灾害，边区财政经济再度发生严重困难。

为解决各地的财政经济困难，3月13日，中共中央发出了《关于组织军民生产、改善军民生活的指示》，指出："春耕已到，你们应动员广大人民，一切男女老幼上生产战场。各级地方干部，专员、县长、区长、乡长等，均应亲自下乡，精细的去指导与组织一个村或几个村的生产，解决人民生产中的困难，发动群众高度的生产热潮。关于部队、机关、学校的生产，亦应加以切实的动员和组织，在不妨害战斗与工作条件下，要使每个战士与工作人员适合各人情况的都去参加一些劳动，为切实改善本部队本单位的生活而斗争。"[①]

同日，华中局致电郑位三、李先念，指示："（一）鄂中粮食布匹基本可以自给，除食盐外，大都为出超，因此你们对伪币应采取排斥方针，从广泛的政治宣传到财政机关收买管理，以达逐渐禁其在我基本区市面流行之目的。（二）你处法币缺乏的主要原因，为公粮不征实物而收代金，因此大批法币为政府及人民保存而不能作为外汇及流通工具之用。你们公粮如果改为征收实物，不但可减少政府及人民用大批法币作缴粮和购粮之用，而且政府掌握大批粮食在手，又可采用以粮换盐办法减少大批法币之需要。（三）你们应尽力设法加印边币，选政治上可靠而经济财政工作又有经验的干部做银行工作。边币发行当大批投入农村，作为刺激生产、压制高利贷之用，而不作为填补财政亏空之手段。如在夏收青黄不接之时能发出大批农贷及收集大批粮食实

---

①《中共中央关于组织军民生产、改善军民生活的指示》（1944年3月13日）。

物在手，则边币基础巩固，对群众中的影响亦可确立。（四）在比较巩固地区当逐渐建立对外贸易管理制度，以调剂进出口货之流动逐渐控制管理对外贸易，以便做到主要货物之物物交换，打破敌顽对我的封锁，但对我根据地商业税应减轻，使内部商业日趋繁荣，交换畅通，减少群众困难。（五）最后解决根据地财经困难与确立边币的最有效的办法为领导群众提高生产，努力做到主要日常必需品的自给自足。因此当把财政与经济联系起来，而又把经济作基础。"[①]

接到中央及华中局的指示后，鄂豫皖湘赣边区在原有基础上作了生产的部署。

4月，边区党委在大悟山楼子沟召开了生产誓师大会，特别强调领导干部带头参加生产，号召机关、部队、学校都要自力更生，大抓生产运动。

在李先念、陈少敏等倡导下，边区上至首长，下至一般勤杂人员，都投入生产和劳动竞赛活动中。大家发扬艰苦奋斗、吃苦耐劳的精神，开荒种地，挖野菜，打柴，采盐，毫无怨言，取得了较好成绩。到5月8日的20多天时间内，边区便开荒96亩8.6分，种菜9609亩，打柴602398斤，挖野菜12520斤，采药17039斤。仅五个部门就节约2385356万元，初步渡过了四个月来的严重困难。

为进一步推动生产节约的热潮，总结这20多天来的经验，确定今后的长期生产计划，边区生产总会于5月8日召开了整个机关部队的生产积极分子大会。边区行署建设处长、边区生产总会会长彭绳武主持会议，各机关部队生产积极分子共100余人参加了会议。大会会场上展示了黄安县挖的11种草药，以及郑位三、李先念、刘少卿种的三盆蔬菜。华中局代表郑位三、边区行署主席许子威和第五师参谋长刘少卿等出席大会并作了讲话，对下一步的

[①]《华中抗日根据地财经史料选编——鄂豫边区新四军五师部分》，湖北人民出版社1989年版，第26—27页。

任务与要求作了指示。8日下午至9日，各生产分会的模范、积极分子代表向大会报告了各单位生产节约成绩及经验。大会表彰了第十三旅一面打仗，一面生产，奖励其"生产模范"奖旗一面，每个积极分子奖励毛巾一条。会后，边区各地机关、部队、学校，继续开展生产自救活动。

由于战争频繁和环境动荡，特别是自然灾害，仅机关、部队、学校的生产自救，还不能从根本上解决边区的财政困难。为此，8月4日，边区党委致电华中局并中共中央，指出："五师地区几个重要县，已经确定的成了荒年，或歉收，礼山平均二收，黄陂平均五收，应山、安陆、云梦平均四收，只有黄安一部分及各湖区地带，可称丰收。我们的明年预算（从今秋起）赤字几乎有一半困难，再加上荒年，这对于我们是一种大危险。我们九、十日起讨论财经及荒年问题，请即来指示，介绍华北与灾荒斗争的经验。"[1]

毛泽东阅后指示：请刘少奇、陈毅商复。12日，中共中央致电鄂豫边区党委，提出克服财政困难、救济灾荒的办法。指出：

解决财政困难不外是开源节流。在开源方面除整理税收外，主要应是组织机关部队进行生产，即自己动手，克服困难。组织大家种菜、种粮、喂猪、喂鸡鸭、打豆腐、榨油、打鱼、采集山货和进行各种手工业生产，可克服很大困难。改善部队机关的生活条件，各地均有很好的经验，望你们仔细研究。如果部队缺乏土地生产，即可在人民自愿的条件下合伙，将部队劳动力和肥料加在人民土地上，因而对所增加的收获，部队能分得若干成。其次，适当地进行对外贸易，组织公营企业，亦可增加一些收入。在节约方面，则需彻底进行精兵简政，将一切不必要的人员、马匹裁减，机关部队单位合并，组织编余人员专门进行生产。再其次，则为进行节省，减少浪费。至于根据地经济困难，则须执行正确的税收、金融、贸易政策，并动员人民来提高生产，

---

[1]《华中抗日根据地财经史料选编——鄂豫边区新四军五师部分》，湖北人民出版社1989年版，第28页。

才能解决。

关于灾荒问题，应坚决实行生产自救的基本方针，应提出大家互助，渡过困难，政府以一切方法保证不饿死肯自救的人等口号，去组织党内外的群众进行生产自救。应批评眼睛向上、专等政府救济，不自行生产、坐吃山空的观点。目前应以一切方法，动员一切男女老幼、部队、机关，去抢收秋禾，补种晚禾及番薯、豆子等，特别应普遍大种蔬菜，采购各种蔬菜种子，广为播种，并将蔬菜晒干，留着冬春食用，还须多种麦子、豌豆等，以便明年春末能有收获。其次，应普遍采用代食品，如可食之野菜、山花、山果等，储存糠秕、瓜果皮及一切可代食的东西，准备春荒严重时不致饿死人。再次，要防止灾区根据地粮食外流，向无灾区及敌友区购进粮食，政府就设粮食调剂所，不使奸商操纵粮价，但不要限制粮价，以免引起黑市及粮食外流。对灾民应普遍实行以工代赈，组织一切待救济而又有劳动力之灾民开荒、开滩、开渠、打坝、打井或进行各种手工业生产等，并实行贷款、贷粮给灾民，进行商业运输，赚脚价及做小买卖等。如太行山根据地，他们贷给一家一斗粮食几斤棉花，令灾区妇女纺纱交公家收买，即可维持一家生活。又如贷给灾民一部分粮食、路费，组织他们到敌区运粮来根据地卖，亦可维持生活等。还要动员灾区各阶层人民实行广泛的互助互济，鼓励私人亲友间的互助，表扬慷慨捐献者，推动士绅名流组织募捐及参加我们的各级救灾委员会。但须严格防止高价抢粮与吃大户等现象，因这将引起粮食隐藏、粮价高涨、市场停滞及破坏私人借贷与妨碍生产等。还要妥善处理因灾荒而发生的各种严重社会问题，如家庭不睦、离婚增多、偷盗抢劫等，均将减低生产情绪。应进行调解，促进家庭和睦及建立群众防奸防盗公约，互相监督。对于敌区灾民，也应进行生产救灾的宣传，揭破敌人制造灾荒的罪恶，并须防止敌人驱使灾民到根据地抢粮的阴谋。

生产救灾工作，是很细密的组织工作和群众工作，必须深入下层，调查研究，吸取群众意见和经验，并经过群众的讨论和决策进行，才能切实有效。

粗枝大叶，官僚主义，则必扰民有余，救灾不足，必须教育各级干部改变这种作风。[①]

同日，中共中央电示华中局："五师经费困难且有灾荒，但五师在目前及将来均须担负极重大而艰难的任务，华中各根据地是否可在经济上给五师一些帮助？"[②]10月6日，华中局致电郑位三："五师地区财政困难，我们已动员各师、各地筹款救济，预计在年底或明春各地可给你处部分援助。你们目前对今冬及明春的困难与解决方法，就早作估计、准备和处置，免得将来灾荒困难高峰期间到达，难于应付。"[③]随后新四军第一、第二、第三、第四等师及全华中所有地区，均节约抽款救济第五师，并于10月底送来了第一批接济款2000万元。

为了从根本上克服困难，边区各地党政领导机关进一步组织农民开展大生产运动。除组织部队、机关、学校帮助群众兴修水利、抢收抢种，帮助缺少劳动力的农户和抗属代耕，做到精耕细作、精打细算、寸草归垛、颗粒归仓外，还根据农民自愿，普遍组织开展换工互助，办农忙托儿所，使一批妇女也能参加生产互助。互助组或换工队大体以村为单位，10户或20户为一组。据1944年7月礼南县四个乡的统计，参加换工的农民达5300余人，省工1200余个，折合工价120余万元，省吃喝费140余万元。安应地区抢救黄谷时，农民出动了160乘水车，一起车水翻山，充分显示了"组织起来"的伟大力量。

边区还组织各地进行生产协作，1944年应城农救会组织丘陵地区和河港地区农民大协作，车水灌田抗旱，使旱象严重的丘陵地区（第一、第三区）也获得丰收。陂安南、安应等13个县，1944年为抗属代耕共出人工7.87万

---

① 《华中抗日根据地财经史料选编——鄂豫边区新四军五师部分》，湖北人民出版社1989年版，第29—31页。

② 《新四军第五师电报资料》（四十三），第30页。

③ 《新四军·文献》（四），解放军出版社1995年版，第875页。

个，牛工 26.96 万个。安应全县 2100 户抗属经常受到互助组、换工队的代耕优待。农村互助协作运动还有利于军民合作搞大生产。平时，部队帮助农民生产，战时，农救会组织互助组、换工队帮助部队照顾田园。

边区还大力开展水利建设。襄河地区成千上万的农民上堤开渠。据 1944年统计，襄南各县共挖塘 7790 口，挖堰 78 个，筑堤 2278 条，筑畦 1096个，开沟 139 条，做工 139.3 万个，受益农田 53 万亩。汉川江庙一带群众在粉碎敌人破坏活动中修建围堤，使数万亩农田受益，群众将此堤命名为"解放堤"。

京安夹河洲经常发生涝灾。1944 年，京安县委一面组织武工队、区中队和农民抢修河堤；一面警惕敌人骚扰破坏，终于在春汛前修好南北长 7 公里、东西长 5 公里的堤坝，使夹河洲免受洪水威胁。石公华县在 1944 年修筑加固大小堤垸 30 多个，后又在江北修了从新厂到筅子口的 5 公里江堤，在江南修了河口 5 公里长的江堤，并开通了些河渠，做到沟港畅通、堤垸牢固。

边区政府还奖励开荒，生荒三年不纳粮、熟荒一年不纳粮的政策深入人心。因此，各基本区开垦的荒地迅速增多。大悟山区的可垦荒地几乎全部开垦出来。1944 年，边区政府还发放了救灾贷款 1500 万元，组织群众生产自救，从而稳定了灾区人民的生活。

10 月 20 日，郑位三、李先念、任质斌致电中共中央，报告边区情况，指出："财政困难极大，成为主要困难。财政上经过详细预算之后，从今秋到明秋相差了六个月的全部给养。今年全党对财政虽然用了最大力量，各部门财政工作都收了若干效果，但都无大效果，已做了生产节约、多打公粮、整顿财政等工作，正在做的有群众以粮食拥军的工作，计划再做的有发行公债或预征等工作。但估计就是做了这些工作之后，还是不能完全克服明年之财政困难。就财政现状说，冬衣至今还未发齐。"

12 月 13 日，毛泽东阅后批示："陈（毅）、刘（少奇），请研究办法。我的意见：师部只管直属队，各分区财政宣布一律自筹，或自筹大部。不把担子交给下面，是无法解决的。但不知道那里是否已交下面还不能解决，或是未交不能解决，请去电询问。"①

18日，遵照毛泽东的批示精神，华中局致电郑位三、李先念、任质斌、陈少敏等，指出：我们想到你处在分散游击环境，依照敌后各地经验，在这样的情况下，经济供给的完全统筹是办不通的，统一政策领导下，由各分区分散自筹却证明是较好的办法。例如师部只发直属队，各军分区由各专署负责，甚至各团亦可由各县负责分筹，以你们地区之富庶丰饶，实行就地分散自筹自给。只要地方党政与军队能同心协力实行党政军一体化，是一定有办法的。应动员地方党委、地方政权、群众团体，首先而且坚决地负起保证军队供给无缺的责任，多做说服教育工作，达以一致为解决供给困难而奋斗。在打破统筹办法之外，供给待遇标准全师一律的办法，也应废除。师部对全师只负抽多补少的调度、调剂和政策上的指导责任。这一办法不知你们是否实行，如未实行可立即照做，如已实行，其困难何在，请即电告。你们要不怕下面发生弊病，先让下面自筹取经验，吃饱之后再作政策上的医救。

华中、华北的部队供给，大部分解决均依靠征收公粮，你们要立即就地建立公粮制度，要各部队与当地人民商量拿出粮食供给军队，以公平的标准民主的态度去办理，并要有80%以上人口均出粮税。此外要说服部队不完全吃大米，养成吃杂粮的习惯，与老百姓同等。这样，使老百姓所出粮额不多，而部队食用告足。在游击区公粮征收后，仍可分散由人民保管，要吃时再到各家去取。

你们还应准备迎接明春的大生产运动，部队和机关均应参加生产，或拨出一部分（部队）组织生产队，或大部分参加生产。生产办法，或开荒，或与人民合伙共地耕种，在军民兼顾原则下，分配收成。敌后经济供给的重心应放在发展生产上面，只有在人民中间的生产量大规模增加之后，财政问题

---

① 《李先念年谱》（第一卷），中央文献出版社2011年版，第459页。

才能得到充分解决。请你们根据湖北实情，去灵活运用这一原则。各分区的税则、对外贸易和入口货物应在统一对敌斗争的原则下，视各地实况进行适当管理。你们应发行独立的边币，财税办得好，仍是解决困难的一个主要方向。

你们还可考虑移兵就粮的办法，把中心区的兵力和机关学校移到边沿区去，移到粮食丰饶的新区，把中心区的机关人员大批精减出来，派到新区去发展。师部、区党委及边区政府应合在一起办公，成为一个领导机关，而将大批人员派到各分区去加强分区工作，让各分区独立工作，独立解决问题。为了防备桂顽，在应援便利的条件之下，部队亦可作适当分散，如必需四个团住在大悟山，即可实行生产待机的办法，对每个团由公家发一批资本，让他们有计划进行农工商业生产，从自给三个月或半年到全部自给，可开始试行之，但粮食仍须由公家发。鼓励各团的生产积极性，全部收入归他们支配，其他部队亦可试行此项办法。你处既要移兵就粮，向外发展，中央除派王震率一个旅去湖南外，是不宜再派兵到你处了，你们亦不必派更多兵到江南。

反恶霸斗争，不宜作为群众运动去普遍发动，宜就具体事件，妥善处理解放区的正规的群众运动，路线是从减租减息、改造区乡政权、组织农民、组织自卫军及民兵，到发动大生产运动。只要在农村中确定了工农优势，如生活改善、群众组织起来、政权武装在握等，不宜将群众引导到普遍的反恶霸的道路上去，遇有具体恶霸事件或土劣事件，宜交司法部门处理，以宽大精神调解双方，达到昭雪洗冤，使苦主得到适当赔偿为已足。

由中央或华中局拨款帮助五师，这均是临时办法，恐仍尢补大局，一切仍靠你们就地自筹。你们党政军应协同一致，为解决供给困难而奋斗。[①]

根据中共中央、华中局关于解决边区财政困难办法的指示精神，鄂豫皖

[①]《华中抗日根据地财经史料选编——鄂豫边区新四军五师部分》，湖北人民出版社 1989 年版，第 43—46 页。

湘赣边区一方面在确立以发展为主的指导方针的前提下，派周志坚、方正平、栗在山等率第十三旅等部赴河南，派张体学、罗通等率第十四旅等部随第三五九旅南下，发展鄂南，还将第十五旅驻扎的原襄河军分区重新划分为襄南和襄北军分区，实行发展根据地和"移兵就食"相结合的方针；另一方面加强农业、工业、商业、财政、交通的建设，使边区在渡过严重困难的同时，迎来抗日战争的最后胜利。

在1944年冬各地大兴水利的基础上，1945年春，边区又掀起了战争与生产相结合的大生产运动高潮。如襄南行政专署为了贯彻边区的指示精神，于3月9日召开了行政扩大会议，着重讨论如何解决耕牛、种子、农具及组织开荒、换工互助、合并领导机构等问题。11日，行政专员公署又召开了委员会议，具体部署春耕生产计划，作出到江南大批买牛，以补充江陵、天潜沔、潜江各县的耕牛缺额；由监利运输谷种以解决襄西种子困难；由专署责成各县创办农具制造厂等决议。会议还根据襄南地区人民生产基金缺乏的实际情况，决定给潜江、天潜沔、江陵等地增拨200万元耕牛贷款，拨给特别困难的襄西200万元救灾款。

襄南、襄北各地在春耕大生产中，普遍实行了集体换工的办法，各地对集体换工的做法进行了表彰和推广。如石公华县，在春耕到来之前，举办了为期三天的春耕短训班，由各联乡抽调生产积极分子受训，学习交流生产经验。1945年4月30日，《襄河报》以"还是换工好"为题，对春耕训练班的情况作了报道。

为缓解财政困难，保证部队供给，边区在普遍号召各地区、各部队进行大生产的同时，还开展了轰轰烈烈的节约运动。如第三军分区就成立了以副司令员王绍南为主任、后勤部长史可全为副主任、政治部副主任朱绍田等为委员的生产节约委员会。该委员会还专门制定了生产节约条例，指出："节约的原则是爱护公物，反对浪费。制度规定之物品数内，凡节约者，不论私人与团体，在公私兼顾原则下，节约物品均按实物价格二分之一分红，即公家

私人各半；但故意浪费者，应由私人或从单位生产中赔偿，以明赏罚。""节约
范围，凡公家供给之物品，如粮食、被服、鞋袜、毛巾、肥皂、办公费、津
贴等等。在提倡节约的原则下，首先应该是遵守供给制度，严格预决算。"第
三地委书记兼军分区政治委员廖汉生在生产节约动员会上指出："光生产，不
节约，就是左手进，右手出，像流水沟一样。"

各机关部队的领导人为推动节约运动的开展，都带头节约，并纷纷制订
了个人的生产节约计划。整个运动不仅产生了明显的经济效益，而且具有广
泛的政治影响，军与民、干与群共同生产，关系更为融洽，心贴得更近，根
据地广大人民群众的抗日热情空前高涨。

二、彻底推行减租减息

1944 年，边区继续实行减租减息政策。7 月 28 日，毛泽东致电李先念等，
询问："减租中的偏向，明减暗不减是否还存在，减租是否还应定为今年的任
务？同时，减租中的过左现象是些什么？请予电复。"[①]接到毛泽东的电示后，
边区认真总结了前几年的减租工作，认为前几年的边区减租工作，以礼南、
黄安、黄陂、安应、云梦等基本区实行得较普遍和较扎实，而在其他有些地
区，由于群众没有充分发动起来，一些地主对减租持观望态度，少数地主则
持顽抗态度，欺压农民，确实在一些地区存在明减暗不减的现象。

为了深入开展减租减息工作，边区党委根据中共中央关于减租是农民的
群众斗争，党的指示和政府法令是领导和帮助群众斗争，而不是给群众以恩
赐的指示精神，确定 1944 年边区的减租工作，应抓紧反"扫荡"的间隙和秋
收季节，按照基本区、游击区、边缘区的不同情况，采取不同方式，有计划
有步骤而又大胆地放手开展群众运动，彻底地实行减租减息政策。为此，边
区行政公署颁布了 1944 年度的减租办法。各地政府依照边区指示，深入发动

---

①《新四军军部在黄花塘》，江苏人民出版社 1993 年版，第 314 页。

群众，同顽固地主展开了面对面的斗争，狠狠地打击了他们的威风和对减租减息政策的反抗破坏活动，使减租运动取得了明显效果。据1944年秋后边区80个中心乡的估算，共减去租谷15万石，农民从中得到了实惠。

1945年，边区行政公署又颁布了《鄂豫边区1945年度减租办法》，规定：凡佃田之租课，一律按该地沦陷前原定实付租额为标准定成减租，如系主佃双方因感情关系而在交租时随意让租者，应照原租额看成减租。为了减少主佃双方纠纷起见，可以区为单位，由政府召集主佃双方的会议，在不违反减租办法条例的原则精神下，按各地租佃关系的具体情况和不同习惯，规定关于实付租额的具体解决办法。在歉收地区须按歉收成数减成，减成后再二五减租。年成即以该田丰年实收量与当年实收量对比，主佃双方不得故意抬高或压低。如时间许可、主佃同意，可先按租额减租，减租后再减成。无论公田、祠庙公田、学田等，一律实行二五减租。如1944年已实行减租，并根据减后租额订定租佃契约者，今年除因歉收减成外，不再减租。出租土地一律禁止额外报酬或收取押金。汉奸地主在减租后其租课交政府代管，经请求有人作保悔过时发还之。贫苦小业主如无劳动力或残疾，其全部租课收入不足食用者，或少减或不减，由农救会召集主佃双方协议，政府不加勉强。

由于1945年的减租办法更具体更细致，所以在减租过程中对各阶级关系的处理，更适应复杂的情况。

三、加强各项经济建设

工业　　边区公营的工厂，除兵工厂外，还有缝纫、印刷、造纸、卷烟、电池、化工、榨油、毛巾、炼铁、油墨等厂。边区行署和第五师后勤部及各军分区、各基本区的县都办了一些中小型工厂。直属边区领导的有第一、第二、第三被服厂，共有职工1000余人，他们利用农村空闲房屋，组织集体生产或采取分料、分工到户的方式进行生产，基本上保证了部队的供给。第五师后勤部的皮革厂、印刷厂、印钞厂、制图所也都在1944年和1945年得到了进一步的发展与扩大。在边区公营工业中，最有影响的当数制烟业，规模较大的公营烟厂有大达卷烟厂和抗大卷烟厂。位于陂安南的大达卷烟厂，下设三个分厂，共有职工400余人，月生产纸烟万余条。该厂生产的"女将军"牌、"三三"牌、"五五五"牌、"双鱼"牌、"木兰"牌纸烟，远销武汉、鄂南、江西、皖北、豫南等地。第五师后勤部的抗大烟厂生产的"元帅"牌、"帆船"牌香烟也很有影响，它除满足部队需要外，也运销外地。

边区政府还积极鼓励发展私营工业，通过给予贷款等方式，帮助解决原材料等问题，并保护其正当权益。当时，除应城膏盐矿外，还有以手工业为主的纺织、染布、炼铁、制锅、煤炭、木器、篾器、烧窑、粉房等行业，尤以纺织最为普遍。边区每年生产土布在1500万匹以上，销往四川、湖南、河南、江西等周边省区，是边区人民的一大财源。私营的榨油业也很发达，许多县几乎乡乡有榨坊，产品除供应边区食用外，其余的大量出口，以换取必要物资。私营手工业的发展，对解决军需民用和活跃经济有着重要作用。

交通　这一时期，边区的交通体系也日渐完善。1944年秋，边区党委决定将原交通总局改为第五师总兵站，许金彪任总站长，张振坤任政治委员，张进先任副总站长。各军分区设分总兵站，各县设兵站，边区上下建立了完整的交通体系，交通人员发展到1300多人，他们担负着武装交通、普通的公文信件送递、秘密交通和后勤运输、护送干部等任务。为着顺利开展业务，总兵站设立训练班，集中训练交通人员，提高他们的业务水平，使边区的交通事业得到新的发展。

商业　为促进边区的商品流通和防止敌人掠夺物资，边区行署支持各县兴办了一些公营的商业网点，合作事业也发展很快。1944年，在边区拥有500万元以上资金的供销合作社有5个。它们积极收购农副产品和出口物资，有计划地向外地推销和从外地输入必需品，为保持边区的物价稳定和市场繁荣发挥了骨干作用。同时，边区政府继续实行对外贸易统制，坚决贯彻"以货易货"的原则，规定敌占区商人到边区采购粮、棉、油等物资，要为边区运来食盐、西药、五金及其他必需品。1944年，由于灾荒，边区还采取措施，加强对粮食的管理，灾区各区、乡、保清查户口，对缺粮户发购粮证，凭证购粮，各村湾设岗盘查，禁止粮食外运到敌占区，鼓励丰收区的粮食调剂到灾区。为了同敌伪和国民党顽固派的经济封锁作斗争，边区政府重视私营私业，采取有力措施，鼓励和保护私人经商。在各地政府的支持下，边区各较大集镇都组织了商会和同业公会，维护商人的正当权益，协助政府进行对外贸易统制，平抑物价，稳定市场。

征税与发行建国公债 在贯彻执行"开源节流"方针的过程中，边区政府采取了一系列措施。

首先是进行清查田亩和核实田赋公粮的工作。经过清查田亩，查出了一些"黑田"，增加了田赋公粮。

其次是调高关税。关税即出入境税（主要是过境税），它是边区财政收入的主要来源。1944年边区调高了税率，规定过境税为25%，进口税为30%，控制进口的商品征税则高达50%。由于边区各地政府严格依照法令，严厉打击敌伪的破坏活动，积极征收关税，1944年边区税收近5亿元，其中地方税（主要是营业税）1亿元，关税近4亿元。

再次是发行建国公债。自1944年底开始，边区政府决定发行建国公债，并于12月在大悟山召开发行建国公债会议，部署全边区的发行工作。1945年3月1日，边区颁布《劝销建国公债实施办法》，规定各区乡均须设立劝销委员会，劝销公债的对象为边区的商富及沦陷区与大后方的商富；1945年4月，《豫鄂边区发行公债条例》出台。《条例》规定：本公债供给建国并准备反攻之用，名曰"豫鄂边区行政公署建国公债"；发行总额为边币5亿元至10亿元，以边区的田赋关税收入为担保；共分甲、乙、丙、丁四种，甲种为边币20万元，乙种为边币5万元，丙种为边币1万元，丁种为边币5000元；为避免债券购买人或债券持有人因货币贬价而受损失，本公债票数钱数一律按当地当时谷价折成实物，以斗计算，还本时付谷，或依照还本时的当地谷价折成钱，寄还法币或银圆以及其他币种；年息五厘，自购买之日起，每逾一年付息一次，由原购地县府凭息票付给，上项息票到本时，可用以抵缴原购买地之田赋公粮；满三年后分三期还本，每年一次，各为票面额的百分之一；推销公债的主要对象是边区的富商和沦陷区或大后方的富商，以及地主、富农等，推销的办法是逐级下达任务，领导上阵，层层动员，通过各种社会关系劝销等。在推销建国公债过程中，各地政府工作人员首先召集士绅、富商、地主、富农等开会，讲明抗战救国意义，进行动员，然后要求其积极行动。许多开明士绅和富商带头认购，石公华行委会还把公债推销到敌占区。第三专署在劝销公债中成绩突出，销售最多。

　　金融　　边区还加强了金融工作。边区建设银行为支持各地生产，仅在1944年就发放农业贷款1000万元以上。抗战最后阶段，汪伪政府发行的500元、1000元、5000元票面值的伪钞，通过各种渠道，大量流向边区，对市场形成猛烈冲击。同时国民党统治区通货膨胀，贬值的法币在边区大量流通，导致了根据地内的金融紊乱，边区不得不进行货币斗争。襄南在临近敌占区的集市设立货币调换所，让来自敌占区或国统区的商人将所带的货币按章一律先换成边币，并持边币和货币交换证在边区从事贸易活动。这样，既制止了伪币的流通，也在一定程度上缓和了法币对市场的冲击，保护了边币。但从总的方面来看，由于受伪钞和法币的冲击，边区损失仍然很大，1944年出现财政赤字3亿元。1945年春，边币发行额已达2亿元，其中半数作为财政开支，（由于贸易入超）边币贬值六七折。抗战胜利前夕，边币发行额剧增，边币贬值更加厉害。

　　总而言之，1944年后，边区政府加强了财政工作领导，在开展根据地的各项建设上，也做了大量的工作，但由于内外环境的影响，因而只是从一定程度上缓解了边区严重的经济困难，边区的经济形势依然严峻。

四、收复白兆山、四望山根据地

1945 年春，日寇发动豫西、鄂北战役。当他们对南阳、老河口地区的国民党军发起进攻时，国民党军中的顽军则肆意侵入鄂豫边区根据地。为牵制敌人西进，也为打击顽军势力，新四军第五师由李先念率领主力 3000 余人和任质斌率河南挺进兵团等部，于 4 月至 5 月进行了白兆山和豫西南自卫战役。

收复白兆山的战斗于 4 月 13 日拂晓打响。中午，第五师部队即攻占了洛阳店，下午，第三十七团和第四十四团又分两路围歼鲁板冲新屋湾之别动军指挥部。在遭到顽军顽强抵抗的情况下，第五师部队迅速组织爆破队，借助重火力的掩护，炸开了南边寨门，突入寨内与顽军展开激烈的争夺战。经过彻夜战斗，顽军大部被歼，余部落荒向西逃窜。第五师部队乘胜追击，向环潭进攻，驻守环潭的顽第九游击纵队不战而逃。第五师部队在环潭稍作休整后即转往均州西之尚家店一带，于 4 月 25 日向三里岗之顽第六游击纵队发起进攻，击溃该部顽军。至此，第五师歼灭了顽别动军大部，毙伤俘顽军 670 余人，缴获美式冲锋枪 28 支、卡宾枪百余支、得机枪 1 挺、长短枪 490 余支，活捉其少将支队长刘玉明，恢复了白兆山根据地。

收复白兆山之后，李先念率部继续向北挺进，进入信桐地区，准备与进行豫西南自卫战役的任质斌所率部队会师。此时，任质斌正率河南挺进兵团和第十三旅各一部，从孤山冲南下信桐地区，进驻桐柏王湾。5 月 13 日，李先念与任质斌在信应边地区的岩子河会师。由于第五师收复了白兆山，控制了豫西南、鄂北部分地区，直接构成了对平汉路南段的威胁。自 5 月底起，国民党顽固派复纠集五个师又五个游击纵队，大举进攻白兆山、四望山地区。

6 月 5 日，顽第一二五师配合顽暂编第一师和第三团及顽第三、第六、第九游击纵队，对白兆山进行"围剿"。在白兆山与敌周旋的第十五旅第四十五团指战员英勇奋战月余，打退了顽军多次"围剿"，消灭了其部分有生力量，但终因众寡悬殊，于 7 月 9 日主动撤离白兆山。

　　顽固派进占白兆山后，又集结 3 万余人，分四路向四望山根据地进攻。顽暂编第二十八师由西南进攻随县东北七姑店、塔尔湾；第六十九军、第一八一师两个团由南进攻岩子河、吴家大湾；第一游击纵队进攻王子城、草店；第五十五军、第七十四军从河南的固县、吴城一带进攻四望山，企图聚歼第五师主力于四望山一带。

　　第五师以第十三旅特务团、第三十七团和第四、第六军分区部队共 4000 余人，反击顽军的"围剿"。7 月 17 日，顽第一八一师第五二四团一部进犯木牌寺，第十三旅特务团一个营奋勇抗击，将其击溃。20 日，顽第七纵队 800 余人，进犯朱家店西之卫善楼，又被第三十七团打败。23 日，第十三旅以特务团一个营，奔袭蒿城顽第一八一师的师部机关，打得顽军慌乱不堪。同时，第三十七团还夜袭了天河口附近杨家湾的顽天河口区署。25 日，第五师集中所有参战部队，在忤水关、王宝场、王子城一线，围攻顽第一游击纵队。8 月 6 日，再进攻驻吴家大店的顽暂编第二十八师第五四二团，将其击溃。至此，第五师彻底粉碎了顽军对四望山地区的"围剿"，恢复了四望山根据地。

　　在此之前，信应随地区的共产党组织和抗日民主政权早有相当的基础，建立有应随、信随、随南、随桐县委和县抗日民主政府。这次经过恢复四望山根据地的一系列战斗，又扩大了泌阳、桐柏、信确、信随等县部分地区，新开辟了信应随边根据地，解放了人口 100 多万，土地 2000 多平方公里。四望山根据地的恢复，使其与大悟山互为掎角，这不仅为第五师增添了新的前进指挥阵地，而且有利于大悟山的巩固，同时打通了第五师北上的大门，使豫南地区与豫中地区连成一片，为而后继续发展河南创造了有利条件。

五、迎接抗日战争的最后胜利

　　1945 年 2 月 7 日，华中局发出《关于加强解放区职工联合会的决定》，指出，陕甘宁边区总工会发起关于成立中国解放区职工联合会的决定，要求各解放区职工会派代表赴延筹备，我们应表示响应。各地从区党委到县委，应加强解放区职工会的工作，必须提拔工会干部，建立各县总工会组织。为此，首先应集中力量去加强和建立各公营工厂工会、手工业工会、雇农工会，及从敌占区疏散到解放区的各类失业工人联合会的组织与工作。各地对建立与加强工会工作应有专门的讨论，特别对建立各公营工厂工会、手工业工人工会与雇农工会，应订出具体计划和挑选干部，希望在本年五一节前后，对上述准备工作做出一定成绩来。

接到华中局的指示后，边区迅即成立职工总会筹备委员会，由邱静山负责。抗战胜利前夕，边区职工总会筹备委员会召开了扩大会议，出席会议的除各筹备委员外，还有各公营工厂的代表，其中，兵工厂7人，造纸厂3人，铅印厂3人，印钞厂3人，电料厂1人，抗大烟厂4人，第十三旅系统工厂3人等，共31人。会议首先由邱静山报告开会的目的、意义及出席全国职工联合会代表的条件和选举办法。郑位三在会上做了题为《加强工友学习，迎接新任务》的报告，指出：关于解放区工人代表大会的意义有两个方面，第一是为推动时局，为实现联合政府而斗争；第二是为工人运动本身，为加强解放区工人运动与大后方、敌占区工人运动的联合，加强工人运动在组织上的统一。

会议还讨论了职工委员会的简章以及劳动保护法等，通过了《关于公营工厂工资建议草案》和《对劳动保护条例的建议书》。

《关于公营工厂工资建议草案》规定：解放区公营工厂，是为革命服务的，因此我们的工作和生活应该以革命利益为前提，秉着无产阶级革命精神，及为抗战服务的原则，一方面要提高战时生产效率，加强生产的积极性；另一方面要在一定程度上改善工人生活，按公私兼顾的原则，既要照顾边区财政经济困难，及战争频繁的环境，又要使工人生活得以适当的改善。因此，我们公营工厂工人对工资的态度是以为革命服务为基本出发点，是带有革命义务性的。

《对劳动保护条例的建议书》则对劳动保护法中的劳保范围、工资支付手段、工时、休假、工伤、农村雇工及妇女劳动保护等问题提出了18条建议。

大会进行了三天，通过民主选举，会议从七名候选人中，选举卢开华、俞仲武、李定发为出席延安解放区职工联合会的边区代表。

1945年4月至6月，中国共产党第七次代表大会在延安举行。大会制定了党的路线，即放手发动群众，壮大人民力量，在我党领导下，打败日本侵略者，解放全国人民，建立一个新民主主义的中国。鄂豫皖湘赣边区全体党员和全体军民为中共七大的召开欣欣鼓舞，表示要为执行党的七大路线而奋斗。

7月26日，美、中、英三国联合发表了《波茨坦公告》，敦促日本政府立即无条件投降。公告的主要内容有：中、美、英三国庞大的军事力量将予日本以重大打击，必将使日本军队全部毁灭，而日本本土亦终必全部摧毁，日本人民应以德国的失败为鉴；日本妄欲征服世界者之权威及势力必须永远铲除；厉行《开罗宣言》，日本的主权限于本州、北海道、九州和四国及盟国所指定的岛屿；日本军队在完全解除武装后，将被允许返其家乡，得有和平及生产生活之机会；对日本战争罪犯将给予法律之制裁等二三条。7月27日，日本政府宣布对《波茨坦公告》"绝对置之不理"，"我们坚决将进行到底"。

8月8日，苏联对日宣战，苏联红军随即出兵中国东北，向日本关东军展开大规模进攻。

8月9日，毛泽东发表了《对日寇的最后一战》的声明，号召中国人民一切抗日力量立即举行全国规模的反攻。

8月10日，延安八路军总部朱德总司令连续向各解放区发布命令，指出：（一）各解放区任何抗日武装部队均得依据《波茨坦宣言》规定，向其附近各城镇交通要道之敌人军队及其指挥机关送出通牒，限其于一定时间内向我作战部队缴出全部武装，在缴械后，我军当依优待俘虏条例给予生命安全之保护。（二）各解放区任何抗日武装均得向其附近之一切伪军伪政权送出通牒，限其于敌寇投降签字后，率部反正，听候编遣，过期即须全部缴出武装。

（三）各解放区所有抗日武装部队，如遇敌伪武装部队拒绝投降缴械，即应予以坚决消灭。

接到命令后，新四军第五师部队迅速占领所辖地区的大小城市和交通要道，令日伪军在一定时间内缴械投降，并在指定地区驻扎，否则予以消灭。

8月10日，日本政府表示愿意接受《波茨坦公告》；8月15日，日本天皇裕仁以广播"停战诏书"的形式，宣布无条件投降。9月2日，在东京湾美舰"密苏里号"上，日本外相重光葵和参谋总长梅津美治郎代表日本天皇在美、英、中、苏等胜利的同盟国代表面前，正式签了投降协定；9月3日，消息传至国内，这一天就成为中国人民抗日胜利的纪念日。至此，中国的抗日战争取得了最后的胜利。

日本投降时，鄂豫皖湘赣边区共有8个党的地方委员会、行政专员公署、军分区，11个中心县委，66个党政军组织齐全的县级政权。具体如下：

第一地委、专署、军分区（鄂东），书记周季方，专员彭绳武，司令员吴诚忠。辖陂孝礼、罗礼经光、黄冈、鄂皖边4个中心县和彭泽（大工委）、安麻、陂安南、孝东、礼南、经扶、安礼、冈麻、冈浠、浠蕲、蕲广、蕲太英、蕲宿太、黄宿、黄广、彭湖、彭至、宿望等18个县。

第二地委、专署、军分区（鄂中），书记文敏生，专员徐觉非，司令员王海山。辖云孝中心县和云梦、应城、京安、安应、随南、应随、汉孝陂等7个县。

第三地委、专署、军分区（襄南），书记廖汉生，专员陈守一，司令员贺炳炎。辖江陵、汉沔、襄西、江南4个中心县和江陵、荆当、荆南、荆钟、荆潜、天潜沔、川沔、汉沔、监沔、监利、石公华等11个县。

第四地委、专署、军分区（豫南），书记夏忠武，专员娄光琦，司令员韩东山。辖汝正确、汝上遂、确泌桐、信确、泌阳等5个县。

第五地委、专署、军分区（襄北），书记郑绍文，专员张谦光，司令员吴世安。辖京北、京钟、天京潜、天北、天汉等5个县。

第六地委、专署、军分区（淮源），书记方正平，专员余益庵，司令员陈刚。辖信阳、信罗、信随桐、信应随、罗礼应、淮南等6个县。

第七地委、专署、军分区（鄂南），书记张体学，专员贺健华，司令员张体学（兼）。辖武鄂、阳大通2个中心县和武鄂、鄂大、咸武鄂、咸通阳、咸崇蒲、嘉蒲临、金水、阳新、阳大、阳通、阳瑞、湘阴等12个县。

豫中地委、专署、军分区，书记栗在山，专员欧阳景荣，司令员黄林。辖西平、遂平县。

鄂豫皖湘赣抗日民主根据地东起皖西的宿松、太湖及赣北的彭泽、瑞昌，西达鄂西的当阳、宜昌，南至湘北的南县、湘阴及鄂南的通城、通山，北抵豫中的叶县、舞阳的广阔地区，共9万多平方公里，解放人口1300多万，连同游击区共2000万人口，无论是根据地面积，还是建立抗日民主政权的数量，都是新四军和华中抗日民主根据地中最大和最多的，这块抗日民主根据地为赢得中国人民抗日战争和世界反法西斯战争的胜利作出了重大贡献。

1938 年 10 月武汉沦陷之后，中国共产党人在豫、鄂、皖、湘、赣的广大地区展开了波澜壮阔的敌后游击战争，先后创建了十几块抗日民主根据地，建立了统一的抗日民主政权，并在经济、教育、文化、卫生、民主和法制建设诸方面做了大量的卓有成效的工作，对政权建设进行了许多有益的探索，也取得了许多宝贵的经验，这些经验对我们今天加强党的执政能力建设仍有一定的借鉴意义。

归纳起来，我们认为这些经验主要表现在如下几个方面。

一、人民政权的建立和建设同人民军队的发展、壮大密切相关，从根本上来说，鄂豫边区抗日民主政权建设的历史也就是新四军第五师从小到大、由弱到强发展的历史，这段历史再一次证明了毛泽东的"枪杆子里面出政权"的理论的正确

政权的建立有赖于根据地的创立，根据地"是游击战争赖以执行自己的战略任务，达到保存和发展自己、消灭和驱逐敌人之目的的战略基地"，"没有根据地，游击战争是不能够长期地生存和发展的"[1]，而"建立根据地的基本条件，是要有一个抗日的武装部队，并使用这个部队去战胜敌人，发动民众。所以建立根据地问题，首先就是武装部队问题"[2]。

1939 年 1 月李先念率部挺进武汉外围敌后之前，共产党在鄂豫边区也组建了多支武装，建立了零星的小块游击根据地，但因力量薄弱且分散，这些游击根据地大多没有建立政权机构，一些县份所成立的抗日政权无一例外地都是国共合作的产物，直到新四军豫鄂独立游击大队南下之后，这种状况才

---

① 《毛泽东选集》第二卷，人民出版社 1967 年版，第 387 页。

② 《毛泽东选集》第二卷，人民出版社 1967 年版，第 392 页。

得以改观。

这支部队在初创信罗边、信应随敌后根据地之后，随即遵令分途南进鄂中，创立了以赵家棚为中心的抗日根据地。1939 年 6 月的养马畈会议在豫鄂边区政权建设史上有着特别的意义。这次会议后，鄂中、豫南的抗日武装统编为新四军豫鄂独立游击支队，党的武装正式成为一只坚强的拳头，根据地的建设因此有了较快的发展：豫南建立了以四望山为中心，东起信罗边，西至信随边的敌后抗日游击根据地；鄂中建立了大山头、安应、天汉湖区等游击根据地；"夏家山事件"之后，鄂东独立游击第五大队的余部则创造性地开辟了以王家坊为中心的沿江湖区抗日游击根据地。

1940 年初，豫鄂边区党委将党所领导的抗日武装整编为豫鄂挺进纵队，新四军豫鄂挺进纵队壮大至 9000 余人枪。在根据地逐渐巩固的情况下，抗日民主政权亦在各地纷纷建立并渐趋统一：3 月，边区宪政促进总会成立；9 月，边区军政联合办事处成立，边区自此建立了初步统一的、系统的、正规的政权，并开始颁布法令，推行宪政，组织群众自卫武装，发动扩军支前、拥军优抗活动，发展生产，加强财经和文教卫生工作，它已经履行着新民主主义国家政权的职能。

皖南事变后，豫鄂挺进纵队整编为新四军第五师，鄂豫边区的党的武装从此纳入新四军的统一序列。部队在发展，根据地的政权建设也在发展。4 月，豫鄂边区行政公署成立，随后，边区的 27 个县建立了抗日民主政权。

1942 年是边区抗战最为艰苦的一年。4 月，国民党顽固派挑起反共活动，大肆侵入抗日民主根据地，日军也发起万人"扫荡"行动，根据地的军民付出了沉重的代价，根据地的政权建设受到了严重破坏。

1943 年蒋家楼子会议强调了"一切服从战争"的最高原则，通过了实施军事建设计划的决议，第五师的力量得到了很大的扩充，其下辖的各个团队也就此开创了赣北、襄河南北、桃花山等根据地，根据地的生产、经济、政治和文教卫生都有了长足发展。

1944 年是中国人民抗日战争即将转入战略反攻的前夕，新四军第五师遵照中央和华中局关于发展河南的指示，组织豫南游击兵团，挺进豫中南，扩大解放区，建立了豫中、豫南抗日根据地，全边区至此发展成为拥有 5 个专署、1 个豫南办事处，共辖 36 个县、800 余个乡、7000 余个保的较为完备的政权体系。

1945 年，八路军第三五九旅南下支队在新四军第五师的全力配合下，渡过长江，开辟了湘鄂赣根据地；第五师也频频出动，打击敌伪，反击顽军，鄂豫边区抗日民主根据地迅速扩大。到"八一五"日军投降时，边区已拓展为地跨鄂豫皖湘赣五省、拥有 8 个专员公署、11 个中心县、66 个党政军齐全的县级政权的独立作战单位。

由此不难看出，鄂豫边区政权的建立和建设是军事斗争的直接结果。军队是政权的支柱，这在任何时候都是一条颠扑不破的真理。

二、政权建设必须围绕中心工作来展开，以服务中心工作为目的，脱离了中心工作，政权建设便无从谈起，也将一事无成

抗日战争是中国人民为反抗日本帝国主义侵略而进行的一场民族自卫战争，发动人民战争、争取抗战胜利也无疑就是这一时期的中心工作和首要任务，政权建设的方方面面都必须紧紧围绕这根主线来展开。

从实践来看，鄂豫边区的各级政权正是抓住了这一工作要点，才使得抗日民主根据地日渐扩大，抗日民主政权日渐巩固。

1942 年，由于频遭顽军的"清剿"和敌伪的"扫荡"，加之遇上特大旱灾，边区发生了严重的经济困难，致使在 1943 年初的蒋家楼子会议上，当新四军第五师几个负责同志提出军事建设的设想时，有些地方领导同志认为"地方工作就像是匹驴子，实在驮不动了"，尤其是粮食供给和兵员补充已十分困难，希望部队的发展暂时缓一缓，停一停。在这些意见分歧面前，边区党政军领导向与会同志剖析了世界反法西斯战争和中国人民抗日战争正处在历史大转折时期的局势，论述了边区加强军事建设的必要性和重要性，说明了在边区军民中进一步增强"军事第一，胜利第一"观念的现实意义，从而在思想上合理解决了军队与地方、军力与民力、短期斗争与长期斗争的关系问题，牢固树立了"一切服从战争"的最高原则。

鄂豫边区各级政权开展的各项工作也无一不体现着支援战争、服务战争的原则。发展生产、统制贸易自不用说，仅教育而言，边区政府就始终贯彻着"抗战教育"的思想。

首先，从教育指导方针上，《豫鄂边区施政纲领》明确指出，边区的教育方针是"发展抗战文化教育，提高边区人民文化政治水平，提高民族气节，粉碎敌伪奴化教育与亲日反共宣传"。

其次，从学制上，为适应抗战需要，它尽量采取速成办法，大批培养人才。至于各种培训班、训练班，每年的冬学运动等则更多地采用随到随学、随学随用的方式，组织政治学习、业务学习，服务抗战大局。

再次，从教育对象上，不论干部、士兵，还是农民、孩童，凡属边区致力于抗战的人们都成为接受教育的群体。

最后，从教育内容上，边区的教育无论是识字教育，还是时事教育，都紧密结合着抗日战争的实际，切实抵制日本侵略者的奴化教育和国民党的封建主义、法西斯主义教育。即便是族学和私塾，边区政府亦通过发放《七七报》、征订教材等办法，要求它们进行爱国主义教育，拒用汪伪汉奸政府所编的教材。

历史经验证明，围绕中心工作开展的政权建设是建设政权的关键所在，战争年代如此，和平年代也是如此。

三、政权建设必须以引导群众、组织群众为要务，以服务群众、代表群众为宗旨，只有依靠最基本的人民大众，赢得了他们的真心支持和拥护，民主政权才拥有坚实的阶级基础和群众基础

中国是一个农业大国，农民占总人口的95%，在半殖民地半封建社会的民主革命斗争中，他们既是反对封建势力的主力，也是反对帝国主义的主力，他们是抗日民族统一战线下的最基本的群众，是发动民族战争所依靠的最基本的力量。作为扎根于农村地区的抗日民主政权，鄂豫边区各级政府从建立政权伊始就十分注意引导他们、组织他们，并切实表达了他们在经济上求生存、政治上求解放的强烈愿望。

在1941年至1942年的天灾人祸面前，边区党委提出了"战争、生产""生产、战争"口号，组织各地人民一手拿枪一手握锄，在战争动员和武装斗争中领导群众大兴水利建设事业，安应地区还创造了"千塘百坝"奇迹，从而为恢复生产、改善群众生活提供了必要的条件。

从1940年开始，边区遵照中共中央的指示，逐步推行"二五减租""对半减息"的"减租减息"政策，且十分注意政策的把握，防止过"左"或过右的倾向，既减租，又交租，这样在保护农民利益的同时，也联合了地主、小资产阶级，进而巩固了抗日民族统一战线。为将这项工作引向深入，边区行署从1942年起到1945年抗战胜利结束，连续四年发布了年度减租办法，指导群众减租工作。这场持久的、普遍的群众运动，得到了佃农和大多数业主的支持和配合。农民说："田是农民开，秧是农民栽，往年租课重，二五减回来，民主政府好，穷人乐开怀。"不少地主说："今年的减租，那再没什么事说，办得平和，收租也并不很吃亏。"①

———————

①鄂豫边区革命史编辑部编：《鄂豫边区抗日民主根据地史稿》，湖北人民出版社1995年版，第328页。

　　为增加生产、优待抗属、平抑物价、保证军需民用，边区各级政府还发起了生产互助活动，建立了各种类型的商店和合作社。边区政府还通过组建农救会、妇救会、工会等群众团体，把不同性别不同职业的群众组织起来，为群众谋经济利益，谋政治地位。

　　历史经验再次证明：得民心者得天下。任何政权都是一定阶级利益的代表，只有代表了最广大群众利益的政权，才能在复杂多变的社会斗争中永远立于不败之地。

　　四、政权建设必须以民主为先导，充分发扬民主，团结一切可以团结的力量，唯此才能结成最广泛的民族统一战线，并在中国共产党的领导下去战胜强大的敌人

　　毛泽东指出："在抗日战争中，在中国共产党领导的各个抗日根据地内建立起来的抗日民主政权，乃是抗日民族统一战线的政权，它既不是资产阶级一个阶级的专政，也不是无产阶级一个阶级的专政，而是在无产阶级领导之下的几个革命阶级联合起来的专政。"[①] 实践表明，维系这个联合阵营的，便是充分的民主，以及为保障民主权利而制定的法律、法规和条令。

　　鄂豫边区在其施政大纲——《豫鄂边区施政纲领》中就旗帜鲜明地揭示了民主原则，提出要"团结边区内部抗日党派，各阶级抗日人士及全体人民"；"彻底实行民主政治，扩大抗日民主运动，健全各级民主政权机构，实行普选及村民代表制，并实行中国共产党提出的'三三制'"；"保证一切抗日人民（地主、农民、资本家、知识分子、商人等）之人权财权政权以及言论、出版、集会、结社、迁徙等自由权"。为保证"三三制"的落实，施政纲领还规定："同意共产党员如超过三分之一时，其超过者自行退出，俾各党各派及无

---

　　① 毛泽东：《中国革命和中国共产党》，载《毛泽东选集》第二卷，人民出版社 1967 年版，第 611 页。

党无派之一切人民，只要不投敌者，均可参加政府工作及民意机关之活动。"

在政权建设的实际过程中，鄂豫边区政府充分发扬民主，忠实执行"三三制"原则，边区上下形成了较为浓厚的民主意识和氛围。

边区政权建立之初，即在基本区内设立县级宪政促进委员会，推行民选运动，自下而上地建立了保、乡、区三级民主政权，并在此基础上成立了边区宪政促进总会。在1940年9月参加边区第一次军政代表大会的70余名代表中，共产党员、工农代表、国民党进步人士及开明士绅和民族工商业者各约占三分之一，最后选举产生的豫鄂边区军政联合办事处的三位正、副主任中，杨经曲作为民主人士当选为副主任。在1941年4月参加豫鄂边区第二次军政代表大会的67名代表中，共产党员32人，其余均为党外人士，最后选举产生的豫鄂边区行政公署主席、副主席人选中，两位副主席杨经曲、涂云庵都是民主人士。

在抗战即将转入反攻的前夕，边区加大了建政力度，先后有16个县成立了县参议会，并于1944年6月召开了边区首届临时参议会。在与会的153名代表中，共产党员42人，无党无派爱国人士111人。

需要指出的是，边区的民选机构并非"橡皮图章"，有名无实，而是实实在在地对边区的政权组织履行着选举和监督的权力。《鄂豫边区各级代表大会组织条例》规定：边区代表大会有"选举及罢免边区行政公署主席、边区行政公署委员及边区高等法院院长""监察及弹劾边区各级政府之政务人员""议定边区之单行法规""议决边区行政公署主席或公署委员会及各处处长提交审议事项"等职权。《鄂豫边区县临时参议会组织条例》规定，边区县临时参议会拥有"选举县长及政府委员""听取县政报告并得提出质问及弹劾"等职权。

民主权力的广泛运用，使边区人民真正成为社会的主人，使边区各抗日阶级全面结成了反对日本帝国主义的统一战线，边区的政权获得了普遍的社会认同，边区的对敌斗争有了坚强的民族后盾。

五、政权建设必须以法制建设作保障，只有健全法制体系，弘扬法治精神，并以此规范社会行为，才能防止徇私舞弊、贪污腐化的现象发生，保证社会健康、有序地发展

作为建立在半殖民地半封建社会里的抗日民主政权，它存在于没有民主法制传统、只有专制人治统治的土壤之上，植根于封建神权、族权、夫权盛行的农村地区，将民主之风、法制之剑引进于此，其阻力和难度之大，可想而知。

正因如此，在鄂豫边区政权建立之初，非司法机关屡屡出现任意拘捕、审讯和处决人犯的违法行为，错押、错罚、错杀案件时有发生。为此，华中局来电要求："共产党员特别是政府工作的党员，要学习法律，养成法治的精神。"[①]《豫鄂边区施政纲领》的颁布是边区法制建设工作的转折点，它把法制建设、法治精神正式写进了边区的施政总纲，它强调了建立司法制度、健全司法机构等法制基础工作的重要性。

不久，根据《豫鄂边区施政纲领》的规定，边区行署成立了司法处，各地亦相应成立了司法委员会。与此同时，边区还曾设立临时法院、特种临时刑庭，少数县（如礼南）还设立过县人民法院。边区上下逐步形成了"由司法机关行使侦查、逮捕和审判罪犯，其他非司法机关不得随意拘捕、审讯和处理犯人""重证据不重口供""法律面前人人平等"等司法原则，以及审理、上诉、复核、陪审等司法制度。

到 1943 年，边区更明确地规定了侦查、逮捕、审讯的司法程序，还就破坏抗日秩序、优抗、春耕生产、关税征收、缉私、合作社组织、出入口管理、榨油业管理、中小学教育等颁发了一系列的政策、法规和条令，边区在动荡不安的战争环境下，将法制建设纳入了较为规范的轨道。

---

①《华中局关于改造鄂豫边区根据地内政权机构的指示》（1942 年 3 月 16 日）。

　　边区政府十分重视落实司法制度，对少数以身试法，贪污挪用、侵占公款公物的党员、干部，均依法予以严惩，不稍迁就。1941年春，云梦县召开大会，公审公判二区济民乡李保的罗保长"借公报私，鱼肉人民"，会后枪毙了这位保长；1942年8月，边区召开县长会议，撤换了不称职的县长，枪毙了包括税务局长在内的贪污、蜕变分子，严明了法纪，教育了干部。

　　历史经验表明，在我们这样一个有着2000多年封建历史的国度里，法制建设在相当长的时期内将是我们政权建设的重点和难点，这种困难不仅存在于制度的建立与完善之中，更存在于依法和执法的过程之中，这是整个法制建设意义的所在。对我们今天"以法治国"来说，鄂豫边区政府的一些做法值得借鉴。

　　六、政权的号召力首先建立在共产党员，尤其是党员干部率先垂范、身体力行的基础之上，没有共产党员吃苦在前、享乐在后的先锋模范作用，政权建设也就失去了先进性的光泽

　　在鄂豫边区的政权建设过程中，共产党人以其无私无畏的浩然正气和甘于奉献的牺牲精神，赢得了普通百姓的普遍敬重和爱戴，树立了民主政府的较高威信，他们把共产党人的风采写在了这片热土之上。

　　在抗日游击战争的准备和发动阶段，不少出身富有的共产党员激于民族大义，毅然毁家纾难，坚决地把自己的身家性命同这场轰轰烈烈的民族战争联系在了一起。

　　蔡斯烈（松荣）家境殷实，其父是应城县"蔡云记"膏盐矿的矿主，武汉沦陷之前，蔡斯烈正继承、掌管着这份祖业，而恰恰也就是在这个时候，大革命时期加入过共产党后又与党组织失去联系的蔡斯烈经董必武、陶铸等人批准再次回到了党的怀抱，并听从党的指示，从家中拿出1000多块银圆，购买了8条长短枪，为发动抗日游击战争做积极的准备。后来，由这8条枪组建的应城县潘家集商民自卫队，成为鄂中地区党所领导的第一支抗日武装。

李先念评价说:"鄂中以八条枪起义而发展起来的几支武装,成为以后发展坚持鄂豫边区抗日游击战争的基本力量。""应抗"成立后,蔡斯烈任"应抗"二大队副大队长,为解决部队供应问题,他多次派人到他家里去搬运食盐。这些当时极为紧缺的物资,除留下一部分给部队食用外,还在市场上卖一部分给老百姓,换来钱币和布匹,用于战士们过冬做棉袄。1939年春节前后,"应抗"经济处于最困难时期,为解燃眉之急,他亲自潜回家中,将叔父家中的地窖挖开,取出1000余块银圆带回山上,帮助部队度过了那个年关。不久,他又把家里仅有的一公斤金银首饰拿出来贡献给了部队。应城日伪军对他恨之入骨,他们找不到蔡斯烈,就将其婶娘和堂弟抓到应城监狱拷打,害得他们家破人亡,更将蔡家的膏洞、盐井填土封死,将蔡家男女老少几十口人赶出了潘家集,而这一切,只能更加坚定了蔡斯烈抗日杀敌的意志和决心!半个世纪后,当人们向他问起毁家纾难、出钱买枪的旧事时,他依然用当年的口气答道:"为了抗战,我的命甚至都顾不了,还说什么家财、家业?当时,只愁有钱买不到枪呀!"

在根据地草创阶段,绝大多数共产党员乐于吃苦、勇于进取、敢于牺牲,表现了崇高的精神品质。1943年8月,黄(梅)宿(松)县委书记郑重等受命率第四军分区挺进第十八团等部队向鄂皖边进军,以打通新四军第五师和第七师的联系,在其他部队受阻折返后,郑重仍以惊人的毅力和意志,带病(他高度近视,还患有严重的脚气病,双脚痒痛无比,浮肿至不能穿鞋,只能趿着拖鞋或赤脚走路)率挺进十八团教导队30余人,昼伏夜行,忍饥挨饿,历经20余天,行程1000多里,终于在安徽无为县与第七师部队会合。当年岁末,他又受命率部渡江开辟赣北根据地,直至殉难于战场。几十年后,郑重的事迹仍感动着他的战友。

在政权建设过程中,大多数共产党人以身作则,积极响应边区政府的号召,他们成为边区政权建设的模范执行人和忠实实践者。1943年春,为克服严重的经济困难,边区政府掀起了生产自给运动的高潮。其间,李先念、陈少敏等领导从自身做起，带头扛起锄头，在帮助群众修塘筑坝、从事农田劳动的同时，还自己动手开荒、种菜，以求自给。边区军民为此编顺口溜道："李师长，种南瓜，种的南瓜人人夸；陈大姐，种白菜，种的白菜人人爱！"

在事关群众利益的大问题上，大多数共产党人想群众之所想，急群众之所急，带领群众求生存、谋发展，在群众中享有崇高的威望，有些人甚至做到了鞠躬尽瘁、死而后已。边区行署党团书记杨学诚一心扑在工作上，时刻记挂着群众的冷暖，唯独没有考虑他自己的身体，以致年仅29岁就倒在了工作岗位上。在1941年至1942年的大旱灾中，水利设施落后是其中的原因之一，为此，安应县委一班人把水利建设作为头等要事来抓，制订了"千塘百坝"水利建设计划。县长黄曙晴、县委副书记汪立波亲自上阵，领导群众修筑了孙家畈、赵家棚两处河坝，使当地两万多亩农田受益，当地群众为表达他们的感激之情，分别将这两处河坝命名为"黄公坝"和"汪公坝"。黄冈雅霍洲乡是一处泥沙淤积而成的江中岛屿，十年九涝，共产党员、乡长黄金彪上任后，和群众一道奋战一个冬天，修起了防浪护堤，治服了肆虐的"龙水"，使群众的生产、生活有了保障。他离任时，群众要送"万年伞"表示敬意。这一切正如陈少敏总结的那样："共产党爱护农民，是为农民谋利益的，是想把农民发动起来成为一个力量，想使农民力量动员起来，生活过好，想使农民力量动员起来，准备反攻的。这是共产党一再提出、一再号召的！"[①]

历史事实证明，政权建设的核心就在于党的建设，只有保持了党员干部的先进性，才能保持政权的先进性。

总而言之，鄂豫边区政权建设的经验告诉我们，人民军队是政权建设的首要保证，服务中心工作是政权建设的关键所在，而人民，也只有人民才是

---

① 陈少敏：《一年来农救工作的总结——在边区农救代表大会上的报告》（1944年11月）。

建设政权的坚实基础。此外，在政权建设的具体实践中，民主和法制犹如车之两轮、鸟之两翼，缺一不可；共产党员的先锋模范作用则是永葆政权先进性的先决条件。

附录一 ■ 鄂豫边区的县级政府是如何行使政权职能的

——以抗战后期的黄安县政府为例

县级政府是边区政权中既基础又关键的一级机构，它承载着上连边区行署、专署，下接区、乡、保、甲甚至基层群众的使命，担当着传达、贯彻、执行、制发各种政令的职责，是边区政权系统中的核心一环。那么，按照"三三制"原则建立起来的鄂豫边区县级政府是如何履行政权职能的呢？这是边区政权建设史中一个值得深入研究也颇有意义的问题。黄安县是鄂豫边区的基本区，到抗战后期，其政权建设较为成熟，也较为典型，笔者以这一时期该县政府留存的 17 份文件为依据，"解剖麻雀"，从中大致是可以看出边区县级政府的一般行政特点的。

这 17 份文件涉及的时限从 1945 年 1 月 1 日到 1945 年 6 月 30 日，也就是抗战胜利前夕的半年时间，内容包括投验白契一件，春耕生产、造林、护林三件，劝销建国公债两件，征齐粮赋尾欠、上忙征收、查登公产三件，边币发行及货币比价四件，选送青年培训两件，划小区乡保一件，会议通知一件。这一时期敌、顽、我斗争复杂，通货膨胀严重，货币斗争激烈，作为县级抗日民主政府承担着大量繁杂事务，从其留存的文件里，我们不难发现，他们在行使权力时：

一、坚决贯彻上级政策法令

从 1944 年下半年起，边区经济再度发生困难。1944 年 12 月，边区政府在大悟山召开发行建国公债会议，次年 3 月 1 日，边区颁发《劝销建国公债实施办法》，以缓解边区经济困境。黄安县制定的《劝销建国公债实施办法》（1945 年 3 月 1 日）就是响应边区政府的号召，贯彻、落实边区政府劝销建国公债的规定而订立的工作细则，发文的日期均在同一天，可见边区政府雷厉风行的工作态度。而且 30 天后，针对本县建国公债发行中存在的一些问题，县长魏天一和副县长杨昌炽还以书信的形式（《关于劝销建国公债工作的一封信》，1945 年 3 月 31 日）指导这项工作，足见对此工作的重视程度。

抗战最后阶段，汪伪政府发行的 500 元、1000 元、5000 元大额伪钞，国民党统治区贬值的法币在边区大量流通，导致了边区的金融紊乱。为此，边区行署和黄安县所在的第一专署多次下发"压低伪币比价"的密令，对敌伪展开货币斗争。黄安县政府坚决贯彻上级指令，利用征收公粮和商品贸易之时低价折扣的办法，排挤伪币，巩固边币，积极配合这场无声的战斗。6 月 17 日黄安县政府在《关于上忙征收如何进行的训令》中指示："全部（上忙）征钱不征实物，将谷折成钱（以边币市用本位）货币的折合。甲，边币票面一元，作市用三元为本位。乙，边币票面一元，等于法币票面一元。丙，伪币票面按边币票面打对折收（总之比市面压低一折收）。"6 月 30 日在"密令"中又指示："伪币各种税收一律作三折收，并尽量使之压到二五折。"① 从有关货币斗争的文件占 17 份公文近四分之一的比重，也可见当时斗争形势的紧迫、激烈，以及黄安县政府执行上级政策的力度。

二、注重依法行政

边区政府是在"三三制"原则下建立起来的几个革命阶级的联合政权，因而共产党人在代表其他几个阶级行使职权时，必须充分发扬民主、依法行政，这一点在黄安县政府制发的文件中得到较充分的体现。

从这些文件中，我们看出，该县政府是在经过县临时参议会批准后才制发本县地方法规的。县临时参议会的前身是县代表大会，按照《豫鄂边区各级代表大会组织条例》（1941 年 4 月 8 日）的规定，县代表大会为本县最高权力机关，有"议定本县之单行公约""议决县长或县政府委员会提交审议事项""决定本县应兴应革之重要事项"等职权；按照修正公布的《鄂豫边区县

---

① 《关于压低伪币比价的密令》（1945 年 6 月 30 日于黄安县政府，财字第 29 号）。

临时参议会组织条例》（1944年5月24日）的规定，县临时参议会有"在不违反边区施政纲领及行署法令范围内得制定本县单行法规"的职权。总之，作为依照"三三制"原则成立的权力机关和民意机关，尊重临时参议会也就是尊重法律、尊重民意。黄安县在制发本县的规章、条例中体现了对临时参议会的尊重。如《关于增产造林的训令》明确指出："兹将根据县临（时）参议会决议及县农救代表大会决议之精神订定本年度春季增产造林参考大纲发下，作为各乡生产建设事业上之参考。"[①] 再如《劝销建国公债实施办法》也表明："本办法根据边区行政公署建国公债条例及其发行的说明，并此次本县临参会驻委及县政府委员联席扩大会上各代表之意见制定之。"

同时，我们还看出，该县政府重视树立依法办事的政府形象。在人情重于法治的中国传统观念里，许多民间的经济往来凭的是交情和个人的诚信，除非发生纠纷，否则是不会"求告于官"的，而矛盾和诉讼也往往由此而起。黄安县的安南地区因"白契"（事主双方私下订立的买卖契约）引发的产权纠葛就时有发生。为此，县府曾明令各区"投验在案"，但收效不大，"迄今不投验者，亦复不少"。1945年1月1日，黄安县政府再次以县长和副县长的名义发出"训令"："为了保障产权，防止纠纷起见，兹再重申前令，凡有远年及现时未验之白契，仰各区乡的同志随时随地用说服和鼓励精神，当时买卖双方到堂，填写过拨单，签名盖章，粘贴白契上送府投验。"[②] 以培养民众的法治观念，树立政府的法治形象。

三、结合本地情况，制定切实尚用的行政措施

从黄安县留存的文件中，我们不难发现，其颁行的措施、法令非常详细、实用，指导性极强。

---

① 《关于增产造林的训令》（1945年2月1日）。
② 《关于迅即投验白契的训令》（1945年1月1日）。

如关于兴修水利问题，文件规定："去年已经修过，塘底无泥可挑，而水路来源不大及必须留水作下秧之用者，可不放水，只将塘埂增高加宽；水路来源可靠，泥圩太深、灌溉田数较大者，必须放水挑泥挖深。""工资摊派，放水田每斗一工，倒水田每斗半工，如系佃田，业主出两工，佃户出一工（但退佃时工资要退回）。""如因车水致使鱼藕枯死时，受益田主得酌量摊赔损失。"

关于储蓄肥料问题，文件规定："发动群众，互助换工，推挖草皮，制造堆肥；发动老弱妇孩，收集畜粪，储聚水肥；指导群众，选割绿肥；组织榨坊，制造饼肥。"

关于植树造林问题，文件规定："发动群众植树，每户至少五株，并应着重经济树种（压柏树枝）或秧油桐、油茶、栗、橡子、插刺槐、泡桐、柳枝。""山岳区以桐树、油茶、栗、橡、构、松、柏、杉等为主；丘陵及平原区以油桐、油茶、乌柏、白杨、刺槐、泡桐、梧桐、柏、桃、李、柿、栗等为主；河洲区以柳、白杨、楝、榆、桑等为主。"①

更重要的是，这些措施、法令十分注意结合本地的实际情况，它既不是教条主义照搬上级指令的产物，更不是主观主义闭门造车的结果。如关于货币比值问题，第一专署给黄安县的密令是："边币比法币以争取同值为原则。"黄安县根据本县的现状，在给各区乡转发的公文中指出："查本县府……对法币按本县各地市价想使边（币）法（币）平衡，恐难一下做到，今经呈准后，法币可按边币压低百分之六（如法币每元用边币三元五角，征收可按边币三元二角），尽量逐渐下压，使边法平衡为止。"② 这就很好地体现了实事求是的工作作风。

---

①《黄安县三十四年度春季增产造林参考大纲》（1945 年 2 月 1 日）。
②《关于本县货币比值的通令》（1945 年 6 月 7 日于黄安县政府，财字第 27 号）。

四、以说理协调的方式推行政务

黄安县政府在开展政务工作中，重视策略、方法的运用，力戒用生硬强迫的方式命令群众。如劝销建国公债这个棘手问题，县政府明文规定："劝销方式，既以说服为主，当然避免行政强制。但对个别不开明的对象，得采取民主评判方式，使其认购相当数量，而使大家均感觉公允。"①后来，县长、副县长又以书信的形式强调："一面随劝随收，注意购买户有意或无意的拖延，一面注意购买户的实际困难或筹措时间，在说服工作中就给以帮助解决或约定交款期限，不能主观的硬逼，形成偏向。""我们再次强调，不能丝毫有行政作风，必须完全以苦劝达到我们的目的。"②

又比如划小区乡保的问题，县政府在通知中特别指出："为使上下意见与政民意见结合起见……希各区迅即着手研讨拟具区划的具体意见与说明（原有若干乡保，现须划成若干乡保，如何划法，干部的调整配备，及发现与培养新干部等）。"

再比如上忙征收问题，县政府为了使这项工作得到群众的理解支持，细致、扎实地做好思想动员工作，特在下发的"训令"中将工作的步骤都逐一列明："第一步，开全区的干部会，提出征收任务的计划。""第二步，进行区乡保农救民兵等各组织及群众士绅的动员。""第三步，发通知单。""第四步，当各保村的动员工作完成后，给人民一定时间准备钱然后即开征。"而且还要求："动员时间放长些，使之普遍深入，给人民充分时间去弄钱。""征收办法、折价、时间等都交给人民讨论，在不影响完成任务的时间和原则问题，都可照人民的意思作决定（对人民落后的一方面，不是迁就，而是说服）。"由此可见黄安县政府工作的耐心与深入、作风的民主。

---

① 《劝销建国公债实施办法》（1945 年 3 月 1 日）。
② 《关于劝销公债工作的一封信》（1945 年 3 月 31 日）。

五、以实绩考核政绩

用什么样的标准来真实、全面、客观地考察干部，这是一个我们至今都在探索的大问题，黄安县政府的做法是，以实绩考核政绩。按说，其做法并无新鲜之处，但笔者认为，它的这种朴素标准仍能给我们以启迪之处。

在它下发的文件中，处处要求党员干部、政府工作人员深入一线，带领群众完成工作任务。比如春耕生产，它要求"全体的政府人员要以最大精力来进行这一工作"。①征齐粮赋尾欠，它要求"由区长负主责，并切实组织各该区财经干部投入征收尾欠工作"②。上忙征收，它认为："征收是个突击工作，此期间每区设一领导核心，负责该区全面征收工作，并向上级联席作报告，此核心以正副区长、财经区员及财经局派出的人三四人组织之，区长负主责（另有其他同志亦可参加）。"③

不仅如此，它把这些实际工作作为同党员干部和政府工作人员的业绩考核直接结合起来。在《关于春耕生产的训令》中，文件明确规定："每个区长必须择工程较大者亲身领导兴修一个，以取得经验领导全局，将来区乡人员考绩，兴修水利工作是主要之一。"

总之，从黄安县抗战后期的行政作为来看，我们认为，它坚决地贯彻了行署和专署的政策法令；注重依法行政；注意结合本地的实际，实事求是地制定行政措施；它主张用民主协商的方式推行政务，力戒生硬命令主义，其作风是民主的、务实的，工作方法是得当的。它强调以实绩考核干部，这些行政做法对我们今天的基层政权建设仍不失借鉴意义。

①《关于春耕生产的训令》（1945 年 3 月 18 日于黄安县政府）。
②《关于限期征齐粮赋尾欠的训令》（1945 年 3 月 24 日，财字第 13 号）。
③《关于上忙征收如何进行的训令》（1945 年 6 月 17 日于黄安县政府，财字第 23 号）。

附录二 ■ 鄂豫边区政权建设大事记

1937 年

7 月

7 日　卢沟桥事变发生，中国抗日战争全面爆发。

8 日　中共中央发出通电，号召全国同胞、政府和军队团结起来，组成民族统一战线，抵抗日本帝国主义的侵略。

本月　应山县成立了敌后抗战救国委员会，下设两个救亡宣传队。在县城和集镇演剧、演讲、唱歌、写标语，宣传全民组织起来，团结抗日。

8 月

22 日　中共中央政治局在陕北洛川举行扩大会议，25 日通过《关于目前形势与党的任务的决定》和《抗日救国十大纲领》。

本月　彭刚等 20 多名青年知识分子，在钟祥县城发动工、商、学界，联合成立"钟祥民众抗敌后援会"。

9 月

22 日　国民党中央通讯社发表《中共中央为公布国共合作宣言》。

23 日　蒋介石发表谈话，承认中共合法地位。至此，抗日民族统一战线正式形成。

10 月

中旬　中共湖北省工作委员会成立，郭述申任书记。

11 月

20 日　国民党政府宣布迁都重庆。在此前后，国民党党政军各机构纷纷西撤、内迁，大部滞留于武汉。

12 月

9—14 日　中共中央在延安召开政治局会议。决定由周恩来、王明（陈

绍禹）、博古（秦邦宪）、项英、董必武、叶剑英等组成中共中央代表团赴汉，
与国民党进行两党合作的谈判，广泛开展抗日民族统一战线工作。同时还决
定建立中央长江局，以指导中国南方各省党的工作。

20日 湖北省农村合作指导员训练班在应城汤池正式开学（简称"汤池训
练班"）。李范一任班主任，陶铸主持实际工作。训练班共办四期，以后又开
办了临时学校，到1938年9月停办时止，共培训干部近600名，为发动鄂抗
日游击战争做了思想和干部的准备。

29日 傅秋涛、余再励（湘鄂豫边），高敬亭、何耀榜（鄂皖边），张曼
萍、周骏鸣、胡龙奎（豫鄂边）及张云逸等列席长江局会议，汇报了各自游
击区的军事工作和党与群众工作情况。

本月 湖北省工委召开第一次扩大会议，成立了临时省委，郭述申任
书记。

1938 年

1 月

月初 中共湖北临时省委在黄安七里坪举办抗日青年训练班、党员训练
班、游击队干部训练班（统称"七里坪训练班"），至3月止，共培训干部
300余名，为鄂东抗日游击根据地的创立准备了条件。

中旬 从武汉回随县度寒假的大中学生100余人在随县城关组织"随县抗
日救亡宣传总队"，在随县城乡宣传三个月之久。

本月 湖北省乡村工作促进会鄂中分会在孝感成立。该会的主要任务是宣
传和组织乡村群众开展抗日救亡活动。

2 月

本月 河南省委派彭雪枫在竹沟开办军政教导大队，培训抗日骨干。至
9月，教导队共办四期，培训学员1400余人。与此同时，河南省委还在竹沟
办党训班，培训了1000多名干部，另外还办了电台、机要、司号、卫生、供

给、妇女等各种专业训练班，也培训了1000多人。

4月

本月 刘鸿逵调任国民党黄梅县政府县长，赞成国共合作，承认共产党的合法地位。

5月

22日 中共中央发出《中央关于徐州失守后华中工作的指示》，指出：华中工作的中心任务"是武装民众，准备与发动游击战争"。同时强调党的工作中心应转入农村。

本月 毛泽东发表《抗日战争的战略问题》和《论持久战》。

6月

12日 安庆失守，武汉会战揭开序幕。

中旬 中共河南省委秘书长危拱之带领开封扶轮小学孩子剧团抵达信阳，一面进行抗日救亡宣传，一面通过关系同国民政府信阳县县长建立联系。

本月 中央鄂东特委副书记方毅来黄冈指导工作，确定鄂东党的工作中心转移到农村。

7月

1日 新四军军部北移至安徽泾县云岭。

25日 九江沦陷。

8月

4日 黄梅沦陷。

9月

1日 武穴沦陷。

6日 广济沦陷。

月初 董必武以中央代表的身份从延安来到武汉，恢复重建湖北党的工作。

14日 江西瑞昌马头镇陷落，日军开始进入鄂南。

17 日　光山沦陷。

21 日　罗山沦陷。

25 日　富池口失守。

29 日　田家镇失守。

29 日　中国共产党扩大的第六届中央委员会第六次全体会议在延安召开。

10 月

8 日　蕲春沦陷。

12 日　信阳沦陷。

16 日　石灰窑失守。

18 日　阳新沦陷。

19 日　黄石港失守。

21 日　大冶、浠水沦陷。

22 日　鄂城沦陷。

23 日　黄冈沦陷。

24 日　黄陂、应山沦陷。

25 日　汉口失陷。

26 日　武昌失陷。

27 日　汉阳、黄安、通山失陷。新四军游击支队在河南竹沟组建，彭雪峰任司令员兼政委。

28 日　安陆失陷。

29 日　云梦、应城失陷。

30 日　孝感失陷，新四军游击支队向豫东敌后进发。

下旬　根据河南省委安排，李德纯带县政府工作人员和常备队由黄龙寺迁至北王岗。

全国抗日战争开始由战略防御阶段转入战略相持阶段。

11月

1日 礼山沦陷。

2日 汉川沦陷。

3日 嘉鱼沦陷。

6日 扩大的中共六届六中全会闭幕。全会批准了以毛泽东为首的中央政治局路线,批判了王明的右倾投降主义错误,强调了中国共产党独立自主组织人民抗日武装斗争的极端重要性,决定将党的工作重点放在战区和敌后,确定了巩固华北、发展华中的方针。决定撤销长江局,成立以刘少奇为书记的中原局,指导长江以北、陇海路以南的河南、湖北、安徽、江苏地区共产党所领导的抗日斗争。

6日 蒲圻、崇阳沦陷。

8日 新堤沦陷。

9日 通城沦陷。

10日 城陵矶失守。

上旬 中共河南省委委派刘子厚、危拱之、王海山等带领干部、战士南下北王岗,同李德纯等会合。

17日 由共产党提议,经国民党第五战区当局同意组织的豫鄂边区抗敌工作委员会在随县均川贺氏祠成立,其主要任务是组织民众抗日,发展抗日武装,配合正规军作战,协助地方进行抗日文化教育和发展生产。陶铸被聘为该委员会政治指导部顾问。

19日 英山沦陷。

本月 中原局决定撤销湖北、河南两个省委,成立豫鄂边、鄂豫皖、鄂中、鄂西北等四个区党委。

本月 应城抗日游击队(简称"应抗")成立,国民党应城县长孙耀华兼司令,共产党员张文津任参谋长。

本月 黄梅县第一次行政扩大会议召开,中共黄梅县委书记桂林栖出席并在大会上发言。

12月

上旬　中共鄂中特委向豫鄂边区抗敌工作委员会推荐接受我党领导的进步人士孙耀华为应城县县长。

中旬　由战教团、桐柏山区七七工作团、信阳尖山自卫队一个中队和泌阳牛蹄自卫队一个分队统一整编的信阳挺进队成立，国民党信阳县长李德纯任司令，共产党员朱大鹏、王海山、危拱之分别任副司令、参谋长、政治部主任。

本月　英山、黄梅、罗田等县在各县抗日动员委员会的领导下，各区乡普遍建立抗日救亡组织。黄陂、黄梅、蕲春等县还成立了抗日十人团。该团以十人组成基层单位，区、乡设分团，县为总团，担负维护社会秩序、抗日锄奸、动员群众参军参战等任务。

1939 年

1月

月初　中共河南省委召开扩大会议。李先念在会上指出：这次毛主席、党中央派我们南下中原，就是要在六届六中全会精神的指引下，贯彻执行党的路线方针和政策，开辟中原敌后战场，创建、发展抗日武装，恢复当年红军创建的根据地。

月初　第五战区豫鄂边区抗敌工作委员会第二分区军医院改为"应抗"军医院。

上旬　国民革命军第二十一集团军司令兼安徽省主席廖磊派第五战区上校高参杨必声（中共地下党员）任英山县县长。杨必声与中共英山县党组织密切配合，在县、区政府中安排许多共产党员，并制定了实行减租减息，民主选举区、乡长，镇压汉奸敌特，发展经济文化教育，扩大统一战线，动员群众抗战等十项施政纲领，政绩显著，英山县被第五战区司令长官李宗仁授予

"第五战区模范县"称号。

17日　李先念率新四军独立游击大队（对外称新四军独立游击支队）从竹沟南下，挺进武汉外围。

18日　在信（阳）北尖山，文敏生向李先念汇报国民党信阳县长李德纯要求合作抗日的情况。

20日　在四望山北麓的黄龙寺，李先念会晤国民党信阳县长李德纯。李德纯表示愿意与共产党合作抗战到底。

28日　刘少奇抵达中原局所在地——竹沟，部署中原敌后抗战。

2月

7日　中共鄂豫皖区党委在立煌（今金寨）召开代表大会，研究了目前政治形势与党的任务，选举产生了新的区党委委员，郑位三任书记。

12日　中共中央及中央军委电李先念支队等，指示：我八路军、新四军每到一新的地区，及建立抗日政府或成立抗日团体，均须发表布告或宣言、传单，广泛宣传我党主张，以打击反共派、顽固派。

14日　中共鄂中区党委在随县长岗店成立，钱瑛任书记（4月，钱瑛去南方局，由杨学诚代理书记）。

15日　李先念（化名李威）在陶铸等陪同下，以新四军豫鄂独立游击支队司令名义，到湖北随县均川店杨氏祠同国民党湖北省第三区行政督察专员、豫鄂边区抗敌工作委员会主任委员石毓灵会晤，商讨新四军进入鄂豫边区有关事宜。

中旬　中共鄂西北区党委在襄樊成立，王翰任书记。

本月　杨学诚、陶铸在随县长岗店举办"党员干部训练班"。同年底该训练班改为"豫鄂边区党员干部训练班"，共办五期，培训党员干部350名。

本月　国民党河南省政府免除李德纯信阳县长职务。

3月

11日　英山县20万民众举行全县规模的"坚壁清野"大演习。

23 日 朱理治关于宜派部队向应城地区发展电刘少奇等，报告：目前应城、安陆一带，友军完全退出。国民党应城县长孙耀华同情我们，并望我们新四军前去，给养等均可供给，这一地区是今天我们最有利的发展方向。

夏初 中共鄂中区党委倡导组织半军事、半政权性质的不脱产的群众组织——抗日十人团。

4 月

5 日 王稼祥、刘少奇电朱理治，指示：李宗仁不反对新四军在鄂中活动，而国民党应城县长又要求新四军前去，应即将信阳挺进队与李先念部合编为新四军游击支队前去鄂中行动。

5 月

29 日 潜江县城陷落。

下旬 新四军挺进团卫生队在赵家棚举办医护训练班。

本月 国民党湖北省政府批转了应山县政府的报告，撤销了刘汉基的县长职务，任命张铎（共产党员）为县长，这是鄂豫边区第一个由共产党员任国民党县长的县。

5—6 月 京山、应城、天门、汉川等地纷纷组织抗日十人团。

6 月

16 日 陈少敏率部抵湖北省安陆赵家棚与李先念会合，所带部队编入新四军挺进团。

17 日 鄂中区党委在京山养马畈召开扩大会议，李先念在会上传达了中央扩大的六届六中全会精神和中原局关于鄂中抗日武装整编与扩大、创建根据地的指示。

19 日 刘少奇、朱理治电陈少敏、李先念并转杨学诚等，指示：你们除加紧扩大巩固部队并严加警戒外，要向国民党五战区石毓灵专员及其他友军等处加紧统一战线工作。①

本月　新四军豫鄂独立游击支队决定将应城的军医院改为支队野战医院，栗秀真为院长，李晓白为政治委员。

本月　鄂东游击第五大队医务处在贾庙举办了医护训练班。

7月

7日　新四军豫鄂独立游击支队在京山八字门创办了《七七报》。不久，该报成为鄂中区党委的机关报，直接领导人为党委宣传部长夏忠武，李苍江任主编，后成为豫鄂边区党委机关报。

8月

本月　鄂中抗日十人团第一次代表大会召开。京应、天汉抗十团总团部相继成立，汪心一、陈秀山分任总团长。

本月　天汉抗日十人团在胡家场、卢家口、石家河等地建立分团，发展团员200余人。

9月

18日　中共中央中原局电刘少奇，称：鄂东、豫南、鄂中敌后区域，是今天党开展华中游击战争最重要地区之一。创立坚强的游击队伍，建立鄂东、豫南、鄂中抗日根据地，并使之逐渐打成一片，这是今天鄂豫皖、豫鄂边区以及鄂中三个区党委最主要任务。不建立抗日政权，单靠军事行动是很难立足的。但今天从上而下地建立抗日政权可能虽有，但很小。因此，从下而上、从小而大地来建立抗日政权，这是今天的主要方式。②

10月

12日　刘少奇电中共中央书记处，报告：由朱理治率竹沟大部分工作人员及武装与教导队去信应随桐交界地之四望山。集中注意力建立敌后地区工作，

---

① 《李先念年谱》(第一卷)，中央文献出版社2011年版，第229页。
② 《李先念年谱》(第一卷)，中央文献出版社2011年版，第233页。

主要任务是巩固现有部队,创造根据地,筹措给养。[1]

18日 朱理治、任质斌从竹沟率干部、战士600余人南下,向鄂中敌后挺进,在四望山与李先念、陈少敏等会合。

11月

16日 朱理治、李先念、陈少敏、任质斌等在四望山召集豫南、鄂中、鄂东党和军队负责人会议,决定成立新的豫鄂边区党委,将新四军豫鄂独立游击支队整编为挺进纵队。

本月 中共通山中心县委派王锡珍前往京山八字门向豫鄂边区党委汇报鄂南情况,边区党委暂时接受领导鄂南。

本月 在中共天汉特委的支持下,在田二河重建了汉川县政府,由进步人士向岩任县长。

12月

月初 新的豫鄂边区党委筹组完毕,中原局委员朱理治在京山八字门主持召开了第一次党委会议。新的区党委由郑位三任书记(因病未到职),陈少敏任副书记(代理书记)。区党委的主要任务是领导边区地方工作。

本月 豫鄂边区军械所在孝感创办,有工人10余人,修理步枪、机枪和为已使用过的空弹壳重新"安火",均为手工操作。

冬 豫鄂边区党委及各县县委设立民运工作部,统一领导群众运动。

1940 年

1月

1日 天汉抗日十人团在汉川陡埠头召开代表大会。

3日 中共中央书记处发出《中共中央关于干部学习的指示》。

12日 中共中央中原局和新四军江北指挥部电朱理治、李先念,指示:除

---

① 《李先念年谱》(第一卷),中央文献出版社2011年版,第236页。

一部兵力坚持鄂中外，主力应即东进……迅速发动与组织民众，建立鄂东抗日根据地。①

本月 美国著名作家、记者艾格妮丝·史沫特莱女士到达八字门，对豫鄂边区进行访问，陪同访问的还有中国女作家安娥。她们在边区访问近三个月。

本月 毛泽东发表《新民主主义论》。在阐述新民主主义文化时，指出：现阶段上中国新的国民文化，是以无产阶级社会主义文化思想为领导的人民大众反帝反封建的文化，是民族的科学的大众的文化。

本月 豫鄂边区为健全财政机构，在挺进纵队设立了供给部，各团队设立供给股，各县政府设财政科。

本月 新四军豫鄂独立游击支队野战医院改为新四军豫鄂挺进纵队野战医院。

本月 京（山）安（陆）县抗十团代表大会在安陆桑树乡铁石墩马家榨召开，到会代表100多人，选举曹冰清为抗十团总团长。

本月 孝感、云梦、安陆、应山、汉川等县的党组织在发动广大人民参政议政的基础上，通过自下而上的民主普选，改造和重建了乡保政权。

2月

3日 刘少奇、张云逸、徐海东、邓子恢电中共中央书记处并项英，称：我李先念部已大部整理就绪……近有扩大，已达九千人，给养完全解决，在安陆、云梦、孝感、应城等地已获得政权，建立根据地。②

10日 中共中央和中央军委发出关于八路军、新四军战略方针的指示，指出：李先念部力争鄂中、鄂东，坚决建立政权，建立根据地，扩大军队至三万以上，坚决消灭程汝怀。③

---

①《李先念年谱》（第一卷），中央文献出版社2011年版，第241页。
②《李先念年谱》（第一卷），中央文献出版社2011年版，第244页。
③《李先念年谱》（第一卷），中央文献出版社2011年版，第244页。

本月 中共中央军委发出《关于开展生产运动的指示》，指出："斗争已进入更艰苦阶段，财政经济问题的解决必须提到政治的高度。望军政首长、各级政治机关应努力领导今年部队中的生产运动，开辟财源，克服困难，争取战争的胜利。"[1]

本月 天汉地委为扩充财源，根据边区党委的指示，成立了天汉财委会，顾大椿任书记。财委会成立后，先后在汉川交通要道荷花堰、麻河、横堤、垌冢、窑杨、吕巷、分水、蚌湖、杨林、里潭、榔头等地设立了税卡，征收出入境税，税款除就地拨付地委机关所需经费外，其余全部上缴区党委，供新四军豫鄂挺进纵队所属各部队及区党委机关使用。

本月 中共天汉地委机关报《前卫报》创刊，林迅任主编。

3月

1日 朱理治向中共中央、中原局报告豫鄂边区政权工作，称：现豫鄂边区政权工作正在加紧进行中。安陆、应城、京山，新四军统治区域的联保改选，不久将基本完成。云梦、汉阳两县政权工作可以通行无阻。改选保甲亦可进行。现在急需建立整个政权领导机关，决定于月内成立全豫鄂边区的政权——宪政促进总会，一面推进宪政，一面领导已改造之乡、区政权，及指导与统一各种政权工作，以便过渡到成立正式边区性质之政权。已商得陶铸同意，他待1月内完成工作后北上。[2]

6日 中原局、刘少奇电中共中央书记处，报告：李先念之挺进纵队应立即调二至三个团过路东向大别山发展，建立路东根据地。[3]

8日 豫鄂边区在京山丁家冲召开第一次妇女代表大会，成立了边区妇救总会。陈少敏兼总会长，苏菲任秘书长。史沫特莱女士应邀出席并讲话。

①《李先念年谱》(第一卷)，中央文献出版社2011年版，第244页。
②《李先念年谱》(第一卷)，中央文献出版社2011年版，第245页。
③《李先念年谱》(第一卷)，中央文献出版社2011年版，第246页。

18日　中共中央发出《关于开展抗日民主地区的国民教育的指示》。

20日　中共中央作出关于在职干部教育的决定。随后豫鄂边区组织成立了干部学习中心小组，陈少敏兼组长。

24日　刘少奇电李先念、陈少敏、任质斌，指示：石（毓灵）专员与你们谈判行政问题时，应在和平空气、合作态度上谈，但我在行政问题上不应有所让步，相反还应要求石改变做法，实行我民主政府的一切办法，承认我委之民主县长、区乡长等。①

本月　遵照中共中央关于《抗日根据地的政权问题》的指示，中共豫鄂边区党委着手建立"三三制"的抗日民主政权，主持召开了基本区各县政权负责人和开明士绅的联席会议，决定成立豫鄂边区宪政促进会，推举陶铸为主席，作为过渡时期的边区政权领导机关，负责指导乡保改选和抗日根据地的各项建设工作。

本月　中共云梦县委召开全县开明士绅及民众代表会议，成立云梦宪政促进会，徐觉非任主席。

本月　荆潜军政联合办事处成立，王贤伯被选为办事处主任。

本月　江陵县军政联合办事处成立，张礼成被选为办事处主任。

4月

25日　安陆县在桑树乡召开各区士绅、民众团体和民选代表100多人的大会。选举产生安陆县宪政促进会，鲁明建被选为主席。

本月　云梦县行政委员会成立，娄光琦被选为行委会主席。

5月

4日　毛泽东在为中共中央写给东南局的指示电中指出：李（先念）纵队反对顽固派向鄂中、鄂东进攻的自卫战争……不但是绝对必要和绝对正确的，

---

①《李先念年谱》（第一卷），中央文献出版社2011年版，第246页。

而且是使国民党不敢轻易向我们进攻的必要步骤。①

11日　刘少奇电李先念、陈少敏、任质斌并中共中央,指出:确山竹沟沦陷,该地一定无强大友军,我火速派一部队,能有两个大队或一团稍有战斗力之部队,或即调信应总队到确山竹沟一带活动,坚决发展与组织地方武装,建立政权……恢复与扩大我前驻竹沟之阵地。②

31日　豫鄂边区党委在黄陂姚家山召开各界救国联合会代表大会。会上表扬了先进工作者,布置了减租减息工作,成立了豫鄂边区各界救国联合会总会,吴祖贻兼任总会长。

本月　黄冈县农民救国会在王家坊成立,王正春任主席。黄冈县抗日民主宪政促进会在冈西余家楼成立,孙侠夫任主席。

本月　黄陂县召开各界人民代表会议,成立黄陂县抗日民主政府,魏天一任县长。

6月

1日　襄樊失陷。

8日　沙市沦陷。

12日　宜昌沦陷。

20日　随南军政联合办事处在洛阳店怡和楼正式成立。

本月　中共鄂南中心县委派李平到京山八字门向豫鄂边区党委汇报工作,鄂南党的工作正式划归边区党委领导。

本月　孝感县抗日民主政府通过选举产生,黄曙晴被选为县长。

本月　随南军政联合办事处财政科配置稽征、税收、会计等财政专职干部,所辖各区设立了财政股和税卡。

夏　豫鄂边区发生特大旱灾,19个县中,只有汉川、汉阳获得较好收成,

---

①《李先念年谱》(第一卷),中央文献出版社2011年版,第254页。
②《李先念年谱》(第一卷),中央文献出版社2011年版,第257页。

其余一般只有十分之二三的收成，少数地方颗粒无收。

7月

3日 京安县人民代表大会在安陆王义贞店的彭家祠堂召开，选举产生了县行政委员会，李睡悟被选为行委会主席。

本月 在豫鄂边区党委召开的县委书记联席会议上，陈少敏做了《检讨过去一年的经验教训，确定今后的战斗方针》的报告，强调认真执行党委关于财政的决定，切实保护中产阶级和可能争取的中间分子的利益，废除一切苛捐杂税，实行减租、减息，逐步地改善群众生活，有计划有组织地检查仇货，打汉奸要克服乱查、乱打的现象，进行必要和可能的经济建设（办合作社、开工厂、建银行等），改革经济制度，实行统筹统支，爱护人力物力，坚决彻底地同贪污腐化现象作不留情的斗争。

本月 豫鄂边区党委主办的《党的生活》和《七七月刊》在京山八字门创刊，夏忠武、谢文耀担任主编。

本月 新四军豫鄂挺进纵队司令部医政处成立，与野战医院合署办公。

本月 豫鄂边区党员干部训练班扩建为豫鄂边区党校，至1945年8月结束，共办了9期25个班，培养了干部千余人。

本月 中共应山县委召开全县第一次行政扩大会议。选举产生了应山县抗日民主政府，陈守一被选为县长。

本月 汉川临时参议会举行会议，选举产生了汉川县行政委员会，童世光为行委会主席。

8月

1日 豫鄂边区党委和新四军豫鄂挺进纵队在安陆白兆山南麓彭家祠堂联合召开军政干部大会。会议根据刘少奇的电示，在着重讨论扩大部队、扩大根据地、加强锄奸工作、克服财政困难，以及准备进行"二五减租"等问题。会议还决定立即成立军政联合办事处，作为边区最高政权机构。

13日 中原局指示，实行"二五减租"，减租后进行征收救国公粮的工作。

14日 李先念电刘少奇及中原局，报告：豫鄂边区决定成立边区军政联合办事处，统一领导全区政权工作。联合办事处筹备会成立，9月1日将召开各县行政代表会，正式选举办事处委员。还称：基本区各县均开始选举民主政权。[①]

14日 在豫鄂边区党委青训班及洪山中学基础上组建的洪山公学在八字门正式开学。这是一所以陕北公学为楷模，为根据地培养民运、政权、财经、文教等方面干部的学校，被称为边区综合性专业干部学校。陈少敏兼第一任校长，后交豫鄂边区行政公署领导，吴祖贻兼任校长，简文任副校长。

本月 豫鄂边区党委召开财经工作会议，讨论出入境税的方针、政策和税率，以及其他财经问题。

本月 襄西军政委员会成立，李守宪、周志刚先后任书记。

本月 汉川县行委会颁发了土地减租办法，规定租额高于规定者，应按"二五减租"的办法减到规定的标准。

本月 中共信应地委机关报《学习月刊》正式创刊。

9月

1日 豫鄂边区党委在八字门召开第一次军政代表大会，传达了中共中央《关于抗日根据地政权问题》的指示，按"三三制"原则选举成立了豫鄂边区军政联合办事处，许子威任主任，文敏生、黄曙晴为副主任，下设民政、财政、教育、公安、司法等处。

7日 《七七报》发表社论，祝贺豫鄂边区军政联合办事处成立。社论指出：边区首次军政代表大会与军政联合办事处的成立，将促进并实现边区军政的配合及相互帮助，行政设施财政经济政策领导的统一，将改变边区各县行政的杂乱无章状况而趋于统一的、计划的、系统的、正规的轨道，将使边区的民众运动在新政的扶植下更蓬勃地发展起来，将推动边区抗日根据地的

[①]《李先念年谱》(第一卷)，中央文献出版社2011年版，第273页。

建设事业踏上一个更新的阶段。因此，这次大会的召开是有它划时期的重大历史意义的。

9日　京山县行政委员会在向家冲朝阳塌成立，清末秀才张伯尼被选为行委会主席。

本月　豫鄂边区军政联合办事处颁布了《普及抗战教育实施办法》(简称《办法》)，宗旨在于改造和整顿目前小学行政、教务、事务等工作，使教育工作适应战争需要。《办法》对小学学制、编制、课时、校历及校长、教务、训导和事务工作人员的职责均作了规定。同年，边区党委宣传部成立了国民教育科，其任务主要是编写教材，赵季、陶静、高赛等参加这项工作。自1940年起，这项工作转交给边区行政公署教育处后，成立了以赵季为主任的教材编审委员会。从1940年到1943年，编辑出版了小学《国语》四册、《算术》两册和高小与初中均可采用的《自然》两册。

本月　豫鄂边区军政联合办事处颁布《边区国民抗敌自卫组织条例》。

本月　天门各界代表大会召开，选举产生了天门县行政委员会，曹志坚任主席。

秋　天汉地区军政联合办事处成立，童世光为办事处主任。

10月

本月　豫鄂边区党委在京山八字门召开财经工作会议，讨论贯彻上级党委关于征收救国公粮和减租减息的指示，总结了两年来工作的经验教训，讨论了军队给养和兵源补充问题，作出了提倡生产、增辟财源，为实施新民主主义的经济建设而奋斗的决议。会上决定成立边区财经委员会，陈少敏兼任书记。从此，边区财经工作开始走向统一，建立了预决算制度和收支报告制度。

本月　豫鄂边区军政联合办事处颁发了《各县整理田赋委员会简章》，开始在各县改编保甲，清查户口，登记田亩，按土地收获量分为五等征收谷粮，平均每亩征谷一斗；有地五亩以下者收半；抗属免征；佃田公粮由地主负担；废除一切苛捐杂税。

本月 为反对敌伪的封锁、禁运、掠夺，豫鄂边区成立了贸易管理总局，局长李健。实行对内贸易自由，对外统制贸易，除禁止粮食、猪鬃、桐油、牛皮等出境外，对其他物资进出境分别不同情况规定不同的税率。

本月 豫鄂边区军政联合办事处以合作金库名义，发行流通券数千元，在京山石板河一带试用。

本月 李先念在撰写的《豫鄂边区的抗日游击战争》一文中指出：一年多来，在政治方面，我们摧毁了广大乡村的伪政权、伪组织，建立了各级抗日民主政权；取消了各种苛捐杂税，在部分地方开始实行减租减息，发动群众，帮助群众组织抗日团体，建立鄂豫边区的民众武装。

本月 豫鄂边区党委召开第三次组织工作会议，提出了审查党员、动员地方党员入伍，加强民运工作和改进领导作风问题。

本月 豫鄂边区军政联合办事处颁发了《优待抗日军人家属条例》及《抗属联合会章程》，使优抗工作制度化。

本月 安麻边行政委员会在两道桥马家塆成立，郑维忠当选为行委会主席。

11 月

中旬 新四军豫鄂挺进纵队司令部和随南行政委员会，在洛阳店联合召开"呼吁团结和平，一致抗日动员大会"，到会群众千余人，控诉了日军侵华之罪行，会后游行示威，并将"呼吁书"印刷万份到国民党驻地散发。

27 日 刘少奇电中共中央财经委员会并李先念、陈少敏、任质斌，指出：对累进税率及税收机关手续很值得研究。我们的经验是，因我税收机关能力弱，一切税收及手续以照旧有规模办理为好。累进税率在原则上虽好，但实行麻烦，故暂时不实行为好。根据地的税收，一切以筹备军饷、不破坏我之政治影响及争取中间阶层、手续简单易办为原则。①

本月 豫鄂边区各地民主政府先后召开反投降、反内战大会，广大群众主

---

① 《李先念年谱》（第一卷），中央文献出版社 2011 年版，第 285 页。

动献金、献物、献子弹、发宣言，支持边区政府和新四军豫鄂挺进纵队。

本月 汉川县行政委员会召开第一次政务扩大会议，指出：汉川在改进民生运动中做了以下工作：在漕湖沿岸等地开始取消湖课、鱼课；减租，规定田租不得超过收获量的百分之二十；减息，年息不得超过百分之二十；增加工资，按年、季、月等期限，分别按比例增加；救济，对被敌摧毁地区之人民及实行赈济。

本月 天门县委、县行委会先后建立了军械修造厂、织布厂、面粉厂、皮革厂、卷烟厂、酿酒厂和榨坊，满足根据地内的军民需要。

12 月

12 日 中共中央关于建设和巩固华中抗日根据地的指示中指出：根据地的建立政权问题，是有第一等重要意义。应实行"三三制"政权，把原来的大地主阶级专政的旧政权改造成为几个革命阶级的抗日民族统一战线政权，防止过"左"过右的错误。还指出：凡根据地的各级政权，应以统一战线原则为标准，以发动基本工农群众的积极性为中心。

13 日 中共中央对华中工作指示中指出：强调组织政府机关及民众机关，应坚持实行"三三制"，共产党员占三分之一，开始时还可以少于三分之一，网罗各党各派无党无派的一切不积极反共之领袖人物参加，其中应有国民党中间派及左派，民族资产阶级及开明士绅、地主均应参加，也可允许少数右派代表，真正组织各党各派各军的联合政权，力避我们包办。在土地政策上，应实行部分减租减息，以争取基本农民群众，但不要减得太多，不得因减息而使农民借不到债。同时应规定农民有交租交息之义务，保证地主有土地所有权，富农的经营原则上不变动。

本月 豫鄂边区党委要求各地党政军机关开展"一斗田"的生产运动。

本月 信阳县行政委员会成立，蔡韬庵被选为行委会主席。

本月 豫南敌后根据地各救国联合会举办冬学，开展识字运动。

本月 信南根据地中心区开始减租减息试点工作。

本月 信应根据地军民响应边区党委号召，开荒种田，植树造林。

本月 当阳县军政联合办事处成立，刘华廷被选为办事处主任。

本月 钟（祥）西行政委员会成立，朱亚民（后叛变）被选为行委会主席。

本月 襄西军政联合办事处成立，龙剑平为办事处主任。

本月 信应军政联合办事处成立，陈守一为办事处主任。

1941年

1月

5日 中共中央发出《关于法币贬值各根据地应采取对策的指示》，要求各地急速成立银行，发行边币，组织贸易机关，实行统制贸易，保证必需品供应。

本月 按照豫鄂边区的要求，孝感各县的各级抗日民主政府积极实行抗日的普及教育。其一是发展中小学教育和改良私塾教育，在此前后，应城、孝感两县各兴办了中学一所，应山、安陆等县办了数十所抗日小学，并改进了课程设置，修改了教材内容，注重向学生进行新民主主义的文化教育和爱国主义思想教育；其二是开展冬学运动，即举办冬季夜校和识字班，组织群众学习文化和学习时事政治，普及抗日教育。

本月 黄冈县各界人民代表大会在方高坪召开。所立黄冈县抗日民主政府，孙侠夫当选为县长。同时，选举了出席豫鄂边区代表大会的12名代表。

2月

本月 中共孝感县委召开扩大会议，认真学习和讨论豫鄂边区军政委员会《关于发展春耕生产的指示》，动员广大干部深入群众，开展借粮借钱度春荒，组织春耕生产。

3月

本月 为了加强地方武装和民兵建设，豫鄂边区保安司令部在京山小焕岭成立，郑绍文任司令员、夏忠武兼政治委员。

本月　豫鄂边区救国会在边区党委和政府的领导下，发动农民群众，向有存粮的地主、富农开展"借粮运动"。

本月　应城县第一届参议会召开，按"三三制"原则选举产生了应城县抗日民主政府，张谦光任县长。这是豫鄂边区按"三三制"原则选举产生的第一个县级政权。

春　天汉地委和天汉行政办事处在汉川的杨业陂方家大湾创办了天汉中学，先后招生三期，均为200人，1942年下半年因战争频繁而停办。

本月　黄冈县抗日民主政府颁布了《土地登记暂行公约》，查田定产，按田亩交纳公粮。

4月

1日　豫鄂边区第二次军政代表大会在京山向家冲召开。会议讨论、总结了政权、军事、财政、建设、文化教育等方面的工作，讨论并通过了18项主要提案。其中财经方面的有：确定划分边区与地方两级税制；整理、接收各县贸易统制局与统一税制；改订田赋制度；创办建设银行，发行边币100万元、救国建设公债50万元；发展边区合作社事业；建立边区各地交通机关；实行粮食统制；救济灾民等九项提案。会议决定成立豫鄂边区行政公署，并按"三三制"原则选举了公署委员，许子威任主席，杨经曲、涂云庵为副主席，李先念、陈少敏、吴祖贻等被选为行政公署常务委员会委员。下辖鄂东、信应、天汉、襄西四个行政办事处和安陆、应城、云梦、孝感、随南、京山等六个直属县政府。

4日　许子威在第二次军政代表大会上做《关于军政联合办事处的工作》的报告，从民政、财政、建设、文化教育、军事、司法等方面介绍了边区政权工作的成就以及今后政权工作的任务。

8日　豫鄂边区第二次军政代表大会通过《豫鄂边区选举条例》。条例包括总则、选举资格、选举代表人数之比例、改造、选举委员会、选举区域、候补及竞选、经费、附则等9章共24条。

8日　豫鄂边区第二次军政代表大会上通过了《豫鄂边区各级代表大会组织条例》。条例包括总则、代表、组织、职权、会议、任期、改选、附则等8章共24条。

8日　豫鄂边区第二次军政代表大会通过《豫鄂边区行政公署组织条例》，条例共25条。

8日　豫鄂边区第二次军政代表大会通过《豫鄂边区县各级政府组织条例》。条例包括总则、县政府、区署、乡（镇）政府、保甲共5章33条。

8日　豫鄂边区第二次军政代表大会通过《豫鄂边区优待抗日军人家属条例》。条例包括总则、抗属荣誉及特权以物资优待抗属、以劳动优待抗属、抗属之义务、附则等6章共28条。

15日　陈少敏在《七七月刊》第一卷第一期上发表了《艰苦奋斗的三周年》的文章。全面地总结了边区的工作，并就财政经济的各个方面，包括改良生活、减轻负担、增加生产、抵制仇货、经济建设、优待抗属、节省人力物力、劳动政策、土地政策等作了全面阐述。强调保护一切抗日阶级的政治、经济利益，促进农工商业发展，实行合理负担、有钱出钱、有力出力的政策。

本月　豫鄂边区建设银行在随南洛阳店毡帽湾成立，开始发行边币，左仲修任行长，宋逸民、庄果先后任副行长。

本月　豫鄂边区党委、豫鄂边区行政公署成立医疗所。

本月　豫鄂边区行署襄西行政办事处发出布告，严禁为敌征粮，违者严厉惩处，偷运粮食价值百元以上者没收；犯二次以上者除没收外，处以三个月徒刑，或罚款500元；情节严重者处死刑；为敌引路或抢粮者处死刑；盗窃粮食者除赔偿外，处三个月徒刑或苦工。另还布告宣布抗日月捐减半，催征1941年度田赋，限5月15日以前一律办完。

本月　（黄）安礼（山）边军政办事处成立，张安达任办事处主任。

本月　襄西税务总局成立，各县也相应成立了税务分局。余秉熹任总局局长。

5月

上旬 随南县第一次军政代表大会于洛阳店桥湾召开，选举产生了随南县抗日民主政府，张时超被选为县长。

本月 毛泽东在延安干部会议上做《改造我们的学习》的报告，号召全党树立理论和实际统一的马克思主义学风。

6月

10日 中共中央军委电新四军、李先念，指出：（一）五师军政委员会名单已批准，李先念为书记。五师政委暂由李先念兼任。（二）五师与地方关系，可由李先念及其他军队负责同志参加区党委，而区党委应统一党、政、军工作的领导。[①]

15日 陈少敏在《七七月刊》第一卷第三期上刊发题为《豫鄂边区第二次军政代表大会的成功及意义》一文。文中指出：第二次（军政）代表大会，在4月初旬，在反共军大举进攻向家冲的反共战争中，胜利地开成功了。这证明了边区人民及各阶层的开明士绅们建设边区民主政权、坚持边区抗日根据地的决心和信心。同时证明了，真正的民主政权，并不是亲日派、反共派用大军进行反共内战所能摧毁的。

15日 《七七月刊》第一卷第三期发表了题为《豫鄂边区抗日民主政治发展上的重大事件》一文。编者按指出：在敌顽夹击的情势下，在反共枪声打响中，边区第二次军政代表大会胜利地闭幕了。参与大会的有10余县代表。大会根据人民的公意和现实的需要，选举并成立了边区行政统一领导的最高机关——边区行政公署，并且通过了"组织参议会""经济建设""改善民生"等重要议案。这一会议，是巩固豫鄂边区抗日民主政权的有力步骤，是坚持和加强敌后抗日根据地抗日力量的切要方法，是对亲日派反共派破坏边区企图有力的回击，是让全边区人民兴奋的重大事件。

[①]《李先念年谱》（第一卷），中央文献出版社2011年版，第321页。

24 日　李先念、任质斌、陈少敏电中共中央并转刘少奇、陈毅，报告：豫鄂边区党委统一党政军民后，必须增加专门做党的工作干部，因环境困难，师部与区党委不能在一块儿，如不增加人，统一领导困难，请速派人员来负总责。①

下旬　新四军第五师第十三旅开辟武汉近郊的（武）汉孝（感）（黄）陂抗日游击根据地，成立了汉孝陂行政办事处，并在茅庙集、黄花涝、新沟渡等处设卡收税，成为边区重要财源之一。

本月　豫鄂边区第二次代表大会通过《整理与发展边区国民教育》提案。不久，边区行政公署颁发了《公产充作教育经费的规定》。提出解决豫鄂边区国民教育经费来源的办法，促进了中小学教育的恢复与发展。

本月　豫鄂边区行署交通总局成立，王守如、张进先先后任局长。

夏　豫鄂边区遇到 60 年未曾有过的大旱灾，平均收成不到两成，受灾人口达 200 万，占总人口的三分之二。孝北、安北、应山、天南、京山、安陆等地几乎颗粒无收。加上敌伪掠夺、顽军封锁，边区财政十分困难。

7 月

本月　李先念在《地方武装的成就与不够》一文中指出：扩大地方武装基干力量，要"韩信点兵，多多益善"，以适应边区游击战争的需要。要克服地方武装发展工作中的"唯武器论"的毛病，不能完全依赖正规军发武器，而要夺取敌人的武器武装自己。同时，不能轻视传统武器的作用。在文中还强调要重视地方武装的政治教育和管理，深入做好政治工作，论述了民兵的重要作用以及对加强民兵自卫队建设提出了具体意见。

本月　豫鄂边区党委召开了边区各界救国联合会干部会议。会上，陈少敏、杨学诚、吴祖贻做了报告，并在总结边区两年来群众运动的基础上，确定了"农救"的三大经常任务，即发展农村生产，实行优抗，领导农民的日

---

①《李先念年谱》(第一卷)，中央文献出版社 2011 年版，第 324 页。

常斗争和教育。

本月　鄂中行政办事处成立，徐休祥（徐觉非）为办事处主任。

本月　《七七月刊》第一卷第四期发表了《豫鄂边区两年来的财政经济工作》的文章，论述了人民群众在敌伪顽统治下的牛马生活，提出了正确的财政经济政策，以及如何与敌伪顽匪作经济斗争等问题。

8月

本月　中共中央关于节省人力物力给各根据地的指示中指出：为长期地坚持敌后抗战，对我根据地之人力、物力使用，必须作长期打算，我们对根据地内党政军民脱离生产及其开支等提出下列之比例以供各抗日根据地研究参考。全区域党政军民学脱离生产者之人数与全人口（不固定的游击和敌占区不在内）之比例，不能超过百分之三。

本月　豫鄂边区贸易总局改为税务总局，李健为局长。逐渐建立自上而下的各级税收机构，组织强大的武装，便衣收税队，到长江、襄河、铁路、公路等一些交通要道及武汉附近城镇设卡收税。

本月　蕲（春）广（济）边县军政联合办事处成立。张凤林任办事处主任。

本月　鄂城县抗日民主政府改为鄂城县行政委员会，陈大发任行委会主席。

9月

8日　刘少奇、陈毅、赖传珠电李先念、任质斌、刘少卿，指示：我们完全同意你们以主力向鄂东，并派一支精干的小部队到鄂南发展。主力到鄂东后，应发展民运工作，扩大与建立根据地。[①]

24日　任质斌就鄂中政权、税收和群众对新四军的反应等问题电边区党委，其中谈到鄂中根据地逐渐扩大，但因为缺乏干部，影响工作的开展，每季只能收田赋30万元，救国公粮1.5万石。如能补充若干干部，每月即可收税50万元、公粮5万石以上。

---

①《李先念年谱》（第一卷），中央文献出版社2011年版，第329页。

本月　豫鄂边区建设银行计划发行边币 100 万元。票面先后有 1 角、2 角、1 元、2 元、5 元、10 元数种。边币与法币等价发行。

本月　信阳县行委会改为信阳县抗日民主政府，蔡韬庵被选为县长。

本月　信（阳）罗（山）边行政委员会成立，鲁彦卿被选为行委会主席。

10 月

1 日　豫鄂边区发布救国公债条例，定于即日起发行救国公债 50 万元，以应城盐膏矿抗日捐作担保，票值为 10 元、50 元、100 元、1000 元四种。

25 日　豫鄂边区党委电华中局，报告豫鄂边区党委关于政权工作的总结，指出：我设政权县份有黄冈、黄陂、安麻、蕲广、鄂城、大冶、汉阳、汉川、沔阳、天门、荆门、当阳、钟祥、京山、安陆、随县、应城、云梦、孝感、应山、信阳。

本月　豫鄂边区行署积极领导救灾工作，在丰收区发动大规模捐献运动，收灾和安置灾民，在灾区发动富户出借种子、粮食、钱钞，帮助困难户度荒，开展穷人出力、富人出钱的生产建设运动。同时，政府筹拨专款办理以工代赈，将赈济与开展大规模的"千塘百坝"兴修水利运动结合起来。经过三个多月的战斗，边区修建了大批水利工程。襄北、韩集等地修了 33 个垸，襄南、榔头等 5 个乡修了 7 个垸，改变了过去七年六水的情况，在安北河西杨、李家咀等地，筑起了 10 余里长的三座大坝。

本月　截至 10 月底，边区已在 50 多个县建立了党的组织，并在黄冈、黄陂、黄安、麻城、蕲春、广济、鄂城、大冶、汉阳、汉川、沔阳、天门、荆门、当阳、钟祥、京山、安陆、随县、应城、云梦、孝感、应山、信阳等 23 个县建立起了抗日民主政权。

本月　《七七月刊》第一卷第七期，发表了许子威、夏忠武等同志的《法币低落与边区经济建设》《论边区财政经济工作》《谈边区救济工作》《为打破边区财政难关加紧经济建设切实救济灾荒而斗争》等文章，对当时边区的财政经济工作及政策作了全面的阐述。

本月　豫鄂边区党委民运部长吴祖贻到襄西检查工作。襄西开始实施农业税收政策。

本月　天汉地委根据边区财经工作会议精神，成立天汉贸易分总局，顾剑萍任局长。

11月

2日　随南抗日民主政府完成了边区行署所分配的500石救国公粮任务，受到了行署的传令嘉奖。

本月　（黄）安麻（城）边行政委员会并入鄂东办事处。

本月　（黄）安南办事处成立，张振亚为办事处主任。

本月　蕲（春）太（湖）英（山）边县军政联合办事处成立，黄再兴为办事处主任。

12月

9日　陈少敏在《七七月刊》第一卷第六期上发表题为《回顾1941年的边区》一文，指出：第二次边区军政代表大会，是1941年扩大民主的具体表现。第二次代表大会的召开，虽然在紧急的环境中（正是新二军进攻向家冲）简单的结束，但是这个大会的收获，却极有意义。第一，它确定了正确的施政方针；第二，团结了各阶级各党派的抗日人士，共同领导边区的抗战和建设边区的民主政治；第三，通过各种抗战的法令，保障着人民的权利，改善人民生活，并总结了1940年的工作和经验，更具体地规定了扩大民主、建设边区的一切步骤，向着健全的新民主主义社会迈进。还指出：今后政府工作者更要群众化、简单化、军事化，和民众打成一片，领导着游击小组、自卫军和一切地方军和敌人坚持斗争。在坚持斗争中，更加提高政府的威信，在财政经济各方面，要认真地实行节约。

19日　张云逸、饶漱石、赖传珠电李先念、任质斌，指示：张体学与国民党黄梅县长订立互不侵犯协定是好的，但此等行动至关秘密，以后对愿与我合作及互不侵犯之国民党军政人员，应以口头秘密约定为好，不必拘束一定形式。

22日   李先念电中共中央军委并华中局，报告11月27日指挥所部在安陆中心区赵家棚对日反"扫荡"作战之对策及经验中指出：地方政权与军队密切通讯联络，迅速传递确切情报，使指挥正确顺利，同时免使民众遭受大的损失。①

本月   李先念在新四军第五师和鄂豫边区干部大会上作《壮大和巩固地方武装》的讲话，肯定了三年来，鄂豫边区的地方武装在共产党的领导和群众的帮助下，配合主力部队作战，坚持错综复杂的游击战争，打击敌伪顽势力，维护边区安全，保障群众生产，在各方面都起了很大的作用。还着重指出，为了取得抗战的胜利，我们除了加强正规部队建设外，还必须巩固和扩大地方武装，使主力部队如虎添翼，强调要坚持敌后游击战争，仅依靠正规军和半正规军的地方武装还是很不够的，必须要有遍布广大地区的群众性的民兵组织，要把组织自卫队民兵这一环抓好，我们就可以实现党中央关于全民武装的号召，使根据地确立牢固的基础，立于不败之地。

本月   截至12月底，豫鄂边区各县独立团、独立大队、保安部队等地方武装发展到7800余人，比1940年扩大了一倍。

本月   《七七月刊》第一卷第90期合刊上发表了《春耕生产运动的展望》的文章，总结了过去春耕生产的成绩，对今后如何开展春耕生产作了必要的部署。同期还发表了《论边区减租问题》的文章，总结了减租运动的成绩，指出了存在的问题，驳斥了减租"不合法"，是"共产"的谬论。

本月   华中局财政经济会议发出关于粮赋征收与商人负担的指示草案，再一次强调要实行合理负担的政策，认真研究改进征税办法。

本月   黄陂县政府在蔡店组织了一个国营贸易公司，下辖有德兴、谦益、公益、抗大等四大商行，主要经营食盐、粮食、棉花、油、白布、文具、纸

①《李先念年谱》（第一卷），中央文献出版社2011年版，第345页。

张、医药等用品。

本月 浠水县宪政促进会成立，行使政府职能。刘浩被推选为主席。

冬 黄（梅）宿（松）边军政联合办事处成立，桂平为办事处主任。

1942年

1月

1日 豫鄂边区党委作出《关于经济建设的决定》，强调各级领导必须把经济建设作为当前工作的中心，否则边区难以坚持。提出：经济建设的中心是发展农业生产，加紧兴修水利、准备谷种；同时注意发展手工业，摆脱对洋货的依赖；各县组织贸易机关，实行统制贸易；爱护人力、物力，培养元气。总之，要有长期打算的精神，战胜困难，掀起经济建设高潮。

5日 中共中央在关于目前法币问题各根据地应采取的对策中指出：（一）建立独立的与统一的金融制度，以维护根据地的资源，财政上应努力发展私人经济特别是农业，以其税收收入来解决财政问题，不要依靠发行钞票为主要来源。（二）对外贸易应实行相当管理，应尽量做到以货易货，有计划地管理主要贸易，以剩余的生产品，换进缺少的或不足的必需品。（三）要向着自给自足的路上发展，然而各根据地的具体条件与环境是不相同的，目前可能遭受的损失及影响，当然也不会一样，因之，我们的对策不能不依据各种不同的情况进行区别。还指出：我们的对策，除了与法币断绝联系外，并应：①在经济上实行必要的反封锁，发展生产，利用代替品减少输入。②在政治上宣传法币跌价的必然性，并在各主要地区附近压低其价格，以边币换吸一部分，乘机使边币流通范围向外扩展。③如法币已挤入我区时，应相机贬价收回，以免侵犯我边币之流通。吸收流通的法币，一部分设法于最短期内迅速送贸易局，一部分通过私商抛出境外，换回货物。我们的办法是：急速成立银行，发行边币，并可允许成立钱庄发行地方辅币；以边币或地方辅币吸收境内法币，以扩大边币或地方辅币的流通范围；在相当巩固的一定区域有可能时，动员党政军民、公营商店、合作社将所得之法币随时随地交给贸易局，向境外换回货物，不得再用于境内，更不应囤积，以减少法币在境内停留所遭受的损失。

　　22日　李先念在蕲春县横车的铺儿咀主持召开了鄂皖边县团以上军政干部会议，要求广泛发动群众，推进与扩大敌后抗日游击战争，巩固与扩大根据地。[①]

　　28日　中共中央发出《关于抗日根据地土地政策的规定》。

　　本月　豫鄂边区行政公署移驻大悟白果树湾附近的徐家湾。

　　年初　由于敌人的掠夺、包围、封锁，以及连续两年大旱灾，豫鄂边区物价高涨，粮食缺乏，军需民食，十分紧张，财政、经济出现了严重困难局面。

2 月

　　6日　京安县在腊树湾召开了人民代表大会，讨论了加紧生产建设、巩固抗日秩序、实行全民武装和开展国民教育等问题，并选举产生了京安县抗日民主政府，曹冰清被选为县长。

　　6日　（黄）安礼（山）县抗日民主县政府成立，陈韧被选为县长。

　　8日　襄西行委会驻地荆南沈家中湾遭敌袭击，行委会主席龙剑平牺牲。

　　上旬　（黄）安麻（城）边县抗日民主政府在两道桥成立，黄宏儒任县长。

　　本月　浠（水）蕲（春）边县军民联合办事处成立，李璧东为办事处主任。

　　本月　豫鄂边区行署财政处长刘子厚在汉川汈汊湖五房台召开税务工作会议，谋求进一步扩大税收。同时，举办税收干部培训班。

　　本月　豫鄂边区行政公署高级行政干部学校成立，刘子厚兼任校长。

　　本月　鄂东专署财政科与陂安南县财政科在黄陂双河乡同陈玉庭合办民生烟厂，后改为民生烟草公司，继续创办大达和民生两个烟厂。

　　本月　黄（梅）广（济）边军政联合办事处成立，鲁岱为办事处主任。

[①]《李先念年谱》（第一卷），中央文献出版社 2011 年版，第 349 页。

3月

13日　豫鄂边区第一届抗日人民代表大会在京山召开。会议根据"三三制"原则选举了驻会代表和行政公署负责人，许子威当选为主席，杨经曲、张伯尼为副主席。讨论并通过了《豫鄂边区施政纲领》。施政纲领对边区的政治、军事、经济、文化及群众运动等作了明确规定。在财经方面，强调保护一切抗日人民的基本利益和权利，减租减息，发展生产，统一财政；解决财政上的方针是主要依靠田赋、公粮，征收实物累进税；为解决当前给养困难，还通过了紧急提案，向有余粮者借粮，募军米2万石。

16日　豫鄂边区党委召开会议，研究解决边区财政和部队给养问题，并决定在全边区开展减租减息运动。

16日　华中局扩大会议就改造豫鄂边区根据地内政权机构问题作出指示，指出：今后五师与豫鄂边党委的任务，是整训部队，加强与发展地方军及人民武装，严格建立各种组织与制度，巩固与发展根据地，切实进行群众工作，改造政权机构，广泛地进行友军工作，并设法以适当名义向长江以南敌后地区发展及沿长江而下与七师联系。强调：关于改造政权工作，要彻底改造根据地内的政权机构，使之成为真正的抗日民族统一战线的，包括所有各抗日阶层联合的民主政权。还指出：改造政权，不只是调换几个人，而是政权机构及各种制度的改造，是团体与政体的改造，要将千百年来便利封建阶级统治人民的政权机构彻底改造，使之便利于广大人民群众来管理与掌握的政权机构。改造政权的基本问题是如何发动与组织根据地内的广大群众来积极管理政权的问题，是如何团结根据地内所有各抗日阶层的人民来积极参加政权管理的问题。要彻底改造政权，首先应当了解这种改造工作不仅是一个创造的伟大的组织工作，而且是一个包括数百万人民的严重斗争。这个斗争开始从工农小资产阶级群众对地主资本家要求减租减息、改善待遇的经济斗争起发动群众，一直提高发展到改造政权的斗争与坚持敌后抗战的斗争，以达到在经济上改善人民生活、政治上打破地主阶级的优势，保障群众在经济上已

取得的胜利。从这种斗争中发动群众的积极性、创造性，教育群众，从群众
中生长新的干部，锻炼出新的人民，建立新的组织与制度，然后才能达成政
权的彻底改造。并号召为了建立新的政权机构、新的民主制度与作风，要切
实实行法治，建立法律的高度威信。共产党员特别是在政府工作的党员，要
学习法律，养成法治的精神，与党外人士实行民主合作的作风，反对关门主
义及包办的作风。

27日 中共中央华中局电李先念、任质斌、刘少卿、王翰并刘少奇，指
出：目前粮食恐慌无法解决之时，你们应当一面加紧发展春耕运动，另一方
面可向屯粮剩粮的粮商、地主进行借粮、募粮。同时要把这一借粮运动与发
动基本群众救济春荒、发展春耕运动、提高生产密切联系起来。[1]

本月 豫鄂边区行署公安总局在京山杨家集成立，娄光琦、刘慈恺先后任
局长。

本月 豫鄂边区军政委员会提出边区财政问题之解决办法：（一）以今秋
田赋作抵，向地主富农借米，向较大地主募米，共一万五千五百石；（二）党
政民应暂时集中力量完成此项工作；（三）加紧进行调查研究，整理税收，大
力压低米价，酌量统制粮食。

本月 豫鄂边区召开行署委员、第一届抗日人民代表大会驻会代表联席会
议，对组织春耕生产、兴修水利、发展公营工业、扶助家庭手工业以及各项
生产投资等问题，逐项研究落实，并作出了具体部署。

本月 新四军军部就粮食问题给第五师的指示中指出：解决目前粮食恐
慌，应一方面加紧发展春耕运动，多种生长成熟较快能济春荒之农作物；另
方面可向地主粮商进行借粮募粮。但在借募方法方式上，必须特别注意耐心
审慎。应向地主及群众进行深入耐心的宣传解释工作，公开说明我军目前苦
况与借粮募粮的万不得已的苦衷，以获取其同情与谅解。借募时则应分别富

①《李先念年谱》（第一卷），中央文献出版社2011年版，第357页。

裕程度，实行合理负担。深入调查囤粮存粮之实际，并防止强行攫取等过"左"行为。必须使借粮运动，与发动基本群众、救济灾荒、发展春耕运动、提高生产等工作加以密切联系，否则可能发生混乱，造成广大群众不安，影响统一战线之巩固。

本月 浠水县宪政促进会改为浠水县行政委员会，刘浩为行委会主席。

春 豫鄂边区行署纪律检查团到黄冈根据地检查区、乡工作，枪毙了违法乱纪的叶店乡长周子文。

4月

4日 豫鄂边区党委电告华中局并中共中央、李先念、任质斌等，报告解决经济困难的办法：开大会要求借粮2万石，借粮由下忙还并订出利息；向囤粮户借。借粮以25%做救济种子；征去年未交田赋公粮，地委、区委由党政军士绅组织借粮委员会。并称以上工作均已布置。

13日 许子威签发《豫鄂边区行政公署命令》，指出：根据边区第一届代表大会第一次大会暨驻会代表团、行政公署委员会扩大联席会议为突破财经难关特制订三个月中心工作计划。并指出，我各级政府负责人务须不怕艰难，集中全力以赴，调强有力干部到中心工作战线上去突击，使我们的计划能百分之百地完成以至超过，绝不能稍存忽视，或借词推托，使工作遭受损失。同时，工作干部务必深刻认识：突破财政经济困难，是严重的政治任务，而不是单纯要钱要粮的事，更要了解只有贯彻合理负担的原则，才能获得人民的真正拥护，保证任务的顺利完成。

本月 中共中央华中局关于解决粮财问题给第五师的指示中指出：目前鄂东粮荒与经费困难，加以广西军源源开入，有加紧进攻我军之企图，这是摆在我区全党、全军面前的困难问题。但只要我各负责同志能正确地掌握统一战线方针，审慎亲密地协商讨论并规定具体解决方法，同时并不因困难而惊慌致影响策略之纷乱等，则克服一切困难是完全可能的。造成目前鄂中财政如此困难的基本原因，诚不仅由于客观条件，而且主要由于主观经常检查与督促不够等。但这种疏忽之责，应由各方共同负担。因此应召集鄂中党政军各负责同志会议，根据中央关于财政税收的各种决定，依照统筹统支与党政军兼顾原则，总结经验，切实讨论今后统筹统支之方针与办法，以作长期打算，是非常必要的。

本月　鄂中行政办事处改为鄂中行政专员公署，徐休祥任专员。

本月　豫鄂边区行署为抵制日寇向边区大量抛出日币和储币，掠夺物资，采取对策，严禁日币、储币在边区境内流通，维护法币，大量发行边币，逐渐使边币成为边区内部的本位币。

本月　豫鄂边区党委提出解决边区经济困难的办法：目前应进行紧急动员，向地主富户借粮 20 万石，以田赋作抵，供给第五师急需。至于治本的办法，仍在于征收田赋（全区共有 400 万亩，每亩田赋一斗二升，共收 50 万石）及救国公粮，以供给军队及地方工作人员之需要。要特别注重加强春耕运动及经济建设，并加强贸易统制与边币管理。

本月　黄冈县委、县政府根据《豫鄂边区施政纲领》中关于"取缔私人征收湖课、河课"的规定，发动湖区农民和渔民开展反湖霸斗争，掀起了"开放湖业"运动，取得了湖产归公的胜利，免除了封建剥削，促进了湖区的生产。

本月　天（门）东农民在县委、县政府的领导下，开展"柴山"斗争，向霸占湖区芦苇的地主进行斗理、斗力和斗法，掀起了万人战"柴山"的割绿肥运动。

本月　安南军民办事处撤销，民主选举产生安南县抗日民主政府，杜成才当选为县长。

本月　新四军第五师卫生部建立干部休养所。

本月　安礼县抗日民主政府在磙子河开辟农贸市场，每天赶集群众达 2000 余人，生意兴隆，成为大悟山区域的中心市场。

5月

7日 中共中央华中局批准由李先念、陈少敏、任质斌组成豫鄂边区军政党委员会，李先念任书记。

上旬 豫鄂边区建设银行在（黄）陂孝（感）边羊毛岭建立鄂东分行和第二印钞厂。

15日 中共中央党务室电李先念、任质斌转豫鄂边区党委，答复组织民兵等问题，称：民兵原指自卫队中之模范队，等于你处之基干队，和青年抗日先锋队，等于你处之少先队，两者均系在武委会领导下为人民武装的中坚力量。

25日 陈毅电李先念、任质斌、陈少敏并豫鄂边区党委，指示：我敌后抗日根据地之创造和巩固，首先决定于群众之发动。但群众发动后，党的领导应切实掌握群众运动。根据地之创造和巩固还需依靠强大的主力掩护和支持，没有主力绝不会有巩固的根据地。①

本月 豫鄂边区行署财政处在孝感黄家冲建立印钞厂。

本月 云梦县抗日政府在孝感白沙、吴店大湾湖建立缝衣厂。

6月

本月 豫鄂边区动员各县、区干部投入征收上忙公粮工作，正式征收田赋、公粮。

本月 应城矿区工会组织130多人的运盐队突破艰难险阻，将一万余斤食盐运往京山石板河抗日根据地，帮助根据地军民解决缺盐问题。

本月 武湖行政委员会成立，王表为行委会主席，从属鄂东办事处直接领导。

7月

1日 李先念、任质斌、陈少敏、刘少卿、王翰电各旅、各地委并报中共

---

① 《李先念年谱》（第一卷），中央文献出版社2011年版，第361页。

中央军委、新四军军部,指出:为了集中边区党政军领导,应付当前局势,决定在边区成立七个军分区①。统一地方军与正规军及全边区的党、政、军的领导。

本月 中共鄂皖边地委书记刘西尧在蕲春邱山下召开干部会,讨论建政问题。并决定撤销蕲广边军政联合办事处,成立蕲广边县抗日民主政府,张凤林当选为县长。

本月 安南、武湖两地政权机构合并,成立(黄)陂(黄)安南县抗日民主政府,魏天一当选为县长。

8月

1日 豫鄂边区党委发出《关于积极准备征收上忙公粮的指示》。指出:鉴于敌人不断"扫荡"和顽军的进攻,边区田赋减少,财政经济日益紧张,要求各级积极地有组织地进行紧急动员,对征收工作要全力以赴。具体办法是,根据边区不同情况,划分为急征区和缓征区;动员群众,继续进行土地登记;地县委员、分区领导,抽调坚强的干部充实和建立各级粮食管理机构;严格执行党的各项政策,争取粮食战线上的更大胜利。

1日 《党员生活》上发表了《粮食制度问题》的文章,指出根据地的粮食问题是关系到我与敌伪顽进行斗争以及部队机关、人民给养的重大问题,全体工作人员必须特别重视这一工作。为了做好本年上忙田赋征收工作,对建立粮食管理制度,以及如何保证制度的执行等,均作了明确的规定。

8日 《党员生活》上发表了《下忙征收中的急征缓征和粮食管理》一文,总结了上忙征收工作的经验教训,提出了先难后易、先远后近、先危后安的原则,分为急征区和缓征区;要求加强粮食的技术管理,粮食管理系统必须成立,全边区粮食管理的领导权统一到粮食总局;强调田赋公粮是财政工作的中心,建立统一的粮食管理制度是在财政上实行统筹统支的关键。

---

①《李先念年谱》(第一卷),中央文献出版社2011年版,第365页。

14日　安应县抗日民主政府成立，黄曙晴被选为县长。

中旬　豫鄂边区党委决定，撤销鄂北地委，将随南县委、随南县抗日民主政府划归鄂中地委领导。

本月　豫鄂边区行署粮食总局成立，张旺午任局长，同时抽调一批干部到粮食战线工作，加强对粮食工作的统一领导，不仅健全了从地区到县的粮食局，还形成了一整套包括储存、运输、分配、供给在内的制度。

本月　豫鄂边区召开行政公署委员及县长联席会议。会上，详细地研究了战争动员工作的经验教训，决定在县政府内增设动员科，负责管理民兵、优抗及兵役动员工作。同时检查了行政公署、黄冈县政府的政风，强调惩治贪污，反对腐化。会后，坚决撤换了不称职的县长，并严惩了贪污舞弊、破坏政策法令的税务局长。

本月　豫鄂边区党委抽调一批干部组成鄂南政务工作团赴鄂南开辟抗日根据地，旋即成立鄂南政务委员会，吴师筑为政务委员会主席。

本月　黄梅县抗日民主政府建立，邹一清当选为县长。

本月　安（陆）应（山）县抗日民主政府成立，黄曙晴当选为县长。

本月　孝（感）东县行政委员会在西阳岗成立，刘天明为行委会主席。

本月　鄂（城）大（冶）政务委员会成立，王表任主席。

本月　（黄）冈麻（城）边行政委员会成立，程鹤鸣为行委会主席。

本月　天门县行委会组织秋收评委会，领导全县"二五减租"运动。

9月

1日　中共中央发出《关于统一抗日根据地党的领导及调整各组织间关系的决定》，规定中共中央代表机关及各级党委为各地区的最高领导机关，统一领导党政军民工作，实现一元化领导，取消各地的军政党委员会。①

7日　毛泽东发表《一个极其重要的政策》一文，号召各抗日根据地和八

————————

①《李先念年谱》（第一卷），中央文献出版社2011年版，第372页。

路军、新四军认真实行精兵简政政策。①

本月　豫鄂边区行署派出民主改革工作组，去汉川韩家集领导群众开展反渔霸的斗争。韩家集的"十三公所"（由 13 名资本家组成的鱼粮行合作社）操纵市场，提高行佣，囤积走私，压迫群众，影响正常贸易开展。通过斗争，打退了资产阶级的进攻。但这一斗争在做法上有"左"的倾向，如把资产阶级的破坏行为当封建主义来反。

本月　豫鄂边区行署颁布《豫鄂边区一九四二年度减租办法》。

本月　鄂东行政办事处改为鄂东行政专员公署，贺健华任专员。

本月　黄冈中心县抗日民主政府成立，孙侠夫、黄彦平先后任中心县县长。

本月　礼（山）南抗日民主政府在芳畈成立，杨子明被选为县长。

本月　豫鄂边区行署及鄂东专署在黄陂蔡店组织了一个公营贸易公司，下辖德兴、谦益、公益、抗大四个公营商行。

10 月

月初　豫鄂边区党委决定：天汉地委、荆当京钟地委合并为襄河地委，同时成立第三军分区和襄河行政专员公署，李守宪任专员。

本月　豫鄂边区行政公署教育处在黄陂境内先后开办了育才学校和师范学校。

本月　天汉中心县抗日民主政府成立，程敦秀任中心县县长。

本月　大（冶）鄂（城）政务委员会成立，冯玉亭任主席。

本月　阳（新）大（冶）政务委员会在大王殿王家祠堂召开群众大会，按"三三制"原则选举桂平为主席。

本月　咸（宁）武（昌）鄂（城）政务委员会成立，况公仆任主席。

本月　阳大税务局在大王殿成立。

本月　阳大被服厂在太子庙附近的张洪桥成立。

---

①《李先念年谱》（第一卷），中央文献出版社 2011 年版，第 373 页。

本月　大冶利华煤矿资方代表柯凤卿向鄂大政务委员会捐赠煤4万吨、银圆3000元作为抗日经费。

本月　撤销新四军第五师卫生部，各野战医院改名为兵站医院，划归各军分区领导，第五师巡回手术组改名为医药巡视团兼手术组。

本月　鄂中专署难民处组织外地来的难民在应（山）南寿山办起鄂中服装厂、安应修理厂、三八卷烟厂，积极为边区军民服务。

11月

本月　鄂南税务分总局成立，局长李璧东。下设樊湖、鄂大等三个分局。

12月

13日　国民党新编第十三师与挺进军一部围攻鄂南政务委员会驻地咸宁白茅山，鄂南政务委员会主席吴师筑被俘，后被杀害于江西修水。

本月　豫鄂边区行政公署为抵制日寇向边区大量抛出法币、掠夺物资，当即采取对策，除大量发行边币，对法币实行贬值打折扣外，并加强贸易统制。

本月　武（昌）鄂（城）政务委员会成立，黄人杰为主席。

本月　鄂大县政府贸易管理分局成立，下设合作社，开展战时工商贸易管理。

本月　豫鄂边区建设银行在黄冈涨渡湖建立黄冈办事处和第三印钞厂。

年底　黄冈湖业管理局成立，局长张翼。

1943年

1月

1日　毛泽东提出敌后抗日根据地三大任务：战斗、生产、学习。后方根据地的任务是：生产、学习。

15日　许子威在《新民主》创刊号上发表了《1942年边区民主建政之回顾》，回顾了一年的成就。指出：边区第一次代表大会充分地表现了各代表间开诚布公、民主合作和真正对人民负责的精神。这一次大会的成就，不仅表示了边区民主建设已经达到初步完成各级民选的这一重要阶段，而且奠定了号召全边区人民为保卫边区和建设边区而进行反对反共派进攻与敌伪蚕食斗争的胜利基础。还指出在财政经济方面，由于加紧兴修水利，开展生产运动，对敌开展经济斗争，整理田赋公粮，建立了统收统支制度，实行减租减息，提倡节约、爱护民力等，从而恢复了农村经济，还清了春季所借全部粮款，渡过了财政难关。

15日　《新民主》创刊号上发表《加紧深征广征》的文章，就下忙公粮工作中合理负担、调整征收机构、加强领导和环境恶劣及工作不易开展地区的征收工作等问题，作了阐述。

20日　豫鄂边区行政公署制定并公布了《1943年度春耕生产紧急动员条例草案》。草案共5章44条，对春耕生产的原则，兴修水利、种子、肥料、耕牛、农具、管理等方面，均作了详细的规定。强调奖励成绩，严惩破坏。同时要求各地健全生产委员会，建立各乡、保的春耕委员会，领导广大农民掀起春耕生产高潮。

本月　豫鄂边区党委成立精简机构委员会。

本月　豫鄂边区行署召开教育工作会议。

本月　《七七月刊》上发表《地租》一文，对边区土地占有的情况、地租的状况和什么叫地租作了详细、深刻的阐述，说明边区地租不合理，地主必须实行"二五减租"，取消一些额外剥削及押金；同时，为了团结一致抗日，必须实行交租交息。

本月　长江专员公署成立，贺健华为专员。

2月

月初　豫鄂边区党委在大悟蒋家楼子召开扩大会议，通过了1943年边区军事建设计划和强化政权的措施，宣布了中共中央关于李先念任边区党委书记，仍兼第五师师长和政治委员的决定，组成以李先念、任质斌、陈少敏等为主的领导核心。会议决定由边区党委组织部长杨学诚兼任豫鄂边区行政公署副主席、党团书记。

16日　李先念、任质斌、王翰电中共中央，报告新四军第五师精简工作情况，称：边区保安司令部取消，设立五个军分区，地委书记兼任各军分区政治委员。加强地方武装领导，将县游击大队、区中队、乡分队之三部合编为分区性的独立团。

17日　石首江北地区沦陷。3月8日，石首县城、调关沦陷。9日，藕池沦陷。

本月　豫鄂边区抗日保安司令部撤销，重新调整各军分区，以实行精兵简政，加强正规军、地方军和民兵的建设工作。

本月　豫鄂边区税务局改为物资统制局，李健任局长。

本月　为强化政权建设，边区不少地方县委书记兼任县长，区委书记兼任中心乡长，支部书记兼乡、保长。

本月　鄂南政务委员会成立，鲁明健任主席。

本月　中共信阳中心县委根据豫鄂边区党委的布置，开始进行强化政权的工作。

本月　天沔行委会成立。

本月　新四军第五师军医处制药所在黄冈李牌楼湾成立。6月，撤销制药所，组建药材所。

3月

9日　新四军政治部公布《新四军拥政爱民公约》。

17日　豫鄂边区人民代表大会驻会代表暨行署委员第三次联席会议通过《豫鄂边区破坏抗日秩序治罪暂行条例》，4月22日公布施行。该条例共15条。

本月　豫鄂边区育才学校创立。

本月　豫鄂边区党委社会部和豫鄂边区行政公署公安总局合署办公，刘慈恺任公安总局局长。

本月　安应县临时参议会在赵家棚东岳庙召开，出席会议的代表有300余人，会议推选左南屏为议长。

本月 豫鄂边区行政公署在大悟山枪毙了一名贪污的司务长，对广大干部教育很大。

本月 应（山）随（县）县抗日民主政府在应山柴家河成立，钱鹄卿被选为县长。

春 为加强春耕生产领导，边区各县成立生产建设委员会，乡成立春耕生产委员会。在各级组织领导下，边区掀起了春耕生产高潮。如安应共建水坝106座，塘堰1063口；天汉一万多名群众上堤，将养黄、倪家西乡的10个垸合修成一个大垸，称为"万里长堤"，使2.3万亩田受益；汉川群众在红庙修筑一条500余米长的围堤，称为"解放堤"。鄂中8个县在1943年兴修的水利，可灌田47万余亩。

4月

本月 豫鄂边区物资统制总局发布第一号公告，规定粮食、油类、棉花、板炭、烟叶、皮、麻、五倍子、纱布、茯苓等分期分区实行统制，如欲出境，必须向物统局领取出境特许证，缴纳关税，否则一律没收。

本月 豫鄂边区物资统制总局颁发《出入口特许证暂行办法》《关于各地物统分局今后签发内地运销通行证、后方进口免税证的通知》，对签发出入境许可证的原则、办法作了规定。

本月 豫鄂边区物资统制总局发布《关税税则》《关税税率》《关税征收办法》和《缉私办法》，对合法的出入境商品税率作了明确规定；对偷运禁运物资，订出了惩罚办法。

本月 豫鄂边区物资统制总局发布《关税人员奖惩办法》《关税人员牺牲抚恤办法》，对有功人员实行奖励；失职者给予适当处分；对因公牺牲者，给予优抚。

本月 豫鄂边区行政公署及物资统制总局制定了《合作社组织章程》《管理榨油业作坊暂行办法》。强调健全和发展供给、运输、生产和信用合作社，管理好榨油作坊，以改善军民生活，搞好统制贸易。

本月　新四军第五师政治部决定5月为"拥政爱民月"，开展拥政爱民活动。

本月　豫鄂边区行署颁布组织商业公会暂行办法。各较大集镇相继组织商会及行业公会。

本月　豫鄂边区洪山公学中学部改为豫鄂边区实验中学，周性初任校长。

本月　蕲（春）宿（松）太（湖）边县军政联合办事处成立，张国平为办事处主任。

本月　江陵县行政委员会成立，倪辑五被选为行委会主席。

5月

本月　豫鄂边区行政公署和新四军第五师确定5月为"拥军爱民月"，领导边区军民开展拥军爱民活动。一方面军队到群众中检查纪律，帮助劳动生产；另一方面行署修改了《优待抗日军人家属条例》《优抚条例实施办法》和《抚恤条例》，各地群众大力开展拥军优属活动，组织代耕队帮助抗属生产，发动捐献，解决抗属困难。

本月　豫鄂边区行政公署教育处在黄陂罗家畈召开教育工作会议，讨论国民教育发展的问题，决定：边区基本区专、县开办中学和完全小学；尽力发展国民小学（包括保小、村小和族小）；进一步改良私塾，有的可改为国民小学；深入开展冬学运动；根据条件进行教育改革。

本月　豫鄂边区洪山公学小学部改为豫鄂边区实验小学，牛健任校长。

6月

中旬　荆潜县召开参议会，通过了减租减息决议，选举了县参议会和县行委会领导，赵连成被推选为参议长，李凌云被选举为行委会主席。

本月　鄂皖边中心县行政委员会成立，吴光治为行委会主席。

本月　天京潜县税务局在黑流渡至多宝湾的襄河线上设立税卡，迫使在河内来往的日商纳税。

7月

1日 《七七报》上发表《从现在到秋收前农田里的三件大事》一文，指出农田管理要抓紧管水、除草和防虫这三件大事。

25日—8月8日 豫鄂边区召开了财经工作会议，总结了四年半来的财经工作，提出了贯彻"军事第一，胜利第一"方针的财经工作四项基本方针：坚决执行党的政策法令，力求合理负担；进一步加强物资统制，提倡公营事业；建立和健全财经工作制度，提高工作效率；继续实行以粮食管理为中心的统筹统支制度，消灭贪污浪费。强调要使财经工作更好地走上正轨，尽最大的物资保证作用。

本月 黄广、黄宿两个边区县合并为黄广宿边县，成立联合办事处，黄道屏为办事处主任。10月，因办事处活动不便撤销，又分别成立黄广边县、黄宿边县军政联合办事处。

8月

1日 《七七报》上发表《写在秋收减租之前》的社论，强调对1943年的秋收减租工作，必须广泛深入宣传动员；照顾主佃双方，公平减租，不同区域采取不同方法；加强战备，帮助秋收。

本月 豫鄂边区行政公署颁布《豫鄂边区1943年度减租办法》。办法规定："减租后租额如仍超过主要收成的实收量千分之三百七十五时，须减至千分之三百七十五。"决定颁发后，进一步推动了减租运动。

本月 鄂中中学在安应县周余冲余氏祠堂正式开学。1945年8月中旬，该校一部分转入建国公学，另一部分与应山中学、信阳中学合并成为豫南中学。

本月 张泽生、魏恒若从湖南南县出发，前往鄂豫边区汇报工作，经请示中共中央同意，石（首）公（安）华（容）三县从南方局划归豫鄂边区党委领导。

本月 天（门）潜（江）沔（阳）县行政委员会成立，杨知时被选为行委会主席。

9月

10日 豫鄂边区行署颁布《小学教育实施办法》。

本月 中秋节，豫鄂边区行署组织慰问抗属工作队，对抗属进行慰问，并发给抗属每户猪肉二斤、面粉三斤、食盐一斤，共慰问驻地周围抗属30余家。

本月 豫鄂边区党委召开了全边区和新四军第五师卫生队、所、科、院长参加的行政干部大会，讨论并通过了《卫生医疗工作暂行条例草案》。

本月 豫鄂边区党委决定开办师范院校，李实兼任校长。

本月 襄南政务委员会成立，刘宝田任政务委员会主席。

本月 天汉县政府在倪家集召开全县劳模代表大会，表彰在大生产运动中涌现出来的劳动模范和先进生产者。

本月 襄河贸易管理分总局成立。

本月 襄南政务委员会在老新口、熊口一带开办"青训班"，在老新街上开办民办公助的商业合作社——襄南生计合作社。

本月 随着襄南、石公华根据地的开辟，长江北岸的古长堤成了边区在长江中游的交通要道，镇内商户急增，来往行商不断。边区在这里设立银行、税所和开办贸易公司、百货商店，使古长堤成为边区最大的商埠和财源基地，每月税收达30万元，最高达300万元。

10月

1日 中共中央发出《开展根据地减租、生产和拥政爱民运动的指示》，号召全党为加强团结、坚持抗战，在1944年春节"举行一次拥政爱民和拥军优抗的大规模的群众运动"。

本月 豫鄂边区党委机关精简后保留30余人，边区行政公署精简为80余人，被精减人员均作了妥善安置。

本月 豫鄂边区行政公署制定了《教学改进标准》。《标准》要求："教学实施，必须适合抗战建国的需要，灌输科学民主思想，培养学生坚强的国家民族观念和团结抗战的蓬勃情绪。"对教材内容、教学方法、教师职责等均提出了要求。

本月 天潜沔行政委员会在潜江总口陶河岭成立，周善成被选举为行委会主席。

本月 石公华县行委会在江北枪船口成立，魏恒若被选为主席，李树人为副主席。12 月，魏恒若调离石公华，李树人继任主席。

本月 天京潜县政府成立贸易管理局，管理由青龙嘴至观音湖一带县河两岸商品的进出境工作。

本月 鄂大政务委员会在沙窝彭塘庙创大沙窝消费合作社。

11 月

12 日 李先念在第五师直属干部大会做了《整风、生产、精兵简政》的报告。对生产、精兵简政的重要性及做法，作了明确的阐述；并强调以整风为中心开展生产、精简工作。指出边区必须发展生产，克服财政的困难；克服财政困难，整顿作风，提高工作效率，必须精简机构。号召边区部队投入整风、生产、精兵简政运动中去。

18 日 豫鄂边区党委正式发出《关于彻底开展整风运动的决定》，并成立了由李先念、任质斌、陈少敏、夏忠武、吴祖贻、顾大椿等六人组成的总学习委员会，任质斌任书记，具体负责领导全边区党政军民机关和部队的整风运动。

24 日 郑位三以华中局代表的身份来到鄂豫边区，边区军民领导机关召开欢迎大会。

本月 豫鄂边区党委召开宣传工作会议，吴祖贻在会上做《关于如何领导老百姓生产的问题》的报告，强调领导老百姓生产是今后坚持长期抗战和巩固根据地的关键问题，号召与会者虚心向基层干部学习，熟悉和掌握生产规律，做好领导老百姓生产的宣传工作。

本月 撤销新四军第五师军医处医疗巡视团兼手术组，成立师直卫生科和师直休养所。

本月 （黄）冈东军民办事处成立，王维新为办事处主任。

12月

9日 《解放日报》第一版载文指出：新四军第五师我部健儿转战南北五年，与敌伪作战不下3300余次，现已在21个县内建立了抗日民主政权，600万以上的人民有了自己的抗日组织，如自卫队、基干队、农救会、妇救会。几年来实行减租减息，发动生产运动，认真救灾赈荒，人民生活日渐改善。正因为这样，敌寇把我李（先念）师看成眼中钉，想拔掉它，然而越拔钉得越深。我李师已成为一支不可战胜的抗日力量了。

17日 郑位三、李先念、任质斌、陈少敏电新四军军部，报告豫鄂边区1944年的工作方针为：（一）以巩固为中心；（二）争取时间整训和做党的建设工作；（三）突击式的组织基本群众的多数；（四）加强统战工作；（五）加强伪军工作；（六）为了减少战斗频繁；（七）执行精简；（八）个别调动干部。①

本月 李先念在《1943年鄂豫边区的斗争情况》一文中称：1943年，鄂豫边区仍处于日伪和顽固派的夹击中，战斗频繁。第五师和地方武装英勇作战，粉碎了日伪多次残酷的"扫荡"和"清乡"，并配合各抗日根据地军民打退了国民党顽固派的第三次反共高潮。同时，开辟了赣北游击区，恢复了襄南根据地，创造了以洪湖为中心的襄南根据地，挺进洞庭湖滨，进一步形成了从武汉周围威胁日军的战略态势。第五师部队已由组建时的15000余人，发展到三四万人。②

本月 豫鄂边区党委发出《关于开展大生产运动的指示》。边区党政军机关成立生产小组，召开了动员大会，制订了1944年度的生产计划，即生产自给半年的计划。在各级组织的领导下，机关生产运动轰轰烈烈地开展起来。一年内（第五、四军分区不在内）共开荒23000余亩，种菜6900余亩，做到

---

① 《李先念年谱》（第一卷），中央文献出版社2011年版，第410页。
② 《李先念年谱》（第一卷），中央文献出版社2011年版，第412页。

了柴、炭、菜、金全部自给、粮食部分自给，少数单位达到全部自给。

本月 豫鄂边区建设银行襄南分行成立，行长安光荫。

本月 天汉县委和县抗日民主政府，领导着养黄、倪家两乡万余名农民，兴修水利，围绕 13 个小垸筑起大垸堤，使 2.3 万亩农田受益。

1944 年

1 月

本月 豫鄂边区党委作出《关于拥政爱民优抗月的决定》，确定以农历正月为边区拥政爱民优抗月。

本月 江（陵）枝（江）当（阳）军政联合办事处成立，王展任办事处主任。

本月 天潜沔县临时参议会在总口陶河岭召开，选举临时参议会、行委会领导成员，许荣藻被推选为参议长，洪范被选举为行委会主席。

本月 鄂大工委在沙窝凤凰山岱家湾召开鄂大民主代表大会，议程为：按"三三制"原则，选举鄂大政务委员会；对鄂大各方面的工作，广泛听取代表的意见和建议；选举王表为政务委员会主席。

2 月

17 日 中共豫鄂边区党委发出《关于赶紧组织人民大多数的指示信》，要求各地实行战争动员、生产、组织三结合，从组织群众生产和关心群众生活入手，用不同的形式把群众组织到各界救国会组织，并通过对敌斗争和保卫生产、建全民兵组织和游击队，同时整顿发展党的基层组织，提高战斗力。

本月 《党员生活》上发表《从副业着眼组织群众大多数的有利条件和困难》，对黄陂塔西乡的副业生产，作了较全面系统的调查。

本月 襄西政务委员会成立，李云程被选为主席。

本月 天沔行委会撤销，成立天汉县县南办事处。

3 月

13 日 中共中央华中局电郑位三、李先念，关于排挤法币及金融发行的指示中指出:（一）鄂中粮食布匹基本可以自给，除食盐外，大都为出超。因此你们对伪币应采取排斥方针，从广泛的政治宣传到财政机关收买管理，以达逐渐禁止其在我基本地区市面流行之目的。（二）你处法币缺乏的主要原因之一，为公粮不征实物而收代金，因此大批法币为政府及人民保存而不能作为外汇及流通工具之用，你们公粮如果改为征收实物，不但可减少政府与人民用大批法币作缴粮和购粮之用，而且政府掌握大批粮食在手，又可采用以粮食易盐办法，减少大批法币之需要。（三）你们应尽力设法加印边币。选拔政治上可靠而经济财政又有经验的干部做银行工作，边币发行当大批投入农村，作为刺激生产、压制高利贷之用，而不作为填补财政亏空之手段。如在夏收青黄不接之时能发出大批农货及收集大批粮食实物在手，则边币基础巩固，对群众中的影响亦可确立。（四）在比较巩固地区当建立对外贸易管理制度，从调查、调剂进出口货之流动，逐渐控制管理对外贸易，以便做到主要货物之物物交换，打破敌顽军对我的封锁。但对根据地商业税应减轻，使内部商业日趋繁荣、交换畅通，减少群众困难。（五）解决根据地财经困难与确定边区政府信仰的最有效办法，为领导群众提高生产，努力做到主要日常必需品的自给自足。因此，当把财政与经济联系起来，把经济作为基础。①

13日　中共中央书记处（刘少奇）电华中局并转各区党委、各师，指示：春耕已到，你们应动员广大人民，一切男女老幼走上生产战场。各级地方干部，专员、县长、区长、乡长等均应亲自下乡，精细的去指导与组织一个村或几个村的生产，解决人民生产中的困难，发动群众高度的生产热潮。关于部队、机关、学校的生产，亦应加以切实的动员和组织，在不妨害战斗与工作条件下，要使每个战士与工作人员适合各人情况的都去参加一些生产劳动，为切实改善本部队、本单位的生活而斗争。②

---

① 《李先念年谱》（第一卷），中央文献出版社 2011 年版，第 419—420 页。
② 《李先念年谱》（第一卷），中央文献出版社 2011 年版，第 419 页。

19日　黄安县第二实验乡第一次农救代表大会召开。大会通过了关于生产互助、劳动英雄条件、合作社、水利、优抗、防匪自卫、会员证、禁赌、防止春瘟、教育等十大问题的决议。

21日　李先念、任质斌、陈少敏电中共中央、华中局，报告：豫鄂边区党委组织部长，边区行署党团书记、副主席杨学诚同志于本日病故于大悟山以北之高家洼。

本月　豫鄂边区召开第一实验乡农救代表大会。会上陈少敏讲话，并做了《团结起来，不怕天灾人祸》的总结报告。强调组织农救会，发动群众搞好生产、改善生活、巩固团结，努力完成自己的任务。会议作出了关于生产互助、文化教育、发展会员、拥军拥政等决议。

本月　淮南县抗日民主政府成立，张子明被选为县长。

本月　天京潜县抗日民主政府在简三家召开全县劳模代表大会，奖励劳模耕牛与农具。

本月　武鄂税务局在段店集资4000块银圆，与私商合资创办合作社，上隶属鄂南税务分总局，下设大庙乡分社，以扩大地方税源，筹集资金，支持抗日战争。

春　豫鄂边区贸易统制局改为贸易管理局，主要任务是打破敌伪对边区的食盐封锁和防止敌伪掠夺粮食等物资，制止国民党的法币在边区泛滥。

4月

1日　华中局指示，除斗争环境紧张的地区外，其余各师和军直在去年生产的基础上，都应动员部队进行大规模的生产运动。

14日　鄂东专署发布命令，指出：黄安各地伪币与边币比较邻近各县为高。伪币在路西为六折，在大悟山、黄冈为七五折，而黄安的伪币与边币不分，甚至伪币比边币的价值高。因此，要求各地从4月20日起，对伪币一律按七五折计值，在各项税收上打几折；500元的伪钞禁止在市场使用，1000元的伪钞坚决拒绝使用。黄安县按照专署要求发出通令，于4月25日执行专署通令。

5 月

8日　豫鄂边区生产总会召开机关部队生产积极分子大会，出席大会的生产积极分子百余人，大会总结交流了增产节约的经验。

11日　中共中央书记处电华中局并转豫鄂边区党委，作出关于日军进攻河南情况下的工作方针的指示。称：河南地方党员在目前情况下，应该起来参加与领导河南人民抗战，应该组织抗日游击队及人民武装，建立根据地，保卫家乡。

24日　《豫鄂边区县临时参议会组织条例》经修正后公布实施，该条例共19条。条例规定，县临时参议会的职权是：选举县长和县政府委员；听取县政府工作提告并提出质询和弹劾；在不违反边区施政纲领及行署法令的范围内，制定本县临时单项法规；审核通过财政预决算议案；讨论县政府提交的审议事项等。

本月　豫鄂边区党委召开了政权工作会议。会议确定边区政权建设的基本方针是加强政府与人民之间的联系，实行政治民主化，建立各级临时参议会。参议会议员实行民选。会议还要求根据"三三制"原则和政府组织条例，建立健全各级政府委员会，尊重党外委员的职权和意见，做到民主合作，争取党外委员会常驻办公，建立健全政府工作制度，政府和民意机关及群众团体密切联系制度，干部管理制度和检查、请示、报告、批准制度。同时建立中共党团工作制度。加强共产党对政府工作的领导，要求党政机关的各级干部克服官僚主义、反对宗派主义、培养法治观念、提倡民主作风。会议特别强调指出：为实现政治民主化，必须使广大人民群众走上政治舞台，当家作主，要团结中间分子参加政府，要培养大批干部，充实民主政府的骨干力量。

本月　黄冈中心县委决定撤销浠水县行委会，成立（黄）冈浠（水）军民联合办事处，夏瑞金为办事处主任。

本月　石公华县行委会在斋公附近罗家台召开各联乡代表会议，讨论了征收田赋、财政预算、水利建设、减租减息等问题。

6月

22—29日　豫鄂边区第一届临时参议会在大悟举行。出席会议的代表153人，其中共产党员42人，各党派爱国人士和开明士绅共111人。会议听取了许子威的《政府工作报告》、郑位三的《关于发展统一战线，精兵简政，发展生产，争取最后胜利》的报告和陈少敏的总结报告；讨论了各种提案，主要有：（一）扩大民主，建立各级临时参议会；（二）解决财政困难，保证部队给养，准备反攻；（三）秋收后彻底进行减租减息、交租交息；（四）保证人权；（五）发展文化教育事业。通过选举成立了豫鄂边区第一届临时参议会，郑位三为议长，陈少敏、涂云庵为副议长，补选驻会委员八人，行署委员四人。

7月

1日　许子威在豫鄂边区党委政权工作会议上做题为《豫鄂边区政权建设的初步检讨及今后工作的意见》的报告。报告指出：从开始民选到三次反共高潮为边区政权建设的第一阶段。这个阶段是边区顺利发展的时期，当时环境相当稳定，摩擦还不十分严重，敌人尚未"清乡"，群众抗日高潮尚未完全过去，中间分子一般地也愿意出来工作，这个时期很长，有两年多。当时的主要工作就是民选。实行普遍民选，建立"三三制"政权以代替国民党的旧政权，就是当时政权建设的基本方针，在当时是对的，执行也很坚决。从三项反共高潮到今年（1944年）春季的纠正政策为第二阶段。这个时期边区环境起了严重的变化，大规模的反共高潮和敌伪"清乡"同时到来，地区缩小。除个别狭小地区采取"左"倾政策、极小部分群众比较活跃外，绝大部分的群众情绪低落，中间分子动摇，顺利发展的环境已变成了艰苦困难的环境。在这种情形下面，政府各项工作步骤都被扰乱，虽竭尽全力也不能完成任务。

6日　华中局电李先念、任质斌，对边区党委抵扩大会议作出指示，称：过去五师与鄂中区党委在李先念、陈少敏、任质斌领导下，获得很大成绩，今后鄂中工作在华中局代表郑位三与李陈任等同志领导下，我们深信你们一定能完成党中央与华中局给予你们的光荣任务和获取更大的胜利。

20日　豫鄂边区行署颁布《1944年减租办法》，号召深入彻底地开展减租斗争。

25日　中共中央电华中局并转五师等，指示：我军发展河南，应迅速发动群众抗日运动、减租减息运动，是我军深入新区工作的重要任务。[1]

本月　荆潜县委和荆潜县行委会更名为潜江县委和潜江县抗日民主政府，周美成被选为县长。

本月　江沔中心县政务委员会成立，陈秀山为政务委员会主席。

本月　天汉县第二届参议会在倪家乡左家东台召开，选举史维汉为参议长。

8月

4日　豫鄂边区党委电中共中央华中局并中共中央，报告：五师地区几个重要县，已经确定地成了荒年，或歉收，礼山平均二收，黄陂平均五收，应山、安陆、云梦平均四收，只有黄安一部分及各湖区地带，可称丰收。我们明年的预算（今秋起）赤字几乎有一半困难，再加上荒年，这对于我们是一种大危险。我们九、十号起，讨论财经问题，及荒年问题，请即来指示。并望中央将华北灾荒斗争的经验多介绍给我们。

12日　中共中央电豫鄂边区党委，指示：解决财政困难不外是开源节流。在开源方面除整理税收外，主要应是组织机关部队进行生产，即自己动手，克服困难。其次，适当地进行对外贸易，组织公营企业，亦可增加一些收入。在节流方面，则需彻底进行精兵简政，将一切不必要的人员、马匹裁减，机关、部队单位合并，组织编余人员去专门进行生产。再次，则为进行节省、减少浪费。至于根据地经济困难，则须执行正确的税收、金融、贸易政策，并动员人民来提高生产，才能解决。关于灾荒问题，应坚决实行生产自救的基本方针，应提出生产救灾，大家互助，渡过困难，政府以一切方法

---

[1]《李先念年谱》（第一卷），中央文献出版社2011年版，第438页。

保证"不饿死、肯自救"的人等口号，去动员组织党内外的群众进行生产自救。上述各项生产救灾工作是很细密的组织工作和群众工作，必须深入下层，调查研究，吸取群众意见和经验，并经过群众的讨论和决定来进行，才能切实有效。粗枝大叶、官僚主义，则必扰民有余、救灾不足，必须教育各级干部改变这种作风。①

中旬 撤销新四军第五师师直卫生科，成立后勤处，分管供给、卫生工作。10月，师后勤处分建为供给处、卫生处。11月，师卫生处改为卫生部，叶果任部长，栗秀真为副部长。

本月 襄南政务委员会召开民主人士会议，讨论合作抗日、建立"三三制"政权等问题，并推选左有为等代表到豫鄂边区参加参议会。

本月 潜江县召开临时参议会，推选赵连成为参议长。

本月 汝（阳）正（阳）确（山）行政委员会成立，余旭轩被选为行委会主席。

本月 石公华县临时参议会召开，会议按照"三三制"原则，选举张泽生为参议长。

9月

本月 豫鄂边区党委决定将边区交通总局改为新四军第五师总兵站，许金彪任总兵站站长，张振坤任政治委员，直属第五师司令部领导。

10月

6日 中共中央华中局电郑位三，称：第五师地区财政困难，我们已动员各师、各地筹款救济，预计在年底明春各地可给你处部分援助。你们日前对今冬及明春的困难与解决方法，应早作估计、准备和处置，免得将来灾荒困难高峰期间到达难于应付。②

---

① 《李先念年谱》（第一卷），中央文献出版社2011年版，第442—443页。
② 《李先念年谱》（第一卷），中央文献出版社2011年版，第452页。

20日 中共中央来电批准新四军第五师活动地区划为豫鄂皖军区，后通称鄂豫皖湘赣军区，边区行署也改为鄂豫皖湘赣边区行政公署，许子威为主席，杨经曲、涂云庵、刘子厚为副主席。

本月 确（山）泌（阳）桐（柏）行政委员会成立，何振刚被选为行委会主席。

本月 鄂皖边税务分总局成立，李伯林为局长，黄广边、黄宿边设立税务分局，次希良、蔡汉山分任局长。

11月

3日 李先念、任质斌电西北财经办事处，报告武汉财经消息，称：（一）武汉敌于秋后发出大批五百元伪中储券到我区吸收米、棉花，因之我区伪钞充斥，伪钞价值一落千丈，鄂东地区10月上旬，伪钞一元值法币五毛，10月下旬跌至值法币二毛，边币三元，今后趋势，伪钞在下跌中。（二）汉口市区10月中旬每两售价突由五万二千元伪中储券上涨至六万四千元左右。（三）10月下旬，汉口米每市石价五千七百元、白砂糖每斤四百元。

20日 豫鄂边区首届农救代表大会在礼南如飞家山召开。会上，郑位三做了《迎接天光》的政治报告，陈少敏做了《一年来农救工作的总结》报告，吴祖贻做了《秋收减租总结》报告，会议总结了农救工作的成绩，讨论了当前的政治形势，交流了减租减息、生产、组织农救等经验，通过了关于粮食、帮助政府克服财政困难、生产救灾、全民武装、扩大农民团结与巩固减租利益、扩大农救组织与加强农救工作、要求改组国民政府及统帅部的决议。

25日 豫鄂边区党委决定襄河地委、专署划分为襄南、襄北两个地委、专署。襄南专署由陈守一任专员，襄北专署由张谦光任专员。

本月 豫鄂边区党委决定撤销襄南中心县委，成立江陵中心县委、中心抗日县政府和军事指挥部。吴云鹏为中心县县长。

12月

4日 李先念、郑位三、任质斌电中共中央，报告：财政上经过详细预算之后，从今秋到明秋相差了六个月的全部给养，今年全党对财政虽然用了最大力量，各部门财政工作都收了若干效果，但都无大效果，已做了生产节约、多打公粮、整理财政等工作，正在做的有群众以粮食拥军的工作，计划再做的有发行公债或预征等工作，但估计就是做了这些工作之后，还是不能完全克服明年之财政困难，目前财政现状是，冬衣至今还未发齐。

13日　毛泽东就解决第五师财政困难指示陈毅、刘少奇，请研究办法。我的意见：（一）师部只管直属队、各分区财政宣传一概自筹或自筹大部。不把担子交给下面，是无法解决的。但不知道那里是否已交下面，还不能解决或是未交不能解决，请去电询问。（二）与贺、高、陈商量，设法接济。

18日　中共中央电郑位三、李先念、任质斌、陈少敏，指示：你处是处在分散游击环境，依照敌后各地经验，在这样情况下，经济供给的完全统筹是办不到的，统一政策领导下，由各分区分散自筹的办法却证明是较好的办法。并称：你们还可考虑移兵就粮的办法，把中心区的兵力和机关学校移到边缘区去，移到粮食丰饶的新区（如第三军分区）去……由中央或华中局拨款援助第五师，这均是临时办法，恐怕仍无补大局，一切仍靠你们就地自筹。全党全军均应在以郑位三、李先念两为首的集体领导之下，为克服困难，争取胜利而奋斗，领导机关必需一元化，如有争论，取决于郑位三同志。①

24日　张云逸、饶漱石、曾山电李先念、任质斌，指示：（一）我们从8月起实行新供给制，决定以后停发干部中经常保健费，只发个别干部，临时需要才发临时保健费。（二）你处经济条件困难，一时不能实行新的供给制，当可按照我处过去发保健费原则未发干部保健费。以前我们发保健费原则是：参加党或我党领导下抗日工作三年以上排以上干部，在经医生检查认为要发保健费，再提交保委会审查发给。享受保健费的干部多是年老者，或者身体确有病者，或因工作而使身体极弱者，或过去被敌捉去在监狱内使身体弄得

①《李先念年谱》（第一卷），中央文献出版社2011年版，第460—461页。

很坏者。以上此种情形的干部经过医生检查证实后由医生向保委会提议发给几等保健费，保委会应着酌发给。保健费分二种。一种是经常的，一种为临时的，共分甲乙丙三等。甲等每天两个鸡蛋，乙等一个半，丙等一个。按每月供给。保健经费来源是按各总经济支出的总单位总数以千分之五比例（即总开支一千元保健费即有五元照比）作为每月保健费开支费用。保委会人选要指定事公无私又比较负责干部来负责发保健费，不用私人名义，一律用保委会名义发给。[1]

28日　王震、王首道、王恩茂致电中共中央并李先念、郑位三，报告：我们在河南地方任务，以隐蔽机敏的战略行动，达到保护干部，巩固部队，迅速到达第五师地区，对沿途居民，以纪律行动、宣传与执行拥政爱民政策，争取民众，不打民团，不收民枪。[2]

28日　中共中央向豫鄂边区发出关于财政工作指示，指出应以开展大生产运动等办法克服财政困难。

30日　毛泽东电王震、王首道，称：第五师地区经济困难，到那里休息时，恐须准备分散就食，以便作足够之休息，一入湘鄂交界，局面将较紧张，一切望依据环境决定。你们如带有经济问题与财政问题小册子，望给第五师一本，并将军民生产经验，详告他们。[3]

本月　边区党委在大悟山白果树湾召开边区英模大会，表彰了一批抗日英雄和劳动模范，接着在安应地区召开了民兵英模大会，表彰了民兵中的英雄模范。

本月　豫鄂边区行署公安总局与新四军第五师政治部锄奸部合署办公。

本月　石公华县临时参议会在桃花山召开第三次参议会，讨论发行建国公

---

①《李先念年谱》（第一卷），中央文献出版社2011年版，第462页。
②《李先念年谱》（第一卷），中央文献出版社2011年版，第464页。
③《李先念年谱》（第一卷），中央文献出版社2011年版，第464页。

债问题。

1945 年

1 月

1 日 黄安县政府发出训令，为保障私人财产、遏制纠纷，再次催验远年及现时未验之白契。

20 日 李先念、郑位三电毛泽东、朱德并张云逸、饶漱石，报告：第五师参谋长刘少卿及随行的边区行署公安局长刘慈恺等同志于 1 月 17 日已动身赴延。

23 日 陈少敏电中共中央、华中局、中央军委、新四军军部、第五师师部，报告边区财政困难。指出：临时救济办法拟向地方富户借粮 20 万石，以用赋作抵；治本办法是征收田赋及公粮和发动群众进行经济建设。针对日寇宣布伪币与旧法币脱离联系、伪币与军票联系、法币贬值、物价飞涨、敌向边区投掷法币的情况，边区拟大量发行边币，加强统制贸易，抵制仇货。但边币量少不敷，拟将一部分法币打记号，在市场流通，以统制市场。

本月 豫鄂边区第二届临时参议会在大悟山南冲召开。会上，许子威做总结报告，全面总结了 1944 年边区政府的工作，提出了进一步扩大民主的口号。郑位三做了形势报告，提出树立农民优势的思想。会议还选出了出席全国解放区人民代表大会的代表 10 余人。

本月 豫鄂边区建国公学在大悟山新尾畈开办，校长许子威。第一期招收 600 多名学生，多为边区党政军干部子弟，学习时间为六个月，学习内容主要是政治、文化和军事。

本月 豫鄂边区建国公学鄂东分校（第一分校）在陂安南筹建。彭绳吾、潘子明分别兼任正、副校长。

本月 豫鄂边区预定发行建国公债 5 亿元至 10 亿元，以边区田赋、关税作担保，发行对象是地主、富农、士绅及工商界人士。

2月

1日 黄安县政府为增进农业生产，发展农村经济，发出《增产造林训令》和《参考大纲》，规定兴修水利、储蓄肥料、植树造林、消灭光山、收益办法、奖惩原则等八条。4月2日，黄安县政府又发出通令，规定：公山、族山一律不许砍伐；私人山树任何人不得侵害，由山主自用；严禁树木出境。

本月 咸（宁）武（昌）鄂（城）政务委员会成立，郑铎被选为主席。

本月 信（阳）随（县）抗日民主政府成立，郭纶被选为县长。

3月

1日 黄安县政府颁发《劝销建国公债实施办法》。劝销公债的对象为边区、沦陷区和大后方的富商大贾，其办法是认购与议购结合。公债票面数一律按各大市镇谷价以樊斗（合平秤20斤）折实计算。除边币外，兼收法币、银圆及一切杂钞，要求4月上旬全数完成。

6日 襄南专员召开行政扩大会议，汉陵、潜江、天潜沔、监利、石公华等地的代表出席了会议，讨论了扩大民主、搞好春耕水利、推销公债、发展教育等问题。

13日 华中局对豫鄂边区发出关于财经、货币工作指示，指出：边币跌价不可过大，要逐步提高边币币值；边币价格未恢复前，暂不可继续发行边币；要收购粮食；逐步建立对外贸易管理制度；解决财经困难和稳定边币价值的最有效办法，是大力发展生产，做到主要日用品自给自足。

16日 王震、王首道、王恩茂致电毛泽东并李先念、郑位三、任质斌，报告：湘南下游，及洞庭湖畔，物财丰富，可运用第五师经验，建立关税，解决财政问题。[1]

24日 黄安县政府发出训令。指出：为解决春耕春荒、渡过当前财政困难，要求县区负责人切实组织财经干部，于4月20日前完成粮赋尾欠的征

---

[1]《李先念年谱》（第一卷），中央文献出版社2011年版，第479页。

收，并以此作为当时财政部门的中心任务。

28日 中共中央华中局电郑位三、李先念，就第五师财政货币工作作出指示。

本月 黄安县政府根据临时参议会驻会委员及县府委员第三次联席扩大会议精神，发出关于春耕生产的指示，要求发动全军开展大规模生产运动。重点为：兴修水利、精耕细作、换工互助、植树造林和加强对群众生产的领导。

本月 豫鄂边区党委决定调整襄南地委、专署和第三军分区领导班子，其中陈守一任襄南专员公署专员。

本月 豫鄂边区党委决定在罗礼应、信应边、信罗边三县成立淮源地委、专署和第六军分区。余盖庵任公署专员。

本月 新四军第五师所辖各旅、军分区卫生处均改称卫生部。

本月 咸（宁）崇（阳）蒲（圻）县政委会成立，张振光被选为政委会主任。

本月 咸（宁）通（山）阳（新）县政委会成立，钱仲街被选为政委会主任。

本月 阳（新）通（山）县政委会成立，赵均之被选为政委会主任。

本月 崇（阳）通（城）行政办事处成立，胡龙奎被选为办事处主任。

本月 嘉（鱼）蒲（圻）临（湘）行政处成立，王用予被选为办事处主任。

本月 荆（门）当（阳）县抗日民主政府成立，刘华廷任县长。当阳县抗日民主政府改为当阳县行政办事处，张焕先任办事处主任。

4月

2日 李先念、郑位三、陈少敏电中共中央和华中局，称：敌人有占老河口的可能，我们必须恢复白兆山和开展大洪山，这可以把师部指挥阵地建立得比今日稳固，又可以把路西四个分区都联系起来，并可能扩大七万人武装。

但需三个团的兵力，我们认为这一任务必须作。①

本月　黄安县抗日民主政府发布命令，规定：公山、族山一律不许砍伐；私人山树任何人不得侵害，由山主自用；严禁树木出境。

15日　王震、王首道、王恩茂等致电中共中央并郑位三、李先念、陈少敏，称：我们建议，为适应目前斗争形势，统一湘北、鄂南发展及分区工作领导，成立湘鄂边区党委及行政公署，与第五师联系，仍受第五师党委会领导，是否适宜，郑位三、李先念考虑决定，交中央批准电复。②

23日　李先念、郑位三电王震、王首道并报中共中央，称：我们同意王震、王首道成立湘鄂边区党委的意见，第四分区除江北部队外，江南之部队及地方工作全部交该区党委，这对于工作有莫大好处，并提议暂由湖南省委同志改为区党委，请中央批准，将来王震、王首道去湘南时再另设法。我们估计在顽军积极进攻的情况下，王震、王首道部队给养，现在及将来都会比我们困难更大，我们现在正在计划帮助你们，但我们也是困难日大，希望不宜太长，大约5月底我们就可以告诉你们一个数字。③

28日　王震、王首道、王恩茂致电中共中央并郑位三、李先念，报告：我们提议立即成立湘鄂边区的统一指挥与领导，创造鄂南十县及湘北六县敌后根据地；在主力未南下时，以王首道为区党委会书记；王震为军区司令员、聂洪钧为行署主任。

本月　黄安县政府发布财字第十四号通知，指出：为调剂边区金融、适应市场需要，边币建设银行决定发行边币百元券。

本月　《豫鄂边区发行公债条例》公布，条例称：本公债供就地建国并准备反攻之用，名曰"豫鄂边区行政公署建国公债"。本公债发行总额为边币

①《李先念年谱》(第一卷)，中央文献出版社2011年版，第482页。
②《李先念年谱》(第一卷)，中央文献出版社2011年版，第484页。
③《李先念年谱》(第一卷)，中央文献出版社2011年版，第485页。

（票面）5万万元至10万万元，以边区之田赋关税收入为担保。本公债分为甲乙丙丁四种。甲种边币20万元，乙种边币5万元，丙种边币1万元，丁种边币5000元。

本月　原长江专员公署和第四专员公署撤销，其所属黄冈中心县政权组织划归鄂东专员公署领导；鄂南、鄂皖边政权组织划归鄂南专员公署领导。

本月　新四军第五师卫生部召开机关、部分部队的卫生领导干部司药参加的药材工作会议。

5月

4日　毛泽东电王震、王首道并告郑位三、李先念，指示：湘鄂赣边区根据地必须创立，以为南北枢纽。区党委组成问题，中央另行通知。①

13日　鄂中专员公署召开行政扩大会议，传达了边区党委召开的政权工作会议的决定，总结了政权建设工作的成绩，确定以扩大民主、树立农民优势、巩固根据地为今后政权建设的基本任务。

本月　湘鄂赣边区临时行政公署成立，鄂皖边政权组织机构划归其领导。

本月　信应县委召开扩大会议，作出三项决定：（一）狠抓财政收入，克服经济困难；（二）做好当前工作，组织支前队，筹粮10万斤、柴草20万斤；（三）加强地方政权建设，开展大生产运动，组织群众变工队，实行减租减息。

本月　罗（山）礼（山）应（山）县抗日救国民主政府成立，程达被选为县长。

本月　信（阳）应（山）随（县）抗日民主政府成立，龚奎被选为县长。

本月　信（阳）确（山）县行委会成立，全宇靖被选为行委会主席。

本月　襄西政务委员会在荆门官家大湾召开3000多人的群众大会，奖励大生产运动中涌现出来的模范。

---

①《李先念年谱》（第一卷），中央文献出版社2011年版，第485页。

6月

2日 鄂东专署发布财字第十七号密令，规定鄂东地区伪、法币比值，禁止使用五元、十元伪钞，五百元伪钞八折使用，百元伪钞六折或五折使用，边币与法币争取同值。

30日 黄安县政府发出财字第二十九号密令，指出：鉴于伪币急剧下跌，市场出现票面为五千和一万元的伪币，为此，以各种货币的比值再作规定：边、法币仍同值，关金跟法币走，现洋一比二百；以伪币缴纳赋税一律以三折计，尽量压到二五折。目的在于最后完全驱逐伪币。并规定从7月1日起实行。

本月 中共中央军委批准，以信（阳）确（山）、信（阳）桐（板）、泌阳等县的抗日武装为基础，成立新的豫鄂边区第四地委、专署和军分区。娄光琦任第四专员与公署专员。

本月 孝东行委会作出规定：（一）统制与管理粮食，只准在内地买卖，禁止一切粮食出境；（二）严禁使用千元以上的伪钞，今后一律以边币为本位币；（三）内地物资如必须到敌占区销售，须先经区以上机关批准，有组织地换回边币、所需物资，否则以破坏金融和资敌论。

7月

3日 李先念、任质斌、陈少敏电中共中央办公厅，报告豫鄂边区财经状况，指出：（一）第五师去冬因抢救财政，冬耕未做完。今春春耕工作除在襄南、襄北大规模兴修堤垸，帮助群众解决耕牛、种子及割青肥等收效较大外，其他基本县为局部的开展借粮、借种、挖塘及农忙大换工，解决了群众某些困难，其他无成绩。至于机关生产，在边区一级，菜本可自给（粮食生产很差），但因几次搬家，损失几尽。（二）行政公署已发放春耕贷款法币3000万元，通过各专署、各县政府贷给最需要的地区和最需要的群众，作购买种子、农具、耕牛、肥料之用。另外，行署还在灾荒区发放救灾款子1000万元及谷

500 石给灾民，组织挑贩队，运油盐米等物。①

10 日　许子威等签署行政公署命令，公布 1945 年度减租办法。

11 日　中共中央指示撤销湘鄂赣边区党政军组织机构，改成鄂南地委、专署及军分区，贺健华为专员。

16 日　江陵县召开全县教育工作会议，讨论改良私塾、发展民校、教育经费等问题。

21 日　李先念、郑位三、陈少敏电中共中央，报告第五师 1945 年上半年部队、地区发展情况。称：其成绩有三：一是扩大了五县地区，并相当改善了第五师之战略地位。二是取得了五千以上的枪支，扩大了千余部队。三是取得了两万石粮食和资财，有效地解决了一个时期财政问题。②

30 日　襄南专署委员会举行扩大会议，选举出席"中国解放区人民代表会议"代表赵连成等六人。

8 月

1 日　李先念、郑位三电中共中央并豫中党委，同意豫中兵团部队及其地区完全交给河南党委，并建议豫中党委接收后，立即派一强的部队（一个大团）作为核心，派大批干部加强之，并设法帮他们解决财政困难。建议正式成立地委与组织军分区。③

4 日　中共中央（毛泽东拟稿）电郑位三、李先念、陈少敏，指示，你们已估计到将来问题是很对的:（一）估计日军明冬可能失败，还有一年时间供你们准备工作，你们必须在这时间内，准备一切对付必要到来的内战局面，才不致临事张皇，遭受挫折。（二）加强群众工作，加强民兵，加强军训，加强财经工作及准备干部，此五项望在扩大会议上报告自己经验加以总结。④

---

①《李先念年谱》（第一卷），中央文献出版社 2011 年版，第 489—490 页。
②《李先念年谱》（第一卷），中央文献出版社 2011 年版，第 491 页。
③《李先念年谱》（第一卷），中央文献出版社 2011 年版，第 492 页。
④《李先念年谱》（第一卷），中央文献出版社 2011 年版，第 493 页。

10日　戴季英电郑位三、李先念并中共中央，称：（一）我们同意将沙河驻马店以东地区划归河南区党委、军区领导，以便于区党委、军区加强豫中发展和打通嵩山地区与崤峪山地区联系，与鄂豫皖区党委和新四军直接联系。（二）已决定派陈先瑞部于文日（12日）南进与崤峪山新四军留在该区部队会合和合作。（三）陈先瑞率部到后即成立豫中军分区和地委，以陈先瑞为豫中军分区司令，黄林为副司令，栗在山为政治委员兼政治部主任、地委副书记，冷新华为政治部副主任，黄德魁为参谋长，何振业为副参谋长，欧阳景荣为专署专员。

12日　中共中央批准在鄂豫皖地区建立中央局，管理现新四军第五师活动范围内党政军及中共河南区党委与河南（嵩岳）军区。

15日　鄂豫边区职工总会筹委会召开扩大会议，选举了出席解放区职工联合会的代表。

15日　日本天皇裕仁以广播形式发布《终战诏书》。日本无条件投降。

20日　华中局电中共中央，建议新四军第五师地区的中央局称中原局。

23日　国民党第六战区之第六十六军、九十二军由鄂西向武汉地区前进，第五十九军、七十七军由襄西向平汉路南段和大洪山地区前进，借受降之名，相继侵占了鄂豫皖湘赣抗日民主根据地的鄂中、襄西、襄南地区；国民党之第五战区第四十一军、四十七军、六十八军、五十五军向豫中、豫西地区前进，抢占早在新四军第五师包围中的重要城镇和交通要道。

25日　中共中央发表《对目前时局的宣言》，提出"和平、民主、团结"的建国方针，指出：我全民族面临的重大任务是：巩固国内团结，保证国内和平、实现民主、改善民生，以便在和平、民主、团结的基础上，实现全国的统一，建设独立自由与富强的新中国。

25日　鄂豫边区召开职工代表大会和边区总工会扩大会议，会上拟定了豫鄂边区职工工会筹备委员会简章、劳动保护法，关于公营工资建设草案，等等。

9月

2日　日本天皇和政府代表在投降书上正式签字。中国抗日战争和第二次世界大战宣告结束。

附录三 ■ 鄂豫边区政权组织序列

豫鄂边区军政联合办事处时期
（1940年12月）

豫鄂边区军政联合办事处

主　任：许子威

副主任：杨经曲

　　　　文敏生

鄂东军政联合办事处

主　任：汪心一

黄冈县县长：孙侠夫

黄陂县县长：魏天一

罗（山）礼（山）县县长：孙保元

孝感县县长：黄曙晴

（黄）安北行政办事处主任：张安达

礼（山）南行政委员会主席：郭　欣

（黄）安麻（城）行政委员会主席：郑维忠

（黄）安南行政委员会主席：董绍明

信（阳）应（山）军政联合办事处

主　任：吴祖贻

应山县县长：陈守一
应（山）北县县长：蔡云生
信阳县行政委员会主席：蔡韬庵

天（门）汉（川）军政联合办事处

主　任：童世光

汉川县行政委员会主席：童世光（兼）
天门县行政委员会主席：曹志坚

襄（河）西军政联合办事处

主　任：龙剑平

当阳军政联合办事处主任：刘华廷
钟（祥）西行政委员会主席：朱亚民

京山县行政委员会主席：张伯尼
京（山）安（陆）县行政委员会主席：李睡悟
云梦县行政委员会主席：安天纵
应城县县长：张谦光

新四军豫鄂挺进纵队驻钟祥留守处主任：杨筱震

随（县）南军政联合办事处主任：郭北鹏

豫鄂边区行政公署时期（一）
（1941年12月）

豫鄂边区行政公署

主　席：许子威

副主席：杨经曲

　　　　涂云庵

秘书长：贺健华

民政处长：娄光琦

财政处长：刘子厚

建设处长：彭绳武

司法处长：柳野青

教育处长：李　实

公安总局局长：刘慈恺

交通总局局长：王守如

税务总局局长：李　健

豫鄂边区建设银行行长：左仲修

鄂东行政办事处

主　任：汪心一

（黄）安礼（山）行政办事处主任：张安达

（黄）安麻（城）县行政委员会主席：董绍明

（黄）安南县行政办事处主任：张振亚

孝感县县长：黄曙晴

汉（川）孝（感）（黄）陂军政联合办事处主任：饶明太

黄冈县中心县县长：孙侠夫

（黄）冈麻（城）行政委员会主席：程鹤鸣

浠水县行政委员会主席：刘　浩

蕲（春）广（济）边县军政联合办事处主任：张凤林

蕲（春）太（湖）英（山）边县军政联合办事处主任：黄再兴

黄（梅）宿（松）边县军政联合办事处主任：桂　平

天（门）汉（川）行政办事处

主　任：童世光

汉川县县长：叶树屏

天门县行政委员会主席：曹志坚

江陵县县长：彭祥麟

信（阳）应（山）行政办事处

主　任：陈守一

应山县县长：黄彦平

信阳县县长：蔡韬庵

信（阳）罗（山）边县行政委员会主席：鲁彦卿

襄（河）西行政办事处

主　任：刘　真

荆（门）南路东区联乡办事处主任：李家谟

荆（门）南路西区联乡办事处主任：李香甫

钟（祥）西行政委员会主席：朱亚民

云梦县县长：安天纵

应城县县长：张谦光

随（县）南县县长：张时超

京（山）北县县长：沈德纯

京山县行政委员会主席：谢　威

京（山）安（陆）县行政委员会主席：李睡悟

钟祥县行政委员会主席：杨筱震

安（陆）北行政办事处主任：黄　群

豫鄂边区行政公署时期（二）
（1943 年 12 月）

豫鄂边区行政公署

主　席： 许子威

副主席： 杨经曲

　　　　　杨学诚（兼行政公署党团书记）

秘书长：陈守一

民政处长：陈守一（兼）

财政处长：刘子厚

建设处长：彭绳武

司法处长：柳野青

人事处长：陈任远

教育处长：李　实

公安总局局长：刘慈恺

交通总局局长：张进先

粮食总局局长：张旺午

税务总局局长：李　健

贸易总局局长：李　健（兼）

豫鄂边区建设银行行长：左仲修

审计处长：（待查）

鄂东专员公署

专 员：李 实（兼）

（黄）安麻（城）县县长：郑维忠

（黄）陂（黄）安南县县长：孔晓春

罗（山）礼（山）应（山）县县长：丁兆一

礼山县县长：王瑞平

（黄）安礼（山）县县长：黄宏儒

孝（感）东县行政委员会主席：刘天明

礼（山）南县县长：卢明远

长江专员公署

专 员：贺健华

黄冈中心县县长：黄彦平

（黄）冈麻（城）县行政委员会主席：程志远

（黄）冈东县行政办事处主任：王维新

浠水县行政委员会主席：谢 挺

鄂皖边中心县行政委员会主席：吴光治

蕲（春）广（济）边县县长：居文焕

蕲（春）太（湖）英（山）边县军政联合办事处主任：黄再兴

黄（梅）宿（松）太（湖）边县军政联合办事处主任：张国平

黄（梅）广（济）边县军政联合办事处主任：黄道平

浠（水）蕲（春）边县军政联合办事处主任：李璧东

鄂南政务委员会主席：鲁明健

鄂（城）大（冶）政务委员会主席：王　表

大冶县政务委员会主席：冯玉亭

阳（新）大（冶）政务委员会主席：桂　平

鄂中专员公署

专　员：柳野青（兼）

应城县县长：张谦光

云梦县县长：安天纵

汉（川）孝（感）（黄）陂县县长：许明清

京（山）安（陆）县县长：陈琳川

安（陆）应（山）县县长：黄曙晴

随（县）南县行政委员会主席：曹冰清

应（山）随（县）县县长：钱鹄卿

信阳县县长：孙　石

信（阳）罗（山）边县县长：姜运筹

淮南县县长：张子明

襄河专员公署

专　员：李守宪

京（山）钟（祥）县县长：李　星

天（门）汉（川、阳）县县长：程敦秀

天（门）京（山）潜（江）县县长：石永超

天（门）沔（阳）行政委员会主席：刘竟平

汉（川）沔（阳）行政办事处主任：范敏夫

襄南中心县政务委员会主席：刘宝田

荆（门）潜（江）县行政委员会主席：李凌云

天（门）潜（江）沔（阳）行政委员会主席：周美臣

监利县县长：谭扶平

监（利）沔（阳）县行政委员会主席：赵　季

石（首）公（安）华（容）县行政委员会主席：李树人

荆（门）南县行政委员会主席：李云程

当阳县行政办事处主任：刘华廷

江（陵）枝（江）当（阳）县行政办事处主任：王　展

鄂豫皖湘赣边区行政公署时期

（1945年8月）

鄂豫皖湘赣边区行政公署

主　席：许子威

副主席：杨经曲

　　　　刘子厚（兼行政公署党团书记）

　　　　涂云庵

秘书长：丁连三

民政处长：余益庵

财政处长：刘子厚（兼）

建设处长：彭绳武

司法处长：柳野青

人事处长：陈任远

教育处长：李　实

公安总局局长：刘慈恺

粮食总局局长：汪心一

税务总局局长：李　健

物资统制总局局长：李　健（兼）

豫鄂边区建设银行行长：庄　果

审计处长：（待查）

鄂东专员公署

专　员：彭绳武

（黄）安礼（山）县县长：黄宏儒

（黄）陂（黄）安南县县长：魏天一

孝（感）东县县长：鲁孚若

礼（山）南县县长：李树诚

黄冈中心县县长：蔡云岭

（黄）冈麻（城）县行政委员会主席：刘克理

（黄）冈浠（水）县行政办事处主任：林桂华

鄂皖边中心县行政委员会主席：吴光治

蕲（春）广（济）边县县长：居文焕

蕲（春）太（湖）英（山）边县军政联合办事处主任：詹绪辉

蕲（春）宿（松）太（湖）边县军政联合办事处主任：张国平

黄（梅）广（济）边县军政联合办事处主任：余士钧

黄（梅）宿（松）边县军政联合办事处主任：张　干

浠（水）蕲（春）边县军政联合办事处主任：李璧东

彭泽县行政办事处主任：廖　挺

彭（泽）湖（口）行政办事处主任：詹润民

彭（泽）至（德）行政办事处主任：曾在禄

宿（松）望（江）行政办事处主任：陈　明

鄂中专员公署

专　员：徐觉非

应城县县长：陈愚安

云梦县县长：钟以彦

汉（川）孝（感）（黄）陂县县长：许明清

京（山）安（陆）县县长：陈琳川

安（陆）应（山）县县长：李雨膏

随（县）南县县长：张时超

应（山）随县县长：邹亚农

襄南专员公署

专　员：陈守一（兼）

江陵中心县县长：王若平

监利县县长：郑依保

汉（川）沔（阳）中心县政务委员会主席：陈秀山

监（利）沔（阳）县行政委员会主席：王全国

汉（阳）沔（阳）县行政办事处主任：范敏夫

（汉）川沔（阳）县行政办事处主任：周树槐

襄（河）西中心县政务委员会主席：李云程

荆（门）钟（祥）县行政委员会主席：柳之一

天（门）潜（江）沔（阳）行政委员会主席：洪　范

荆（门）潜（江）县县长：周美臣

荆（门）南县行政办事处主任：李纯斋

荆（门）当（阳）县县长：刘华廷

当阳县行政办事处主任：傅正时

石（首）公（安）华（容）县行政委员会主席：李树人

襄北专员公署

专　员：张谦光

京（山）北县县长：黄定陆

京（山）钟（祥）县县长：李　星

天（门）京（山）潜（江）县县长：陈　明

天（门）汉（川、阳）县县长：陈建新

天（门）北行政办事处主任：王克强

豫南专员公署

专　员：娄光琦

汝（阳）正（阳）确（山）县行政委员会主席：余旭轩

汝（阳）上（蔡）遂（平）县行政委员会主席：张子明

确（山）泌（阳）桐（柏）县行政委员会主席：何振刚

信（阳）确（山）县行政委员会主席：仝宇靖

泌阳县县长：杨安平

淮源专员公署

专　员：余益庵

信阳县县长：丁连三（兼）

信（阳）罗（山）县县长：姜运筹

信（阳）应（山）随县县长：龚　魁

信（阳）随县县长：张家振

罗（山）礼（山）应（山）县县长：程　达

淮南县县长：黄彦平

鄂南专员公署

专　员：贺健华

武（昌）鄂（城）县县长：张　凡

鄂（城）大（冶）县行政委员会主席：邝　坚

咸（宁）武（昌）鄂（城）县行政委员会主席：郑　铎

咸（宁）通（山）阳（新）县行政委员会主席：钱仲衡

咸（宁）崇（阳）蒲（圻）县行政委员会主席：张振光

嘉（鱼）蒲（圻）临（湘）县行政委员会主席：张　进

武（昌）嘉（鱼）咸（宁）县行政委员会主席：张曙光

阳新县行政委员会主席：彭济时

阳（新）大（冶）县县长：桂　平

阳（新）通（山）县行政委员会主席：赵均之

阳（新）瑞（昌）县行政委员会主席：（待查）

湘阴县行政委员会主席：（待查）

豫中专员公署

专　员： 欧阳景荣

西平县县长：莫茂斋

遂平县县长：时志仁

叶（县）方（城）舞（阳）县县长：刘雪棠

附录四 ■ 日军在鄂暴行录

作为武汉会战的重要战场，鄂、豫两省遭到了日本侵略者的野蛮蹂躏。侵略者依仗其武器之利，早在其铁蹄未踏进鄂、豫境内时，即以飞机对武汉及其外围的城镇进行狂轰滥炸，致使许多民居闹市和千年古镇，或血流漂杵，惨不忍睹，或墙倒垣摧，庐舍为墟。武汉和周边二十八县相继落入敌手之后，沦陷区的人民更是生活在水深火热之中。凡日军所到之处，即是其"三光"政策推行之地，奸掳烧杀，无所不为，日本法西斯强盗对鄂、豫两省人民所犯的罪行令人发指，罄竹难书。

鄂东 广济县城梅川镇是一个有着两万居民、千余商户的繁荣集镇，武汉会战中期，第五战区所辖的第四兵团前敌指挥部（第四兵团司令长官李品仙兼任第十一集团军部司令及前敌指挥官）移驻于此。1938 年 9 月 6 日，日军出动飞机百余架次，对梅川镇进行了全天候的轰炸。转瞬之间，昔日屋宇井然、人群熙攘的市镇变成墙坍壁塌、血污满地的人间地狱。9 月中旬，日机九架沿江低飞，一路横扫黄冈团风的正街、下河街、中山街，居民死数百，伤四十有余。10 月 17 日至 20 日，日军为消磨中国军民的斗志，连续四天对浠水城关、兰溪等地反复轰炸，死伤我军民 1200 余人。10 月 19 日，日机狂轰黄陂县城，一个有着近 3 万居民的旧商埠，顷刻间即被炸成废墟，死伤 300 余人。

日军侵占鄂东各县后，更是猖狂实施其灭绝伦常的兽行。8 月 4 日，日军在湖北境内攻占了第一个县城黄梅。时日军主力第 6 师团占领黄梅后，即狂舞屠刀，仅在县城西门就一次屠杀男女老幼 129 人，有 30 户人家被杀绝。此外，他们还奸淫妇女 105 名，其中包括 70 多岁的老妪和几岁的幼女，有 30 多人被轮奸致死。

9 月 3 日，日军清水联队一部侵入广济余垱（今余川）乡，杀我群众 245

人，杀绝 29 户，强奸妇女 329 人，烧毁粮食 8.5 万公斤。

9 月 17 日，日军在浠水至黄冈的公路上追杀失去抵抗力的国民党第六十七军许绍宗余部，将他们分割包围，从下午 5 时至 8 时，在三个多小时内枪杀刀砍 1700 余人。

10 月 26 日，侵占黄陂的日军四处奸淫掳掠，爱国进步人士杜成斋出面阻止，日军恼怒，抽刀杀之。杜成斋之子杜石夫悲痛于国恨家仇，后改名杜天仇，以志不忘。

12 月 4 日中午，驻黄冈西安乡刘重五（现属新洲县）之日军上林辎重队士兵两人，持刀枪到林家大湾，欲强奸民妇林刘氏。民众 20 余人"劝"之不成，反遭日兵刺伤，众人义愤填膺，不顾生死，遂上前抢夺日兵的刀枪，杀死了这两名日本兵。后上林队察觉，捕杀该村村民林继豪等 74 人，全村 184 栋房屋尽被日军烧毁，是为"林家大湾惨案"。

1939 年 8 月初，黄陂甘露寺的伪维持会长被国民党黄陂县长胡俊荪处决。9 月 1 日深夜，日军 700 多人包围、偷袭王家河两岸的 10 多个村庄和王家河镇。次日，500 多名同胞（包括 70 多岁的老人和出生才三天的婴儿）死在日军的屠刀之下，昔日鸡鸣犬吠、炊烟袅袅的村舍顿成"村村有新坟，户户闻哭声"的坟场，是为"王家河惨案"。惨案发生之后，王家河镇闭市半年，不行商旅，并有数十人因悲愤过度而死。1963 年，黄陂县人民政府拨专款，在王家河立碑，修建了"抗日惨案公墓"。

据不完全统计，日军侵占鄂东期间，黄冈县伤亡群众 4000 余人，被烧毁房屋 4225 栋；浠水县死难者达 3000 人以上，被烧毁房屋 2183 栋；广济县遇难同胞有 9948 人，其中妇女 7442 人；黄梅县伤亡 11241 人，被毁房屋 2767 栋；黄陂县伤亡 7804 人，被烧毁房屋 53467 间；麻城县死 1496 人，伤 1204 人，被烧毁房屋 1266 栋。[①]

---

① 《鄂东抗日民主根据地史稿》，武汉大学出版社 1991 年版，第 30—31 页。

鄂南　　日寇在占领鄂南之前，亦对鄂南十县进行了狂轰滥炸。有不完全的资料表明，从 1938 年 7 月至 10 月，鄂南各地被日军轰炸数百次，炸死炸伤近万人，炸毁城镇几十座，村庄数百个。阳新的兴国镇、通山的通羊镇、崇阳的天城镇、通城的隽水镇等都是唐宋以来的古镇，鄂城城关更是 2000 多年前的东吴古都，但在日机的肆虐之下，几乎被夷为平地。

鄂南沦陷之后，日军强奸杀人、掳掠资源、搜抢文物，实施了一场有组织的空前浩劫。

1938 年 10 月初，日军在阳新栗树尖阚家垅后山搜出 50 多名避难群众，他们先杀死男丁，继而对 20 多名妇女实施强奸、轮奸，满足兽欲之后，又将这些妇女全部杀害。

1938 年 10 月日军占领大冶矿区之后，即将附近 27 个大小村庄全部烧毁，致使 2000 多个村民失去居所。而后，日军将方圆 10 余公里的矿区用铁丝网圈围起来，通上高压电流，设立 10 余座碉堡，派警备队看守，强迫被俘的中国军人和抓来的农民做苦工，为他们挖掘矿石。矿工们完全过着非人的生活，每天工作 12 小时以上，吃的是发霉变质的糙米、麦麸，几十人挤在一间"苦力宿舍"（小草棚）内，夏天酷热冬天奇寒，冻馁生病而死者，不计其数；凡病重不能动弹的矿工，工头和宪兵队不管其断气与否，都叫人抬出草棚，扔在荒野，任凭野狗撕吞。

通过对中国工人的血汗压榨和对大冶矿山的掠夺开采，日寇攫取了大量的战略资源，到其投降时，他们总计从大冶劫走铁矿石 427.76 万吨。

日军占领鄂城（今鄂州市）前，城内居民早已逃亡一空。进城后，日军拆毁民房，将房舍里的门窗、隔扇、楼板全都拆去修筑工事，城内孔庙、忠义祠、魁星楼等古建筑和居民家里的家具器皿悉数被捣毁；1942 年，日寇在西山后山开掘铁矿，毁古墓 500 多座，并从西山灵泉寺抢走大批珍贵文物，包括唐玄宗时的古铜鼎，明代的三阳开泰五福图、108 颗昆玉朝珠、明版《华严经》《法华经》《南华经》《释迦谱》，以及清人郑板桥、杨守敬、刘鸿仁、王烟客、刘锡玲等的 20 多幅字画。日寇还强令各乡、保种植鸦片，出售"金花红"鸦片烟，规定各保按人数多少必须卖出 100—300 两烟土，完不成定额的要保甲长照价付款，保甲长被逼，只得"劝导"辖区内男女老少吸食鸦片，有拒吸者，日寇即派其做苦工，不使休息，劳累至精疲力竭，然后勒令其吞食烟泡，从此染上毒瘾，供其驱使、敲诈。

1938 年 12 月，一队日军包围了通城县城厢乡咀上屋，农民王老应一家六口被困家中，无法逃走。日兵将他们一一捆绑在凳上后，竟拿刺刀割开他们的颈脖，放血于碗中，争相狂饮，直至血尽人亡。

据鄂南各县统计，仅 1938 年 10 月至 11 月，日寇在鄂南各地即强奸、轮奸妇女 2000 余人，100 多名妇女被轮奸致死致残。同时，他们在各县城关和白霓桥、楠材桥、星潭铺、刘仁八、铁山、碧石渡等兵站和据点都设有"慰安所"，每个"慰安所"都掳有上百名中国妇女供其发泄兽欲，任意糟蹋。

鄂中 鄂中各县在日军未到之前，也遭到日机的野蛮轰炸。1938 年 6 月，广水首遭空袭；8 月 29 日，日机 56 架如苍蝇就食一般，自清晨至中午分三批轮番轰炸，扫射京山县城，下午 4 时，日机又飞临京山上空，狂炸城关半小时。这一天日寇共炸死 2000 余人，炸伤 3000 多人，炸绝 90 余户。劫后京山，满目惨景：死者断肢残臂，四散横飞，头落屋瓦，肠挂树梢，血秽熏天；生者悲怆捶胸，哭声震天。一日之间，这个有着 1200 余栋房屋、2600 余家住户、1 万多居民、3 所医院、2 所学校、上百家商户的县城，竟变成了一处瓦砾坟场!

占领鄂中后，日寇以其尽可能想到的手段，如刀劈、火烧、剜心、油淋、开水烫、剖腹、活埋、灌盐水和辣椒水、放狼狗咬等酷刑，杀人取乐，恶行之残暴，人神共愤。

1938 年 10 月 30 日，孝感县城陷落，日寇将 20 多名妇女关进文昌阁，集体轮奸后又将她们一一捅死；同日，一股日寇窜到陈家店胡家小湾，惊慌的村民逃避一空，唯 25 岁的胡王氏因怀有七个月身孕，行动不便，躲藏于夹墙之中，不料仍被日军搜出。日兵大喜，欲行奸污，胡王氏拼死相抗，残忍的兽兵竟将她砍倒在地，开肠剖肚，取出胎儿，母子就此惨死。

日军占领汉川期间，共烧毁房屋 5512 栋，抢走耕牛 1276 头、猪 1500 头、鸡鸭 21400 多只、粮食 3 亿公斤。[①]1938 年 12 月 7 日至 10 日，300 多名日寇在分水咀"扫荡"，烧房 60 多栋。不仅如此，他们还将居民赶至黄家祠堂南面的小河边，三五人捆成一串，然后端着刺刀展开杀人比赛，四天之中共杀死 101 人。时朔风怒号，雪花纷飞，分水河边，天地含悲！

在钟祥，日军以杀人作为游戏，抓活人当靶子，以试验步枪子弹的贯穿力，竟将多人列成一线，演出了一颗子弹贯穿七人致死的惨剧！

襄河　襄河地区包括襄河两岸、长江南北的 26 个县市。日寇在占领襄河地区之前，也是先对这些地区进行一番恐怖性的轰炸，以打击我斗志，削弱我抗日力量。武汉失陷后，日寇沿长江、汉水继续西进，襄河地区的汉阳、汉川、沔阳、天门等县大部和监利、潜江、嘉鱼、蒲圻、江陵等县部分城镇和乡村相继被侵占。其间，日寇烧杀淫掠，无恶不作，襄河人民遭受了空前劫难。

1938 年 10 月 23 日，八路军武汉办事处和新华日报社两个单位的工作人员除留少数坚守岗位、暂缓撤退之外，其余大部奉命搭乘"新升隆号"轮船西撤宜昌，同船西行的还有上百名逃难群众。当"新升隆号"行至燕子窝附近停泊时，突遭四架敌机空袭。伴随着一颗颗呼啸而至的炸弹的降临，"新升隆号"前舱首先中弹，当场死亡多人，继而轮船指挥台、后舱被炸，船体火光熊熊，浓烟滚滚。船上乘客惊叫哭喊，纷纷跳入江中逃命。而日机仍不放过，竟然又俯冲下来朝江面来回扫射，泡在水中的、游到岸上的人们，再一次遭到袭击。霎时间，血肉横飞，惨声凄厉，浑浊的江面上蜿蜒漂起了一条长长的赭红色的血带！这就是震惊一时的"新升隆号"惨案。在这起惨案中，

---

① 《殷红的沃土》，湖北人民出版社 1998 年版，第 183 页。

八路军武汉办事处 8 人殉难，新华日报社 16 人牺牲，新知书店 1 人遇害，搭乘此轮死难的民众，则无法统计。

1938 年 10 月，日机先后出动 109 架次，对江陵古城及沙市、郝穴等沿江重镇肆意轰炸，共炸毁房屋 537 栋，炸死 629 人，炸伤数以千计。荆州古城以历史悠久、文化醇厚闻名于世，在日寇的空袭中，东汉马融的降帐台、明代张居正的故宅、荆南书院等 40 多处古迹遗存全都毁于一旦，无数珍贵文物化为灰烬。

公安县亦多次遭到日军轰炸、血腥屠杀。据战后部分乡镇统计，日寇在侵占公安期间，炸死炸伤 1000 余人、杀死 1027 人。[①]

1938 年 10 月武汉失陷后，日军沿长江、汉水继续西进，襄河地区的汉阳、汉川、沔阳、天门等县大部和监利、潜江、嘉鱼、蒲圻、江陵等县部分城镇和乡村相继被侵占。其间，日寇烧杀淫掠，无恶不作，襄河人民遭受了空前劫难。

在襄西的当阳，日军的虐杀就连他们自诩敬奉的出家人也不放过。1940 年 8 月 9 日太阳偏西时分，当当阳玉泉寺内的和尚和大批难民正在大雄宝殿念经拜佛时，大批日军以搜捕"共军"为由，包围了这处荆楚佛教圣地。日军一边号叫，一边放枪杀人，难民们和胆小的和尚于慌乱之中纷纷翻墙躲进后山的密林。在此之前，曾有几名日本军官从县城驱车到该寺"礼佛"，还信誓旦旦地声称要保护寺庙，并出具日文布告，晓谕日军不准进寺内骚扰。因而当日军冲进寺内时，僧人法朗欲与其理论，孰料日军不由分说，一刀砍死了法朗，鲜血溅满了禅堂。接着，日军在寺内捉住 24 名和尚，统统绑缚到寺外，用机枪扫射而死。经此大难，玉泉圣寺有近一年没有香火禅声。

1942 年，日军为轰炸重庆，先后抓"苦力"在荆门的掇刀和当阳的朱家湾各修建一个飞机场。这些"苦力"十分悲惨，吃的是盐水泡杂粮，住的是

---

①《殷红的沃土》，湖北人民出版社 1998 年版，第 187 页。

芦苇、稻草搭盖的茅棚，夏漏雨，冬透风。他们几十人挤在一起，上无铺盖，下垫稻草，久之草梗成末，虱虫成堆。尽管如此，他们每天天不亮即被赶去做工，天黑才被赶回破烂的工棚。一旦生病，却无人过问，死生由天；压榨至死后，日本人把他们往土坑里一扔了事。特别令人发指的是，1943 年 5 月 21 日机场竣工后，日寇竟将劳役中九死一生的 500 多名"苦力"用机枪扫死在机场南边的一块空地上。据统计，当阳沦陷期间，共有 74746 人惨死于日寇之手。为此，1948 年当阳县曾派代表赴沈阳，参加对日本战犯的审判。

主要参考文献

1. 鄂豫边区革命史编辑部编:《鄂豫边区抗日根据地历史资料》(内部资料)(1—8辑),1985年4月。

2. 毛泽东:《毛泽东选集》第二卷、第三卷,人民出版社1991年版。

3. 湖北老解放区教育史编委会编:《湖北老解放区教育史稿》,武汉大学出版社1988年版。

4. 刘跃光、李倩文主编:《华中抗日根据地鄂豫边区财政经济史》,武汉大学出版社1987年版。

5. 鄂豫边区革命史编辑室编:《战斗在鄂豫边区》,湖北人民出版社1981年版。

6. 中共河南省委党史资料征集编纂委员会编:《豫鄂边抗日根据地》,河南人民出版社1986年版。

7. 鄂豫边区革命史编辑部编:《鄂豫边区抗日民主根据地史稿》,湖北人民出版社1995年版。

8. 鄂豫边区革命史编辑部编:《新四军第五师抗日战争史稿》,湖北人民出版社1989年版。

9. 湖北省档案馆编:《华中抗日根据地财经史料选编——鄂豫边区新四军五师部分》,湖北人民出版社1989年版。

10. 中国新四军和华中抗日根据地研究会编:《华中抗日根据地史》,当代中国出版社 2003 年版。

11. 石首市地方志编纂委员会编:《石首当代人物》,东方出版社 1995 年版。

12. 中共应城市委党史办编:《从八条枪开始——蔡斯烈(松荣)纪念文集》,湖北人民出版社 2004 年版。

13. 鄂豫边区革命文史编辑部、湖北省妇女联合会编:《中原女战士》(上、下辑),中国妇女出版社 1991 年版。

14. 李少瑜:《湖北抗战》,军事谊文出版社 1995 年版。

15. 李少瑜、欧阳植梁等主编:《战斗在内层包围圈》(内部资料),1995 年版。

16. 李少瑜、雷河青等:《创业中原,功垂华夏》,新疆青少年出版社 1993 年版。

17. 湖北省新四军暨华中抗日根据地历史研究会、鄂豫边区革命史编辑部编:《雄师奇观:纪念新四军第五师建军 50 周年论文专辑》,武汉大学出版社 1992 年版。

18. 鄂豫边区卫生史编审委员会编:《新四军第五师卫生工作简史》(内部资料),1985 年版。

19. 湖北省新四军暨华中抗日根据地历史研究会、鄂豫边区革命史编辑部编:《鄂豫边区新四军人物志》,湖北人民出版社 1999 年版。

20. 湖北省新四军暨华中抗日根据地历史研究会、鄂豫边区革命史编辑部编:《任质斌在中原八年》,湖北人民出版社 1998 年版。

21. 中共湖北省委党史研究室、湖北省人民政府文史研究馆编,王性初、涂东楚主编:《荆楚赤子》,中央文献出版社 1999 年版。

22. 湖北省新四军暨华中抗日根据地历史研究会、鄂豫边区革命史编辑部编,李少瑜主编:《中原伟业》,武汉大学出版社 1996 年版。

23.《李先念传》编写组:《李先念传》(1909—1949),中央文献出版社 1999 年版。

24. 鄂豫边区革命史编辑部编:《新四军第五师抗战历程》,湖北人民出版社 1985 年版。

25. 王玉发主编:《铁军雄风》,长江文艺出版社 1998 年版。

26. 中共湖北省委党史资料征集编研委员会、中共武汉市委党史资料征集编研委员会编:《抗战初期中共中央长江局》,湖北人民出版社 1991 年版。

27. 中共应城县委党史资料征编办公室编:《应城烽火》(内部资料)。

28. 鄂豫边区革命史编辑部编:《许子威八十自述》(内部资料)。

29. 李先念:《李先念文选》,人民出版社 1989 年版。

30.《李先念传》编写组、鄂豫边区革命史编辑部编:《李先念年谱》(第一卷),中央文献出版社 2011 年版。

后　记

　　1995 年，也就是抗日战争胜利 50 周年之时，我参加了湖北省新四军研究会和原鄂豫边区革命史编辑部联合举行的纪念抗战胜利 50 周年学术研讨会。那次活动后，我开始关注鄂豫边区，并着手研究这一抗日民主根据地的历史。说是研究，其实这时候还只是零星试笔，选题也是采点式的，直到后来写作《鄂豫边区政权建设史》，才促使我全面查阅我所能接触到的有关这段历史的资料，且深入、系统地梳理、思考、研究这段波澜壮阔、错综复杂、斗争尖锐的历史。

　　需要说明的是，我们的选题是从"政权建设"角度，而不是从"根据地建设"方面着笔的。因为写"根据地建设"的历史，就应从根据地的初创，到发展，到反日伪的"扫荡""清乡"，再到反顽军的封锁，最后到根据地的扩大、巩固，以为争取抗日战争的胜利做准备。无疑地，这种写作会涉及军事斗争、经济建设、民生保障、文化教育及区域范围、人口规模等方面的内容。而我们阐述的"政权建设"，更重要的是从边区政权组织由无到有、由小到大、由草创到规范的过程，以表明边区党组织和人民群众当家作主、创建人民政权、做抗战中流砥柱的历史。当然，基于彼时抗日反顽的特殊斗争环境，这一时期的政权建设与军事斗争、党的建设和经济发展也是密不可分的，只不过它强调的是"拥军爱民""三三制""减租减息""精兵简政"与国民教育等党的政策的落实，也就是说，党是通过各级政权组织来贯彻、实施抗日民族统一战线政策的。因此，政权建设史既不同于抗日民主根据地史，也不同于军事斗争史，更不同于党的建设史等专史。

本书的写作经过了一个极艰难的过程，资料的缺乏与散乱，就是其中的一大困难。好在我们得到了中共湖北省委党史研究室、湖北省新四军研究会、湖北省图书馆、湖北省档案馆、湖北经济学院图书馆等相关单位的大力支持和帮助，它们的藏书给我们研究提供了极大方便。

中共湖北省委党史研究室主任何光耀同志，中共湖北省委党史研究室原副主任杨长青同志，原鄂豫边区革命史编辑部总编刘绍熙同志、李少瑜同志，湖北省新四军研究会原副秘书长雷河清同志以及党史专家刘宗武教授、张广立教授等，为本书的撰写、修改提出了诸多指导性意见。湖北省新四军研究会会长曾求腾将军、副会长何正友同志，刘飞同志更是为本书的修订、再版付出了大量心血，在此我们一并表示感谢。

由于学识尚浅，尽管本人努力搜寻相关文献资料，也尽力吸收历年来专家学者的研究成果，在写作过程中也不断听取大家的意见和建议，但错漏之处或许仍难避免，在此还希望大家继续不吝赐教。

编者

2022 年 8 月